U0663034

上海市普通高中
特色发展研究

徐 凤◎著

华东师范大学出版社
·上海·

图书在版编目（CIP）数据

上海市普通高中特色发展研究 / 徐凤著. — 上海：
华东师范大学出版社，2020
ISBN 978-7-5760-1007-7

Ⅰ.①上…　Ⅱ.①徐…　Ⅲ.①高中－学校管理－上海
Ⅳ.①G637

中国版本图书馆CIP数据核字（2020）第231870号

上海市普通高中特色发展研究

著　　者　徐　凤
策划编辑　朱妙津
责任编辑　朱小钗
责任校对　王丽平　时东明
装帧设计　卢晓红

出版发行　华东师范大学出版社
社　　址　上海市中山北路3663号　邮编 200062
网　　址　www.ecnupress.com.cn
电　　话　021－60821666　　行政传真 021－62572105
客服电话　021－62865537　　门市（邮购）电话 021－62869887
地　　址　上海市中山北路3663号华东师范大学校内先锋路口
网　　店　http://hdsdcbs.tmall.com/

印 刷 者　上海展强印刷有限公司
开　　本　700×1000　16开
印　　张　22.25
字　　数　354千字
版　　次　2020年12月第1版
印　　次　2020年12月第1次
书　　号　ISBN 978－7－5760－1007－7
定　　价　68.00元

出 版 人　王　焰

（如发现本版图书有印订质量问题,请寄回本社客服中心调换或电话021-62865537联系）

序

推进普通高中多样化、特色化发展，是《国家中长期教育改革和发展规划纲要（2010—2020年）》明确提出的重大教育改革目标和任务，是我国普通高中教育发展到现阶段的必然改革发展方向，更是经济和社会发展对教育发展提出的必然要求。普通高中的多样化和特色化发展，有利于满足学生多样化的发展需求，有利于创新型人才的脱颖而出，从而满足社会对多样化、专门化和创造性人才的需求，进而服务于中国从人力资源大国向人力资源强国的转变，推进中国教育现代化创新发展。

改革开放40多年来，上海作为基础教育改革与发展的先行区，始终引领着中国基础教育改革的发展方向，逐渐形成了具有区域和本土特色的"上海经验"，为中国教育改革作出了独特的、不可替代的"上海贡献"。在基础教育领域，上海市紧密对接国家教育改革创新和政策调整方向，积极贯彻落实党中央、国务院的重大改革决策部署，举措不断，亮点纷呈。在特色高中创建方面，上海市目前已经确立了55所特色项目学校，命名了12所特色普通高中，特色高中创建的方向包括理工类、科技类、艺术类、语言与优秀传统文化类、体育类、商业财经金融类、法治类、综合类等，可谓百花齐放、异彩纷呈。

创办更多更好的特色学校是时代的呼唤，是教育发展的历史选择。可以说，普通高中多样化、特色化发展目前已成为上海市乃至全国基础教育改革和发展的一大热点。然而由于目前我国在政策上并没有明确阐释特色学校的内涵，人们对特色学校内涵、特征、结构的认识千差万别，并没有统一标准；同时，在具体操作上，各地的做法也不一样。这就使得特色学校的理论研究和实践探索在百家争鸣、百花齐放的同时，也稍显混乱，存在着"特色"不"特"，为了"特色"而"特色"，打着"特色"的旗号去寻求资金支持而应试教育仍大行其道等乱象，也存在着学校特色发展方向定位不准，学校特色创建与学校教育教学发展各行其道，学校特色建设步履维艰、长期无起色等彷徨局面。因此，我们对特色学校进行研究，就既要从理论上厘清特色高中发展的相关概念、内涵和特征，又要从政策上辨明特色高中创建的意义和价值，更要从实践上探索学校特色创建的路径和方向，总结特色高中创建的成功经验和思想启迪，从而避免"人云亦云""邯郸学步"，甚至陷入特色高中创建的误区。为我国的特色学校发展寻求经验，探索改善现有薄弱学校、增加优质学校的途径，通过特色学校建设的探索推动基础教育均衡化发展和优质化发展，从而进一步推动我国基础教育的改革和创新。

徐凤校长长期奋战在基础教育阵地，在基础教育管理、教育教学改革和发展等方面多有创见，特别是在任香山中学校长和周浦中学校长期间，大刀阔斧地进行管理改革和教育教学创新，锐意进取，砥砺奋进，两所学校的发展也蒸蒸日上、声誉日隆。徐凤校长在从事教学管理与教育改革的同时，还注重积极思考，对上海市基础教育发展的格局和特色发展的全局给予密切关注。本书正是徐凤校长对特色高中建设进行的系统研究和深入探索，是对上海市特色高中创建的阶段性思考和总结，有助于我们全面了解上海市特色高中创建的背景和脉络，从而正确面对普通高中改革发展的时代主题，及时呼应基础教育改革的痛点和难点，进而为学生提供更多和更优质的教育，创办人民满意的教育。

华东师范大学作为一所以教师教育、教育研究和教育服务为优势的综合性研究性大学和"双一流"A 类建设高校，立足上海，深耕华东，辐射全国，陆续在全国各地开启了不同类型的基础教育合作办学模式。各附属学校依托华东师范大学在全国各地的师范生教育实践基地、名师工作室、学科基地，以"专家＋基地"的方式，有效实现了联盟校之间的互惠共赢，为合作办学和人才培养输出人力资源、课程资源及其他教育教学资源，为学生的成长提供了强有力的资源保障，为教师教育教学能力的提升与发展提供了更加专业的引领与支持。作为华东师范大学附属高中的周浦中学，近些年来发展十分迅速。自 2016 年被列为"上海市特色普通高中建设"项目学校后，学校积极开展以"生活—创意"为载体的"现代生活教育"特色项目建设，迈开了特色学校创建的坚定步伐。

华东师范大学秉承"智慧的创获，品性的陶熔，民族和社会的发展"的大学理想，以"卓越·引领·担当·服务"作为附属学校建设和发展的核心价值和使命追求，将进一步凝聚优质资源，全面提升现有附属学校教育品质及大学基础教育对外合作办学水平，为基础教育的发展改革不断更新理念和创新实践，为基础教育的教学提升不断输送和培养教育人才，为基础教育的内涵建设不断提供资源支持，实现学校整体稳健发展与服务地方基础教育、教育学科优势与基础教育实践探索良性互动。

2019年6月，国务院办公厅印发《关于新时代推进普通高中育人方式改革的指导意见》，紧紧围绕教育的首要问题和根本任务，抓住关键环节和重要领域，聚焦改革目标，对推进高中育人方式改革提出了明确要求，标志着我国普通高中"全人"培养时代的来临。未来学校的发展，将更加注重品质与内涵，是不同学校主体完成文化升维、组织重构、价值重塑的新机遇。

浦东新区是中国改革开放的一片热土，引领着一个时代的变迁。浦东新区的区位优势十分明显，资源优势积淀雄厚，基础教育发展也日新月异，每年为大学和社会输送了不计其数的优秀生源和各类人才。在浦东高中的特色发展上，浦东新区有创建航海文化教育特色的上海海事大学附属北蔡高级中学和海洋文化教育特色的大团中学，有创建"金融素养培育"特色的华东师范大学附属东昌中学，有创建美育特色的香山中学，有创建"史学素养"特色的浦东中学。周浦中学的现代生活教育特色创建，聚焦于现代生活能力的培育，旨在培养"人格完善、学力坚实"的创新型人才，正是对学校几十年办学历史的传承和创新，对"全人"公民培养的呼应。我们期待着徐凤校长和她领航的华东师范大学附属周浦中学乘风破浪、扬帆远航！

戴立益

华东师范大学副校长

二○二○年八月

目录

第一章　普通高中特色发展的
概念和内涵

研究和推动普通高中特色发展，首先需要明确"特色""学校特色""特色项目""特色学校""特色发展"等相关概念和内涵。对此，学界从不同角度进行了大量的分析。但迄今为止，对于相关概念和内涵，特别是对于"学校特色"和"特色学校"的概念和内涵，学界并未达成一致意见，亦缺乏官方的界定。笔者拟在深入、综合分析各家观点的基础上，结合目前普通高中特色发展的理论和实践，尝试做出自己的解释，以进一步推动相关研究的探讨。

第一节 学校特色

学校特色是先于特色学校出现的概念。欲明晰学校特色的概念和内涵，须从"特色"一词着手。

一、"特色"的概念

什么是"特色"？根据《现代汉语词典》注释，"特色"是指"事物所表现的独特的色彩、风格等"。"色彩"一般比喻人的某种思想倾向或事物的某种情调，而"风格"一般指一个时代、一个民族、一个流派所表现的主要的思想特点和艺术特点。

苏培昌的《特色论》将特色区分为日常概念和科学概念。作为日常概念，特色与特点、特征、特长、独特等为同义语，谓特别出色之所在，含有独出于众者之意，是才能杰出、事物迥异于众者之称。作为科学概念，则是优质事物的规定性，是事物自我完善、自我发展的倾向性，代表着事物发展和进化的方向。[①]

刘献君则提出，特色是事物特殊的质量与品质，其特点为：一则特色是事物的内在价值。价值有两重含义，两种不同的层次，即价值能满足一定的需要，具有一定的功能，而价值更深的含义是本身具有的优异特性。优异性就是特色，是事物的内在价值。二则特色是事物存在的依据与标志。正如世界上没有两片相同的树叶，也没有两个相同的人，学校与学校之间的区别，也在于其本身的特点。矛盾的普遍性与特殊性的关系，亦即矛盾的共性与个性的关系，指的是共性包含于一切个性之中，没有个性也就无所谓共性。可见，特色是特定事物存在的依据和标志。三则特色就是水平，特色是特定事物的优势所在，有优势才有水平，特色体现办学水平。四则特色是所谓"特色鲜明"，指一事物与其他事物具有较高的区分度。[②]

---

① 苏培昌.特色论［M］.北京：社会科学文献出版社，1993：9-19.
② 刘献君.高等学校战略管理［M］.北京：人民出版社，2008：73-74.

据此可以认为，所谓"特色"，就是事物表现出来的或拥有的与其他同类事物不同而独具特点的色彩、风格、形式、品质、内容等。就学校而言，特色并不与学校的规模、名气、资历划等号；学校要生存与发展就必须办出特色。从一定意义上说，特色就是教育质量的特殊性，特色就是质量，也是学校的生命线。

二、"学校特色"的概念

关于"学校特色"的概念，目前学界并无定论，较具代表性的观点有以下几类。

1. 将学校特色定位为学校某一方面或某些方面的优势或强项

如孙孔懿认为，"办学主体刻意追求逐步实现的学校工作某一方面特别优于其他方面，也特别优于其他学校的独特的稳定的品质，即称为办学特色"。① 吴秀娟认为，"学校特色一般是指一所学校在全面育人工作中所选择的重点，或是把已出现的某种经验特色通过深化积累，逐步形成某种富有个性的强项或优势"。② 王铁军认为，"学校特色是指管理者和教育者根据现代教育思想和本校独到的办学理念，从学校实际出发，在教育实践中努力挖掘、继承和发扬并积极创造某一方面或某些方面的优势，所形成的有鲜明个性、独树一帜、成效显著的运行机制、办学风格和教育教学模式"。③ 张仲庆认为，学校特色一般是指学校在办学过程中，在局部领域如管理工作、德育工作、教学工作、课外活动等，形成的学校特点和优势。④

2. 将学校特色定位为学校的一种整体风貌

如王承铎认为，学校特色"是指在全面贯彻国家的教育方针，面向全体学生，全面提高教育教学质量的前提下，充分发挥本校的优势，选准突破口，以点带面，不懈努力，逐步形成自己学校的独特风格"。⑤ 邢真将学校特色界定为"学

---

① 孙孔懿. 学校特色的内涵与本源 [J]. 教育导刊，1997（Z1）：47.
② 吴秀娟. 关于学校"各自办出特色"的哲学思考 [J]. 教育导刊，1997（Z2）：21–23.
③ 王铁军. 学校特色和校本发展策略 [J]. 江苏教育学院学报（社会科学版），2002（1）：3.
④ 张仲庆. 学校经营理念与特色学校品牌发展的策略选择——以广州市第109中学为例 [J]. 教育导刊，2010（10）：49–51.
⑤ 王承铎. 特色学校管窥 [J]. 中国教育学刊，1994（5）：55.

校在长期的教育实践活动过程中所形成的独特的办学风貌或教育风格。这里所讲的'独特'，不能仅理解为是学校这个整体中的某个教育要素的个性体现，也不能狭义地理解为是'你无我有，你有我精'，而是指学校整体的个性。它是学校整体中最具典型意义的个性风格或个性风貌"。[1] 王宗敏认为"办学特色是学校在长期教育实践中形成的独特的、优质的、稳定的教育风貌"。[2] 郑金洲认为，"所谓办学特色，就是要创办文化上有自身特色的学校，这种学校在文化的各个层面——精神、制度、行为乃至物质设备上，都或多或少地存在着区别于其他学校的文化特征"。[3] 顾颉认为，学校特色是学校独特的办学风格与成果，它是教育思想在办学过程中的物化，是在共性前提下学校所表现出的个性特征。[4] 赵福庆认为，学校特色"是指学校在长期的办学过程中，所表现出的有别于其他学校的独特的办学风格、独到的教育思想、鲜明的教学手段"。[5] 王建华认为，"学校特色是一所学校在校长个性化的办学价值观念的影响下，通过长期的教育实践，遵循教育规律，发挥本校优势，选准突破口，以点带面，实行整体优化，而逐步形成的一种特殊的、优质的、稳定的办学风格"。[6]

3. 从多个角度、综合性地诠释学校特色

如钟友军从办学特征、办学指导思想来诠释学校特色。他认为，"学校特色"即学校办学特色这一论点的界定，大致有以下几点可以达成共识：一是学校办学特色是学校教育优质化的集中体现；二是学校办学特色对于学校整体工作发挥主导和影响作用；三是学校办学特色是学校贯彻落实教育方针个性化的反映；四是学校办学特色是在长期的办学实践中逐渐形成的，并具有相对的稳定性。基于上述共识，我们可以这样认为：学校办学特色是指学校在正确办学思想和科学、先进的教育理念的指导下，经过全校师生长期不懈的努力探索、实践和创新，逐步形成的对学校发展起主导作用，稳定、优质、独特的办学风貌和教育风格。[7]

---

① 邢真.学校特色建设理论的探讨 [J].中国教育学刊，1995（5）：31.
② 王宗敏.对办学特色几个基本问题的理论思考 [J].中国教育学刊，1995（5）：35.
③ 郑金洲."办学特色"之文化阐释 [J].中国教育学刊，1995（5）：35.
④ 顾颉.试论办学特色与特色学校的关系 [J].中国教育学刊，1996（2）：51-52.
⑤ 赵福庆.特色学校建设刍议 [J].教育研究，1998（4）：60.
⑥ 王建华.学校特色建设的思考与探索 [D].长沙：湖南师范大学，2003：1-32.
⑦ 钟友军.特色项目不等于特色学校 [J].江苏教育，2004（6）：1.

陈玉琨重点从办学理念和办学特征方面来诠释学校特色。他指出，"学校办学特色是学校独特的办学理念的反映；是以人才培养模式为载体的教师特长与学生特点的集中体现；是一校在长期办学过程中形成的个性化、持久稳定和被社会公认的特征；是学校形成品牌不可或缺的因素"。[①]

杨育华从宏观、中观、微观三个层次来理解学校特色。[②] 从宏观来看，学校特色包括国家特色和地域特色。国家特色指我国普通高中的教育目的、教育方针、教育政策等方面与国外不一样，需体现社会主义性质，是中国特色社会主义教育体系的一个重要组成部分；地域特色指普通高中学校所在地的文化传统、自然环境、人文环境不一样，文化和自然资源的差异形成一个地方的地域教育特色，如少数民族地区与汉族地区、上海等发达地区与广大的中西部地区的普通高中教育都各具特色。从中观来看，有办学体制特色和学校管理特色。办学体制特色指办学的体系、制度与众不同；学校管理特色指管理思想、管理手段上的特色。目前，我国普通中高中已出现政府办学、集体办学、私人办学、中外联合办学、外国独资办学等多种格局；办学主体多元化已带来办学体制和学校管理的多样化和各具特色的发展。从微观来看，有教学特色和学科特色。教学特色是指教师"教"与学生"学"的特色；无论是"教"的特色还是"学"的特色，都是把教学过程视为构建学习主体的过程，突出培养学生的创新精神和实践能力，增强学生的主体意识和主体能力，真正落实"教师为主导、学生为主体"的基本要求。学科特色是指学校在长期办学过程中形成的某学科教学方式、课程结构、培养方式等与众不同，进而获得了较为突出的教育成果等方面的学科优势。

张瑞海重点从教育学的视角出发来揭示学校特色的内涵。他认为，学校特色就是学校基于自身历史传统和实际，在一定的办学思想指导下，在办学实践过程中逐渐形成的学校工作某一方面或某些方面优于其他同类学校，并被同行和社会认可的稳定的、独特的、优质的个性风貌。[③]

---

① 陈玉坤.培育办学特色，建设一流学校［EB/OL］.（2010-01-03）.http://ruqierucuo.blog.163.com/blog/static/1234958342010039481754.

② 杨育华.普通高中特色发展研究——基于湖南省株州市普通高中特色发展的分析与思考［D］.长沙：湖南师范大学，2011：19-21.

③ 张瑞海，殷桂金.普通高中特色发展理论与实践研究［M］//时龙，吴岩.北京教育发展研究报告.2012年卷：努力推动首都教育科学发展.北京：北京出版社，2013：173-174.

可见，从不同的视角来观察和理解"学校特色"，往往会得出不同的结论。从哲学上来看，学校特色就是优化了的学校个性；从经济学上来看，学校特色就是学校之间的有价值的差异；从文化学上来看，学校特色就是一种独特的学校文化，是学校精神文化、物质文化、制度文化、行为文化的集合体；从教育学上来看，学校特色就是在办学实践过程中逐渐形成的学校工作某一方面或某些方面优于其他同类学校，并被同行和社会认可的稳定的、独特的、优质的个性风貌。[①]

综合以上"学校特色"概念或观点，本书将学校特色定义为：学校基于自身历史传统和实践发展，在一定的办学思想或理念指导下，通过长期的教育实践，在办学实践过程中逐渐形成的学校工作（包括教学工作、管理工作、德育工作、党建工作、学生工作、课程建设、学校制度建设、校园文化建设等）某一方面或某些方面优于其他同类学校，并被同行和社会认可的稳定的、独特的、优质的个性风貌或整体办学风格。

三、"学校特色"的基本属性

学校特色具有多重属性，比如独特性、优质性、普惠性、整体性、公认性、稳定性、多样性，等等。

如邢真认为学校特色具有优质性、独特性、稳定性三个主要特征：① 优质性。学校特色是对学校教育不断进行"优化"的结果。② 独特性。学校特色存在的价值就在于它的独特个性。学校特色是指学校教育整体最具典型意义的个性风格或独特的办学风貌，不能把它狭隘地理解为学校某个教育要素的个性，或是"你无我有"。③ 稳定性。它是学校特色成熟的标志，是学校教育教学活动中经常表现出来的、比较稳定的行为特征。从学校特色的本质上看，学校特色绝不会一蹴而就。它需要经过长时期、有目的、有计划、自觉地建设才会形成。[②]

王建华认为学校特色具有独特性、优质性、整体性、稳定性四个主要特征；[③]

---

① 张瑞海.普通高中特色发展：理论、实践与政策研究［M］.北京：北京出版社，2014：53.

② 邢真.学校特色不等于特色学校［J］.中小学管理，1999（1）：31.

③ 王建华.学校特色建设的思考与探索［D］.长沙：湖南师范大学，2003：1-32.

宋璞认为学校特色具有长期性、全体性、稳定性、公认性等特征。[①]

杨育华对学校特色的独特性、优质性、整体性、稳定性进行了深入阐释。① 独特性。独特性主要表现为独特的办学思想及其办学策略，这些都是校长及学校成员创造性工作的成果。这些成果渗透到学校办学育人过程中，表现为综合的、超群的地方，在某个方面，别的学校没有做到或没有想到的而本校率先做到了，或者别的学校虽然做到了，而本校比他校做得更好，即"人无我有，人有我优，人优我特"。特色学校的独特性最重要的方面就是创新。没有创新就没有学校特色，也就不会发展成为特色学校。学校的创新，也就是学校在长期办学实践过程中，结合本校实际，创造性地贯彻党的教育方针和素质教育的全面要求。没有"创新"的"特色学校"是没有灵魂和活力的。② 优质性。学校特色是学校教育优质性的集中表现。学校特色的优质性一方面指，学校特色本身具有科学性和先进性，另一方面也指学校办学质量优，整体办学水平高。学校创办特色也会使学校办学质量更优，办学水平更高。③ 整体性。一所特色学校应该是整体工作已有一定基础，然后点面结合，整体优化，整体提升，最终达到全面发展、全面优化。从文化视角来看，特色学校既要有思想层面的办学思想、办学理念、价值取向上的特色，也要有制度层面的规范、结构、模式上的特色，还要有物质层面的校园文化环境等方面的特色。④ 稳定性。学校特色的形成本身是一个长期而又艰巨的积淀过程，特色一旦形成，就应当相对稳定下来，而不应随着领导层的更替、教师的变动而轻易变更，要有长远规划、短期安排，形成良好的传统。但稳定性并不意味着静止不动，稳定是一个相对的概念，是"动"与"静"的结合，是发展与稳定的统一。"动"指的是与时俱进地不断将特色向深度和广度发展，这样特色才会更鲜明更优质，不稳定形成不了特色，只静不动发展不了特色。杨育华提出，学校特色的独特性、优质性、整体性、稳定性是一个有机整体。独特性是核心，优质性和整体性是基础，稳定性是特色发展的关键。[②]

张瑞海认为，独特性、优质性、普惠性和公认性是学校特色最重要的基本属性，普惠性和公认性是学校特色的条件属性，优质性是学校特色的本质属性。他

---

① 宋璞. 重点中学特色建设的五维度 [J]. 中国教育学刊，2008（3）：24.

② 杨育华. 普通高中特色发展研究——基于湖南省株洲市普通高中特色发展的分析与思考 [D]. 长沙：湖南师范大学，2011：33-35.

进一步提出，所谓独特性，是指学校在教育理念、培养目标、教育教学过程等方面不同于其他同类学校的地方；所谓优质性，是指学校取得令人满意的育人效果，或在某一方面或某些方面的表现优于其他同类学校；所谓普惠性，是指学校特色能够惠及学校中的大多数学生甚至全体学生，它标志着学校特色是一种整体特色而非局部特色；所谓公认性是指以育人效果为核心的学校个性风貌得到社会特别是同行的认可；所谓稳定性，是指学校特色一旦形成，不会因学校领导层的变更或教师的变动而发生根本性变化；所谓多样性，是指学校特色的表现形式多种多样，其外延包括学校工作的方方面面，比如说学校的课程特色、教学特色、学科或领域特色、管理特色、校园环境特色等。[①]

四、"特色项目"与"学校特色"

所谓"特色项目"，一般是指学校在办学过程中形成的某一方面或某些方面的优势，是本校不同于其他学校的独到之处，如体育特色项目、科技教育特色项目等。张瑞海认为特色项目有三层含义：第一，特色项目是学校发展中的一种局部的优势，它只是面向学校中的少数学生或体现在少数学生身上。第二，特色项目具有实然和应然两种可能。实然的特色项目是学校特色形成的基础，实践中大多数学校的特色项目源于学校某一方面的优势或优势项目。应然的特色项目只是学校特色发展潜在的优势，需要学校去发现、去发掘、去创建。第三，特色项目具有强大的发展潜力，能够由局部优势发展壮大为学校整体优势，显示学校办学特色。[②]

钟友军对"特色项目"与"学校特色"的关系进行了深入的分析。他提出，某项具有一定独特性或先进性的工作，对于学校的发展不一定都具有主导作用，也不一定都具有稳定性和整体性等学校特色的基本属性和特征。因而，只能叫做"特色项目"，不能称为"学校特色"。我们不能模糊地认为，只要学校展示了"特色项目"，就是形成了"学校特色"；更不能把学校展示的"特色项目"，都统

---

① 张瑞海.普通高中特色发展：理论、实践与政策研究［M］.北京：北京出版社，2014：53-54.
② 张瑞海.普通高中特色发展：理论、实践与政策研究［M］.北京：北京出版社，2014：54.

统认定为"学校特色"。但是可以肯定地说,"学校特色"必然要由学校"特色项目"逐步发展而形成,但学校"特色项目"不一定都能发展成为学校的"办学特色"。如上所述,仅仅拥有一种优势项目或某一方面的特色,只能说明学校的一部分工作比较出色,不能反映学校的整体办学质量。只有当它渗透于学校工作的方方面面,体现出一种整体风格和个性风貌时,才能成为学校特色。当这种"独特的整体风格"形成"出众的办学成果",即更多、更好地培育出人才时,那么这所学校就达到了"特色学校"的层次。从特色项目到学校特色到特色学校,这是一个逐步拓展、不断细化、长期积累、广泛辐射的过程,正如化茧成蝶那样,是循序渐进的结果。①

可见,"特色项目"决不等同于"学校特色"。特色项目是学校特色形成的基础,是学校特色形成的逻辑起点;一个学校可以有一个或多个特色项目,但特色项目并不等同于学校特色。学校需要在特色项目的基础上进一步深化和拓展,提炼出学校发展的思想、理念或文化,逐渐形成自己的办学风格或个性风貌,进而凝练出办学特色。

---

① 钟友军.特色项目不等于特色学校〔J〕.江苏教育,2004(6):1.

第二节　特色学校

特色学校是《国家中长期教育改革和发展规划纲要（2010—2020 年）》对普通高中学校发展提出的新要求。对普通高中来说，要创办特色学校，首先要了解什么是特色学校，以及其所具有的基本特征。

一、"特色学校"的概念

正如对"学校特色"的概念界定仁者见仁、智者见智一样，学界对"特色学校"的概念界定也没有达成共识。关于"特色学校"的概念，学界一般从以下几个角度进行研究。

一是从局部出发，认为提供特色学科课程的学校就是特色学校。如邢真认为，特色学校是学校在保证完成义务教育阶段基本要求的前提下，另外增设了新的课程或是加大了某些课程教育内容的量；特色学校的本质特性是学校在某些教育内容或课程设置上的"你无我有、你有我精"。[1] 顾明远认为，"一个学校把操场建在教学楼中间，便于学生课间到操场上活动。一、二年级楼上设计了几部滑梯，孩子们可以从滑梯直接滑到操场上。在校门内建了一个很大的前庭，家长可以在前庭等待孩子放学。这就是特色学校。上海市南洋中学，校园中到处都是科技，有声控的水车，有采集雨水用于灌溉草坪花木的装置。学校建立专门的科技实验室……这个学校也是特色学校"。[2] 顾明远进而认为，特色学校就是在办学方面有自己的理念、思路和独特的举措，为全校师生所认同并形成传统。[3]

二是从学校的办学特征、指导思想、办学风格等出发，认为在某一或某些方面有特色并形成了稳定的办学风格和个性特征的学校就是特色学校。

---

[1]　邢真.学校特色不等于特色学校［J］.中小学管理，1999（1）：31.

[2]　顾明远.也谈特色学校［J］.人民教育，2003（9）：15-16.

[3]　顾明远.也谈特色学校［J］.人民教育，2003（9）：15-16.

如马联芳、宋才华认为，特色学校是指学校在教育发展过程中，从实际出发，创造性地贯彻教育方针，形成具有特有的教育思想的办学体系，并为全体成员所内化的具有稳定个性和风格的学校。[1] 顾颉认为，"特色学校是在先进的教育思想指导下，从本校实际出发，经过长期的办学实践，形成了独特的、优化的、稳定的办学风格与优秀的办学成果的学校"。[2] 李保强提出，"特色学校顾名思义就是指有特色的学校，它是对办学中能出色地完成学校教育任务，而又在整体上具有独特、稳定、优质的个性风貌的学校的统称"。[3]

三是从整体上考察特色学校，认为特色学校是学校整体风貌上的体现。

如赵刚认为，"特色学校应是一种'满园春色'的局面，而不是'一枝独秀'的展示。任何一所特色鲜明的学校，都是一种合力的体现，是学校内部众多特长综合到一起后形成的合力"。[4] "特色学校是从学校人文环境与学校教育文化氛围整体范畴进行定位的，它强调的是学校的独特办学风格，并且这种风格应是整体的、综合的而非个别的。"[5] 鲍玉琴认为，"特色学校的特色体现在学校的各个方面。特色学校是对办学中能出色地完成学校教育任务而又在整体上具有独特、稳定、优质的个性风貌的学校的统称"。[6] 梁志大认为，"特色学校是实现整体化、具有整体风貌、育人效益显著的学校"。[7]

四是从学校的发展战略、办学特征、课程设置、教学管理、评价主体、学校文化、价值取向等多个维度来论述特色学校的深刻内涵。

如郭继东认为，特色学校作为一种办学个性的体现，"它渗透于学校的教育思想、培养目标、师资建设、教学风格、教育管理等方方面面，具有整体性、全面性和相对稳定的特征"；[8] 他还进一步指出，特色学校有别于一般学校，不仅仅表现在办学风格上，更重要的是体现在育人成效上，"独特的整体风格"与"出

---

① 马联芳等.特色学校形成与发展的理论思考［J］.上海教育科研，1997（10）：26.
② 顾颉.试论办学特色与特色学校的关系［J］.中国教育学刊，1996（2）：51–52.
③ 李保强.试论特色学校建设［J］.教育研究，2001（4）：70–72.
④ 赵刚.中小学特色学校建设问题研究［D］.大连：辽宁师范大学，2014：18.
⑤ 赵刚.中小学特色学校建设问题研究［D］.大连：辽宁师范大学，2014：9.
⑥ 鲍玉琴.关于创办特色学校的思考［J］.教育理论与实践，2001（4）：41–42.
⑦ 梁志大.关于学校特色和特色学校的思考［J］.天津教育，1996（5）.
⑧ 郭继东.特色学校与学校组织建设［J］.教育导刊，1998（Z1）：3–5.

众的办学成果"是特色学校最本质的内核。^①

　　刘复兴提出从以下五个方面理解特色学校的内涵：第一，特色学校是中小学的一项整体性的学校发展战略。第二，特色学校必须完成两项基本任务。一方面要在学校内部形成有利于学生个性的多样化发展的教育环境，实现学生的特色化发展，并形成自己独特的、与众不同的办学风格与学校个性。另一方面，特色学校必须要有优秀的教育和办学成果，在培养人才方面效果显著。第三，特色学校有两种不同的发展水平。一种可以称为高级的发展水平，即学校的发展具有整体性特色。另一种可以称为低级的发展水平，即学校发展的个别方面有自己的特色，主要指在学校教育、教学、管理或后勤服务领域的某一个方面具有自己的个性特点，比如某一门课程的教学、一种社会实践活动的组织等具有自己的个性特点，或者在体育和音乐教育的某个方面有突出的成绩，等等。第四，特色学校有两类主要的评价主体。一类评价主体是政府及其各级教育主管部门；另一类评价主体就是社会与家长。第五，创建特色学校就是创建一所学校的独特的历史。^②

　　于文安提出，"特色"是"事物所表现的独特的色彩、风格"。所谓特色办学，就是在认真贯彻教育方针的前提下，形成自己学校的办学风格和特征。它包括办学模式的特色、课程教学的特色、教育途径的特色、学校管理的特色等。特色学校既有一般学校的共性，又有其鲜明的个性，它在教育思想、培养目标、课程设置、师资建设、教育管理、校园环境、学校设施等方面均有区别于一般学校的独特个性。创办特色学校要全面贯彻教育方针，全面提高教育质量，面向全体学生，要有一个良好的教育环境和较好的教风、学风、校风，有较高的教育质量，同时还必须在"特"字上下功夫，形成不同于一般学校的独特性、先进性、科学性、稳定性。^③

　　张建明认为，特色学校的"特色"是一种先进的、独特的、富有时代特征和相对稳定的学校文化。它不只表现为学校具有个性化的外显环境、校本化的课程体系、独特的教育教学管理制度、明显优于同类学校的特色项目，更是表现为凝

---

① 郭继东.学校特色与特色学校的辨析——学校创建特色研究中概念界定的再思考［J］.中小学管理，2000（11）：8.

② 刘复兴.中小学创办特色学校的策略与选择［J］.当代教育科学，2003（7）：26-28.

③ 于文安.特色学校建设的理论与实践［J］.教育探索，2006（5）：64-66.

聚在学校每一个成员身上的一种精神品质。也许我们很难用语言准确地描述它，但它无处不在，它不因校长更换而改变，不因教师调动而弱化，也不因学校变迁而消亡，它深入学校每一个成员的骨髓，影响人的一生。①

李醒东认为，界定"特色学校"的涵义，首先需要对特色学校概念本身的内在结构及应用的社会文化背景进行分析。就学校来说，特色学校是对其具有丰富精神文化内涵的教育生活的整体概括。对公众而言，特色学校是在比较的意义上对学校总体水平的一种社会评价。而政府和学校谈的创建特色学校，是对学校发展目标状态的一种描述，也是对学校改革意图和行动性质的说明。②

傅国亮认为，"特色学校是认识和优化了个性的学校"。他进一步指出，特色学校不同于重点学校和示范校，不是偏科学校，也不等同于特长学校；特色学校是独特的，但不是唯一的；特色学校既具有多样性，又具有统一性。用一句话进行概括，特色学校就是在保证国家规定的共同质量标准的基础上形成独特育人模式的学校。③

张瑞海认为，衡量一所有特色的学校能否称得上是特色学校有两条核心标准：一是学校特色是否惠及全体学生；二是学校具有独特的办学理念和培养目标，形成独特的育人模式。二者缺一不可。基于这种认识，我们把特色学校看成是一类拥有独特教学理念和培养目标并专门为培养特殊人才或专门人才服务的学校。从这个意义上说，特色学校是形成独特育人模式的学校。高中阶段的特色学校又叫"特色高中"。特色高中除了具有"学校特色"的基本特征外，还具有以下特征：① 普惠性，即特色高中面向的是全体学生而不是多数学生，更不是少数特长学生；② 人才规格特殊性，特色高中的人才培养标准或培养规格与一般普通高中有整体上的不同。"特色高中一般定位于拔尖创新型的通才的早期培育，或某一学科或领域的精英人才或专业人才的早期培养。"④

综合上述关于"特色学校"概念的界定及相关内容的分析，本书对"特色学校"的定义为："特色学校"是在先进的教育思想指导下，在遵照教育方针、教

① 张建明 . 浅谈特色学校的内涵与要素 [J] . 上海教育科研，2005（8）：42–43.
② 李醒东 . 解读特色学校——对特色学校概念及创建问题的理解 [J] . 中小学管理，2004（5）：30–31.
③ 傅国亮 . 每一所学校都是潜在的特色学校——关于特色学校的七点认识 [J] . 人民教育，2009（Z1）：20–22.
④ 张瑞海 . 普通高中特色发展：理论、实践与政策研究 [M] . 北京：北京出版社，2014：56–57.

育规律的前提下，在创造了教育核心价值的基础上，即贯彻国家教育方针、实施国家课程标准、落实国家培养目标、完成学校教育任务，根据社会对人才多元发展的需求，从本校实际出发，经过长期的办学实践与理念凝练，形成了独特的、稳定的、优质的整体办学风格与优秀的办学成果并为社会所公认的学校。"特色学校"的特色体现在学校的办学理念、教育思想、培养目标、课程设置、师资建设、教学风格、教育管理、校园环境等多个方面。

二、"特色学校"的特征

特色学校一旦形成，则会呈现出一些主要的特征。李保强认为特色学校有三个突出的表征：一是独特性，拥有在长期的办学实践中形成的、颇具个性风格的优秀品质；二是高效性，执着追求愈加出色地完成教育任务；三是相对性，建构在与一般学校比较的基础上，不宜用孤立、片面和静止的态度来检视。[①] 夏向东认为特色学校具有全面性、整体性、相对稳定性三个特征。[②] 马联芳、宋才华认为特色学校一旦形成有以下几个特征：① 具有鲜明个性的价值取向；② 具有独创的个性风格；③ 具有稳定的特色风貌；④ 具有广泛的群体特征；⑤ 具有社会的认同性。[③] 李颖认为特色高中具有独特性、优质性、整体性、校本性、稳定性五个特征。[④] 马希良、李玉花认为特色学校具有典型性、现实性、创新性、效益性、稳定性、适应性、发展性七个特征。[⑤] 雷守学提出特色学校应该具备的特征是独特性、优质性、稳定性和认同性。[⑥]

综合学界时贤观点，本书认为，"特色学校"应具有以下五个最重要的特征：独特性、优质性、创新性、整体性、稳定性。

1. 独特性

独特性是指与众不同、独树一帜，是在长期办学实践中积累形成的具有个性

① 李保强.试论特色学校建设 [J].教育研究，2001（4）：70–72.
② 夏向东.如何创办特色学校 [J].教育发展研究，2002（2）：70–71.
③ 马联芳，宋才华.特色学校形成与发展的理论思考 [J].上海教育科研，1997（10）：25–27.
④ 李颖.特色普通高中建设的策略与实践 [M].北京：教育科学出版社，2014.
⑤ 马希良，李玉花.特色学校建设中学校特色的认定与推广 [J].教学与管理，2011（10）：16–17.
⑥ 雷守学.特色学校的概念、特征和类型 [J].西安文理学院学报（社会科学版），2015（4）：110–111.

风格的优秀品质。独特性是特色学校的核心因素和基本属性，也是特色的决定因素。独特性主要表现为独特的办学思想与理念、独特的教育教学内容、独特的管理模式、独特的建设策略等，它是在继承学校优秀文化传统的基础上，遵循办学规律，立足学校实际，不断扬弃、创造而形成的。

"独特性"要求我们在选择学校发展道路时，必须独辟蹊径，强调"用心"和"创意"。[①] 人民教育家陶行知先生办的晓庄师范学校的特色，正是他的"生活教育"理论"教学做合一"思想的体现。他把培养合理人生作为教育的宗旨，强调儿童的个性发展和创造力的开发，从而培养了大批有用人才。享誉全国的上海建平中学，以其独特的办学风格而闻名，吸引了越来越多的中外教育工作者和专家去研究"建平现象"。

2. 优质性

优质性是指学校教育质量优质，学校各项工作整体水平高，办学特色鲜明，被社会、教育行政部门和学生家长赞誉。特色办学的目的就是促进教育内涵的发展，办老百姓满意的学校。办学特色必须以保证质量为前提，培养的人必须是符合教育方针和教育目的要求、体现社会发展需要的、有适应能力的优质人才。优质性是学校特色的基本属性，也是学校特色的决定性因素。普通高中特色发展的本质就是追求优质，或者说优质性是特色高中的本质属性。正是因为有了优质性，学校特色才会得到公众的承认和同行学校的仿效，才会显示出强大的生命力。从这个意义上讲，真正意义上的学校特色往往以优质办学质量作为支撑。

优质性主要表现为以下三个方面：一是学校具有正确的办学价值观和高效的办学模式，它贯穿于整个学校的教育教学和管理工作之中，体现在学校特色本身的科学性、先进性上；二是学校教学质量水平高；三是办学成果丰硕，培养了很多具有创新性的人才。优质性是独特性存在的环境和土壤，是独特性的基础，离开了优质性，独特性就成了无源之水、无本之木，缺乏生命力。学校特色是学校教育优质性的集中表现，不是某一方面的一枝独秀，它形成和发展的前提是学校全部工作已有一定基础，然后点面结合，整体优化，这是学校特色的立足点。

---

① 雷守学. 特色学校的概念、特征和类型［J］. 西安文理学院学报（社会科学版），2015（4）：110.

3. 创新性

创新性是学校特色确立的又一核心要素。也有的学者将创新性视为学校特色独特性的表现，认为特色的独特性最重要的方面就是创新。没有创新也就没有学校特色。学校特色的创新，也就是学校在长期办学实践过程中，结合本校实际，创造性地贯彻党的教育方针和素质教育的全面要求。"学校特色的形成是一个长期的教育创新的过程，需要不断地深化、丰富和积累。因此，形成学校特色的过程，也是学校持续创新的过程，这就彰显了特色发展的能动作用。"[①]

可以说，"创新"是"特色"的核心，是一所特色学校的源头活水，是灵魂。没有"创新"的"特色"是没有灵魂和活力的。创新性是它最根本的要求，没有创新特色发展最终将无以为继。无论是学校的办学思想、教育观念，还是教育教学方法、课程设置、教学内容、教育科研、教育管理、团队活动、"两外"活动等都要独树一帜，与众不同，创造性地"见人所未见，发人所未发"，能另辟蹊径，别具一格，体现特色。

4. 整体性

整体性是指学校的特色建设从局部的学校特色出发，经过不断地深化发展、拓展完善，形成鲜明有序、保障有力、参与广泛并取得明显成效的整体性特色。主要表现在以下三个方面：一是学校的特色发展成为全校师生共同认同的发展愿景；二是在学校的特色建设中，全校师生全员参与，共同建设，共同受益；三是学校特色建设全面展开，形成完整的全面发展的综合模式，特色体现在学校的各个方面，成为学校的整体形象，如学校思想观念、价值取向上的特色，制度、规范、结构、模式等行为方式上的特色，物质环境、校园建设等方面的特色。

5. 稳定性

稳定性是指学校的优质特色能够长期保持、连续发展，在很长一段时间内没有改变，可以经受住时间和实践的检验，并在一定时期内对学校发展产生积极的影响。稳定性主要表现为以下两点：一是特色办学思想、办学目标的确立在一定时期内不会改变，具有一贯性和连续性；二是学校特色一旦形成、学校发展定位一旦明确，全校师生都能朝此目标坚决迈进，不会随着校长、师资队伍、外界

[①] 陶西平.谈高中特色办学［J］.中小学管理，2009（8）：5.

环境等变化而变化，而是既有长远规划，又有短期安排，并能不断地向深度和广度发展，这样的特色才会更鲜明、更优质。"稳定性使学校先进独特的学校文化、特色、理念和思路制度化，渗透在学校办学制度的各个方面，渗透在学校的育人与管理全过程内。"[①]

学校特色的形成与发展是一个长期而又艰巨的积淀过程，是一个复杂的系统工程，不是一蹴而就的。学校特色的稳定性也是相对的，而不是静止不动、一成不变的，它也会随着社会的发展而不断完善，但只是在一定时期内保持相对稳定。只有保持了特色的稳定性才能充分显示特色的成效，才能使特色得到社会的认可，否则学校特色只能是昙花一现，便不能称之为特色。上海复旦中学"博学、笃志、切问、近思"的校训就是一例，它历经百年而不变，它所凝聚的复旦文化与传统，激励一代代复旦学子为之努力，形成了复旦中学鲜明的办学特色。

总之，学校特色的独特性、优质性、创新性、整体性、稳定性五个基本特征，是有机联系在一起的。独特性是学校的核心因素和基本属性，优质性是学校特色的决定性因素和本质属性，创新性是学校特色的灵魂和最根本的要求，稳定性是学校特色存在和持续发展的保障以及能否纵深发展的关键，整体性是学校特色形成的又一基础，是特色学校区别于学校特色的关键。

三、"学校特色"与"特色学校"辨析

通过上述相关概念界定的分析可以看出，"学校特色"与"特色学校"两个概念虽然都与"特色"相关，但其内涵有着明显的不同。

邢真认为，学校特色与特色学校二者之间有着根本的区别，主要表现在两个方面：① 建设学校特色定位于学校人文环境与学校教育文化氛围范畴的学校建设，因此它对中小学校具有广泛的适用性；它注重以内涵式发展来提高教育质量的学校建设，因此它对"穷国办大教育"并加快教育事业发展具有较强的现实性；它着眼于提高学校的整体教育质量——学生发展质量、教育工作质量、办学条件质量，因此它对中小学校的发展具有长远的指导性。② 建设特色学校定位于

---

① 李颖. 特色普通高中建设的策略与实践［M］. 北京：教育科学出版社，2014：66.

对某些特殊教育内容与某些课程设置进行充实范畴的学校建设，是以注重外延式发展为主的学校建设，是着眼于满足社会某些人群特殊需要的学校建设，所以这种建设具有相对的局限性。二者是两个根本不同的、不能相互替代的概念。党中央、国务院在《国家中长期教育改革和发展规划纲要（2010—2020年）》中所讲的中小学校要"办出各自的特色"，是要求所有的中小学校都要根据学校教育资源配置的实际情况，有目的、有计划地在实施素质教育的过程中去建设自己学校所独具的整体办学特色。从教育理论角度说，办出学校特色的外延既包括建设学校特色，也包括创办特色学校，但是从教育实践角度说，倡导办出学校特色要以建设学校特色为主，以适度地创建特色学校为辅，决不能要求中小学校都去办什么特色学校。若以"创建特色学校"的口号去指导中小学校的建设和发展，恐怕就会成为一种误导了。如果那样的话，特色学校就失去了其存在的社会基础，特色学校也就到了它的消亡期。[1]

郑友训认为："'特色学校'的特色是在质的方面的表现，而'学校特色'的特色是在量的方面的超越，即'特色学校'必然是有'学校特色'的学校；但有'学校特色'的学校并不一定就是'特色学校'，学校只有从整体上形成了自身的独有风格才有可能成为'特色学校'。"[2] 赵刚认为："学校特色是单一的，特色学校是整体的。"[3] 楚江亭认为："'学校特色'是初级形态的，'特色学校'则是高级形态的，'学校特色'是较低层次的概念，'特色学校'则是较高层次的概念，是'学校特色'的提升。"[4] 在这种理念指导下，有学者认为为学生提供外语特色课程的学校不能称为外语特色学校。如，"学校'外语特色'到'外语特色学校'无法实现由'语言教育'到'跨文化教育'的跨越，是特色建设中存在的问题"。[5]

张仲庆对"学校特色"与"特色学校"这两个概念进行了辨析。他指出，在教育界许多人往往将学校特色和特色学校相混淆，结果导致了认识和实践上的许多误区。尽管学校特色和特色学校都体现为在办学过程中具有独特的色彩和风格，但两者在深度上和广度上却存在着层次上的不同。学校特色一般是指学校在

---

① 邢真. 学校特色不等于特色学校［J］. 中小学管理, 1999（1）: 31.

② 郑友训. 特色学校诠释［J］. 中国教育学刊, 2001（6）.

③ 赵刚. 中小学特色学校建设问题研究［D］. 大连: 辽宁师范大学硕士学位论文, 2014: 10.

④ 楚江亭. 特色学校创建: 概念透视与模式重构［J］. 教育发展研究, 2008（8）: 33–37.

⑤ 蔡星. 论外语特色学校的建设——从组织文化理论角度的分析［D］. 长沙: 湖南师范大学, 2004: 17, 19.

办学过程中，在局部领域如管理工作、德育工作、教学工作、课外活动等，形成了自己的特点和优势。而特色学校则是指一所拥有独特的、突出的、领先的、稳定的、系统的优势的学校，是一所有完整的理论架构和综合的教育成果的学校。无可否认，创建学校特色，确能推动学校其他工作的发展，许多特色学校也是通过创建学校特色发展而成。但是，学校特色的创建在学校发展中只起以点带面之功，特色学校建设却起全面推动学校发展之效。①

顾颉提出，办学特色与特色学校的关系是：办学特色是学校独特的办学风格与成果，它是教育思想在办学过程中的物化，是在共性前提下学校所表现出的个性特征。所谓特色学校，简言之，就是指具有自己办学特色的学校。办学特色与特色学校均是对学校独特的办学风格与成果的描述，但又是学校个性化发展过程中的两个不同的发展阶段，前者是后者的基础，后者是前者的发展，特色学校较办学特色具有更典型、更稳定的特征，因此它的形成也需要更长的时间。从办学特色到特色学校，一般需要经历巩固、强化、发展三个阶段。②

综合上述观点，本书认为"学校特色"和"特色学校"是既有联系又有区别的两个不同概念，它们的辩证关系表现在以下几个方面。①"特色学校"必然是有"学校特色"的学校，但有"学校特色"的学校并不一定就是"特色学校"。②形成"学校特色"是创办"特色学校"的基础，"学校特色"是"特色学校"形成过程中的初始阶段。③"特色学校"的形成是由一个或几个突出的强项作为一个点，再由点到面，在从个别到整体的内化过程中发展而成为整体的全方位的"特色学校"；"特色学校"是"学校特色"的发展和升华。④"学校特色"和"特色学校"之间是局部与整体、发展与稳定、量变与质变的关系。"学校特色"发展一般要经历孕育、变革、生发、稳定的发展过程。学校在发展中逐渐形成了个别强项或优势，即"学校特色"，这是学校创办特色的发展阶段；随后，这种强项或优势逐步发展，全方位渗透，产生了整体效应，形成了该校特有的一套文化模式，成为"特色学校"，这是学校创办特色的稳定阶段。③

---

① 张仲庆. 学校经营理念与特色学校品牌发展的策略选择——以广州市第 109 中学为例［J］. 教育导刊，2010（10）：49–51.
② 顾颉. 试论办学特色与特色学校的关系［J］. 中国教育学刊，1996（2）：51–52.
③ 杨育华. 普通高中特色发展研究——基于湖南省株州市普通高中特色发展的分析与思考［D］. 长沙：湖南师范大学，2011：22.

第三节　普通高中特色发展

高中教育在整个国民教育体系中处于非常关键的位置。加大普通高中学校特色发展的力度是中国高中教育事业改革与发展的重要课题。

要明晰"普通高中特色发展"的概念和涵义，必须先对"普通高中""学校发展""特色发展"等概念加以界定。

一、普通高中

普通高中是介于义务教育与高等教育之间，面向 15—18 周岁青少年的制度化的学校教育。就中国的实际来看，普通高中是我国高级中等教育的主体，是我国九年义务教育结束以后更高等的教育机构，上承初中，下启大学，一般学制为三年，是基础教育的重要组成部分，是与高等教育、中等职业技术教育、特殊教育、义务教育相区别的一种教育，它兼有"中等教育"和"普通教育"两重性质。2017 年制定的新课标，明确了普通高中教育的定位："我国普通高中教育是在义务教育的基础上进一步提高国民素质、面向大众的基础教育"，普通高中的培养目标是进一步提升学生综合素质，着力发展其核心素养，使学生具有理想信念和社会责任感，具有科学文化素养和终身学习能力，具有自主发展能力和沟通合作能力。

高中教育主要分为普通高中、职业高中和综合高中三种。本书中的普通高中是"公立普通高中学校"的简称，是与职业高中相对的概念，是由国家财政拨款，为了实现中等教育阶段的教育目的而存在的、以传授基础知识和基本技能为主的高中阶段教育，是我国基础教育体系中重要的一环。

二、学校发展

发展是哲学术语，指事物由小到大、由简到繁、由低级到高级、由旧物质到新物质的运动变化过程。事物发展的原因是事物联系的普遍性，事物发展的根源是事物内部的矛盾，即事物的内因。唯物辩证法认为，物质是运动的物质，运动是物质的根本属性，而向前的、上升的、进步的运动即是发展。

国内外学者对"学校发展"的界定大多从组织发展的视角出发。于瑮等人提出，"组织发展的目的在于提高组织的绩效、增强组织适应环境变化的能力"。[①]张熙提出，"学校发展是指发生在学校内部的，以过程改进和提高质量为目的的，包括个人发展和组织发展在内的整体变化"。[②]富兰等人提出，"学校组织发展是一种旨在达成自我分析与革新的相互关联的、系统规划的、起支持作用的努力"。[③]张瑞海认为，"学校发展是一个旨在增强自身适应环境变化的能力、提高办学质量和效能，促进师生共同成长的动态过程"。[④]

基于上述认识，本书认为"学校发展"就是学校作为一个组织在贯彻国家既定教育方针、完成国家人才培养任务的过程中不断聚集办学资源、优化办学模式、提升办学质量和人才培养效能，并促进师生共同成长的动态变化过程。

三、特色发展

"特色发展"是"特色"和"发展"两个词组的联合体，"发展"是目的和重心所在；"特色"是"发展"的限定，是对发展方向和路径的描述。简单来说，"特色发展"即有特色的发展。

如前所述，"特色"是事物表现出来的或拥有的与其他同类事物不同而独具特点的色彩、风格、形式、品质、内容等，即事物的出类拔萃之处。因此，"特色发展"是指事物朝着"人无我有、人有我优、人优我精"的方向进行运动变化的过程，以便形成与其他同类事物不同而独具特点的色彩、风格、形式、品质、内容等。

---

① 于瑮，宋凤宁，宋书文.教育组织行为学［M］.北京：北京师范大学出版社，2009：397.
② 张熙.对学校发展的理解与个案研究［J］.中小学管理，2004（8）：36–37.
③ 波·达林.理论与战略：国际视野中的学校发展［M］.范国睿，等，译.北京：教育科学出版社，2002：203.
④ 张瑞海.普通高中特色发展：理论、实践与政策研究［M］.北京：北京出版社，2014：58.

四、普通高中特色发展

普通高中特色发展是在"学校发展"的基础上对学校和发展限定后形成的概念，它将学校的范围限定于普通高中，将发展的内涵限定于追求特色以区别于一般意义上的发展，突出和强调发展的特色内涵。基于对学校发展概念和特色本质属性的认识，张瑞海认为，"普通高中特色发展是普通高中学校主动适应环境的变化，从社会、学生的需求及学校实际出发，采取适宜的发展策略并办出学校特色的过程"。[①]

本书认为，所谓普通高中特色发展，是指普通高中响应《国家中长期教育改革和发展规划纲要（2010—2020年）》所提出的"推进培养模式多样化""鼓励普通高中办出特色"的号召，从学校实际情况出发，结合学校办学传统和特点，在贯彻国家既定教育方针、完成学校人才培养任务的本职工作前提下，积极探索和创新人才培养途径，改革和优化办学模式，凝练和提升办学理念，凸显和强化办学特色，不断形成独特、优化、稳定的办学风格和优秀办学成果的过程。

一般来说，学校的特色发展首先源于某个项目的特色，然后发展成为学校的特色项目；当特色项目发展到一定程度，超越了本校的范围，影响到一定区域时，特色项目就发展成为学校特色了；当学校在特色项目的带动下，各方面的工作围绕特色项目的要求整体提质，学校特色已经由物质层面渗透到制度层面再到精神层面时，学校就成为特色学校了。所以，学校的特色发展一般会沿着"项目特色——特色项目——学校特色——特色学校"的路径发展。[②]本书认同这一观点，但这并不意味着普通高中的特色发展一定要达到创办特色学校的阶段；但凡是为了提升办学水平、培养优秀人才，无论这所普通高中是处于开发特色项目形成特色项目学校阶段，还是形成某个或某些方面的学校特色、处于持续优化的学校特色阶段，还是成功创办特色学校、进入稳定优质的特色学校阶段，都应视作普通高中的特色发展。换言之，普通高中的特色发展是一个不断培育和形成办学特色的动态过程。

---

① 张瑞海.普通高中特色发展：理论、实践与政策研究［M］.北京：北京出版社，2014：58.

② 杨育华.普通高中特色发展研究——基于湖南省株洲市普通高中特色发展的分析与思考［D］.长沙：湖南师范大学，2011：23-24.

关于普通高中特色发展的涵义，周峰等人提出，应该从以下五个方面来进一步进行理解：一是发展的动因。推动普通高中特色发展最直接的动因源自社会对多样化人才的需求以及学生对自身发展多样化的需求。二是发展的基础。学校当前的实际状况是学校特色发展的基础；办学者需从本校实际出发，找到推动本校特色发展的方向、目标定位、切入点、策略和发展路径。三是发展的目的和结果。培养优秀乃至优质的人才，满足社会对多样化人才的需求和学生多样化发展的需求，办出学校的特色，这既是普通高中特色发展的目的和要求，也是普通高中特色发展的结果和成果。四是发展的方式。普通高中特色发展是学校根据社会变化而进行的以学校和师生为主体的主动的发展，不是被动的发展和循规蹈矩的发展。五是发展的形态和实质。它是一种旨在提高办学质量和效益、促进学校组织和组织成员共同进步的内涵式发展，其本质是追求优质。[①]

---

① 周峰，苏鸿，郑向荣．论优质学校的内涵及特征［J］．教育发展研究，2009（12）：13.

第四节　普通高中"特色发展"与"多样化发展"辨析

《国家中长期教育改革和发展规划纲要（2010—2020年）》指出，"推动普通高中多样化发展。促进办学体制多样化，扩大优质资源。推进培养模式多样化，满足不同潜质学生的发展需要。探索发现和培养创新人才的途径。鼓励普通高中办出特色"。"推动普通高中多样化发展"与"鼓励普通高中办出特色"二者之间是否存在矛盾？又有什么样的关系？

一、普通高中多样化发展

推动普通高中多样化发展，是我国社会转型时期对普通高中提出的新要求，也是对我国普通高中体系性的新定位。

一方面，我国经济社会转型需要普通高中多样化发展。经济社会的转型，对劳动者素质和创新能力提出了更高要求。而在所有教育阶段中，"高中阶段教育是学生个性形成、自主发展的关键时期，对提高国民素质和培养创新人才具有特殊意义"。要承担起这一重要的历史使命，普通高中必须走多样化发展之路。只有多样化的普通高中，才能为不同类型学生提供不同的发展空间、促进不同个性的形成。同时，学校内部个性化的课程与教育方案、鼓励质疑与批判的评价体系、多样化的社会实践与创新活动，都是形成创新能力的基础，也是普通高中多样化的价值追求。

另一方面，我国社会用人方式的转变也推动着普通高中多样化发展。普通高中是基础教育的最后阶段，其发展模式很大程度上受社会就业的影响。在相当长一段时间内，在我国取得高端学历文凭就意味着就业有保障。这种"只认文凭不认能力"的社会用人机制，使高中教育被异化为应试和取得高端学历文凭的工具。这既是"应试教育"现象的根源，也是影响普通高中教育改革发展的根本所在。但经过多年的高校扩招后，全社会已从长期的"文凭短缺"时代进入"文凭相对过剩"时代，社会就业逐步进入"文凭＋能力素质"的选拔时代，提升能力素质有了更加重要的现实意义，普通高中面临着从重"应试"转向重"能力素质"的现实需要。此时，普通高中要根据学生的基础和天赋，立足于发现和发展学生的潜能，为不同学生提供个性化的发展机会，这就要求高中学校必须走向多样化发展。①

自从《国家中长期教育改革和发展规划纲要（2010—2020年）》提出要推动普通高中多样化发展之后，学界对"普通高中多样化"的内涵进行了大量的解读，可谓仁者见仁、智者见智。如陶西平认为，普通高中多样化的重点包括两个方面：一是办学体制多样化；二是育人模式多样化。他指出，当前普通高中多样化改革大致有四个方面：一是借鉴和融合高等教育；二是借鉴和融合职业教育；三是借鉴和融合国际教育；四是立足学生的个人发展进行设计。② 方红峰认为，普通高中多样化包括校际间的多样化和校内多样化两种形式。前者主要通过增加普通高中学校的类型，为学生提供不同的选择，如设立普通高中、综合高中、专门高中等；后者主要通过高中学校课程的多样性和选择性，以满足学生的不同发展需求。③

本书认为，普通高中多样化应是一个综合性的概念，既包括办学模式的多样化和育人模式的多样化，也包括办学体制的多样化和学校管理模式的多样化，更包括学校特色的多样化等。推动普通高中多样化发展，需要通过举办不同类型的学校，满足具有特殊天赋、能力和特长的学生及某些特殊的学生群体发展的需要，实现办学模式多样化；需要通过增加学生的选择权，为有差异的学生提供不同的学习经历和成才通道，实现育人模式多样化；需要破除学校"非公即私"的二元对立思维，引导社会力量以多种形式参与普通高中教育，扩大优质高中教育资源的供给，实现办学体制多样化；需要充分发挥优质学校和名校的辐射和引领作用，发挥优质学校和名校擅长的管理优势，扩大优质教育资源的总量，实现学校管理模式多样化；还要鼓励学校形成各自的优势学科或领域，使其学生形成有别于其他同类学校的优秀个性品质和精神风貌，实现办学特色

---

① 戚业国.普通高中多样化发展的理念、经验与模式［J］.人民教育，2013（10）：16.

② 陶西平.万类霜天竞自由——普通高中多样化发展的走向［J］.中小学管理，2011（9）：59.

③ 方红峰.建立个别化教育体系：普通高中多样化发展的核心意蕴——以浙江省普通高中为例［J］.课程·教材·教法，2011（7）：227.

多样化。①可以说，办学体制、办学模式、育人模式、管理模式和办学特色是构成普通高中多样化的五个基本维度。

二、特色发展与多样化发展的关系

"多样化""特色化"是《国家中长期教育改革和发展规划纲要（2010—2020年）》提出的新时期我国普通高中教育发展的新目标，是国家教育政策文件中对普通高中的发展提出的明确方向，也是关于普通高中发展的最高要求，是党中央、国务院在新世纪新阶段首次对普通高中发展方式的重大政策定向。②自《国家中长期教育改革和发展规划纲要（2010—2020年）》公布以来，许多地方纷纷聚焦多样化，对普通高中下一轮发展提出了新的思路，如上海提出要加强对普通高中的分类指导，一部分高中聚焦拔尖创新人才培养，一部分高中聚焦创新素养培育的实践和研究，一部分高中加强特色办学，通过高中的差异定位和分类指导，实现优质多样的整体布局。多样化与特色办学已经成为教育决策部门和学校的热门话题，日渐演变成将来普通高中发展的主要趋势。

"多样化"是群体特征，主要是对不同地区或区域内高中学校总体特征的描述，是对普通高中教育发展态势的整体布局；由于地区之间和学校之间的差异性是客观存在的，因此"通过分类指导，形成不同的点，把这些点串联起来形成多样化的局面是非常可能的。学生在这个格局中进行自主选择，多样性的需求就比较可能获得满足"。③比如上海市长宁区在对区内每所高中学校历史基础、办学理念和未来趋势的研究和判断的基础上，加强分类指导，形成了区域内高中多样化错位办学的整体布局。其辖区内上海市三女中和复旦中学各自都有着独特的百年历史文化积淀，二者分别高举女子高中教育特色和文化引领的人文特色；延安中学坚持"数学为特色，科技体育为两翼"十年磨一剑；仙霞高中以信息技术教育为抓手，坚持30年，特色渐强；天山中学坚持以"为学生谋幸福"的思想推进生命、生涯、生态"三生教育"，形成学校特色。显

① 张瑞海.普通高中特色发展：理论、实践与政策研究［M］.北京：北京出版社，2014：275.
② 张力.推动普通高中多样化发展的政策要点［J］.人民教育，2011（1）：3-7.
③ 徐士强.普通高中特色、多样、优质发展问析［J］.教育理论与实践研究，2012（7）：33.

然，这种多样化是通过学校之间的差异性和独特性实现的。这就必然涉及学校的特色问题。

"特色"是学校个体的特征，主要描述一所学校发展策略的独特性及由之得到的发展结果的独特性。不同个体的独特性构成群体的多样性，一所学校通过育人过程的多样化也能在独特性内体现多样性。如北京师范大学附属实验中学，坚持游泳特色办学。通过游泳这个项目增强了学生的游泳技能和身体素质，并挖掘和培养了大量有潜质的运动健将。校游泳队代表中国参加了2005年在法国举行的欧洲青少年游泳锦标赛，摘得28块金牌。学校有多人入选国家队，已经培养出9名国家运动健将、30名国家一级运动员。对一所学校而言，追求特色是容易理解和便于操作的，所以学校更愿意接受特色发展的说法，也乐意接受政府和教育行政部门从多样化布局出发对学校提出的特色办学的要求。①

由此可见，多样化并不完全等同于特色化，二者的明显区别在于普通高中多样化表现在办学主体、办学形式等方面的多样化，同时还包括采取多种方式培育多方面人才的目标，是外延层面的要求；特色化发展，指向普通高中学校内涵发展层面，是学校水平和质量不断提升的概念。

对于同一所普通高中来说，"多样化发展"和"特色发展"表面上似乎存在相互矛盾的地方，这主要表现在同一所学校内的多样化与特色问题上，但实际上也并不矛盾。

首先，普通高中特色发展或者特色办学，只是高中发展策略的一种选择，它并不影响普通高中教育的本质属性和基本功能。正如徐士强所指出，一所普通高中，其特色发展模式可能是"基础＋特色"的模式，也可能是"基础渗透特色"的模式，但不管特色如何鲜明，它所承担的普通教育的内容是基本不变的，所以本质上还是基础教育。② 同样，普通高中多样化发展，在本质上也是基础教育，二者在教育的本质属性和功能上是完全一致的。

其次，普通高中在特色发展的同时，可以兼顾多样化发展。"不管怎样办特

---

① 徐士强. 普通高中特色、多样、优质发展问析［J］. 教育理论与实践研究，2012（7）: 33.
② 徐士强. 普通高中特色、多样、优质发展问析［J］. 教育理论与实践研究，2012（7）: 34.

色，即便是特色学校，其多样性的空间都是有的：一个空间来自特色自身，可以把学校特色领域细化，从而满足该特色领域内不同学生的更具体的需求；另一个空间来自特色之外的基础性教育教学领域，包括基础型课程的变革、选择性课程的增加、学校管理的变革等。"①

再次，从学校的特色项目、学校特色的形成来说，很多特色项目和办学特色都是在多样化发展的基础上逐渐凝练形成的；从没有一所学校的办学特色是一蹴而就的，无不经历了长期的办学优势积累、办学理念凝练、办学文化熏陶、人才培养探索和创新等。

最后，普通高中的特色发展只能作为普通高中多样化发展的一种形态，但不能成为普通高中特色发展的主流。普通高中特色发展的方向应该定位于鼓励高中形成办学特色，实现学校办学特色多样化。②《国家中长期教育改革和发展规划纲要（2010—2020年）》提出"推动普通高中多样化发展"。多样化发展的提出，针对的是学校办学的同质化现状，这具体表现为普通高中在办学类型、培养目标、培养模式、课程设置、教学方式和学校评价机制等方面存在明显的趋同现象。与特色化相对的是学校发展的一般化，它指的是特色尚未形成或突显的一种学校发展状态。普通高中的多样化发展有助于实现特色化，但多样化并不必然促成特色化。③

综上所述，多样化与特色化不仅不相互矛盾，而且是密不可分的。多样化与特色化之间，其实为共性与个性的关系。特色化是个性，多样化是共性。普通高中特色化发展一定是建立在多样化的办学模式、育人模式、课程设置、评价方式的基础上，没有多样化发展，就不会形成学校特色化发展。而普通高中实现特色发展，一定程度上说，能有效促动和实现普通高中发展的多样化。④因此，普通高中多样化与特色化发展密不可分、相互促进。

总之，普通高中的多样化发展和特色发展都符合国家的政策导向，都有着

---

① 徐士强.普通高中特色、多样、优质发展问析［J］.教育理论与实践研，2012（7）：34.
② 张瑞海.普通高中特色发展：理论、实践与政策研究［M］.北京：北京出版社，2014：57.
③ 张军凤.特色普通高中的准确定位——基于36所特色普通高中项目实验校自评报告的文本分析［J］.教育科学研究，2018（12）：9.
④ 杨润勇，杨依菲.我国普通高中"多样化、特色化"发展新目标及其落实的政策分析［J］.当代教育科学，2012（24）：12.

共同的教育本质属性和功能，承担了同样的人才培养职责。一般来说，特色发展都是基于多样化发展的基础之上的。同时，特色发展到一定阶段之后，也不排斥多样化发展；特色发展的同时可以坚持和推动多样化发展，多样化发展可以孕育于特色发展之中；从普通高中办学的全局来说，普通高中的特色化发展还是普通高中多样化发展的一个重要渠道和应有之义。普通高中特色发展的方向应该定位于鼓励普通高中形成办学特色，实现学校办学特色多样化。普通高中的"特色发展"和"多样化发展"是相辅相成、相互促进、辩证统一的关系。

注：本章关于学校特色与特色学校的概念辨析参考了杨育华（杨育华.普通高中特色发展研究——基于湖南省株州市普通高中特色发展的分析与思考［D］.长沙：湖南师范大学，2011.）、吕星宇（吕星宇.如何创建特色学校——特色学校创建文献综述［J］.教育科学研究，2017（2）：61-62.）等人的研究综述，在此一并表示谢忱。

第二章　普通高中特色发展的
必要性和意义

高中教育在整个国民教育体系中处于承上启下的关键位置，具有独特的重要性和教育价值。在中国义务教育普及化、高等教育大众化的背景下，加大高中学校特色发展的力度是高中教育事业改革与发展的重要课题。

第一节　普通高中特色发展的必要性

普通高中的特色发展受到我国经济社会发展、国家政策导向以及教育自身改革发展等多方面因素的影响。对此，学界从多个方面进行了论述。综合而言，可以从以下三个角度来加以认识。

一、经济、社会发展方面的因素

1. 社会、经济发展对高中教育提出新的使命

当今世界发展日新月异，科技革命方兴未艾，互联网、大数据、人工智能等现代技术不断改变着人们的生活方式；国际动荡加剧，国际竞争日趋激烈，人才竞争愈发成为焦点。人类社会中科学技术的突飞猛进，给世界政治、经济、文化的发展带来了巨大的影响，决定了 21 世纪社会命运的人才培养，已成为世界各国关心的焦点。"谁在教育上夺取了优势，谁就能抢占 21 世纪的制高点""谁拥有了人才，谁就能拥有未来"的观念在各国已形成共识。[①]《中国 21 世纪议程》规定，我国实施可持续发展战略的重要内容之一是在保持经济快速发展和增长的同时，依靠科学技术进步和提高劳动者素质，不断改善发展的质量。"这里实际上提出了一个重要的命题：能掌握现代科技、具有高素质的劳动力，是实施可持续发展战略的人力资源，而且是最重要的战略资源。"[②]

经济和社会发展所需要的人力资源是多层次、多规格、全方位的，而作为受教育者的青少年身心发展水平又是千差万别的。因此，教育的优先发展，现代教育体系的构建，终身学习型社会的建设已经成为人类应对挑战、实现可持续发展的关键。对于我国而言，要实现中华民族的伟大复兴，必须把教育放在优先发展的位置，必须首先实现从教育大国到教育强国的转变。国家"十三五"规划指出

---

① 陈培瑞.教育新的挑战与抉择 [M].济南：山东教育出版社，2001：12.
② 王建华.学校特色建设的思考与探索 [D].长沙：湖南师范大学，2003：2.

"以学习者为中心，注重能力培养，促进人的全面发展，全民学习、终身学习、个性化学习的理念日益深入人心"。教育这时候必须承担起历史使命。

当今，世界基础教育改革的趋势之一是发展教育的民族特色、地方特色和学校个性特色，为青少年的全面发展和个性发展提供更为有利的环境和条件，为满足社会经济发展的需要提供多层次、多规格、全方位的人力资源基础。尤其是随着中国加入 WTO 后，社会经济的不断发展，对基础教育提出了新的要求，如何适应国际形势发展的需要，与世界经济、教育接轨，迎接挑战成为了摆在我国基础教育面前的重要议题。唯有不断创新，形成学校自身独特的办学特点，加强学校特色建设，才能永立不败之地。

2.社会转型发展对创新性人才培养提出新的需求

当代中国社会正在经历着一场急遽的社会变革，其基本特征就是以社会主义市场经济体制的建立为核心的社会结构的转型。经济领域的市场化、政治领域的民主化和社会领域的自治化是这场社会转型的基本内容。在全球化和信息化的世界发展趋势下，社会的转型发展既构成了教育改革和发展的社会背景，也对人才培养和教育发展提出了新的要求。这种要求是当代中国教育改革和发展的根本动力。[1]

《国家中长期教育改革和发展规划纲要（2010—2020 年）》指出，"高中阶段教育是学生个性形成、自主发展的关键时期，对提高国民素质和培养创新人才具有特殊意义"。《普通高中课程方案（2017 年版）》指出，"普通高中教育的任务是促进学生全面而有个性的发展，为学生适应社会生活、高等教育和职业发展做准备，为学生的终身发展奠定基础"。[2] 这表明普通高中特色发展的方向是明确的，为社会培养适应时代发展要求、具有创新能力的人才目标是坚定不移的。

经济和社会发展的全面转型，使教育转型成为必然趋势。普通高中教育需要在普及的基础上，走向以多样化发展、提高质量、办出特色为核心的内涵式发展道路，这就要求每所普通高中围绕人才培养模式创新，在办学体制、办学类型、学校内部管理体制、招生制度、评价体制、办学理念、培养目标、课程

---

① 刘复兴.中小学创办特色学校的策略与选择［J］.当代教育科学，2003（7）：26–28.
② 教育部.普通高中课程方案（2017 年版）［M］.北京：人民教育出版社，2018：1.

与教学等方面实施系统性变革，以提升学校发展实力，实现学校转型升级。同时，"学校转型发展之机即是谋划特色发展之时"[①]。故此，《国家中长期教育改革和发展规划纲要（2010—2020年）》明确提出"推进培养模式多样化""鼓励普通高中办出特色"。在这样的社会背景中，通过创办特色学校，实现学校的特色发展，使学校在竞争中始终立于不败之地，成为许多普通高中学校发展战略的一项必然选择。

3. 建设人力资源强国对教育改革发展提出新的目标

日益激烈的国力竞争和社会主义现代化建设，强烈要求教育要努力培养数以亿计的高素质劳动者、数以千万计的专门人才和一大批拔尖创新人才，建设人力资源强国因而成为中国重要的发展战略。为实现这一目标，教育事业的改革与发展更需要理念引领。特色办学，其基本理念应该是以人为本，促进学生素质全面发展。

相反，那种长期以来在"应试教育"下的"千校一貌"的办学模式和"万生一面"的人才培养模式，那种忽视学生个性、能力的培养，而把升学当作唯一奋斗目标的学校教育，是与整个社会发展对教育的需求不相适应的。要切实解决高中教育在发展过程中出现的模式单一、人才雷同、特色缺失等问题，努力使高中教育的发展与经济水平、人才需求、社会发展相协调。

从中国国情出发，借鉴国际教育发展经验，特别是发达国家高中发展经验，创新办学思路，加快普及高中阶段教育，特别是加快普及农村高中阶段教育，建立健全保障普通高中教育发展的体制机制，深入推进普通高中教育课程改革，全面实施素质教育，着力培养学生的社会责任感、创新精神和实践能力，积极推进普通高中教育的特色办学和多种办学模式，走一条有中国特色的高中发展之路，已是时代要求。[②]

4. 社会对普通高中教育特别是优质高中教育的需求持续增长

高等教育大众化拉动了社会对高中阶段教育的需求。虽然我国从2006年起减缓了高等教育的扩招速度，但要实现预定的高等教育规模目标，招生数量

---

① 张军凤. 特色普通高中的准确定位——基于36所特色普通高中项目实验校自评报告的文本分析［J］. 教育科学研究，2018（12）：8.

② 高宝立. "中美高中特色办学研讨会"综述［J］. 教育研究，2009（5）：106.

仍将很大。因此，社会对普通高中的需求仍会持续增长。由于实行扩招，有更多的人能够接受高等教育，但是，教育需求与教育供给之间的矛盾仍未得到根本解决。从人力资本的视角看来，学校知名度、学历层次和学生就业紧密相关。也正因为此，社会对优质普通高中资源的需求异常强烈。因为进入优质高中的学生，能够受到更好的教育，在高考时有更多优势，能够进入高水平大学，就业将更有竞争力。已有的重点高中近年来不断扩大规模，并采取合作办学等形式来扩张资源，以求发挥优质资源的效益。这对一般普通高中来说是一个很大的冲击，对优质高中自身的可持续发展也带来很大的挑战。在此背景下，普通高中该如何发展，是作为独立的基础教育阶段还是成为高考的附庸；普通高中的目标如何定位；如何确保优质普通高中资源有序扩张，以更好地满足社会的需求；如何更好地发挥示范性高中的作用；如何创新普通高中办学模式和管理等都是亟待研究解决的问题。[①] 从高中教育发展的整体趋势看来，进行普通高中办学模式改革，走多样化和特色化发展道路，将成为今后一段时期普通高中的主流办学模式。

二、教育改革发展和国家教育政策导向等方面的因素

1. 我国普通高中发展由规模扩张阶段进入内涵式发展阶段

改革开放以来，我国在全国范围内陆续实现了九年义务教育，高等教育亦逐渐迈入大众化阶段。普通高中作为我国教育体系的重要组成部分，在整个教育体系中处于承上启下的特殊地位，其发展受到义务教育和高等教育的深刻影响。一方面，义务教育的发展水平决定了普通高中的发展水平，义务教育的发展规模决定着普通高中的发展规模，义务教育的质量影响着普通高中的质量；而另一方面，普通高中的快速发展将带动义务教育的发展，普通高中的教育教学质量又直接影响到高等教育的质量。[②]

近十几年来，我国经济得到持续、快速的发展，国家财政收入持续增长，财

---

① 李颖．特色普通高中建设的策略与实践［M］．北京：教育科学出版社，2014：15.
② 李颖．特色普通高中建设的策略与实践［M］．北京：教育科学出版社，2014：12.

政性教育支出逐年扩大，人民生活水平不断提高，我国的普通高中教育得到了长足的发展。2018 年 12 月，教育部部长陈宝生在人民日报上撰文《中国教育：波澜壮阔四十年》指出，经过 40 年努力，目前我国教育规模位居世界首位，从学前教育到高等教育的毛入学率均达到或超过中高收入国家平均水平。普通高中教育也取得了长足发展，普及程度和办学水平不断提高。据《高中阶段教育普及及攻坚计划（2017—2020 年）》，到 2020 年我国高中阶段毛入学率将要达到 90%。2019 年 2 月 26 日，教育部召开新闻发布会，介绍了 2018 年教育事业发展的有关情况。根据教育部公布的数据，全国各级教育普及水平不断提高，国民受教育机会进一步扩大。2018 年，我国学前教育毛入学率已经达到 81.7%，初中阶段毛入学率达到 100.9%，高中阶段毛入学率达到 88.8%，高等教育毛入学率达到 48.1%。

由 2018 年的各阶段教育毛入学率情况可以看出，我国普通高中的规模扩张任务已经基本完成。虽然我国普通高中教育毛入学率大大提高，但从总体上看，普通高中教育的基础还比较薄弱，发展还不平衡，特别是办学模式和人才培养方式还比较单一，与国家现代化建设和人民群众的要求还有一定距离，与欧美等发达国家相比也还存在着较大差距。

高中教育是国民教育体系的中坚环节，是人才培养的关键阶段。加快高中发展、提高教育质量是世界高中教育发展的共同主题，办出学校特色是提高教育质量的重要内容。从欧美等发达国家的普通高中教育现状来看，其高中普及率已经达到 90% 以上，高等教育已呈现大众化发展趋势，升学问题的矛盾已得到缓解。可看出普通高中的发展已不再是以升学为唯一目标，各国都在积极探索高中发展的新模式。总体而言，发达国家的高中发展趋势是高中教育与职业教育、高等教育的融合越来越紧密，办学模式改革走向多样化、特色化。现阶段，已初步形成以升学为目标的普通高中、以就业为目标的职业高中、兼顾升学和就业的综合性高中和专门性较强的特殊高中等多样化高中办学格局。①

可见，世界各国普通高中办学模式改革都强调高中教育要适应学生和社会发展需要，为学生的升学和就业提供学习、指导和帮助；强调普通教育与职业教育

① 李颖. 特色普通高中建设的策略与实践［M］. 北京：教育科学出版社，2014：7.

的双重地位，注重两者的整合；为使普通高中的精英学生能脱颖而出，注重通过借助高校的力量来培养高中阶段的精英学生。这给我们以深刻启示：随着中国普通高中办学模式的改革，普通高中多样化、特色化发展已是必然之路。今后我国普通高中的工作重点将是推进学校内涵、特色发展，确保教育质量的大幅度提高。

2. 高等教育大众化进程对高中阶段教育质量提出更高要求

高中阶段教育特别是普通高中教育的发展水平，对高等教育的质量提高有很大影响。1999 年以来，我国高等教育开始扩招，高等教育在很短时间内实现了大众化。但与此同时，高等教育质量有所下降，其中普通高中生源质量的下降是其重要原因。高等教育质量的下降对我国高等教育的可持续性发展有着不利的影响。建设创新型国家，提高核心竞争力，必须提高全体人民的素质，必须提高高等教育的质量。高等教育的战略重点从规模扩张转向内涵发展和质量提高，责任不仅在高等院校，中小学阶段特别是普通高中阶段更是责无旁贷。

普通高中教育是整个教育体系的重要环节和组成部分，肩负着九年义务教育普及后进一步提高国民整体素质、培养高素质劳动者和为高等学校输送优质生源的重要任务，其办学质量、发展水平，是国家形成雄厚人才资源基础的重要标志。然而长期以来，我国的普通高中教育一直被认为是大学的预备教育，受高考"指挥棒"的影响，以高考为唯一目标，高中教育逐渐失去了其固有的价值，沦落为功利教育和应试教育，呈现出"千校一面"和同质化的现象。但"随着社会的不断发展进步，人们对教育的诉求越来越高，传统的教育模式已经无法适应我国从人力资源大国走向人力资源强国、建设创新型国家的需要"，"唯分数论把学生按照成绩明确分流，无暇顾及学生的特长发展和需求，不利于多样化人才的培养"[1]。

因此，在高等教育大众化进程中，必须进一步提高普通高中的教育质量，以适应高等教育质量全面提升的需要。鼓励特色办学，提高普通高中教育质量，全面实施素质教育，促进学生的全面发展，将是今后中国高中教育改革和发展

---

[1] 王智超. 普通高中多样化发展的现实困境与理论探索 [J]. 东北师大学报（哲学社会科学版），2013（2）：10–13.

的重点。

3. 普通高中特色发展是全面贯彻教育方针，深化教育改革，全面推进素质教育的需要

在政治走向多极化、经济日益全球化、社会日趋多元化的大背景下，国与国之间的竞争越来越表现为以科技创新力为核心的综合国力竞争。高中教育是义务教育的继续，是高等教育的"准备阶段"，是人成长的重要阶段和关键时期。高中教育如何适应时代多元化需求和人才多样化发展需要，特色发展是必由之路。

《中国教育改革和发展纲要》提出，"根据我国社会主义现代化建设'三步走'的战略部署，到本世纪末，我国教育发展的总目标是：全民受教育水平有明显提高；城乡劳动者的职前、职后教育有较大发展；各类专门人才的拥有量基本满足现代化建设的需要；形成具有中国特色的、面向21世纪的社会主义教育体系的基本框架。再经过几十年的努力，建立起比较成熟和完善的社会主义教育体系实现教育的现代化"。"中小学要由'应试教育'转向全面提高国民素质的轨道，面向全体学生，全面提高学生的思想道德、文化科学、劳动技能和身体心理素质，促进学生生动活泼地发展，办出各自的特色。"《国家中长期教育改革和发展规划纲要（2010—2020年）》指出，"推动普通高中多样化发展。促进办学体制多样化，扩大优质资源。推进培养模式多样化，满足不同潜质学生的发展需要。探索发现和培养创新人才的途径。鼓励普通高中办出特色"。两个纲要都提出普通高中要"办出特色"，可见，从国家层面上来说，普通高中特色发展政策是一脉相承的。"从某种程度来说，学校有特色，学生有特色，这是时代的呼唤，也是深化教育体制改革的必然趋势。"[①]

全面贯彻教育方针，深化教育改革，全面推进素质教育，是历史赋予基础教育的基本使命，要求学校把每个学生培养成德、智、体等各方面全面发展的社会主义建设者和接班人。长期以来，我国基础教育形成了具有狭隘的服务观和眼光短浅的功利主义的"应试教育"模式。这种教育模式实际上反映了社会对个体的一种选择标准和评价尺度。"应试教育"模式以升学为目标价值取向，着眼于

[①] 杨育华. 普通高中特色发展研究——基于湖南省株洲市普通高中特色发展的分析与思考 [D]. 长沙：湖南师范大学，2011：3.

考分和选择，忽视学生不同兴趣、爱好和特长的充分发展，忽视每个学生所处的具体环境不同、家庭条件不同、每个人的勤奋程度不同，学生的兴趣、爱好、才能、气质、个性特长方面也存在差异，用一个模子塑造人，从而造成学校办学一般化、简单化、"万人一面"的格局，扼杀了学校的个性特色。

面对21世纪的挑战和世界人才的竞争，《中国教育改革和发展纲要》明确指出："中小学要由'应试教育'转向全面提高国民素质的轨道，各自办出特色。"这是基础教育领域的深刻变革，是提高国民素质、培养跨世纪人才的必然要求。只有实行素质教育，才能培养各种类型、各种层次的人才。只有办出学校特色，才能改变长期以来"千校一貌"的学校单一发展模式。实行素质教育和办出学校特色，是发展基础教育，提高基础教育质量两个不可分割的方面。为此，普通高中要根据所处的实际环境、学生的实际情况来设计办学方案和教育实践，通过创造性劳动的积累，逐步形成学校办学思想观念、价值规范上的特色，使学校走出"应试教育"的误区，全面提高教育质量。

4.普通高中特色发展是教育均衡发展的内在需要

教育均衡发展是一种理想的状态和全新的教育发展观，是社会主义教育事业的本质要求，是全面建设小康社会的重要选择，更是今后一段时期教育发展的战略性指导思想。所谓教育均衡发展是指通过法律法规确保给公民以同等的受教育的权利和义务，通过制定政策与调配资源提供相对均等的教育机会和条件，从而实现教育效果和成功机会的相对均衡。可以说，教育资源配置的均衡是教育均衡发展的基础和前提。[①]

从实践上看，教育均衡发展主要表现在以下三个方面：一是教育权利平等，即人人都有受教育的权利和义务。二是教育过程平等，即政府提供相对平等的接受教育的机会和条件；学生在受教育过程中受到社会、学校和教师的相对平等的对待，享受符合其能力发展水平和潜力的教育。三是教育结果公平，即教育成功机会和教育效果相对均等，每个学生在接受教育后都应达到一个基本标准，都能获得学业上的成功，在德智体美等方面实现全面、和谐与可持续发展。教育均衡发展体现优质性，均衡发展不是限制发展，而是共同发展，分类发展；教育均衡

---

① 翟博.教育均衡发展：现代教育发展的新境界［J］.教育研究，2002（2）：8-10.

发展关注差异性，但不是划一发展，而是特色发展。[1]

而特色学校建设既是均衡发展的客观诉求，也将有力促进教育均衡发展。这可从以下三个角度进行分析。

特色学校凸显优质性，是优质教育资源的重要组成部分。优质性是特色学校的本质特征。特色学校就是优质的学校行为过程及活动的良好结果。我们可以认为特色学校是教育质量优质，办学特色成功，为外界社会所认可并作为成功范例加以宣传的学校。学校特色的本质是创优，即优化学校教育资源配置，创设有自己学校个性特征的教育文化环境和氛围，以便更充分地发挥出学校教育的育人功能。

特色学校凸显独特性，较好地满足了个性化的教育需求。独特性是特色学校的核心特征，它是依据社会发展对人才需求的多样性和各校教育资源配置的差异性以及学校办学自主选择的创造性，经过学校师生长期自觉努力建设所形成的独特的办学风貌或教育风格。特色学校所提供的优质教育不仅表现为教学质量、教育效果上的"优"，而且还能提供"特"，即通过多样化的教育来满足不同学生的兴趣、爱好、特长及潜能的需要，使得有某方面兴趣、特长的学生能够选择自己所喜爱的学校，既关注孩子的差异、为每一位孩子的发展提供空间，也丰富了优质教育资源的内涵。

特色学校走内涵式发展的道路，有利于扩大优质教育资源。优质教育资源匮乏的主要原因在于受政府公共财政投入及教育总供给能力不足等因素的影响，在短期内要靠加大国家财政投入来缓解这一矛盾是难以达到的。因此推进教育均衡必须抓好内涵发展，实现教育资源利用的最优化。而创办特色学校走的正是一条内涵式发展道路，即依靠学校实行自主改革、挖掘本校具有的潜在优势，合理而又充分地利用学校既有的资源并最终形成自身特色。事实证明，许多原先基础较差的薄弱学校通过创办特色学校而优化了教育资源。因此，创办特色学校可以改变原有的"外援"式学校发展方式，在国家有限的教育投入下增加更多的优质教育资源，促进教育均衡发展。[2]

---

① 钟燕.均衡视野下的特色学校建设研究——兼论重庆市特色学校发展战略［J］.人民教育，2018（1）：57-58.
② 钟燕.均衡视野下的特色学校建设研究——兼论重庆市特色学校发展战略［J］.人民教育，2018（1）：57-58.

三、学校自身发展方面的因素

1. 是学校自身发展的需要

随着社会主义市场经济体制的确立，我国教育的办学体制、投资体制、管理体制等发生了深刻的变革。办学体制的多元化，投资渠道的多样化，政府简政放权，学校办学自主权的扩大，形成了教育竞争的新格局。在这个充满竞争的时代，学校欲求得生存和发展，就得办出特色，提高教育质量。

过去，我国实行的是国家集中计划、政府直接管理的办学体制。在政府独家办学的情况下，学校办学水平的高低、教育质量的优劣，并不影响学校的生存，因而学校和教师大多没有生存危机感。改革开放以来，随着我国加入WTO，办学体制出现了多元化，办学形式也多样化了，各种私立学校、民办公助学校、公办民助学校的出现，带动了激烈的办学竞争。各类学校都在积极采取现代管理方法进行有效管理，大胆进行改革、创新，形成自己独特的办学特色。如果学校没有特色，就很难让学生形成特长，也将影响学生今后的发展。

同时，随着社会经济的不断发展，许多家长都希望子女受到良好的、有活力的教育，来培养良好的学生素质，为学生未来打下良好的基础。一些家长宁愿多花钱，也不愿子女在毫无特色的学校上学。如湖南省长沙市每年中考过后或小学升初中入学招生时，有特色的学校无不显示出咄咄逼人的竞争架势，门庭若市。长郡中学2002年初中招生600多人，报名人数达3 000余人。而一些特色不明显的学校不仅招不到好学生，有时连差生也招不满。[1] 竞争出活力，活力来源于竞争，市场的无情规则就是竞争，没有特色的学校就会在竞争中失败，就会被市场所淘汰，在竞争中出局。

中国教育学会常务副会长郭永福指出，创办特色学校是教育发展的需要、建设创新型国家的需要，也是学校自身发展的需要。我国要在2015年建成创新型国家，其关键在人才。人才培养的基础在教育，尤其在基础教育。这就要求学校教育要从根本上改变过去那种一刀切、齐步走、千校一面、模式化、生产标准件的状况。学校只有办出各自的特色，才能促进学生个性化发展和个性培养、激发

---

① 王建华.学校特色建设的思考与探索[D].长沙：湖南师范大学，2003.

学生的兴趣、开发学生的潜能、培养学生的能力，使他们成为创新型人才。

2. 是普通高中优质发展和创新发展的需要

从特色观的角度来看，"特色是区分优质和非优质事物的规定性，是人认识优质事物的根据，它表达了事物的自我完善、自我发展的倾向性，代表事物发展和进化的方向"[①]。普通高中特色发展是一种旨在提高学校办学质量和效益、促进学校组织和组织成员共同进步的内涵式发展，其本质是追求优质。学校特色发展的过程就是学校办学优质化的过程。优质化是普通高中特色发展的本质属性。普通高中特色发展从过程到结果都是以追求优质为目的，它代表了学校发展方向。正是这种优质性的存在，决定了学校特色发展有利于满足人们对优质教育的需要，有资格成为人们所赞赏、所希望、所追求、所期待的东西。[②]

对于每一所普通高中学校来说，通过特色办学可以提升学校的优质发展水平。对于同一所普通高中来说，"优质"和"特色"是相辅相成的关系，"二者一并提出目的在于引导学校以全面优质取代畸形质量观，以特色克服同质、促进优质。学校要提高质量，但不是要盯着升学率，否则得到的质量是瘸腿的质量，而是要树立科学的质量观，把学生的学业水平、学习经历、身心健康、学习兴趣都纳入办学追求内"。[③]从实践选择上看，很多高中的特色办学，或是选择"优质+特色"的发展模式，拓宽学校的质量观，改革育人过程，走向名校；或是选择"特色带动优质"的模式，把特色办学作为改革的切入点，创造发展新格局。

提高学校的办学内涵和教育质量，开展特色学校建设，是一个长期的教育创新过程。教育部中国教师发展基金会原秘书长杨春茂教授指出，大量的统计数据表明，我国的教育创新迫在眉睫；中国学生发展核心素养中也明确提出要培养学生的"实践创新"素养，同样离不开特色学校建设。因此，特色学校的教育创新，是一种勇于变革的实践活动，具有回应时代挑战的持续发展的生命力。

3. 是推进新课程改革与发展的必然选择

创建学校特色教育是实施素质教育、推进新课程改革与发展的必然选择。素质教育和新课程改革要求学校改变传统的应试教育模式，培养具有创新精神和实

① 郑庆昌，张丽萍.特色观视阈的中国特色社会主义 [J].福建论坛（人文社会科学版），2008（1）：115.

② 张瑞海.普通高中特色发展：理论、实践与政策研究 [M].北京：北京出版社，2014：92.

③ 徐士强.普通高中特色、多样、优质发展问析 [J].教育理论与实践研，2012（7）：33.

践能力的素质型人才，要求教师转变观念，改进教学方式、方法，改变学生的学习方式、方法，开展自主探究合作式的学习、研究性和综合实践性的学习活动，改革学校的评价制度，设立校本课程。这些方面在推进新课程改革的进程中已经做了大量的工作，取得了显著的成果。但是要进一步巩固新课改的成果，推进其向纵深发展，必须把这些方面统一于学校的整体工作中去，形成一个系统的工程。这就需要增强学校办学的自主权，在办学模式上谋求创新，创建学校特色教育，改变传统教育千校一面的僵化局面，使学校能根据教育改革的具体要求和学校自身的实际情况，确立自己的办学指导思想，形成独具特色的管理模式，建立自己的培养目标，能够灵活自主地安排素质教育和新课程改革的具体任务，把素质教育和新课程改革的发展推向一个新的阶段。[①]

推进新课程改革与发展，必然要创建和开发特色课程。针对普通高中教育办学模式雷同、人才培养方式单一、同质化倾向严重的现状，《国家中长期教育改革和发展规划纲要（2010—2020年）》明确提出"鼓励普通高中办出特色"，并把普通高中开发特色课程列为当前推进素质教育重大改革试点项目。[②]

课程是学校教育的核心，学校的办学特色在很大程度上取决于学校的特色课程。学校特色课程是特色学校的主要标志物，也是特色学校工作的主要方面和主要内容。"特色学校只有用高质量的特色课程做支撑才具有生命力。特色课程的开发过程就是彰显学校特色、求得学校内涵发展的过程，它是创办特色学校的关键和抓手。唯课程具有特色，学校才能有特色。"[③] 创建特色高中必须建立与之相适应的特色课程体系。特色课程的开发与学校特色建设之间是相辅相成、相互促进的关系，特色课程的开发不仅仅是保证学校教学质量的生命线，更应该成为凸显学校特色的一个窗口。

① 刘秀梅，刘国彩．关于创建学校特色教育的思考［J］．中国农村教育，2006（10）：39.

② 《国家中长期教育改革和发展规划纲要（2010—2020年）》［EB/OL］．（2010-7-29）［2012-10-18］．http://www.gov.cn/jrzg/2010-07/29/content_1667143.htm.

③ 石鸥．普通高中特色课程开发研究［J］．中国教育学刊，2012（12）：4.

第二节　普通高中特色发展的意义

普通高中的特色发展，受到经济、社会发展程度，教育改革发展和国家教育政策导向，以及学校自身发展等多方面因素的影响，是新形势下社会发展和高中教育改革发展的必然趋势。同时，普通高中的特色发展还有着多方面的意义。

一、有利于迎接我国普通高中同质化带来的挑战

同质化是指普通高中在培养目标、课程体系、评价标准、师资配置、培养人才、校园文化等诸多方面的趋同，呈现"千校一貌""万人一面"的局面。我国的教育任务是培养"数以亿计的高素质劳动者、数以千万计的专门人才和一大批拔尖创新人才"，但现实却是高中教育"千校一貌"：同样的课标、教材、教学，一样的高考试卷，用统一的教育培养学生参加统一的高考，从而导致"英才教育"严重不足、"普及教育"明显过剩，"不需要的必须学，需要的又不让学"的"片面应试"与"片面减负"并存的现象。受各方面政策影响，我国接受"英才教育"的学生的学习深度、难度和强度并不比欧美同类高中更高，但我们普遍的高中学习强度则显著大于欧美。

这种不顾学生不同，强行对所有学生一视同仁的"同层竞争、同质发展"，使我国普通高中始终处于高强度的高考竞争之中。于是，学校和学生忽视了知识与经验的现实意义，往往不关注学了什么，只关注要考什么，不关注知识与经验的现实意义，更关注知识与经验在考试中是否会考到。以考试为导向的普通高中教育忽视了自身的意义与价值，导致"应试教育"愈演愈烈，考试分数就像毒品一样侵蚀着学生素质与能力的发展。[1]

为何我国高中教育会出现如此严重的同质化倾向？究其原因，主要有以下几点：一是我国移植了苏联中央集权的教育体制，长期以来实施的是统一的教

---

[1]　戚业国. 普通高中多样化发展的理念、经验与模式 [J]. 人民教育，2013（10）：16–17.

育方针和课程标准，导致高中多样化特色化发展先天不足；二是高校选拔方式的统一和学生、家长刚性升学需求的趋同，加剧了普通高中的同质化；三是我国师范教育体系的长期封闭，使得作为学校第一资源的教师大多毕业于同质化很高的师范院校，培养模式一样，知识结构趋同，个性化不足；四是评价方式一致性，尤其是风靡一时的"省重点""省示范"的评估，使很多学校削足适履，长期积累的地缘性、文化性、个性化差异消解，呈现"相似面孔"；五是我国关于学校建筑、学校环境研究起步晚、力量薄弱，学校建筑、校园文化景观建设雷同。

当前普通高中教育的同质化状况，带来了严峻的挑战：第一，同质化的普通高中教育难以适应社会对人才的多元化需求；第二，同质化的普通高中教育难以做到因材施教，影响了创新拔尖人才培养；第三，同质化的普通高中教育难以适应未来"分类考试、综合评价、多元录取"的招生考试制度。[①]

可以说，目前在我国普通高中教育存在的诸多弊端中，最严重的便是同质化倾向了，而普通高中特色化发展目的之一就是解决这些问题，使普通高中走上健康发展的轨道。普通高中多样化特色化发展，可以释放高中办学活力，深化普通高中教育改革，破解高中办学的同质化倾向难题，促进学生的全面和个性发展，实现普通高中的发展战略转型——由规模扩张转变至以提高质量、彰显特色为核心的内涵发展，进而正确应对普通高中同质化带来的各种挑战。

二、是我国高中办学质量的抓手，是提高教育质量的根本保障

国家"十三五"规划明确提出将"提高教育质量"作为教育改革发展的核心任务。学校特色的本质是创优，特色学校的创建过程也是提升教育质量的过程。

许多学者都将特色办学看作一种学校发展策略，认为特色发展是学校优质化办学进程中必须经历的过程。例如，"特色学校只是学校优质化进程中的一个发展抓手"[②]；"特色学校就是优质的学校行为过程及活动的良好结果，优质化是特色

---

① 杨育华.普通高中特色发展研究——基于湖南省株洲市普通高中特色发展的分析与思考［D］.长沙：湖南师范大学，2011：5-6.

② 楚江亭.特色学校创建：概念透视与模式重构［J］.教育发展研究，2008（8）：33-37.

学校的本质特征"①;"发展办学特色是增强办学竞争力的策略之一……以特色为突破口引发学校系统性的改革和变化,学校特色化的过程是一个优质化的过程"②;"把学校已有的特色与学校发展中存在的突出问题紧密结合起来,探寻特色项目怎样切入到影响学校发展的主要问题上去。这些问题的解决就是一种对学校教育质量提高、能力成长和价值提升的过程"③。李清季提出,"从本质上讲,特色建设属于学校内涵发展的范畴,它应当也必须具有学校内涵发展的基本要素和结构"④。熊德雅认为,"特色学校建设和学校管理一样,是实践取向的内涵发展行为"⑤。楚江亭认为,"特色学校建设是注重以内涵式发展来提高教育质量的学校建设战略"⑥。钟燕会长从教育均衡发展的基本认识出发,强调学校要在规范发展的基础上进行特色发展,最终实现办学质量的整体提升。她提出,创办特色学校,是一种内涵式的发展路径;特色学校建设是一个动态的概念,其本质是一个不断改进教育质量、推进教育均衡发展的特色化过程。南京师范大学张新平教授指出,优质教育一定是公平的、有个性的、能够主动适应社会发展的教育,学校特色形成的过程就是学校质量提升的过程,特色学校建设可以助推一大批薄弱学校向优质学校迈进。⑦

三、是形成有中国特色社会主义教育体系的需要

普通高中教育致力于学校特色建设,有利于培养和造就新一代教育家,提高校长和教师的素质;有利于发展学生个性特长,培养创新型人才;有利于提高学校和教师的社会地位;有利于中国特色社会主义教育理论的建设,构建21世纪具有中国特色社会主义教育体系的新框架。

中小学教育是我国教育体系的重要组成部分,是各种门类教育的基础,因此

① 熊德雅,等.特色学校发展的要素关系及策略思维[J].教育科学研究,2012(11):38–43.
② 高鸿源.对学校特色建设中几个问题的再认识[J].中小学管理,2010(8):4–6.
③ 熊德雅.普通高中发展性评估的内涵意蕴及其模型构想[J].教学与管理,2011(10):9–12.
④ 李清季.论特色学校的创建[J].当代教育科学,2010(12):13–15.
⑤ 熊德雅,等.特色学校发展的要素关系及策略思维[J].教育科学研究,2012(11):38–43.
⑥ 楚江亭.特色学校创建:概念透视与模式重构[J].教育发展研究,2008(8):33–37.
⑦ 胡方,龚春燕,薄晓丽.特色学校建设:价值选择与实践创新——"第九届全国中小学特色学校发展论坛"综述[J].中小学管理,2017(12):44–46.

中小学教育致力于学校特色建设，有利于培养和造就新一代教育家，提高校长和教师的素质；有利于繁荣教育生态和提高教育质量；有利于发展学生个性特长，培养创新型人才；有利于提高学校和教师的社会地位；有利于中国特色社会主义教育理论的建设，构建 21 世纪具有中国特色社会主义教育体系的新框架。

四、有利于激发高中办学活力，推动高中学校发展

在当前普通高中办学压力剧增、竞争日趋激烈的背景下，学校树立特色办学的目标本身就具有一种感召力，能凝聚学校全体师生的进取心和创造力，有助于围绕办学目标优化学校内部的资源配置，激发办学活力，尽可能地实现人尽其才、物尽其用，进而盘活办学资源，形成强大的办学合力。特色发展取得明显进展时，又会对师生产生鼓舞和激励的巨大力量，形成学校发展的良性循环。

普通高中特色发展还有助于学校树立良好、独特的形象。"学校特色是为社会所公认的具有独特性和优质性的学校个性品质，是高质量的教育教学水平、良好的办学业绩和卓越的办学能力的标志和体现。办学特色是学校最鲜亮的名片，是学校最显著的标志，也是学校品牌形成的基础。"[①] 具有鲜明办学特色的学校在社会上往往具有更高的辨识度、知名度、美誉度和影响力，更加容易获得广泛的社会支持，从而在竞争激烈的办学进程中抢占更多先机，进一步提升学校的竞争力，扩大办学影响力，增加学校吸引力，在学校取得长足发展的同时也进一步推动高中教育质量的整体提升。

---

① 张瑞海.普通高中特色发展：理论、实践与政策研究［M］.北京：北京出版社，2014：93.

第三章　普通高中特色发展的过程、策略和模式

简单来说，普通高中特色发展就是特色化办学的过程，是朝着学校特色和特色学校迈进的过程。而学校特色的形成是一个长期的教育创新过程，需要不断深化、不断丰富、不断积累。形成学校特色的过程就是学校在办学过程中突破常规、持续创新的过程，这就彰显了特色发展的能动作用。各普通高中在特色化办学的过程中，并不是"摸着石头过河"，也不是"盲人骑瞎马"，而是在理论和实践上都有所研究和借鉴，均需采取一定的策略和模式。

第一节　特色普通高中的形成过程

在日趋激烈的普通高中办学竞争中，创办特色普通高中不仅是国家教育政策的导向所在，也成为各普通高中的实践选择。特色是学校的品牌和优势所在，是一所学校区别于其他学校的标志。学校形成办学特色后，便会形成一种独特、优质的办学风格，办学内涵和教育质量会得到进一步提升；学校特色会在潜移默化中内化为学校的生活方式、教学方式以及其他行为方式，为师生成长营造更加优质和具有个性特征的校园生态环境；学校特色会使学校在社会中的影响力不断得到提升，并得到更多的资源和支持。

一、学界对学校特色形成过程的相关论述

特色普通高中的形成不是一蹴而就的，无不经历了长期的办学积淀和充分发展。对于学校特色形成的过程，学界进行了深入的研究。

马联芳、宋才华提出，特色学校形成有一个从偶然到必然、从必然到自由的形成发展过程。特色学校形成和发展的过程是：学校领导在其管理过程中发现有特长的教师或有特色的教师，而且这种特长符合社会经济发展和社会发展的需要，并产生了良好的教育效果。于是，学校创造条件使之形成特色教育项目。学校的教育活动、管理活动逐步规范化，继而使学校的特色教育具有独特性、规定性、整体性、稳定性、实效性，发展成为真正的特色学校。他们还提出，特色学校形成过程中有三个主要特点：① 多开端性。是指特色学校形成的四个基本要素：人、学校管理、教育活动和环境因素中的某一个方面，都可能成为特色学校形成与发展的开端。② 策略引导性。特色学校的形成是学校领导和教师群体，遵循学校发展的规律，发挥主观能动性，积极地创造条件，奋力创建的过程，其间每一步都要有一个科学的策略引导。③ 阶段性。特色学校的形成需要有一个在实践中发展的过程，这个过程是呈阶段性发展的。第一阶段，是完成学校标准化建设阶段；第二阶段，是选择突破口阶段；第三阶段，是成

就特色阶段。①

高洪源认为，特色学校有一个孕育、诞生、成长、成熟的过程，它的形成机制概括起来就是一种意识、两类分析和三个阶段。一种意识是指创新意识；两类分析是指环境分析和学校需求与能力分析；三个阶段是指选择和孕育、组织和发展、完善和巩固阶段。②

李醒东提出，特色学校形成的规律是：在解决具体教育问题的过程中，学校形成了某方面的特色；实践者不断反思自身经验，深化对教育的理解，并通过自身的努力形成某种教育品格；实践者的教育智慧和辛勤劳动的积淀成为学校的精神文化，并"化成"学校的生活方式，转化为学校的传统；通过整体育人环境的优化，学校教育成效得到社会的广泛认同。③

漆新贵、蔡宗模提出特色学校建设的"内在生成的理念"：特色学校建设要从依附到内生开始嬗变。特色学校内在生成需要解决的问题是：① 学校是特色建设的主体；② 特色学校建设的目标具有综合性、特质性和过程性；③ 特色学校创建离不开主体的反思性实践；④ 特色学校创育的路径选择：沉积或催化；⑤ 特色学校创育的条件：需求、环境和人。特色学校内在生成的机理是：首先要确立学校的办学自主权和主体地位，这是至关重要的第一前提。然后通过自下而上的民主参与以及对学校自身历史和现状的深刻把握，确定学校特色发展的目标方向，这个目标方向好比一个科学假设，需通过阶段目标的实现不断修止完善或丰富其内涵使之逐步清晰化。在此基础上，制定出学校发展规划并通过不断的反思性实践予以调整，这是一个循环往复、螺旋上升的过程。在这一过程的起始，应充分认识催化型特色学校的路径选择易受他者干涉的劣势，不断强化自我认同和主体身份，激发内在需求动力，充分调动相关人员的积极性，主动选择并利用各种资源，不断趋近既定的特色建设目标，最终走上特色发展的轨道，实现学校特色发展的良性循环。④

方中雄提出，学校特色建设是一个渐进的过程，可分为孕育、初级、发展、

---

① 马联芳，宋才华.特色学校形成与发展的理论思考［J］.上海教育科研，1997（10）：27.
② 高洪源.如何创办特色学校（下）［J］.中小学管理，2000（5）：27—28.
③ 李醒东.解读特色学校——对特色学校概念及创建问题的理解［J］.中小学管理，2004（5）：30—31.
④ 漆新贵，蔡宗模.特色学校建设：内在生成的理念［J］.中国教育学刊，2010（2）：22—25.

成熟、高级五个阶段。具体的判断标准可以从特色的鲜明性、认可度、影响力，特别是通过特色对促进学生发展与学校发展的作用等维度作系统的研制。明确特色发展阶段，有助于科学评价学校特色的发展水平，鼓励学校特色建设不断向前推进。同时，也有助于办学者更好地理解稳定的办学特色是长期办学历史积淀的产物，是坚守的结果，不可急功近利。[①]

许建国认为从模仿到发展到创新型发展，从同质化发展到真正的特色发展，是特色学校建设的基本运行轨迹，特色学校建设的基本流程是：以"点"切入——"立体"架构——"迁移"生成——长期"坚守"。[②]

李淑春、邓成林认为，特色学校是"个性"的，但特色学校创建的路径是有"共性"可循的。特色学校建设有两条基本路径。一是"项目突进，全面优化"，其基本路线是"特色项目——学校特色——特色学校"。创建过程大致分为四步：寻找突破口，锁定特色项目；优化特色项目，亮出学校名片；凝练办学理念，构建特色文化；转型特色教育，整体打造特色学校。二是"顶层设计，系统打造"，其基本路线是"特色定位——顶层设计——全面施工"。创建过程分为三个环节：特色定位——顶层设计；系统规划——全面推进；扎实实施。[③]

由上述论述可见，学校特色的形成和发展是一个复杂的系统工程，不是一蹴而就的，它的形成和发展有赖于一定的系统环境，或由点到面、从小到大，点面结合，整体优化；或由局部到整体、从低级到高级，逐渐积累，逐步升级；或是一个从量变到部分质变再到根本质变的一系列演进的历程。

二、国内学者对学校特色形成过程的阶段性划分

由于每一所学校的基础和办学条件不同，其特色创建需要经历的阶段也各异。国内有一些学者对学校特色形成的过程进行了明确的阶段性划分。如孙孔懿、刘居富按照学校特色发展的自然进化过程或学校特色的显现程度对学校特色形成过程进行了阶段性划分，任顺元按照学校特色创建的进程对学校特色形成过

---

① 方中雄.义务教育学校特色建设的价值选择与分析模型［J］.中小学管理，2010（8）：9–10.
② 许建国.特色学校建设的关注"点"［J］.河北教育（综合版），2011（1）：32.
③ 李淑春、邓成林.特色学校建设路径的实践探索［J］.中国教育学刊，2011（9）：42–44.

程进行了阶段性划分。

1. 学校特色形成过程的三阶段划分

孙孔懿将学校特色形成的过程划分为孕育、过渡和成熟三个主要阶段。[①]

（1）特质：孕育阶段。任何学校特色都不是凭空产生的，最初都会有一粒"种子"或是一个"胚芽"。这是一种生命力特强、能够发育成参天大树的种子和胚芽。这样的种子或胚芽，就是孕育着学校特色的"特质"。

（2）特点：过渡阶段。特点是特色的始初，还不是特色本身。如果说处于孕育阶段的特质带有一定的隐蔽性，还不太引人注意的话，那么，它在形成某种特点之后，就打破了原有的潜在状态，开始初露锋芒了。特点是从特质发展成特色的过渡阶段。它既是特质从隐到显的飞跃，又为特色的最终形成进行了量的准备，积极地酝酿着新的突破。

（3）特色：成熟阶段。学校工作的某一特点扩展到全校范围并得到巩固和完善，获得了社会公认，就形成了学校特色。与特点的"点"不同，特色的"色"具有情境、景象的意思，例如春色、秋色、暮色、夜色、月色等，具有整体性、弥散性。

刘居富将学校特色形成的过程分为特色孕育、特色生长、特色成熟三个阶段。[②]

（1）特色孕育阶段。该阶段主要是根据学校内部条件的优势和外部环境选择并确定某一项目，并形成系统的方案。主要任务有三：一是研究问题，包括研究学校内外部条件、研究本校的优势与劣势、研究本校发展的经验教训、研究名校特色发展的秘诀等；二是确定学校特色发展目标，包括确定学校特色发展的方向、确定特色发展的总目标和阶段目标、评估论证目标可行性；三是制定学校特色发展规划，包括规划特色发展的时间表、规划特色发展的系列活动和突破口、规划特色发展的资源筹措与配置、制定多种发展方案并组织方案论证，最后择优而行。

（2）特色生长阶段。该阶段的关键是组织发动，全员参与，具体落实，使全

① 孙孔懿.学校特色论［M］.北京：人民教育出版社，2007：142–144.
② 刘居富.校长怎样抓特色创建［M］.天津：天津教育出版社，2009：27–35.

体员工理解、认同学校的办学思想和理念，并形成特色发展的共识。该阶段的主要任务有二：一是组织师生全面总结办学理念；二是选准切入点，形成特色，由点到面推进。

（3）特色成熟阶段。该阶段学校预定的阶段特色目标基本实现，学校独特的教育风貌已经形成，学校办学质量得到提升并得到一定范围的认可。该阶段的主要任务有三：一是评估实效，论证成果，提升内涵；二是总结经验，巩固成果，提出发展的新目标；三是开展宣传，扩大特色影响，提高学校声誉，进一步争取各方力量支持，并寻找新的发展契机。

2. 基于学校特色形成过程的阶段划分

与孙孔懿、刘居富两位学者的分类方法不同，任顺元按照学校特色创建的进程对学校特色形成过程进行了阶段性划分。他将学校特色创建过程划分为目标定位、组织发展和巩固完善三个阶段，并对各阶段的主要任务做了论述。[①]

（1）目标定位阶段。对于已经具备了某种发展特色的学校，需要将已有特色进一步深化、细化、内涵化，创出真正的素质教育的特色来。对于大多数没有现成的可供选择的特色的学校，往往需要学校领导从纷杂的教育日常事务中选择、筛选和提炼，通过梳理和比较，形成学校的特色目标定位。

（2）组织发展阶段。此阶段的主要任务是进一步深化认识，完善组织，形成常规。由于对特色学校意义认识不足以及对其基本概念的认识模糊，许多学校还没有将特色学校建设放在应有的重要位置，没有对特色学校建设的长远发展作出合理的规划与科学管理，因此特色学校建设也很难取得实质性进展。事实证明，良好的组织特征和全面的机构设置是一所学校发展中必不可少的一部分。学校有必要建立相应的组织，做好特色学校创建的每一个环节，诸如宣传、维护、协调、改进、监督等。

（3）巩固完善阶段。此阶段的主要任务是通过对前期特色学校创建工作的主要方面进行总结评价，以形成对创建活动效果和发展方向的正确认识。

3. 基于学校特色创建过程的阶段划分

张瑞海综合了上述学者的观点，将学校特色发展大致划分为特色孕育、特色

---

① 任顺元.学校特色与特色学校建设［M］.杭州：浙江大学出版社，2010：29–32.

生长、特色成熟三个阶段，相应地将学校特色创建的过程划分为选择和孕育、组织和发展、完善和巩固三个阶段。它包括特色的挖掘和凝练、特色的形成与扩展、特色的巩固与提升三个基本环节。

学校特色创建处于不同的阶段，会面临不同的任务，同时也需要解决不同的问题。其中，选择和孕育阶段是学校特色创建的初始阶段。这个阶段的任务是筹划、选择特色项目。选择特色项目通常有两种情况：一是在一开始就明确将某项目建设成学校特色；二是一开始并没有明确的目标，而是需要在学校已有的创造性工作成果中进行筛选。组织和发展阶段是特色项目的探索、落实过程。这个阶段的主要任务是深化认识、完善组织、提供保障、有序地完成每一项活动。完善和巩固是办学特色的最后阶段。这个阶段要经过总结、评估和规范，用翔实的材料证明它的成功，还要提出进一步发展的方向，同时，又要以可操作性的语言把特色的内容和程序规定下来，作为长期的指导性文件。①

上述关于学校特色形成过程阶段性划分的三种代表性观点，虽然划分的依据和标准不同，各阶段的内容和特征也相异，但都无一例外地将特色学校的形成过程划为了三个阶段，从不同角度揭示了特色学校形成的规律。

三、学校特色形成的过程

学校特色的创建自有其内在规律，它是一个从量到质、从点到面、由局部到整体、从低级到高级的渐进发展过程。张瑞海提出，学校特色创建是持续性和阶段性相统一的过程，持续性体现了"学校特色"的继承和量的积累，阶段性体现了"学校特色"的发展和部分质的转变。从过程论的观点来看，学校特色的形成是一个从孕育到形成、从低级到高级的不断发展的过程。学校特色的创建遵循一个由优势项目到项目特色，再到学校特色，进而发展到特色学校的动态过程。②陶西平指出，"学校特色的形成是一个长期的过程。一开始，它可能只是学校的某一个优势项目，这个优势项目可能逐渐变成一种项目特色，这种项目特色可能

---

① 张瑞海.普通高中特色发展：理论、实践与政策研究［M］.北京：北京出版社，2014：89-90.
② 张瑞海.普通高中特色发展：理论、实践与政策研究［M］.北京：北京出版社，2014：86-87.

再发展成学校特色，学校特色可能推动学校成为一个特色学校。所以，学校特色的形成应该是一个持续的过程"。①

综合国内学者关于学校特色创建过程、内容及其特点的论述，我们可以发现，"特色学校"的形成一般要遵循"优势项目——特色项目——学校特色——特色学校"的发展规律。优势项目、特色项目是学校特色形成的起点。一般来说，推动普通高中特色发展，首先需要寻找、发现学校的优势项目。学校特色是"特色学校"创建不可逾越的必经阶段。只有依托优势项目发展特色项目，进而形成相对稳定的学校办学特色之后，才能在此基础上进一步谋划和创建特色学校，最终成为社会认可的、办学效益显著的特色学校和品牌学校。"特色学校"的形成需要经历"凝练教育办学理念、确定特色发展目标、孕育学校特色文化、创新学校育才模式、形成特色办学成效、反馈特色培育结果、争取社会认同"的成长过程。总之，"特色学校"创建是一个需要不断积累、不断丰富、不断深化、不断创新和追求优质的长期过程，是不可能一蹴而就的。

从实践上来看，上海市教育委员会制定的《上海市推进特色普通高中建设实施方案（试行）》，将特色普通高中建设划分为以下三个发展阶段，作为全市特色学校创建和评估的指导标准。第一阶段（特色项目阶段）：学校有 1 个及以上适应学生需要的富有特色的课程或项目；第二阶段（学校特色阶段）：学校围绕特色领域，形成相应的特色课程群，形成面向全体学生、层次递进的特色课程体系，形成一定的办学特色；第三阶段（特色学校阶段）：学校以特色领域为主线，制定发展规划，形成系统引领和支撑学校发展的办学思想、发展目标、课程体系、教师架构、管理制度、资源体系和辐射机制。②

① 陶西平．谈高中特色办学［J］．中小学管理，2009（8）：5．
② 上海市教育委员会．上海市推进特色普通高中建设实施方案（试行）［Z］．2014．

普通高中学校的特色发展是一个有起点但并无终点的、不断发展的、渐进的过程。普通高中特色发展的直接目标在于形成学校办学特色、创建特色学校，根本目的在于促进学生全面而有个性地发展，培养创新型和个性化人才，本质在于追求优质。那么如何评价一所高中特色发展的成效？如何看待学校已有的特色？如何给学校特色定位？如何巩固和发展学校特色？学校特色建设的实践迫切需要对学校特色有一个科学的评价。

一、学校特色评价标准

"教育评价是指按照教育方针和教育目的，通过系统收集资料信息，采用测量和非测量的方法，对学校、课程、教师、学生等进行分析和判断，为教育决策提供依据。"[1] 教育评价包括学校评价、课程评价、教师评价、学生评价以及其他评价（如教材评价、班主任评价等）。教育评价是一个上位概念，而学校特色评价与之呈隶属关系或主从关系。胡永新提出，创建学校特色是学校教育活动的范畴，对学校特色评价，可以参考学校教育评价的基本理论来认识。学校特色评价是一项教育管理活动；学校特色评价有一定的客观标准；学校特色评价是一个系统描述过程，即根据所收集的信息，作出符合客观事实的结论；学校特色评价的本质是作出价值判断。据此，可以表述为：学校特色评价是根据当时社会对学校教育的要求，对学校创建特色活动及其相关因素进行描述并作出价值判断的教育管理过程。学校特色评价，从评价主体角度理解，主要是教育行政主管部门对学校的评价，也可以是学校组织自身的评价（目前还没有其他专门评价机构）。[2]

---

① 王斌华.学生评价：夯实基础与培养能力［M］.上海：上海教育出版社，2010：67.
② 胡永新.学校特色评价的基本属性、功能与评价内容［J］.教育评论，2003（1）：20—21.

学校特色评价具有诊断、导航定向、教育激励、丰富和完善等功能，是学校特色建设的重要组成部分。学校特色评价是培育学校特色进入一定阶段后的必要环节，是建设学校特色过程中的中继站，起着承前启后的重要作用。

学校特色的评价内容范围大致可以包括以下七个方面：学校背景、办学理念、特色内容、管理机制、科研活动、形成过程、创建结果。它们之间密切关联，又各有侧重，从不同的角度全方位地反映学校特色的创建成效。

学校特色发展既然是一个过程，就必然会有起点、有行动、有结果。张瑞海提出，对学校特色的评价既要看起点即学校特色发展的基础，又要看过程即学校采取的各种具体措施，更要看结果即学校特色发展的成效特别是特色的"增量"，把诊断性评价、过程性评价与终结性评价结合起来，突出增量评价。对学校特色创建的起点或基础进行诊断性评价时，应重点关注学校特色理念的认同度和深刻度，即学校在多大范围、多大程度上形成学校特色发展的意识，有没有形成学校独特的、区别于其他学校的办学理念和培养目标。对学校特色创建的行动进行过程性评价时，应重点关注师生在学校特色实践中的参与度和学校特色创建的落实程度，即有多少师生真正参与了学校特色办学的实践，学校采取了哪些措施让师生真正行动起来，比如开发与学校办学理念和培养目标相适应的学校课程，建立、健全各项配套管理制度，等等。对学校特色创建的结果或成效进行终结性评价时，应重点关注学校特色的显效度、迁移度和增量，关注学校发展的变化特别是学生发展的变化，关注学校在特色发展领域的影响力。[①]

普通高中学校的办学水平、历史传承等校本实际不同，学校特色发展的基础和起点就不同，学校特色发展的路径也就有可能不同。有的高中可能是以独特的办学理念为统领，先总结提炼学校办学理念，再落实为学校特色发展规划；有的高中可能是先行动起来，在实践中摸索和发展，逐步丰富和提升学校办学理念，寻找特色发展路径；有的新创办或改制的高中，可能一开始就对标某种特色发展模式，坚定不移地朝特色化办学的方向前进。不管采取哪种方式，只要学校在主观上具有特色发展的意识并在行动上采取了切实有效的措施，都可以视为普通高中的特色发展。

---

① 张瑞海.普通高中特色发展：理论、实践与政策研究［M］.北京：北京出版社，2014：105.

二、学校特色形成的标志

文新华提出，学校特色在形式上一般有如下表现形式：第一，具有独特的具体目标；第二，具有独特的活动形式和组织形式；第三，具有独特的教育、教学方法；第四，具有独特的活动内容；第五，学生的发展有特色；第六，形成了较为完整、科学的办学思想。据此，他认为，学校特色的评价标准包括如下几个方面：第一，在办学思想方面具有先进性、独特性、实践性和一定程度的超前性，在学校管理、学校课程建设、教学改革和学生工作等领域的某一方面或某些方面基本形成较为系统的教育思想；第二，基本形成符合学校和地方特点、反映创新教育要求的办学目标；第三，学校的办学思想和目标得到大多数教师、学生及其家长的认同和理解，在学校工作实践中得到贯彻执行，并有突出成就；第四，根据学校的办学思想和目标，骨干教师基本形成各自的教学艺术和工作方法；第五，学校的办学思想至少在本地区同级同类学校中有较大影响。[①]

孙孔懿指出，学校特色的形成一般具有以下四个显著标志：第一，独到的办学思想基本形成，有理论依据，有个性特点。关于这一办学思想的系统总结在一定范围内得到肯定、传播。第二，初步形成体现上述办学思想的独特校风，能给外来参观者以深刻感受。第三，上述办学思想已逐步体现到学校管理的有关常规上，体现在办学的物质或精神成果上。第四，学校绝大多数学生开始形成体现上述办学思想的个性特征、兴趣爱好和相应的能力、技能。[②]

张瑞海提出，学校特色的形成是以鲜明的办学理念为引领，以丰富的、具有选择性的学校课程体系为载体，以实现学生个性化发展为目的的过程。学校特色形成的标志有以下四点：形成鲜明的办学理念；在办学理念指导下形成具有学校特色的学生培养目标；构建起服务于学生培养目标的具有学校特色的课程体系和配套管理制度；学校大多数学生形成符合学校办学理念和培养目标要求的个性特征，包括知识、能力、技能、情感、态度、价值观，等等。[③]

---

① 文新华.关于中小学校督导评价的若干问题［J］.教育管理研究，1996（1）：62.
② 孙孔懿.学校特色论［M］.北京：人民教育出版社，2007：145.
③ 张瑞海.普通高中特色发展：理论、实践与政策研究［M］.北京：北京出版社，2014：106.

综合有关学者的研究，本书认为衡量一所学校是否形成自己的办学特色，应该从以下几个方面去评判：① 是否形成鲜明的办学理念；② 是否形成具有学校特色的发展目标，重点是学校学生培养方面的目标；③ 是否建立起服务于学生培养目标的具有学校特色的课程体系；④ 是否建立起一支实力雄厚并有特色的教师队伍；⑤ 是否形成具有特色的包括学校制度文化、管理文化、环境文化等在内的学校文化；⑥ 是否形成优质并有特色的办学成果。

第三节 普通高中特色创建的策略和模式

学校特色的创建是一个长期的、复杂的、渐进性的过程，不同的学校有不同的方法和路径，不同的策略和模式。

一、学校特色创建的策略

简单地说，策略就是计策与谋略。《辞海》中对"策略"的解释是："计策谋略；适合具体情况的做事原则和方式方法。"①

联合国教科文组织在谈到一般策略时指出，策略的概念包括三个方面：一是把各种要素组织成为一个融会贯通的整体；二是估计到在事物开展的过程中会出现偶然事件；三是具有面对这种偶然事件而加以控制的意志。概而言之，即组合因素、概率因素和意志因素。策略是要把目标转化成一套视条件而定的决定，根据将来可能发生的不同情况，决定要采取的行动。当目标转变为各种行动项目时，便出现了一系列情况：具体的目标、可能分配的资源、作出决定的标准、形成一系列可能的模式。这样我们能够把引导我们到达目的的各个途径互相结合起来。②

关于策略的作用与意义，法国当代著名思想家、法国社会科学院名誉研究员、法国教育部顾问埃德加·莫兰指出："策略应该优于程序。程序即建立一个行动的序列，这些行动应该在一个稳定的环境里不加变化地加以执行；但是一旦外部条件发生了改变，程序就得被停止执行，策略是在审察形势的确定性和不确定性、大的可能性和不大的可能性的情况下制定的行动方案，方案可以和应该根据在行动中搜集到的信息、遭遇到的偶然事变——临时受阻或大好机遇——作出修改。我们可以在我们的策略内部应用一些不长的程序化的序列，但是对于任何

---

① 辞海编辑委员会.辞海（第六版）[M].上海：上海辞书出版社，2009：231.
② 联合国教科文组织国际教育发展委员会.学会生存[M].华东师范大学比较教育研究所，译.北京：教育科学出版社，1996：210–211.

被实行于一个不稳定的和不确定的环境中的行动，使用策略是必不可免的。策略可以和应该常常实行妥协。妥协到什么程度，对于这个问题没有普遍的答案，但是在这里也存在着风险：或者是不妥协导致失败，或者妥协导致丢失利益。在策略中，根据背景或依照它自身的发展，总是以特殊的方式存在着目的和手段之间的两重性逻辑的问题。"①

　　一般策略原则同样适用于学校创建与培育特色。学校特色创建策略就是学校在创建特色的过程中所采用的方式、方法。"创建特色学校的策略，从某种意义上说就是确定建设的方向、切入点与途径。其方法，不外是作出选择。有所为有所不为，即舍得，有舍才有得。"② 对于普通高中特色发展来说，作出选择的基本方法就是比较，通过比较明确特色发展的方向和领域。这方面选项很多，而比较优势则成为学校形塑自我特色的关键。对此，1981 年 10 月卡耐基—梅隆大学校长理查德·赛特对参加美国教育理事会的研讨会的学者们作出的解释是："比较优势也许源于地理位置。它可能是学校基于多年发展而形成的特别优势，或者是学校的某一个特定的享有盛誉的人或团体，也可能是基于组织的历史传统。这就是说学校有一些要素，能以之为基础创造组织的特征，这些特征如果不是独一无二的话，也应当是特殊的，只有少数学校才能具有。"③

　　关于特色学校创建的策略选择，韦毅、洪涛提出了诸如借鉴国外办学经验，更新办学理念，选择突出传统特色、突出民族特色、突出时代特色、突出人本特色、突出科学特色、突出地方特色、突出学科特色等特色领域，强化教育科研，创造主流文化等策略。④

二、学校特色创建的模式

　　模式，其英文为 model，原义是模型或范型等，是从一般科学方法或科学哲学中引用而来。《国际教育百科全书》指出："对任何一个事物的探究都有一个过

---

① 埃德加·莫兰.复杂性理论与教育问题［M］.陈一壮，译.北京：北京大学出版社，2004：72.
② 韦毅，洪涛.学校发展规划与特色创建［M］.长春：东北师范大学出版社，2009：156.
③ 乔治·凯勒.大学战略与规划［M］.别敦荣，主译.青岛：中国海洋大学出版社，2005：197.
④ 韦毅，洪涛.学校发展规划与特色创建［M］.长春：东北师范大学出版社，2009：158，168.

程。在鉴别出影响特定结果的变量，或提出与特定问题有关的定义、解释和预示的假设后，当变量或假设之间的内在联系得到系统的阐述时，就需要把变量和假设之间的内在联系合并成一个假定的模式。""模式可以被建立和被检验，并且如果需要的话，还可以根据探究进行重建。它们与理论有关，可从理论派生，但从概念上说，它们又不同于理论。"①

从当前的文献来看，关于模式的定义主要从三个方面来界定。

一是认为"模式"是一种方法，如《牛津字典》认为"模式，即方式方法、样式风格"。查有梁在《教育建模》中提出："模式是一种重要的操作与科学思维的方法。它是为了解决特定的问题，在一定的抽象、简化、假设条件下，再现原形客体的某种本质特征；是真实世界的抽象描述，是思想观念的形象显示。"②

二是认为"模式"是一种模型、标准或范本，如《辞海》中对"模式"的解释是："亦译'范型'。一般指可以作为范本、模本、变本的式样。作为术语时，在不同学科有不同的含义。""在社会学中，是研究自然现象或社会现象的理论图式和解释方案，同时也是一种思想体系和思维方式。"③《现代汉语词典》对"模式"的解释是："模式是某种事物的标准形式或使人可以照着做的标准样式。"④ 董泽芳认为，"模式是指事物在发展过程中，在一定条件影响下逐步形成的由若干要素构成的，具有某些典型特征的模型或式样"。⑤ 孙孔懿认为，模式表达了一种关于过程的规律性的认识，"在科学论述中，模式经常被视为理论和实践的中介，用来泛指某种事物的标准形式或使人可以照着做的标准样式，既是理论的应用，又是实践的概括"。⑥

三是认为模式是一种对某种事物规律或现象的抽象或概括，如冯增俊指出，"模式，是指人们对某种或某组事物的存在或运动形式进行抽象分析后所作出的理论概括，具体地说，即人们为了某种特定的目的，对认识对象，包括其运行，

① 李进.国际教育百科全书（第6卷）[M].贵阳：贵州教育出版社，1991：236.
② 查有梁.教育建模[M].南宁：广西教育出版社，2000：5.
③ 辞海编委员会.辞海（第六版）[M].上海：上海辞书出版社，2009：1596.
④ 中国社会科学院语言研究所词典编辑室.现代汉语词典（修订本）[M].北京：商务印书馆，1998：894.
⑤ 董泽芳.现代高校办学模式的基本特征分析[M].高等教育研究，2002（5）：60.
⑥ 孙孔懿.学校特色论[M].北京：人民教育出版社，2007：149.

表现或相互联系的形状、发展态势及机制动作的方向等方面所作的一种简化了的理论描述或复写"。① 赵庆典认为，模式是指人们对某种或某组事物的存在或运动形式进行抽象分析后作出的理论概括，即人们为了某种特定目的，对认识、研究对象的运动、表现或相关联系的形状、发展态势以及机制、动作的方向等方面作出的高度理论性描述。② 美国管理学家哈罗德·孔茨也认为，模式就是现象的抽象，它包括一些被认为是重要的变量，同时也会舍弃了那些对于解释现象无关紧要的因素。③

张瑞海认为，模式具有以下四种功能：① 构造功能，它能指示各系统、各部分之间的秩序及其关系，能使我们对事件有一个整体的、清晰的认识和把握；② 解释功能，它能用简洁明了的方式说明我们所观察到的复杂现象；③ 启发功能，它能揭示各种关系，以表明某种排列秩序；④ 推断功能，它能根据规律推断出预期的结果。④

由上可见，"模式"比"策略"具有更为丰富的内涵。"方法论或策略体系"只是"模式"诸多质的规定性中的一种。换句话说，模式中一定包含策略的成分，并且这种策略往往不是单一的策略，而是一系列策略。

综合上述观点，本书对"模式"的定义是："模式"是人们根据相关的理论对原型客体进行的一种建构，是对现实世界简单化或抽象化的表述和解释，它揭示了事物内部存在的规律和外在运行的轨迹，是我们实现研究目的、认识事物本质的一种手段或方法。

对"模式"的研究和归纳，有利于按照研究的需要，专门研究事物的某个方面或某种运动形式；可以帮助我们把握理想中的事物发展，当我们把认识的结果概括为某种模式时，就有利于人们认识和验证它。正如郑群所指出的，模式作为一种科学认识手段和思维方式，它是连接理论与实践的中介。教育工作者将模式研究引入教育科学的研究中来，主要是为了透过教育现象，撇开教育中非本质、次要的属性和因素，凸显其结构、关系、状态、过程，以便获得对教育更深刻、

---

① 冯增俊.走向新世纪的学校模式［J］.教学与管理，2003（2）：10.

② 赵庆典.高等学校办学模式探论［M］.辽宁教育研究，2003（9）：41.

③ （美）哈罗德·孔茨，（美）海因茨·韦里克.管理学［M］.黄砒石，译.北京：中国社会科学出版社，1987：677.

④ 张瑞海.普通高中特色发展：理论、实践与政策研究［M］.北京：北京出版社，2014：171-172.

更本质的认识，用于指导教育实践。[①]

"学校特色创建没有固定之规，但仍有'规'可依、有'矩'可循。这里的'规'和'矩'，我们称之为学校特色创建模式。"[②] 关于学校特色创建的"模式"，国内大多数学者对学校特色创建模式的研究是从一般方法论即"策略"的角度进行的。只有极少数学者是从社会学的角度，对学校特色创建这种社会现象进行理论抽象、概括和解释的。那么，何为学校特色创建的"模式"呢？孙孔懿认为，模式是表达一种关于过程的规律性的认识，"我们这里使用它，指学校特色形成过程中较为常见、较为稳定的机缘、程序及其实施方法的策略体系"。[③] 本书采纳孙孔懿的观点，即学校特色创建模式是指学校特色形成过程中较为常见、较为稳定的机缘、程序及其实施方法的策略体系。结合前面对"模式"的分析，可以把学校特色创建模式看作是对学校特色创建或形成过程的抽象，是学校特色创建或形成的一种基本模型，是理论与实践的中介和桥梁。

三、国内学者关于学校特色创建策略和模式的研究

如前所述，学校特色创建策略就是学校在创建特色的过程中所采用的方式、方法，而学校特色创建模式是指学校特色形成过程中较为常见、较为稳定的机缘、程序及其实施方法的策略体系。由此可见，虽然学校特色创建的策略和学校特色创建的模式是两个不同的概念，但二者又有着密不可分的关系。一方面，学校特色创建的策略强调的是学校特色创建所采取的方式、方法，如确定建设的方向、切入点与途径等；而学校特色创建的模式强调的是学校特色创建的基本模型，这一模型是由各要素构成的系统结构，各要素之间存在秩序关系和相互作用的关系。另一方面，学校特色创建的策略也是构成学校特色创建模式的要素之一，策略的内容或涵盖在模式内容的框架之内，或和模式之间存在着内容交叉的关系。

因此，学界对学校特色创建的策略和模式的研究一般都采取综合研究的态

---

① 郑群.关于人才培养模式的概念与构成 [J].河南师范大学学报（哲学社会科学版），2004（1）：187.
② 张瑞海.普通高中特色发展：理论、实践与政策研究 [M].北京：北京出版社，2014：169.
③ 孙孔懿.学校特色论 [M].北京：人民教育出版社，2007：149.

度和方法，或简单称为"策略"或"模式"，或统称为"策略和模式""路径与策略""方法和措施"等。相关代表性观点如下。

1. 学校特色创建的四种基本模式

闫德明认为，对于学校特色创建的模式，按照构成教育活动的基本要素进行分类或许更加合理。学校教育是培养人的活动，这就涉及教育目标、教育内容、教育方法、教育者、受教育者、组织管理等一系列要素。由此可以生成一系列的特色模式：由教育目标引申出目标优化模式，由教育内容引申出内容优化模式，由教育方法引申出方法优化模式，由组织管理引申出系统优化模式。这四种基本模式又包含着受教育者、教育者和管理者的"学有所长、教有特点、管有个性"等几个方面内容。

所谓"目标优化模式"，即学校"遵照教育方针的基本精神，依据当地经济、社会发展和学生的实际情况，确定本校的育人目标，牵一发而动全身，达到优化全局，形成学校特色的目的"。所谓"内容优化模式"，即学校抓住德育、智育、体育、美育和劳动技术教育基本教育内容中的某一"育"作为突破口，对学校实行整体优化，促进学生的全面发展，从而形成鲜明的特色。所谓"方法优化模式"，即学校校长在长期教育实践中，通过不断的学习和思考，逐步形成自己独特的教育思想，并且在学校管理、教育教学过程中实践自己的教育思想，进而形成学校的某种特色；或者学校通过教研教改推动学校教学、教育的整体改革和优化，形成学校特色。所谓"系统优化模式"，是从组织管理的角度来谈学校特色。从某种意义上讲，学校管理就是对学校组织系统内诸因素进行优化组合，从而高效实现育人目标的一种活动。系统优化模式是把学校当作一个整体，从较为宏观的层面，从办学体制的角度来谈学校特色问题。①

于文安提出，学校特色的形成一定要选准"突破口"，这个突破口就是学校改革和发展的瓶颈。抓住了这个关键，实行整体优化，学校就会创造一种新的局面，形成一种有特色的办学模式。他提出了与闫德明相同的特色学校建设的四种模式，即目标优化模式、内容优化模式、方法优化模式、系统优化模式，并对这

---

① 闫德明.试论学校创建特色的基本模式［J］.教育导刊，1998（7）：9–12.

四种模式进行了进一步的分析。①

2. 中小学创办特色学校的策略与选择

刘复兴提出中小学创办特色学校的策略与选择，包括以下三个内容。

其一，借鉴国外创办特色化教育的经验。二战以后特别是20世纪70年代以来，世界上许多国家为了适应教育改革和培养新型人才的需要，纷纷进行特色化、多样化的教育改革。从国外创办特色化教育的经验来看，其基本目标就是使教育更多地尊重与培养儿童个性，实现儿童个性化、多样化、特色化的发展；其创办特色教育的基本做法就是利用多样化、具有可选择性的教育教学活动来改造传统的、千篇一律的、单一的、不可选择的、以班级授课和高度统一的教育教学要求为基本内容的教育教学活动，使学校的教育教学活动具备多样性和可选择性的特征。

其二，更新教育与教学的理念。中小学创建特色学校必须适应素质教育与新课程改革的要求，改变陈旧的教育教学观念，树立新型的教育教学理念。当前，无论是素质教育还是基础教育新课程改革，都提出了许多新的教育教学理念。先进的教育教学理念应该成为中小学创建特色学校的前提和出发点。具体来说，创建特色学校要在教育教学理念方面实现八个转变。一是教育教学要实现从关注少数精英学生到注重全体学生的转变，使每一个儿童都获得发展。二是教育教学要实现从偏重学业成绩的片面发展到注重学生全面、和谐、均衡发展的转变，使学生获得全面、均衡、和谐的发展。三是教育教学要实现从学生被动接受式的学习到使学生积极主动地进行探究式学习的转变，真正体现学生的主体性和主动性。四是教育教学要实现从缺乏创造性的教育到富有创造性的教育的转变，教育教学活动要能够培养学生的批判精神、创新意识和创造能力。五是教育教学活动要实现从千篇一律的单一性的教育到多样性教育的转变，体现课程设置、教学策略与模式的多样化和学习方式的个别化。六是教育教学要实现从不可选择的教育到可选择性教育的转变，使教育教学制度具备可选择的特征，并给予家长、学生进行教育选择的权利和机会。七是教育教学要实现从关注教育的选拔功能到重视教育的发展功能的转变，打好学生终身学习和未来人生发展的基础。八是教育教学要

---

① 于文安. 特色学校建设的理论与实践［J］. 教育探索，2006（5）：64-65.

实现从注重分数、"双基"和升学率的质量观到新的全面质量观的转变，建立新的科学的教育教学评价标准和评价方式，更多地使用发展性评价等手段促进学生的发展。

其三，从学校实际出发选择创建特色的具体领域。从整体上看，学校工作包括许多方面，如学校的制度、教师与管理人员及其活动、学生及其学习活动、学校办学的物质环境、教育的目标、教育的内容、教育的方法、教育的评价等。在所有的这些方面，学校都可能办出特色。但是中小学在创建特色学校的初期，一般只能选择学校教育教学工作的一个方面或几个方面来发展学校教育教学活动的特色，既而再从整体上把学校发展为特色学校。从目前国内中小学创建特色学校的做法来看，有的学校是侧重课程与课堂教学改革，有的学校则突出强调艺术教育的改革，有的学校突出强调德育的改革，有的学校注重创造性和个性发展的改革，有的学校侧重考试评价制度的改革，有的学校注重职业技术和生活技能培养的改革，有的学校则侧重师生关系和人际关系的改革。许多学校实际上是凭借学校教育教学工作的某些方面开启了创建特色学校的历程。中小学可重点考虑从以下几方面出发创建特色学校。第一，选择特殊的有特色的教育教学模式与教学策略进行教学改革。根据学校的传统优势和教师的水平，在不同学科或教育教学领域采取不同的有特色的教学模式和教学策略作为创建特色学校的突破口。如发现教学模式、研究性学习、双语教学、暗示教学、情境教学、社会实验探索、非指导性教学等都可以作为改革的选择。第二，开发独特的校本课程。基础教育新课程改革提出了六大改革目标，其中之一就是要建立国家、地方、学校三级课程管理体制。未来我国学校的课程结构中，将包括国家课程、地方课程和校本课程三部分内容。其中，必然有一部分课程是由学校和教师自己开发的课程。无论在课程的内容还是在课程的形式上，校本课程是在学校的课程领域内最能体现学校特色的一个方面。第三，建立教师发展学校，实现教师的校本发展。对中小学教师而言，教师发展学校能为他们在资深的教育家的指导下开展教学和进修，为促进自身专业的生长提供了可能。中小学可以选择部分教师或全体教师，与大学、学院相结合举办教师发展学校，在教师培养和发展方面办出特色。第四，实施特色化教学管理。如提倡人性化、选择性的教学管理，改革传统的教学管理制度。第五，在教学形式方面进行有特色的改革。主要是改革传统的不利于学生个性和兴趣发展的班级教学形式，引入分组教学、小班教学、个别教学与现场教学等教学形式，实现教学形式的多样化。①

3. 实验性示范性学校特色的形成策略和模式

钱源伟提出，学校特色的形成往往是从一个点出发，然后以点带面，形成整个学校的特色。其实质是遵循教育教学规律，从校本实际发展，寻找切实可行的亮点。因此，找准特色形成的突破口至关重要，学校要根据各自的历史背景、优势，因地制宜、因材施教，从各个方面、各个角度寻找突破口，例如，以端正办学思想为突破口，以改革教育模式为突破口，以转变教育教学观念为突破口，以调整培养目标为突破口，以专项、强项发展为突破口，以探索办学体制改革为突破口。除了选择以上突破口外，还可根据自身实际情况，采用以学校教育社会化为突破口，以为农村经济建设服务为突破口，以减轻学生负担为突破口，以教育政策的转变为突破口，等等。学校可以选准一个突破口，也可以选准几个突破口来探索学校特色，形成相应的特色模式。

钱源伟还从教育教学工作角度，对学校特色形成的模式作了划分，包括整体改革特色；在德智体美劳五育和谐发展的实践中寻求实验主题，形成学校特色；课程教材与教学改革特色；学校管理创新特色；教师专业发展特色；教育科学实验特色；教学评价特色。此外，学校还可以从教学方法特色、社会实践基地优势特色、教师培训特色、教学设备的利用特色、教学组织形式特色、教学途径特色等方面探索出有效模式。②

4. 学校特色形成的六种常见模式

孙孔懿把学校特色创建的模式归纳为以下六种：一是"传统发扬式"，是指"学校在某方面已经形成一定优势的基础上，通过辩证扬弃，使之再上一个新的台阶，成为更加鲜明的学校特色"；二是"弊端矫正式"，它是办学者与教育上的一些弊端针锋相对、除弊兴利并取得异军突起、扭转局势之效，最终形成学校特色；三是"借机发挥式"，是指办学主体具有追求特色的强烈动机，"在机遇面前当机立断，雷厉风行，充分开发机遇的潜能，把难得的机遇用足、用

---

① 刘复兴.中小学创办特色学校的策略与选择［J］.当代教育科学，2003（7）：27–28.
② 钱源伟.实验性示范性学校特色的形成策略［J］.教育理论与实践，2004（3）：15–16.

好"，从而形成学校特色；四是"空白填补式"，是指办学主体针对某些受传统观念或思维定式的消极影响而形成的学校工作中的空白或"盲点"，及时发现并加以利用，从而做出大文章，收到巨大成效，进而形成学校特色；五是"困境奋起式"，指学校发展到了"穷途末路，无路可走之际，常常能通过反思，卧薪尝胆，'杀'出一条生路，闯出一条新路来"，从而办出学校特色；六是"理想实施式"，指"办学主体从主观的办学理想出发，通过办学实践使理想变为现实"，从而成功创办出学校特色。上述六种模式并不能涵盖学校特色创建的所有模式，并且仍处于不断的修正和完善之中；一所学校的特色，往往是多种模式的综合效应的体现。①

5. 李松林——学校特色营建实践模式

李松林提出，从学校特色的创造主体来看，学校特色营建可分为个体创造模式与集体创造模式。个体创造模式的发动者和实施者是个人。这种模式包括三种类型：校长独到的办学理念与办学思路；教师的课程创生与教学特色；学生的个性化学习与个性化发展。个体创造模式是学校特色营建实践中比较普遍和广泛的一种模式。相对而言，集体创造模式的主体不是个人，而是多个人、多个部门、多个单位。这种模式强调两点：一是分工与协调，各个人、各个部门、各个单位实行分工，既要发挥各自优势和特长，又要注意各自之间的协调；二是竞争与合作，既要鼓励合作，形成优势互补，又要鼓励竞争，激发出各自的能量和积极性。在现实的学校特色营建实践中，并不存在单纯的个体创造模式和集体创造模式，更多的是以某一个体的特色和创造为基础，进而将这种特色和创造加以进一步的扩展和提升，最终采取集体创造的实践模式。

按照学校特色营建的范围与对象，李松林把学校特色创建模式分为局部突破模式和整体优化模式两种。局部突破模式，指学校在办学工作的某一方面或几个方面率先取得突破而获得的学校特色。在这种模式中，学校可以选择能够优化学校教育功能的某一个方面工作，制定学校特色营建方案，通过优越性与可行性的论证，付诸实践，也可以考虑密切相关的几个方面，同时进行创新，制定出一个协调配套创新的学校特色营建方案，经过论证之后，再付诸实践。

---

① 孙孔懿.学校特色论［M］.北京：人民教育出版社，2007：149-164.

从学校教育的主要工作环节来看，学校特色营建实践的局部突破模式可以分成十种类型：第一，办学目标突破型，革除现行办学目标中所存在的突出弊端，革新陈旧过时的办学目标，弥补办学目标的不足之处；第二，办学理念突破型，根据教育改革的基本价值潮流和学校自身实际，确立学校新的教育价值标准和办学基本理念；第三，学校文化突破型，依据学校自身的历史传统和学校所处社区的文化传统，挖掘其中核心的文化要素，凝练和提升学校的文化精神，美化学校的文化环境，包括校园文化、教师文化、学生文化、课程文化和网络文化；第四，管理体制与运行机制突破型，根据现代学校管理制度与运行机制的核心价值，改革学校的办学体制，转变学校的管理体制，创新具体工作机制；第五，办学资源突破型，重新建构学校、政府、市场与社区的关系，实现内部办学资源的优化配置与外部办学资源的整合运用；第六，教师队伍突破型，适应新课程改革对教师自主发展和专业发展的内在要求，通过实践、交流、教研和学习，全面提升教师的专业能力和教育素养；第七，课程教学突破型，适应国家新课程改革的内在要求和基本精神，建立国家课程、地方课程与校本课程有机结合，体现均衡性、综合性与选择性的学校课程体系，转变教师的教学观念和教学行为，实现教学方式与学习方式的根本转变；第八，校本教研突破型，基于学校的实际情况和问题，依托学校自身的资源和条件展开教育教学研究，以科研兴校，以科研促教；第九，教育评价突破型，体现发展性评价的理念，创新教育评价的主体、内容、过程、方法与手段；第十，学生发展突破型，针对学生在德育、智育、体育、美育、劳动技术教育五个方面的发展状况，重点突破学生在某一方面的发展。

　　与局部突破模式不同，整体优化模式是首先从整体上确立学校办学目标，在学校办学目标的统领下，全面分析学校办学工作各个方面的目标、内容、方法，形成系统的学校特色营建方案，然后经过充分的论证和试行，再投入到实践之中。如果说局部突破模式注重的是通过学校办学的个别要素变革来达成学校的特色营建，那么，整体优化模式就是通过学校办学系统中各个要素的重组来促成学校的特色营建。①

---

① 李松林.学校特色营建实践模式分析［J］.中国教育学刊，2009（12）：37–38.

6. 学校特色创建的战略管理模式

张瑞海把学校特色创建模式理解为学校特色创建过程中具有简约性、典型性和可效仿性的程序和策略体系，并依据战略管理理论提出了学校特色创建的战略管理模式。

张瑞海通过对学校特色创建实践的考察和理论分析，认为学校特色创建过程包含价值澄清、内涵厘清、战略分析、战略选择、战略实施、战略评估六个关键环节，这些关键环节构成"价值澄清——内涵厘清——战略分析——战略选择——战略实施——战略评估"的基本流程。这个流程就是学校特色创建的基本路径。其中，价值澄清是前提，是学校确立特色发展战略的先决条件；内涵厘清是基础，它为学校特色创建提供科学的认识论和有效的方法论；战略分析是学校特色定位的基础，起承前启后、承上启下的作用；战略选择是核心，它为学校特色发展确定了方向；战略实施是关键，它由一系列周而复始、螺旋上升的 PDCA 循环构成一个持续改进的行动链条，决定着学校特色创建的成败；战略评估是保障，它通过对学校特色创建推进进度和效度进行监控，为特色创建各个环节及时提供反馈信息，以便及时调整各创建环节的目标、任务和措施，从而为学校特色创建提供保障。

"价值澄清——内涵厘清——战略分析——战略选择——战略实施——战略评估"流程是对学校特色创建关键环节和基本路径的理论概括。实践中，学校特色创建的路径往往呈现出非常显著的非线性特征，表现形式也会更加复杂。不排除有的学校直接从制定学校特色发展战略规划做起，在战略规划制定乃至实施的过程中进行价值澄清和内涵厘清，逐步统一思想、达成共识，深化对学校特色内涵的认识。特别是在学校特色定位环节，也不排除有的学校会经历多次变更。不管怎样，在学校特色创建的整个过程中，价值澄清、内涵厘清、战略分析、战略选择、战略实施、战略评估这六个关键环节是必不可少的，每个环节都具有自己的特殊使命和任务，各个环节之间既相互依存又相对独立，它们共同构成学校特色创建的基本模式。[①]

7. 其他学者观点

其他学者，如祝启程、陈红云、姚本先、刘国彩、张仲庆、李清季等从学

---

① 张瑞海.普通高中特色发展：理论、实践与政策研究［M］.北京：北京出版社，2014：191–197.

校特色创建涉及的关键要素、应具备的基本条件以及各要素之间的关系等不同角度，提出了学校特色创建的策略、方法或途径。如祝启程提出，确立培养目标是建设特色学校的依据，优化教师队伍是特色学校建设的基础，形成教学特色是特色学校建设的核心，加强教育科研是特色学校建设的保证，发挥自身优势和寻求外部支持是特色学校建设的关键。[1]陈红云认为，中小学创建学校特色应着力以下策略：正确的价值取向，合理的目标定位，遵循中小学学校特色创建的若干原则，营造独特的学校文化，构建校本发展和校本管理模式，优化教师队伍，形成教学特色，加强教育科研，不断地实践探索。[2]姚本先等从当前制约特色学校建设的因素的角度谈了特色学校建设的方法和措施，指出应改革管理模式，下放权力，给学校以适当的自主权；实现校长的专家化和教师的专业化；实施校本管理，重视校本课程；扬长避短，塑造学校文化；学生家庭与学校沟通，让家长参与管理。[3]刘国彩指出，学校在创建特色教育时要以现代教育理论思想为指导，进行科学合理的规划，确定特色教育的培养目标，强化校长的素质，建设一支高素质的教师队伍，构建课堂教学的特色，精心组织特色教育活动，营造彰显特色教育的校园文化。[4]张仲庆提出，学校文化的构建是实现特色学校经营的品牌策略，具体措施包括优质的课堂教学文化建设研究，形神俱美的校园文化研究，尚美、立善的德育文化研究，以人为本的制度文化研究和开放兼容的交流文化研究。[5]李清季认为，创建特色学校的策略包括形成正确的办学理念、营造先进的学校文化、发挥校长的主导作用、加强学校教师队伍建设、打造有特色的课程与教学体系、开展扎实的教科研活动六个方面。[6]

综上所述，我国学者从不同角度对学校特色创建模式展开了研究。但这些研究大多是从静态的角度对学校特色创建的影响因素或制约条件进行"单一要素"的分析，缺少从动态的角度对学校特色创建"过程"中各要素的系统把握，大多

① 祝启程.特色学校建设的思考与实践［J］.中国教育学刊，1996（2）：53–57.
② 陈红云.论中小学学校特色的创建［D］.湖南：湖南师范大学，2003.
③ 姚本先，曹前贵.中小学校特色建设中若干问题探析［J］.教育研究，2006（9）：86–89.
④ 刘国彩.关于特色教育学校创建的思考［J］.中国农村教育，2008（5）：30–31.
⑤ 张仲庆.学校经营理念与特色学校品牌发展的策略选择——以广州市第109中学为例［J］.教育导刊，2010（10）：49–51.
⑥ 李清季.论特色学校的创建［J］.当代教育科学，2010（12）：13–15.

对学校特色创建的阶段及各个阶段的关键要素缺乏深入细致的分析，缺乏对学校特色创建模式的结构要素及其相互作用关系的分析，所构建的学校特色创建模式大多局限于单一的行动策略，或只涉及学校特色创建过程中的某一两个关键环节，没有从整体性、全局性和全程性上揭示学校特色创建全过程中的关键环节、关键要素及其相互关系。而张瑞海所提出的学校特色创建的战略管理模式，则弥补了上述缺陷，值得借鉴。

在实践中，由于各校的校本情况不同、所处区域不同，各校的特色发展目标和学校特色发展阶段相异，各校在特色发展上所采取的策略和模式也就不尽相同。无论采取哪种策略和模式，凡是能够推动学校的特色化发展和多样化发展的，都是有益的；但同时，各校在特色发展时，借鉴上述特色发展策略和模式的理论研究和实际样本，结合学校的实际情况和特色所处阶段，对本校的特色发展进行指导和修正，无疑可以大大提升本校的特色发展水平。

第四章　普通高中特色发展的要素和类型

学校办学特色无论其显现出来、被人认知的"亮点"何在，它本身都应该具有一个完整的结构或系统。作为普通高中办学过程中存在的一种现象、状态或事物的办学特色，正是一个由诸要素构成的系统，不同的要素在学校特色的整体结构中发挥着不同的作用。培养普通高中学校特色结构或系统的观念，有助于那些开始谋划特色建设的学校建立一种系统思考的方法；而对于已具有特色的学校来说，它也是诊断与提升办学特色的有效方法。由于目标定位、采取的策略和模式、形成的路径等存在着不同，各普通高中的特色类型也就各不相同。

第一节　普通高中特色发展的要素

办学特色是在长期的办学实践中逐步形成的，它是由办学的指导思想、教学观点、领导作风、学校文化环境等多个要素组成的稳定状态的标志，又是逐步形成的学校内在优势和优良传统的反映。学校各种要素只有通过实践逐步成熟，并产生了稳定性、独特性、优异性，并经良性组合后才能升华为办学特色。这种特色一旦形成就有了"人无我有，人有我优，人优我超"的特征。

一、学界关于特色普通高中构成要素的论述

关于特色学校的构成要素，学界以"要素""结构""条件"等为名开展了广泛而深入的研究。

邢真指出，学校特色由主题思想、教育行为方式和环境氛围三大要素构成。① 学校特色的主题思想是以校长为代表的学校教育思想在办学过程中的集中体现。一般说来，学校特色的主题是校长在某种教育思想支配下，对学校现实教育资源配置状况和学校教育发展水平进行调查、分析、研究，以及对学校教育发展前景规划而得出的思想结晶。它是校长对学校教育现实的认识、评价和办学理想的综合体现。学校特色的主题决定着对学校教育形式和结构的选择以及学校教育活动的主旋律。学校特色主题表达的清晰程度反映了一所学校特色建设发展的层次水平与水准，决定着学校发展的方向。确定学校特色的主题受多方面因素影响，其中起着主导作用的是教育思想和教育观念。② 教育行为方式这个要素是指在学校教育实践活动中占主导地位的教育行为方式。它是学校教育思想或主题的外显形式，包括选择教育目标的方式、调整教育内容的方式、确定教育途径的方式、筛选教育手段与方法的方式、学校人际关系（首先是师生关系）沟通的方式、运用奖惩的方式、处理信息的方式以及整合优化各教育要素关系的方式，等等。如果说主题思想是学校特色的灵魂，那么教育行为方式就是学校特色的躯干。这里强调"占主导地位的教育行为方式"有两方面的含义，其一是指这种教

育行为方式在学校长期的教育实践活动过程中已被学校大多数教育工作者认同、接受，并转化为自己的教育行为方式的特征，成为学校教育的优良传统和宝贵财富。其二是指这种教育行为方式已由"自发"阶段上升为"自觉"阶段，已被学校归纳升华为学校相关的规章制度等形式，以此进一步指导这种行为方式走上更加科学化、规范化的轨道。③ 学校环境氛围主要指学校的自然环境和社会人文环境、学校教育舆论的主导倾向、学校人际交流的心理氛围等，是构成学校特色的重要要素。邢真进一步指出，学校特色绝不是主题思想、教育行为方式和环境氛围三大要素相加形成的大拼盘，而是由这三大要素熔于一炉所冶炼成的"合金"，是由这三大要素熔炼而生成的新质。这三大要素虽然分属不同的范畴，但又是相互渗透、互为依托，是你中有我、我中有你不可分割的统一整体，它们从不同层次、不同侧面、不同角度综合完整地体现了学校特色的基本特征。①

马联芳、宋才华提出，特色学校的形成要素是办学思想在实践中创造的办学模式中的主要结构成份，它包括以下四大要素：① 人的主体性。校长、教师、学生是特色学校形成中的主体性要素中的主要因素。② 学校管理活动。特色学校的管理往往具有鲜明的个性色彩，这种个性主要体现在管理目标价值取向的个体化和教育质量管理的高效性上。特色学校一般有着鲜明的个性化教育目标，并将总体目标具体、条理化，成为每个学校成员的工作方向。在人的管理上，特色学校的管理目标又具有很浓厚的人文色彩和科学制度相结合的特点，形成特有的管理风格。③ 教育活动。特色学校的形成，离不开教学活动的特色建设。形成教学特色是特色学校形成的主要途径，形成思想教育工作特色是特色学校形成的重要途径，加强教育科研是特色学校形成的重要保证。④ 环境。环境是特色学校形成的外部制约要素。顺应时代的要求，抓住发展机遇，使学校内外环境能相互协调，是特色学校形成并走向成熟的重要条件。②

郑友训提出，特色学校的内在结构是：① 特色学校以独到的办学思想为灵魂；② 特色学校以严格稳定的常规为基础；③ 特色学校以独特优良的校风为标识；④ 特色学校以学生的素质特征为归宿。在此基础上，郑友训进一步提出，特

① 邢真.学校特色结构要素探析［J］.教育改革，1995（4）：12–14.
② 马联芳，宋才华.特色学校形成与发展的理论思考［J］.上海教育科研，1997（10）：26–27.

色学校的创建包括以下几个要点：① 合理的目标定位是创建特色学校的动力；② 富有个性的校长是创建特色学校的关键；③ 拥有特长的教师是形成特色学校的前提；④ 和谐的文化环境是形成特色学校的基础；⑤ 不懈的实践追求是形成特色学校的保证。[①]

陈胸怀认为，普通高中学校特色的整体结构是"3E"结构，即由理论要素（Theory Element）、行为要素（Behavior Element）、视觉要素（Vision Element）互联互动、相辅相成。① 理论要素指学校对教育理论的独特见解，它在学校特色的整体结构中起主导作用。一所普通高中的学校领导和全体教师，只有在教育理论上形成超越其他普通高中的见解，拥有这种独有的、特殊的"无形资产"，才能形成人无我有的学校特色。② 行为要素指学校实践办学理论的具体行为，在素质教育中具有协调功能、整合功能和创新功能，在学校特色整体结构中起实践作用。③ 视觉要素指学校特色的具体形象，包括校名、校训、校旗、校徽、教学设备生活设施和教风、学风、校风、景点等，这些视觉要素处于学校特色的表层，是理论要素和行为要素的外化，在素质教育中具有内在的激励功能、凝聚功能和外在的吸引功能，内强素质，外树形象，在普通高中学校特色的整体结构中起增色作用。[②]

张建明提出，特色学校有以下五个要素：① 校长要有独特的办学思想；② 学校要有特色的教师群体；③ 学校要开发体现学校特色的校本课程；④ 学校要形成突出的相对稳定的统领全局的特色项目；⑤ 学校要形成独特的文化。[③]

孙孔懿认为，学校特色整体结构由独到的办学理念、稳定的个性化的学校常规、独特的优良校风和良好的学生素质特征四部分构成。其中，办学理念是灵魂，学校常规为中介，优良校风为标识，学生素质特征为归宿。[④]

李旭炎从高校办学特色内在结构的视角提出，学校特色可以体现在办学活动的各个方面，它是一个由诸多元素构成的集合体。学校特色由理念要素、制度要素、行为要素、办学效果四要素构成，其中，理念要素包括学校的办学理念、办

---

① 郑友训. 特色学校诠释 [J]. 中国教育学刊，2001（6）：21–23.

② 陈胸怀. 论普通高中的学校特色 [J]. 现代中小学教育，2001（6）：5.

③ 张建明. 浅谈特色学校的内涵与要素 [J]. 上海教育科研，2005（8）：42–43.

④ 孙孔懿. 学校特色论 [M]. 北京：人民教育出版社，2007：65–78.

学定位、发展思路、校园精神等，是学校办学特色的灵魂与原动力，在很大程度上决定着一所高校办学特色的形成与发展；制度要素包括学校投资体制、内部管理体制等，是学校办学特色的约束和规范；行为要素是学校办学特色中相对容易识别的部分；办学效果要素是一所学校最为外界所广泛认识的特色。[①]

方中雄提出，办学特色一定有其特定的某些理念作为支撑，尽管这些理念有时是不自觉的。办学的特色也一定要通过学校制度、行为与环境等诸多方面表现出来，没有这些方面的支撑，特色只能是空中楼阁。办学特色的最终归宿是导出积极的办学结果，这种结果归根结底要落到学生的发展上。理念、制度行为与环境、结果三个方面之间是有内在联系的，完整的特色体系必然是三者的高度统一。[②]

李清季提出，特色学校应具备的条件包括以下六个方面：① 形成正确的办学理念；② 营造先进的学校文化；③ 发挥校长的主导作用；④ 加强学校教师队伍建设；⑤ 打造有特色的课程与教学体系；⑥ 开展扎实的教科研活动。[③]

张瑞海提出，学校特色就是由理念、载体、实施方式和制度或习惯四个要素组成的系统。在学校特色的构成要素中，理念是办学行为的主导，是学校特色的灵魂，多表现为学校的办学理念、愿景和价值追求，一般具体化为学校的办学目标和培养目标；载体是学校办学理念的承载和媒介，主要体现为学校的课程，包括学科课程、活动课程和学生社团活动；实施方式是师生在特定理念指导下的行为方式，主要包括教育教学方式以及服务于教育教学的教科研方式；制度则将载体与实施方式系统化、规范化并使之成为学校的教育教学常规。[④]

二、特色普通高中的构成要素

综合上述学者关于学校特色或特色学校结构、要素、构成等的研究，本书认为，特色普通高中的构成要素包括以下主要内容。

① 李旭炎.强化高校办学特色的若干思考［J］.高等教育研究，2010（6）：58.
② 方中雄.义务教育学校特色建设的价值选择与分析模型［J］.中小学管理，2010（8）：9.
③ 李清季.论特色学校的创建［J］.当代教育科学，2010（12）：13–15.
④ 张瑞海.普通高中特色发展：理论、实践与政策研究［M］.北京：北京出版社，2014：64.

1. 独特的办学理念

独特的办学理念是普通高中特色形成和发展的灵魂。

学校形成某种特色，实际上是实践一定办学理念的产物。任何学校特色的形成，都需要有一个适应时代潮流和符合教育发展方向的先进理念作支撑。所谓理念，是"人们经过长期的理性思考及实践所形成的思想观念、精神向往、理想追求和哲学观点的抽象概况"①，而办学理念则是"办学主体关于办学的理性认识、理想追求、思想观念和哲学观点等"②。办学活动包括教育与管理两大块，办学理念相应地也包括了教育理念与管理理念两大分支。

办学理念有层次之分，大体可分为四个层次：一是技术层次，表现为校长在处理学校一些具体问题时"有一套"，比一般校长更有办法；二是策略层次，表现为校长在学校工作的某些领域能够形成系列化的措施，在教育策略和管理策略上体现出某种特长、特点；三是制度层次，表现在校长能将自己的办学理念落实到切实可行的制度上，发挥其长期稳定的功效，形成良好的教学秩序和学风校风；四是文化层次，即将本校的办学理念全方位地体现在学校的物质文化、制度文化和观念文化上，形成有特色有品位的学校文化，并在全校师生的行为方式和精神层面留下鲜明印记。③

办学理念是办学思想最集中的体现，是学校管理者在实际的办学过程中对"办怎样的学校"和"怎样办学校"的集中思考。具体而言办学理念包括办学目标、工作思路、治校理念、管理风格，等等。办学理念是所有办学行为最深层的依据，学校管理、教师发展、学生发展、校园文化都或多或少地体现了一个学校的办学理念。办学特色和办学理念紧密相联，没有自身的办学理念就难以孕育出学校的办学特色，什么样的办学理念就会相应呈现出什么样的办学特色。办学理念上的特色是办学特色的灵魂，学校校风、校园文化、育人方式、课程设置、师资队伍、学生素质等方面的特色都是办学理念通过实践所产出的结果。④办学理念是学校所有工作的指导思想和根本宗旨，它是学校发展方向和教育教学实践的

① 韩延明.大学理念论纲［M］.北京：人民教育出版社，2003：9.
② 孙孔懿.学校特色论［M］.北京：人民教育出版社，2007：66.
③ 李伟胜.校长办学思想的内涵、形态及更新策略［J］.教育发展研究，2005（7）：13-15.
④ 袁先潋.论普通高中办学特色［D］.武汉：华中师范大学，2016：31.

指南。学校能否持续发展，很大程度上取决于学校是否有与时俱进的办学理念，这是办学的动力、导向和保障。

"'独到的办学理念'不是与一般办学理念完全对立的怪异理念，而是具有普遍指导意义的办学理念与学校具体实际的有机结合。"[①] 具有普遍指导意义的办学思想包括两个方面：一是在党和国家的教育路线、方针、政策和法律中规定的指导思想，这在办学中必须坚定地贯彻执行；二是办学理论所揭示的关于教育的客观规律、原理、法则等内容，这在办学中应该自觉地掌握运用。这两方面反映了当代中国对办学的特定要求，代表了当代中国教育界对教育科学的认识水平，具有普遍的指导意义，任何地区和学校都应该遵循。与此同时，每所学校都是独立的个体，具有与其他学校不尽相同的特点，必须在普遍的办学思想指导下，从学校实际出发，提出符合本校实际的办学主张，即独到的办学思想。"独到"不是漫无时空界限的独一无二、空前绝后，而是一定时空范围内的"独到"。"独到"既指内容上的，也包含程度上的。独到的办学思想需要独立思考，但绝不是凭空思辨的产物，不是为"独到"而"独到"，而是在解决个性化办学问题的过程中应运而生和逐步完善的。办学实践永远面临新情况、新问题，学校主体永不枯竭的创新精神总会在解决相应问题的过程中表现出来。

独特的办学理念应该来自多方面的独特认识：一是来自对社会政治、经济发展的时代要求的独特认识。教育具有一定的社会性，教育必须为社会培养人才，对于"培养什么样的人""怎样培养人"这些问题的回答都必须放在宏大的社会背景中回答，从政治、经济、文化的多角度去考虑。当前我们处于信息时代、处于第三次工业革命时代，在这样的一个时代我们需要什么样的人才就是一个非常重大的问题，如果不能正确认识时代，不能够全面、正确、深入地认识当前社会发展的状态及其人才需求，就会导致办学理念和时代发展背道而驰。二是来自对现代教育思想的独特认识。现代教育思想是办学理念的主要来源，也是办学理念提升的重要资源。现代教育思想中包含着人类教育史上重要的思考和宝贵的办学经验，没有对这些思想资源的把握，就没有对现代教育特点的深刻体悟。三是来自对学校传统和优势的独特认识。办学者需要结合学校的办学历史和传统，对自

---

① 孙孔懿．学校特色论［M］．北京：人民教育出版社，2007：66—67.

身办学实践进行深刻感悟和科学总结，从实践中认识新规律、提炼新思想，发现学校的优势和特色，同时还要对办学传统进行大胆的革新。教育思想和办学理念的最大差别在于办学理念需要充分考虑一所学校的现实特点。如英国伊顿公学以"绅士文化""精英摇篮"而著称，也以管理严格而闻名：招生苛刻、管理严格、教学精致。创校500年来这些独特的做法一直坚持至今，而且不断加以提炼，其办学特色理所当然应该成为自身的独特优势。对于这样一些具有一定办学历史的学校来说，已经形成了学校自身的特长和特色，至少也已经呈现出学校的传统和优势，任何明智的办学者都不可能忽视这些重要的资源而另来一套。当然，这些长期以来形成的传统和优势更多是无意识的，这种优势和传统潜移默化地影响着学校的办学，往往会有"特色不特"的现象。只有将学校的传统和优势通过提炼、总结、提升的方式用一定的语言表征出来，成为一所学校独有的办学理念，这所学校的传统和优势才能不断地提炼为鲜明的办学特色。[①]

当然，"独到的办学思想"不是校长独自的思想，是以校长为核心的全体师生员工集体智慧和共同实践的结晶和精神财富。在其形成过程中，校长的创造性思维和探索十分重要，同时也离不开校长对师生员工闪光思想和创新实践的吸收和内化。在它形成之后，校长更需要把它转化为全校师生员工统一的教育信念，并且贯彻到底，让思想成为随处可见的现实。[②]

2. 科学合理的目标定位

科学合理的目标定位是特色普通高中特色形成和发展的动力。

确定特色发展的目标是实施特色学校战略的逻辑起点。"从某种意义上讲，特色建设目标的合理与否关系到特色学校建设的成败。"[③]在普通高中学校特色化和多样化发展成为必然趋势的情况下，每一所高中学校都要重新审视确定自己的办学定位，进而规划学校的发展方向和育人模式。

确定特色高中的发展目标必须充分考虑到以下几个方面的因素：① 校本情况。普通高中的特色发展，必须从自身的传统和优势出发，进行合理的目标定位，所选择的办学特色、提出的办学理念、采取的特色发展路径等都必须与自身

---

① 袁先潋. 论普通高中办学特色［D］. 武汉：华中师范大学，2016：31-32.

② 孙孔懿. 学校特色论［M］. 北京：人民教育出版社，2007：68-70.

③ 郑友训. 特色学校诠释［J］. 中国教育学刊，2001（6）：22.

的特色目标相一致。校本情况包括学校的历史文脉、办学传统、学校文化、师资情况、软硬件设施等。特别是要认真研究学校的需求和能力。如果说环境是创建特色的外在动力，那么学校需要就是自身发展的内在动力。只有把内在动力和外在动力辩证地统一起来，特色建设目标才会从可能变成现实。除此以外，还要分析学校的人力、资金、管理等条件，要有足够的能力支持特色目标的实施。确定特色建设的目标必须从社会的、学校的实际出发，不能凭空"制造"目标。学校的决策者必须在综合分析各种主客观因素的基础上，做出正确的抉择。② 教育政策。要认真研究社会发展给教育提供的机遇和提出的挑战，学校的特色建设目标必须符合社会发展对教育的需求。③ 社区生活特色。要认真研究学校所在社区的生活特色。学校不可能生活在真空中，特色学校实质上是特定社区生活特色的体现。特色学校发展目标应是对社区文化传统的批判继承和超越。④ 家长和学生需求。要认真研究家长和学生的需求。没有家长的支持和参与，特色学校的建设就成了空中楼阁。如果学生没有内在的需求，主体性就难以显现。因此在确定特色建设目标时，应广泛征求家长和学生的意见，但对家长和学生的需求须做客观分析，正确引导，摈弃不合理的部分。

学校特色目标确定有两种思路：一是从单一目标入手，进而整体推进。例如，有的学校，先通过语文情境教学改革，形成语文情境教学特色，然后扩大到学校的所有领域，实施情境教育，办成情境教育特色学校。二是围绕一个中心，齐头并进，确定多样化的特色目标。例如，在以人为本的思想指导下，特色建设目标可分别包括德育工作的特色、教学工作的特色、教师管理的特色、学校管理的特色等。

3. 具有领导力的校长

具有领导力的校长是特色普通高中特色形成和发展的关键。

校长是多重角色的集合。校长是由政府教育部门或办学机构、办学个人委任的学校行政最高负责人，是学校的法人代表。校长对内负责学校全面行政工作，是国家教育方针的执行者，学校集体的组织者、领导者，师生员工的教育者、指导者。在学校特色建设中，校长既是一位总设计师，又是一位总工程师。校长集诸多角色于一身，不但说明了其地位和作用的重要性，而且表明这一职务只有优秀分子才能担当。陶行知先生指出："校长是一个学校的灵魂，要想评论一个学校，先要评论他的校长。"①一所办学有特色的学校，必须拥有一位具有领导力的校长。从某种意义上说，学校特色实际上是校长办学思想个性化的体现。没有个性鲜明的校长，就没有学校特色的创建。

"变革时期对领导的需求是巨大的。"②校长领导力是"校长充分运用学校内外各种资源，按照学校既定发展目标，引领、激励教职员工实现学校发展目标，在推进学校发展的整个过程中展现出来的一种综合能力"，"主要有校长个体领导力和团体领导力两个方面，包括个人素养、办学理念、管理模式以及资源利用四个因素"。③从领导力的角度来看，学校特色发展目标的实现需要校长作为学校的领导者和学校文化的塑造者发挥作用，校长领导力直接影响学校的办学质量和长远发展。学校特色发展集中体现在校长的思想形态、价值观、道德准则和学术修养等方面，推进学校特色发展就要从校长领导力抓起，从而提高学校办学品质和管理模式，引领学校内涵与外在的协调发展。校长处于学校管理的顶层，具有领导作用，尤其在追求学校特色发展的道路上，校长的作用无可替代，学校特色发展的高度取决于校长领导力的高度。由于国内的教育发展仍以行政干预为主，缺乏足够的社会监督和市场指导，在这种发展条件下，校长对于学校发展的重要性不言而喻。因此，校长领导力是提高学校办学质量，树立学校特色发展模式的核心竞争力，同时也是学校特色发展的顶层因素。

李保强考察了各具特色的学校，发现这些学校的校长无疑都独具风格，但在他们身上往往又反映出一些规律性的特点，具体来说，主要可概括为如下五个方面：① 渊博的文化知识是校长创办特色学校的基本前提；② 独特的思维品质是校长创办特色学校的原始动力；③ 完善的个性特征是校长创办特色学校的内在依托；④ 成熟的办学思想是校长创办特色学校的根本追求；⑤ 出众的管理才能是校长创办特色学校的有力保障。④

本书认为，在创办特色学校的实践中，具有领导力的校长应具备以下素养。

第一，校长要有强烈的特色意识。学校特色的形成，是一个由潜在优势向显

---

① 陶行知. 陶行知文集［M］. 南京：江苏人民出版社，1981：106.

② Aaron Wlidavasky. The Nursing Father: Moses as a Political Leaders［M］. Tuscaloosa: University of Alabama Press, 1984：201.

③ 谢方圆. 学校特色发展视野下校长领导力研究［D］. 烟台：鲁东大学，2014：52.

④ 李保强. 略论校长素质与特色学校建设［J］. 普教研究，1996（5）：33-34.

性优势转化的过程，一般要经历孕育阶段、过渡阶段、成熟发展阶段。在孕育阶段，校长要立足现实，从本校实际出发，抓住现有优势，挖掘潜在力量，寻找合适的突破口，然后校长应把具有特色的教育、教学、管理的经验，在校内广为宣传、推广，使其成为全体学校成员的行动；在过渡阶段，校长应把办学特色作为学校工作的重要项目来抓，集中力量解决影响办学特色的关键问题，尽可能为其发展创造良好的条件，促其成熟；在成熟发展阶段，校长应引导全体教职工将办学特色向着更高水平发展，并对办学经验加以总结、提炼，形成高水平的理论。在学校特色建设中，校长的特色意识起着先导作用，创建过程中的每项举措都是在校长强烈的特色意识的驱动下实施的，它使学校特色的创建活动从自发走向自觉，使单个特色项目扩展为学校整体特色。

第二，校长要有渊博的文化知识。凡是办学成绩显著、有特色的校长，一般都有博览群书、勤于思考、富有创见，又善于学习他人之长并为己所用的特点。这些校长无论是在知识的广度还是深度上都更胜一筹，他们见多识广，治学严谨，基本功扎实，而且努力学习新的教育理论和管理方法。"校长的优秀素质和丰富的学识，有利于学校根据自己的实际，提出自己的办学主张，找准学校的优势，选择创办特色学校的突破口。"[①] 校长不仅要知识渊博，还要真正系统地把握教育思想的脉络，拥有博大的教育胸怀和远大的教育理想，创造性地办出学校特色。

第三，校长要有独特的教育思想。教育思想是构成办学价值观的重要组成部分，它是形成学校特色的重要思想基础。独特的教育思想带有校长鲜明的个性特征，是校长在多年办学实践中不断总结、提炼、概括的思想结晶。没有独特的教育思想就意味着没有特色的学校。对一名校长来说，把自己独特的教育思想与学校的实际结合起来，构建一个基本教育规律和现实世界的逻辑结构的决策，提出学校特色的建设目标是非常重要的。苏霍姆林斯基的"相信孩子"的教育思想缔造了具有国际意义的以和谐为特色的帕夫雷什中学。陶行知以生活教育、民主教育、创造教育的教育思想创立了具有"开朗、平等、实干"风格的晓庄学校。上海建平中学之所以成为全国著名的"合格＋特色"的学校，正是在冯恩洪校长的

---

① 马联芳，宋才华.特色学校形成与发展的理论思考［J］.上海教育科研，1997（10）：26.

"规范＋选择"的教育模式、"合格＋特长"的育人目标等独特的教育思想影响下形成的。这些事实都证明了独特的教育思想是形成特色学校的思想源泉。

第四，校长要有完善的个性和独特的人格魅力。学校特色建设在很大程度上取决于校长的个性和独特的人格魅力。没有不能形成特色的学校，只有个性贫乏的校长。一般来讲，优秀校长具备情绪稳定、主导性强、社会外向型、适应性好等品质，这些个性特征会产生多种多样的组合状态，因而在不同的校长个体身上有不尽相同的特点。学校的办学特色就是校长富有个性的教育思想在办学上的体现。"学生没有特长，教师没有个性，学校没有特色将是教育极大的悲哀，有特色、有风格，才能有风采，才能有地位。"[①]校长的性格、气质、品德、修养等是体现校长人格魅力的因素。独特的人格魅力是影响形成特色学校的重要因素。在办学实践中，校长以其极具鲜明个性特征的性格、气质、品德、修养等对学校成员施加影响，从而引起他们共同进取的意向和行为。

第五，校长要有独特的管理风格和出众的管理才能。独特的管理风格是影响形成特色学校的重要因素。上海建平中学以致力于校园文化建设、培养"合格＋特长"的学生教育特色而闻名。为了实现这种追求，冯恩洪校长自有一套独具特色的管理风格，其中具有代表性的莫过于实行学生校长助理制。通过公平竞选的方式，招聘学生校长助理，让学生直接参与学校管理活动，充分体现了校长的学生观和民主平等的管理风格。不同的校长有不同的管理风格，它是不同的教育思想和管理思想的表现。校长还需要有出众的管理才能，善于统筹考虑各种管理要素、各个管理环节，做到人尽其才，财尽其力，物尽其用，时尽其效，实现学校工作整体的最优化，办出学校特色。"校长出众的管理，能发现有特长的教师，优化教师队伍，形成创办特色学校的校内内驱力和校外支撑力。"[②]

特色学校既是个性化学校，又是多样化学校。实现特色办学，必然需要有一个具有强大领导力的校长来带领。特色办学要求校长有强烈的特色意识、渊博的文化知识、教育专业化的视野、明确而又独特的办学思想、先进的办学理念、独特创新的思维品质、完善的个性和独特的人格魅力、出众的管理风格和管理才

① 朱永新.我的教育理想［M］.南京：南京师范大学出版社，2000：44.
② 马联芳，宋才华.特色学校形成与发展的理论思考［J］.上海教育科研，1997（10）：26.

能、切实而又坚韧的刻意追求，要能够立足于高中人才培养的根本任务，结合学校实际合理定位学校特色。

4. 优秀进取的教师队伍

优秀进取的教师队伍是特色普通高中特色形成和发展的基础。

邓小平同志指出："一个学校能不能为社会主义建设培养合格人才，关键在教师。"一所学校，如果没有一批爱岗敬业的优秀教师，要想创造学校特色是困难的。教师是办学的主力军，依靠教师办学是学校管理的一条基本规律。"教师是学校的生命和活力所在、精神和力量所依，是推动学校各项工作的中坚力量，是实现学校特色建设的关键因素。"[1] 要创建学校特色，必须要有一支与之相适应的高素质的、有特长的、积极进取的教师队伍。同时，学校特色创建过程也是培养特色教师的过程，二者相互依存，不可分割。另外，我们也知道，有什么样的教师，就会培养出什么样的学生，要培养有特色的学生，需要有特长的教师，因此形成一支有特长的教师队伍，是学校特色建设的基础。

特色学校的建设离不开教师，教师是学生的直接教育者，是特色学校课程和教学的开发者和组织实施者。教师承担着课程开发、教学模式改革、教学特色创新等任务，实践着学校的特色理念与主题，是建设特色学校的关键力量。优秀进取的教师队伍对于特色学校创建的意义表现在以下三个方面：① 教师是特色学校的实践者、传承者、创造者。学校的特色育人目标需要教师制订具体的教学计划、通过课堂来实施，学校的改革与创新需要教师来实践，学校特色理念的传承需要教师来发扬光大。② 高素质的教师队伍是特色学校的基础。一所特色学校，如果只有校长的办学思路和办学理念，没有广大教师将之落实到教学实践中，将理念转化为实践，特色学校建设只能成为空谈。③ 教师教学特色是形成特色学校的前提。教师有特色，学生才能有特色，才可能形成学校的特色。有特色的教师是学校最宝贵的财富，学校的特色很大程度上是由具有特色的教师群体努力而形成的。如果一所学校没有一批富有教育教学特色的教师，学校特色塑造就会失去动力。[2]

---

① 李颖.特色普通高中建设的策略与实践［M］.北京：教育科学出版社，2014：44.
② 李颖.特色普通高中建设的策略与实践［M］.北京：教育科学出版社，2014：69—70.

各学校要根据学校的办学传统和学校实际定位特色教育办学方向，为特色教育创建工作配备数量足够、素质优良、结构合理、积极进取的学科教学团队，精心打造一支具有与特色学校建设相吻合的教学理念、与特色课程实施相适应的教学能力、与特色课程开发相匹配的知识结构的优质特色师资队伍。具体措施包括以下几个方面。

第一，深入分析教师队伍情况，制定特色教师队伍建设规划。

要形成一支有特长的教师队伍，首先要充分调查了解本校教师队伍的基本情况，包括教师的学历结构、年龄结构、性别结构和教师的能力结构等。只有全面了解教师的实际情况，做到心中有数，才能正确引导教师形成个性特长，促其发展。其次是在此基础上，制定有针对性的教师发展规划和目标，落实教师发展方案，并且要做到教师队伍全覆盖。要针对特色学校创建和学生个性培养的要求，对特色教师队伍建设进行统筹考虑，有计划、有步骤、有层次地培养和引进特色教师。

第二，提高全体教师的特色发展意识。

一所学校的特色往往指学校教师的群体特长，是他们教育教学经验的积累与升华。创建特色学校，必须面向全体教师。特色学校建设的目标必须成为全体教师的共识，特色发展的任务必须全体教师人人担当。只有在校长的统一指挥下，明确分工，人人明白在学校特色发展过程中的角色，协调一致，齐抓共管，特色学校的目标才能达成。相反，不能一些人参加，一些人坐视不管，如果这样，只会损害特色建设的目标，达不到预期的目的，学校特色就难以形成。

第三，全面提升全体教师的综合素质。

教师的特色是建立在宽厚的综合素质基础上，只有基础牢靠，特色才能获得长足发展，只有全体教师综合素质提升了，特色教师才会如雨后春笋般冒出来。我们现在所处的时代是知识经济的时代，是国际化与信息化的时代，是科学精神与人文精神相融合的时代。这个时代又是充满各种诱惑、矛盾和机遇的时代。新的时代对教师提出了新的要求，面临新的挑战。因此提高教师素质、优化教师队伍、发现教师特长是创建学校特色的根本所在。教师的综合素质可以分为思想素质、专业素质、能力素质、教育科研素质和身心素质五个方面，要以这五个子目标为分支逐步细化各子目标系统的培养措施，从而达到教师综合素质的提高。当然，教师综合素质的提高，也不是一蹴而就的，而是一个循序渐进的过程，要从抓基本素质入手，最后才能达到形成特色的境界。

第四，发挥教师个体特长，努力发展教学特色。

"教学特色是指教师在教学实践过程中在教学思想、教风、教学方法、教学手段、教学技巧与教学效果等方面所表现出来的独特个性。教学有特色是学校办学有特色的必要条件，也是学生学有特长的重要保证。"[①] 教师教学特色的形成，既取决于教师本身对教学的理解，又取决于外部力量的驱动和教学环境的学术氛围等因素。首先，学校要充分了解每一位教师的特点和特长，根据岗位的职责和特色发展的需求，将有特长的教师放在能充分发挥其优势的位置上，让其尽力施展才华，并为特色教师营造宽松的环境，鼓励教师开展教学实验，宽容特色教师的失败。其次，对有特长的教师要进行针对性的培训。根据学校特色发展的需要，对学校特色发展的领军人物，要开展高端培训，促其能力迅速提升。如，外语特色学校就需要对外语教师开展外语特别培训，美术特色学校就需要对美术教师开展特色培训。再次，要让教师在教育实验中形成教学特色，教师投身教改实验，既有利于教师自身素质的完善，又有利于教师教学思想、教学风格的形成与成熟，教改实验课题的创造性，必然会使教师创造性得到发展，个性得到成熟，这样，就可以达到双向出人才的目的，既出学生人才，又出教师人才，有利于促进学校特色的建设。最后，要加强校本培训和开展校本教研活动。校本培训在尊重学校实际的基础上，根据学校工作需要，以学校为培训基地，在上级培训机构的指导下由校长、教师共同组成，充分利用校内外资源，直接服务学校发展及教师提升自我的需求。开展校本教研活动，通过制度化的学习研讨、课例分析、教学实践问题分析等活动，提高教师对学校特色的认识和把握，促进教师间的相互交流，提升教师特色教学的业务能力和业务水平。

第五，加强教师的教育科研能力建设。

《中国教育改革和发展纲要》强调指出："要把教育科学研究和教育管理信息工作摆到十分重要的地位。""所谓教育科研，就是以教育科研为理论武器，以教育领域中发生的现象为对象，以探索教育规律为目的的创造性认识活动。它需

---

① 王建华.学校特色建设的思考与探索［D］.长沙：湖南师范大学，2003：17.

要教育理论作指导，探索未知的规律，以解决新的问题、新的情况。教育科研首先要对研究对象形成感性认识，然后再由感性认识上升到理性认识，从而达到研究的目的。"① "教育科研的投入是学校最有远见的投入，而轻视教育科研显然是缺乏远见的。"② 教师的教育科研是学校的第一生产力，是学校迈上新台阶的重要条件，也是优秀进取的教师队伍所必备的素质和根本性的要求。越是教育科研搞得好的学校，越能体现出自己鲜明的办学特色。教育科研又是增强学校凝聚力的重要因素，它能让教师把时间和精力真正花在对教育工作的研究思考和对学生的培养上。同时，教育科研还是培养青年教师的重要途径，更是名教师脱颖而出的重要途径。只有加强教育科研，并在自己原来办学水平的基础上逐步探求创办特色学校的新路子，才不会出现好高骛远或不切实际地照抄照搬外地外校经验的情况。加强教育科研，能正确分析学校的实际办学基础，挖掘潜力，扬长避短，调动各方面的积极性，产生创办特色学校的动力。"学校应有自己的科研课题，科研规划，并有一系列实施措施，只有这样，才能保证创办特色学校思路策略的整体性。"③

　　加强教师的教育科研能力建设可从以下几个方面着手：一是组织教师学习名著、教育理论。教育科研的生命力来自实践，但要驾驭实践，在很大程度上取决于理论功底。要开展有效的教育科研，必须要深入学习相关的教育理论，了解教育科研的基本原则、方法，找准突破口。二是与教育名家互动交流，请他们到校谈经验、作指导。在与名家的联系与对话中，常常能使我们得到意外的收获。大部分名家都有自己独特的见解，能启迪我们的思想，听取他们的经验，接受他们的指导，能帮助教师缩短探索的历程，达到与他们对话的境界。名家有广泛的社会影响和社会联系，他们能及时传递最新的教育信息，帮助教师扩大与外界的交流，把教师带到窗外的世界。三是积极承担教研课题，开展教育科研。通过课题研究，就自然知道并真正掌握课题设计、抽样、检验、取值等教育科研的环节和方法，提高教育科研水平。四是积极举办学术研讨会、科研咨询会。学校可结合自身的发展特点，举办一些学术研讨会、科研咨询会，也可主动争取承办一些全

---

① 王建华.学校特色建设的思考与探索［D］.长沙：湖南师范大学，2003：19—20.

② 朱永新.我的教育理想［M］.南京：南京师范大学出版社，2000：49.

③ 于文安.特色学校建设的理论与实践［J］.教育探索，2006（5）：66.

国性的学术会议。这些活动对学校来说，虽然需要一定的投入，但带来的效益往往是多方面的、长久的、受益颇深的。通过这些活动，除了能有效提升学校的教育科研水平外，还有助于提升学校的办学境界和品位，并在此过程中逐步形成本校的“特色理论”，找准学校改革发展的主题，确保学校特色沿着正确方向前进。因此，“一所学校的教育科研水平是衡量其办学水平的重要依据，一所学校的特色建设过程也是其教育科研水平不断提高的过程，并为学校的特色建设提供重要保证”。①

第六，充分发挥特色教师的引领、示范作用。

特色教师要转化为学校的特色发展，关键要发挥其引领示范作用。首先，要完善现有骨干教师选拔、培养、使用、考核等办法。随着教育事业的发展和新课程的实施，现有骨干教师队伍管理办法的部分内容，已不适应形势发展的需要，需对骨干教师的培养、使用、激励及考核指标的设置等方面进行完善和补充。其次，要加大特色教师的队伍送培力度。积极开拓培训渠道，联系国内外教师教育先进基地与著名师范院校，作为特色教师队伍的培训基地，开阔特色教师的教育视野，学习外地的先进教育经验与教育理念。最后，建立特色教师培养基地，以特色学校校长或特色教师领衔、相关学科专家组成专家指导团，充分发挥团队协同攻关的作用，充分发挥特色教师的引领、示范作用，力求在现有教师队伍中，造就一批具有良好的师德修养、先进的教育理念、厚实的专业素养、开阔的教育视野、鲜明的教育特色的，在省内领先、国内知名的校长和教师。②

总之，要引导全体教师树立特色教育意识，广泛参与教育科研活动，采取以理论学习为线索、以研究交流为主体、以案例分析为路径的校本培训模式，为广大教师搭建成长平台，营造奋发向上的良好学习氛围，加快学校青年教师的发展，为优秀人才脱颖而出创造有利的条件。③

5. 丰富特色的课程体系

丰富特色的课程体系是特色普通高中特色形成和发展的核心。

课程是学校教育的基本方式。课程规定了教育的内容、手段、进程和目标，

① 吴志宏. 学校管理理论与实践［M］. 北京：北京师范大学出版社，2002：26.

② 杨育华. 普通高中特色发展研究［D］. 长沙：湖南师范大学，2011：62–65.

③ 李颖. 特色普通高中建设的策略与实践［M］. 北京：教育科学出版社，2014：44–45.

它是学校办学的核心。课程特色就是最大的学校特色。特色课程是指"普通高中学校在先进的教育思想指导下，根据本校的办学理念，以学生的需求与发展为核心，以地域、社区与学校资源为依托，经过比较长期的课程实践，逐步形成和发展起来的具有独特性的整体风格和出色的育人成效的课程、课程实施或课程方案"①。特色课程具备独特性、优质性、选择性、多样性和稳定性等特征，具有三方面的核心指标：一是课程门类和种类一定要多样；二是课程一定要有不同层次和不同倾向；三是课程一定要有不同的开设顺序和进度，不能完全齐步走。高中特色课程包括三大类：第一类是学校自己创造性开发的课程，是有特色的课程；第二类是学校对各种课程的创造性或特色化实施，是课程的特色；第三类是一所学校的整个课程结构及其实施方案，是课程的特色组合方案。

但多年来，我国普通高中教育始终围绕"高考指挥棒"设置课程，升学率俨然成为评价一个学校高中教育质量的唯一指标。这种"千校一面"的教学模式严重束缚了学生思维的发展，不利于个性化、创新型人才的培养。学校的办学特色需要全部融于教学活动中，并通过教学活动表现出来，因此，要创建特色高中必须建立与之相适应的特色课程体系。特色课程的开发与学校特色建设之间是相辅相成、相互促进的关系，特色学校的课堂教学不仅仅是保证学校教学质量的生命线，更应该成为凸显学校特色的一个窗口。学校特色课程要基于教师的专业发展要求和学生发展的实际需要，它的根本目的是促进学生的发展，最大限度地满足学生的兴趣和自主选择的需求。

课程改革为学校的特色发展和学生的创新型人才的培养提供了较为广阔的空间，是高中特色办学的重要内容和基本保障。在国家提倡"大众创业、万众创新"的今日，探索创新型人才培养模式，为不同潜质的学生提供各具特色的课程选择，让教育真正做到促进学生的全面发展与个性发展，以特色课程充实和完善学校的课程结构与教育内容，进而成为推动一所学校特色化发展的强大助力，带动一个地区普通高中的多元化发展，是当前高中教育的实然之需、应然之求。

当前，我国课程的改革趋势是：课程管理由大一统走向三级管理体系，建立了国家、地方、学校三级课程管理体系；课程结构由线形结构走向塔状结构，

---

① 石鸥. 普通高中特色课程开发研究［J］. 中国教育学刊，2012（12）：1.

高中新课程是"领域——科目——模块"的塔状结构，使课程体系从封闭走向开放，有利于减轻学生的学习负担，提高学习效率；课程计划由学期转变为学段；学业管理由单纯考试走向学分管理；学生选课由理念变为现实；综合实践活动由一般性课外活动变为综合实践活动课程；课程评价由单纯应试走向发展性评价。

在实践上，很多高中学校根据实际情况建设了很多高中特色课程，这一行动"有助于改变'高考指挥棒'下绝大部分高中办学同质化日趋严重的倾向；完善现行高中课程评价体系；建立高中三级课程，以便与高校课程接轨，是当前高中教育发展的必然趋势"[1]。如重庆南开中学为了切实体现"允公允能"的教育特色，培养学生一心为公、爱国为民的品质，使学生拥有可以适应外界快速变化和自我发展的能力，30年来，该校经过不断探索和完善，建立了两套相互补充、相互促进的成熟的课程体系，即"学科课程—活动课程—隐性课程"的课程体系（依据传授方式进行划分）和"必修课程—选修课程—自修课程"的课程体系（依据修习方式进划分）。这两个课程体系的目标都是张扬学生的个性，满足学生全面发展和多样化、特色化发展的要求。又如上海市格致中学确立了"基础型课程校本化、拓展型课程多元化、研究型课程自主化"的课程体系，主要包括四大类课程（公民人格类、文化科学类、身心意志类、创意技艺类）和八小类课程（民族历史和文化、科学知识和技能、人与自然和社会、艺术审美和体验、心智体能和意志、社会实践和社团、学科竞赛和实践、世界文化和交流），共120多门科目，形成了一个相互关联、相互补充，既注重学生兴趣特长发展，又注重课程间的和谐共生，更加注重学生实践与体验的学校课程体系。[2]

建设好高中特色课程体系，关键点在于学校如何结合自身特色探索课程变革。各地高中在开展特色课程体系建设时，必须清楚两点：一是承担着向高等院校输送人才任务的普通高中，必须面对高考的压力，依据国家课程方案和课程标准为学生提供必修课程模块；二是如何开设独具特色的选修课程模块。建构学校特色课程方案最重要也最困难的地方在于学校要如何有机结合必修课程模块与选

---

① 巩建英.建设高中特色课程的必要性与路径选择［J］.教学与管理，2017（10）：39.
② 李颖.特色普通高中建设的策略与实践［M］.北京：教育科学出版社，2014：71-72.

修课程模块，为学生提供多样化的模块选择以及选修时序的多样化选择。一所普通高中的特色课程方案，要求设计者思索在现有教学条件、资源配置和师资水平下，最大限度地挖掘学校潜力，为学生提供深度的、多元化的特色课程；同时还要思索特色课程设置是否在学校、教师的可承受范围内，不要因为盲目追求课程选择的多样性而让教师超负荷授课，竭泽而渔。建设高中特色课程体系须考虑课程设置与未来发展方向接轨、与世界教育发展接轨等问题，让高中特色课程建设真正成为指向未来、引领发展的学校名片。

高中特色课程建设的路径包括以下几个方面。

其一，要结合学生实际建设特色化课程体系。

学校在特色建设过程中要牢固树立"以校为本创特色，立足创新谋发展"的思想，遵循全面性、基础性和内生性原则。正确处理好固本与创新、继承与发展的关系，要面向每一个学生的整体发展，着眼于学生综合素质的提高，力求从小处入手，着眼长远发展，科学规划，稳步推进。

特色高中的育人目标就是要在德、智、体、美等各方面素质合格的基础上培养个性完整的学生。国家整齐划一的课程体系无法更多地关注学生的个性特征，这就需要办学主体在特色学校建设中结合学生的实际情况，依托丰富多样的校本课程资源，自主开发多样化的特色课程，形成国家课程、地方课程、学校课程三位一体的课程体系，从而更好地为培养学生的个性化的兴趣、爱好和能力服务。学校在进行特色课程建设时必须考虑学生的个体差异和特征，尽可能地满足不同层次、不同类别学生的实际需求；也应该考虑课程结构的开放性设计，促进课程体系的动态发展；还应该考虑隐性课程的教育功能。学校要提供多种选择的课程设置来满足学生多样化选择的需要，就必须增加选修课程在总课时中的比例，为学生个性发展服务。①

其二，积极开发校本课程。

新课程改革要求学校教育能够不断创新，不断改革固有的教育理念和教育模式，而特色是学校教育创新的切入点，能够凝聚学校内部力量，引导学校发展方向，提升整体办学水平，从而逐步形成学校的相对优势。特色学校只有用高质

---

① 李颖.特色普通高中建设的策略与实践［M］.北京：教育科学出版社，2014：45.

量的特色课程做支撑才具有生命力。质量和特色是学校发展的支点，要把优质教育的着力点放在创造适合一个学生发展的课程上，以此为每一个学生提供发展的空间。校本课程的开发从某种意义上讲，就是彰显学校特色、提升学校内涵的过程。

学校特色发展的根本是学生个体的差异性发展。国家级课程无法顾及这种个体差异，唯有校本课程才能满足和实现每一个学生的发展需求。以校为本是教育改革的新趋势，教育要面向现代化，面向学生，发展个性，培养学生创新精神，必然走向校本。校本课程是以校为本的现代学校制度的主要组成部分。开发校本课程资源，乃是开发学生潜能、发展学生个性的有效途径。学校在开足、开齐教育部门规定的课程、课时的基础上，还需进一步加强校本课程建设和校本教材的开发，充分调动教师的积极性，促进教师的专业发展。

其三，提倡和发展多样化的授课模式。

高中特色课程的开发重点在于考察如何将既定的课程目标付诸实践。特色课程本质上仍然是教学互动，是一种在具体的课堂情境中"创生"优质、独特但又符合课程要求的授课经验。

其中，"优质""独特"指的是在课程目标的指导下，变革传统课堂中单一、被动、封闭的教与学，提倡和发展多样化的授课模式和学习方式，通过教师的引导，让学生在自主、探究、合作的学习模式中成长为学习的主人，学会内化知识，建构属于自己的知识体系。因此检验高中特色课程设置是否真正指向未来，关键是考察课程是否调动了学生的主体意识与主观能动性，是否激发了学生的创造力，是否促进了学生创新精神与实践能力的培养。我们必须认识到：建设高中特色课程是没有一套固定模式或者现成程序规则的。凡是能结合本校特色、凸显教学过程中的思维、发现、探究等认知活动的，凡是能提高学生发现问题、提出问题、分析问题、解决问题的能力的，凡是能促进学生学习知识与技能、情感态度与价值观的整体发展的特色课程，都是指向未来的高中优质特色课程建设。

其四，将必修、选修课程有效融合，彰显学校特色。

普通高中承担着向高等学校输送人才的责任，课程设置既要考虑国家规定的通识课程，又要开设独具特色的选修课程模块以彰显学校特色。因此高中课程方案的设计，不同的学校由于通识课程和选修课程的结合方式不同，会形成多种多样的学校课程方案。同一个地区的 A、B 两所普通高中，就有可能发展出两种不同的极具特色的特色课程模式。例如：其中 A 学校因为历史沉淀，"人文与社会"领域方面的师资力量较强，于是学校围绕"人文社会"这个主题，设置一系列围绕该领域的特色课程方案，高水平的选修课得到了教育界同行乃至社会各界的广泛认可，使"人文与社会"成为该校的特色招牌，想在这方面得到深造并由此进入高一级学府继续深造的学生会优先选择 A 校；B 学校则可能在"科学技术"领域具有得天独厚的优势，围绕"科学技术"这一主题开设高质量的选修课程，当地人们都知道该学校的强项是理科，具备"人有我优"的特征。因此，有效融合必修与选修课程，彰显学校特色，是指向未来的高中优质特色课程建设的有效路径。

其五，抓住高考改革的契机，探索课程多元化评价机制。

无论普通高中课程如何改革，高考都是无法回避的话题。因此，普通高中在深化课程改革开发与实施选修课程时，需要考虑如何与高考接轨。这需要学校在深化特色课程建设与实施过程中，处理好高中必修课程与选修课程的关系，关注高考与学生个性发展的关系，实行高考必考科目与选考科目相结合，抓住高考改革的契机，从国家要求普通高中"改革现有'以分数论人才'的单一评价模式为全面多角度考核学生的综合素质"这一点入手，探索课程多元化评价体系。学校可以引导教师认识到课程评价的最终目的是发现与创造课程价值，进而认识到课堂评价模式不只是一篇论文、一份调研报告等形式上的变化，而是通过课程学习，让学生理解什么是科学的研究方法——提出问题、定义问题，学会用可操作性的方法解决问题、收集资料、选定研究方法、选择参加人员、得出结论、提出建议，等等。这样的课程改革，强调学生的主体学习，探索选修课程实施中如何突出评价的激励与调控功能。

其六，完善各类机制，建立特色办学的评估检测标准。

学校文化是一个传承、发展和积累的过程，课程体系和特色建设既要符合学生自身发展规律，也要符合国家对人才结构的需求。在目前的教育现实中，课程"千校一面"的现状尚未得到根本改变，学校在课程开设与评价学生发展等方面所受到的限制仍严重地制约着学校课程的进一步建设。因此，必须改善学校在素质教育探索中的制度环境。只有提供制度上的保障，学校课程才能真正摆脱"边缘化"的地位，课程改革的实施才能收到实效，学校课程的统筹实施才有更广阔的发展空间。

我们必须看到，建设高中特色课程体系不能仅仅依靠学校的力量推动，还需要教育行政部门在政策、环境、条件及管理体制上给予保障与支持。例如，教育行政部门需要完善教师培训体系，正视高中教师教学任务重、升学压力大、学校资源设备有限等客观制约因素，建立一套完善的高中教师选修课程开发与激励机制，切实提高普通高中教师课程开发与设计能力。同时，我们还必须看到建设高中特色课程、发展普通高中特色，是一个不断试错纠错的过程，是动态的循环，包括了学校特色办学理念的确立、师生特色课程参与程度、学生发展变化的显效度，等等。这一切都需要教育行政部门协同普通高中，完善各类机制，建立特色办学评估检测标准。例如，行政部门要思考如何正确引导高中改进学业水平考试评价体系，拓展对学生个性化水平认证标准，建立一套地区普适的评估标准。最后，普通高中也要勇于承担责任，敢于在特色办学过程中形成"试错、纠错"机制，通过不断的教学反思，形成自主能动型的特色办学模式，不断促使本校校长和教师参与特色办学，让高中特色课程指向未来，为高等学校培养时代需要的人才打下良好的基础。①

总之，课程是教学的载体，"课程的变革，从某种意义上，不仅仅是变革教学内容和方法，而且也是变革人"。课程改革是否成功，其标志之一在于课堂教学中教师教的方式和学生学的方式是否得到改善，在于师生通过课程改革是否获得成长和发展。要能够真正使学校的课程文化发生转变并获得成效，改革的理念必须得到教师群体的认同。启动学校的改革工程，必须首先在学校内凝聚重要的变革力量。只有在这一前提下，教师才会积极参与课程改革的设计、实施和评估，由此助推基于学校课程体系及优势学科的学科特色的不断成熟。

6. 多元和谐的学校文化

多元和谐的学校文化是特色普通高中特色形成和发展的引领。

"所谓学校文化，是指学校全体师生在长期的教育教学实践、教育教学管理

---

① 巩建英.建设高中特色课程的必要性与路径选择［J］.教学与管理，2017（10）：39-41.

和教育教学生活等活动中创造出来的精神财富的总和。它包括学校群体所认同的价值观念、道德规范、生活行为方式、校风、校貌、语言习惯、学校传统等。学校文化可以体现在学校有形和无形的一切环境中。如学校建筑的布局，教学楼的命名，校门的设计，校园的雕塑、走廊的壁画、展示橱窗、校徽、校训、校歌、校旗等的设计与确定，校园网络、广播等。学校的一切都承载着文化的元素。"[1] 以特色学校的建设为出发点，"学校文化是学校所特有的文化现象，它是学校主体成员在学校长期实践过程中逐渐形成并共同遵守和享有的思想信念、价值信念、基本规范以及行为方式，并以体现这种价值观的活动形式和物质形态为载体而客观存在"[2]。有的学者认为，学校文化还包括了学校制度文化、物质文化、行为文化和校园环境文化等。

学校文化渗透在学校的方方面面，是学校的精神和灵魂，是学校优秀传统的总结和传承，是学校师生发展可持续发展的精神力量，是学校前进的动力。独特的学校文化是学校特色的标志，一所学校之所以成为特色学校，就是因为形成了与众不同的学校文化。"特色学校实质上就是一种整体性的学校文化模式。它是在独特的文化环境内逐步发展形成的，独特的学校文化环境为特色学校提供了生长的基础，一定的文化环境孕育了一定的学校文化。"[3] 因此，从某种意义上说，学校文化的建设过程，也是学校创建特色的过程，两者相辅相成，相互影响。

强大的、积极的、合作的学校文化将对学校的许多方面产生强烈影响。学校一旦具有了自己独特的文化，就会形成一种强大的精神力量，对学校全体成员产生鞭策、凝聚、引领和感召的作用，滋润全体师生的成长。这种精神力量会感染、激励学校成员发挥潜能和创造力量，齐心协力，共同实践学校的特色办学理念，共同进行学校的特色建设工作。学校文化还促进了学校办学效率的提高和学校成果的丰富，孕育了学校成功的变革和改进的努力，建构了教师、学生和行政人员的义务感和认同感，使学校成员、学生和团队的能量、动机和活力得以增强，等等。所以，多元和谐的学校文化是特色普通高中的一个重要构成因素。

---

① 李颖. 特色普通高中建设的策略与实践 [M]. 北京：教育科学出版社，2014：70—71.

② 胡方，龚春燕. 特色学校建设：学校文化的选择与建构 [J]. 中国教育学刊，2008（4）：22.

③ 韦毅，洪涛. 学校发展规划与特色创建 [M]. 长春：东北师范大学出版社，2009：153.

特色学校建设的关键不在于有多么漂亮的学校环境、多么现代化的硬件设备，而是在于多元和谐且富有特色学校文化的形成，在于全校师生所表现出来的价值观念。学校文化的建构为特色学校建设提供了生存的土壤和发展的动力；而学校特色建设的理性诉求也对学校文化建构提出了规定性的要求。在特色学校建设中，多元和谐的学校文化发挥着十分重要的功能和作用。

第一，学校文化变革是特色学校建设的关键。

特色学校建设是一项涉及学校整个系统的、全方位的学校变革活动。在这一变革中，学校文化起着关键性的作用。学校变革是一个过程，包括一套由学校成员主持的有计划的系统活动，改善学校教学及组织的过程以解决学校的困境及问题，在个人、小组及学校层面上发挥最大运作效能。校本改革涉及两个方面，即科技改革和学校文化改革。科技改革着重于维持学校运作及达到学校目标的手段的改革，容易成功也容易分析。隐藏的改革则涉及学校文化，较难做到也较难分析。由于学校文化决定着人们思考、感觉和行动的方式，因此正确理解和塑造学校文化是教师群体提升、学术成就提高以及学校走向成功的关键，学校文化就真正成为了学校变革的"发动机"。

如果仅进行科技改革，而不涉及学校成员的价值信念的改变，变革将流于形式、流于表面。改革的结果要么无效，要么短效。当下特色学校建设中普遍存在的特色表面化、特色短暂化等问题正是由于学校的特色建设没有涉及精神层面和文化内涵，仅将特色建设集中在硬件建设、项目建设上，所以才难以建成真正意义上的特色学校。

第二，学校文化传统是特色学校建设的条件与基础。

学校特色的形成和发展是通过创新活动实现的，创新既意味着对原有教育思想和教育方式的改革与突破，也意味着对新的办学思想和教育模式的探索，是做学校以前没有做过的事或是其他学校没有做过的事。但这种创新并不是对学校办学传统的全盘否定，而是在对学校的办学传统有所继承的基础上进行的。

建设特色学校，就是要创办文化上有自身特色的学校，这种学校在文化的各个层面——精神、制度、行为乃至物质设备上都或多或少存在着区别于其他学校的文化特征。不同的办学历史和学校传统，是形成办学特色的重要资源，不同的教育理解和教育哲学是形成办学目标、培养目标的基础，不同的社区、环境和背景会提供不同的教育教学生态环境和丰富多彩的课程与教学资源，不同的学风、教风、校风会造成不同的师生行为和人格。

第三，学校文化建构是特色学校建设成功的标志。

学校特色是一所学校的整体办学思路在各项工作中所表现的积极的、与众不同的方面，它是一所学校积极进取的个性表现。从某种意义上说，特色学校之所以成为特色学校，就是因为它创建了一种独特、优质、稳定的学校文化模式。

学校特色是学校文化的整体表现，是学校理念和精神由内而外的自然呈现与自然生成；是与学校文化的整体协调；是全体师生所共同认可的，并表现为师生的基本行为；是在学校氛围中能够感觉到，而不需要刻意讲解和阐述的。因此，建设学校文化就是形成学校特色，学校特色应是文化的、内涵的、重视品质的，是在学校文化建设过程中自然形成的。[①]

特色学校文化建设的主体是多元的，包括学校的校长、教师、学生、职工以及间接参与学校建设的专家、家长、社区人员等，他们各自发挥着重要的作用并承担着相应的责任，形成了一个建设共同体。校长作为学校的领导者，也充当着学校文化领导者的角色，是学校文化的发展者和创造者。教师是学校文化的主体更是文化的直接传播者。他们通过自己的教育教学活动与文化的继承和演变，实现学校组织文化的保持与改造。学生文化是学校文化的重要组成部分，体现着学校独有的文化特色。

学校文化是一个多维、立体的复合体，它由精神文化、制度文化和物质文化等多层面共同构成，因此学校文化的建构必须在多个层面、多个维度上逐步推进，协同发展，从而构成学校文化的整体。建构多元和谐、有特色的校园文化体系，可从以下三个方面着手。

其一，开发特色课程。特色课程是学校特色文化形成的支撑。课程不仅让学生学到知识、掌握文化，更重要的是形成一种教风、学风、一种学校组织精神，课程"所蕴含的价值、精神、意义并不是直接灌输给学生的，而是在师生协商与互动过程中通过达成共识的方式而被生成的"[②]。在特色课程的开发、实施及评价等

---

① 胡方，龚春燕.特色学校建设：学校文化的选择与建构［J］.中国教育学刊，2008（4）：22–23.
② 郝德永.走向文化批判与生成的建构性课程文化观［J］.教育研究，2001（6）：62–66.

教育教学活动中，学校管理者、教师、学生共同探索、总结，既形成了独特的教育教学风格，也成为学校特色文化的载体。

其二，完善特色制度。学校制度文化属于学校文化的中间层次，它包括学校管理体制、组织机构与结构、规章制度，还包括学校在各项活动中的文化交往方式、礼仪与行为准则等。在学校文化由浅层向深层、由外化向内化的过程中，制度文化是一种基本力量。科学完善的管理常规是办好一所学校、形成特色风格的保证。首先，以可操作性的语言将特色思想、特色内容和特色操作程序规定下来，形成制度，以保证特色发展的连续性，形成特色发展传统，使特色建设不至于由于人事的变迁而更改。其次，还可以围绕特色主题制定一系列新的特色制度，从制度上来规范和保证特色学校的建设。

其三，塑造特色校园。学校物质文化属于学校文化的表层，它是学校文化的空间物态形式，又是学校精神文化的物质载体。学校的物质文化包括校容、校貌、校园建筑及各种设施等，它能使学生潜移默化地受到感染、熏陶和积极的暗示。因此，学校特色文化的建构必须赋予校园环境以文化的特质和教育意识，增强环境育人的功能。它包括学校文化标识系统，比如校徽、校服的设计，校歌的编创；学校、教室墙壁的设计；学校长廊、路标、奖牌、奖品以及校史的展示方式；校内媒体的设计等，这些蕴含着内在的情感体验或视觉符号的学校文化元素会形成一种相对稳定的、特殊的"文化场"，使学校文化主体在体验中理解、接受并认同学校文化、最终共享学校文化。[①]

学校文化是学校群体成员共同遵循的愿景、信念和价值标准，是学校最深层的、也是最高境界的管理。任何一所名校的学校文化都不是在一朝一夕中产生的，而是一个在长期积累的过程中不断积淀和生成的。特色学校的建设要求广大学校在多元的社会文化中认真选择、提炼，积淀和丰富独具特色的学校文化底蕴，积极建构学校的特色文化并最终展示出属于自己的特色风貌。

7. 先进充分的软硬件设施

先进充分的软硬件设施是特色普通高中特色形成和发展的保障。

学校的特色发展，需要大量人力、物力、财力的投入，基本的办学条件是学

---

① 胡方，龚春燕.特色学校建设：学校文化的选择与建构［J］.中国教育学刊，2008（4）：25.

校特色发展的基础，而先进充分的软硬件设施是特色普通高中特色形成和发展的保障。学校基础软硬件设施主要包括房屋、道路、水、电、气、通信、网络、仪器装备等公用设施以及图书馆、体育馆、音乐厅、琴房、游泳池、语音室等场馆和各类学科实验室，它是学校师生学习、工作、生活的物质基础，也是学校特色建设的基本保障。加强学校基础设施建设，对于保障学校的正常运转，促进学校特色发展有着不可忽视的重大意义。

加强特色学校的软硬件设施建设，可从以下几个方面着手。

第一，突出规划，用科学规划来保障学校特色发展。

规划是对学校进行比较全面的长远的发展计划，是未来整体性、长期性、基本性问题的思考、考量和未来整套行动方案设计。学校的特色发展要保证长期性、稳定性，必须要靠科学规划来保障。学校在制定规划的时候，要将学校的发展建设规划与校园文化、特色发展目标紧密结合起来，通过校园文化的提质促进学校整体品质的提升。以学校建筑来说，首先要将学校的功能分区做好规划；其次要对每一个功能区科学布局，将现在和未来的建筑画好规划蓝图；再次要对学校每一栋建筑物的风格进行设计，体现学校的文化特点；最后，按照学校的特色，对每一间房子做好设计，这样，就可以保证学校的建筑规划科学、布局合理、特色鲜明，为学校特色发展营造良好的文化氛围。

第二，创新管理，用项目建设来引领学校特色发展。

一方面，顺应学校特色发展要求，需要设计若干特色项目来凸显特色。如，艺术特色学校可以设计艺术楼、艺术广场、艺术展馆等建设项目，外语特色学校可以设计国际交流中心、西方文化展馆等建设项目，科技特色学校可以设计天文观测台、气象台、科技馆等项目。另一方面，学校基础设施建设经费需求量大，建设工期长，在按照学校规划推进过程中，需要分出轻重缓急，排出先后顺序，这就需要创新管理方式，通过特色项目建设一步步实现学校的整体特色建设。对学校特色发展效果明显的项目先上，对学校特色发展引领作用强的资金先投，这样就可以避免"撒胡椒面"、经费投入不见成效的问题。

第三，建设网络，用信息技术助推学校特色发展。

特色学校建设需要一个开放、高效、共享的系统，网络建设需投袂而起。一方面，要加强城域网的直通改造，按照自上而下的建网原则，完成教育城域网骨干节点和教育网络建设，实现市、县/区、校三级相互连通，实现中学"校校通"和"班班通"，形成联接和辐射全市所有学校的、面向社会开放的教育网络系统，为学校特色发展奠定基础。另一方面，要搭建起集信息发布、行政办公、业务管理、互动交流等功能的视频会议系统、电子政务平台和具有资源交换、远程教学、精品课程、远程教学、自主学习、考试评估等功能于一体的在线教学服务平台，依托有条件的学校开发一批具有学校特色的网络精品课程和课件，以实现资源软硬件的高度共享，为学校特色建设提供快捷的共享平台。

第四，搭建学科实验室，以实验室推动教学和课程改革，促进学生个性成长。

随着教育改革的不断推进，在高中阶段引入实验教学，使学生通过实验验证学科知识，激发学生对各科知识的兴趣，已成为各特色学校的普遍做法。实验室可以为教学内容、与教学内容联系密切的单元教学以及知识专题教学提供良好的教学环境。教师可以带领学生在实验室中验证知识之间的关系，探索知识的奥妙，对学科知识有更加深刻的体验。中学学科实验室中有丰富的教研资源，且实验室环境较好，适合教师在实验室中学习和工作。教师可以充分利用实验室进行备课，在实验室中进行专业知识的学术研究，研究教学过程和教学内容，利用实验室中的设施提高探索知识的准确性。中学建立学科实验室利于教师的专业化发展，进而使学生在学科方面获得较好的发展机会。中学学科实验室的功能和环境可以满足不同学生的个性化需求，使学生可以在实验室中验证自己的猜想，从而培养学生的思维，创新学生学习知识的思路，增强学生学习知识的信心，为学生探索学科知识提供验证环境。实验室还使学生对学科知识充满兴趣，培养学生独立思考的能力，从而有效解决学科教学中的疑难问题，强化中学教学效果。

如 2014 年，上海格致中学揭牌成立了中国大陆第一家由美国麻省理工学院指导的标准 FabLab 创新实验室——格致创智空间。

FabLab（FabricationLaboratory）创新实验室是由美国麻省理工学院比特与原子研究中心尼尔（Neil）教授在 2001 年创立并管理的教育实践研究项目。该实验室是一个展现创意作品的平台，拥有诸多先进的数字制造设备，并得到麻省理工学院的开放软件和程序资源支持。FabLab 创智空间的建立为格致中学进一步培养学生创新思维与创新实践提供了坚实的基础和可靠的设备环境保障。

在此基础上，格致中学从课程建设、运行机制、实践平台三个方面，开展了广泛而深入的探索，积累了丰富的实践案例和管理经验。如今，全世界40多个国家已先后建成267个FabLab实验室。FabLab的开发团队，每年都会组织召开全球性的交流展示活动，以分享最新的实践成果。又如上海市南洋模范中学的创新教育学习场、上海市第二中学与上海市西南位育中学的机器人实验室、上海市南洋中学的校园物理实验环境、上海市徐汇中学的生物工程实验室、上海市紫竹园中学的美术画室、中国中学的C7智慧教室，等等。这些特色实验室（学习环境）对高中开展拓展型、研究型课程，培养高中生动手创新品质均具有十分重要的积极意义。

8. 显著优质的办学成果

显著优质的办学成果是特色普通高中特色形成和发展的呈现。

办学成果即一所学校办学的成就，包括学生的素质养成，学校的高考升学率，学校文化上的建构，学校师生获得的各种奖项，学校的特色课程体系，教师的教学经验和教研成果、名师队伍，学校在社会上的声誉，等等。一所有特色的学校一定是一所优质的学校，这种优质就体现在学校办学成果的各个方面。具体来说，特色学校的办学成果主要包括以下几个方面。

第一，学生的综合素质养成。

特色学校在学生培养上除了贯彻国家既定教育方针、完成学校人才培养的基本任务之外，更关注的是培养个性化、创新型人才，为高等教育输入更加优质的生源，全面提升学生的综合素养，为学生的终身发展奠定基础。与一般高中学校相比，特色高中的学生在综合素质培养方面更具指向性。

如同济大学学第二附属中学以理工特色（聚焦STEAM）见长，在学生培养上的定位是："特色教育既面向全体学生夯实人文基础，提升理工素养，又能发现具备理工潜质的学生，为学生的全面发展与个性化发展提供可能，最终指向每一个学生的知识学习、能力培养和人格发展。"[1] 在这种特色办学的定位下，该校培养的学生综合素质也远较一般学校出类拔萃。华东师大二附中坚持以"追求卓越，培养创造未来的人"为办学理念，紧紧围绕"让每一位学生的潜能得到充分

---

① 徐士强.普通高中特色办学的育人要义及实践策略［J］.上海教育科研，2017（9）：48.

发挥、让每一位教师享有事业成功的幸福、让学校持续发展成为世界一流名校"的办学目标，深入开展全方位教育教学改革，逐步构建了"N个百分百"素质教育育人模式，推出了以提升中学国际竞争能力为目标的学校课程，建立了"卓越学院""钱学森学院"和"晨晖学院"，不仅大大促进了学生综合素质的提高，也推动了教师的专业发展。

又如上海市曹杨中学自实施"环境素养培育"特色以来，学生的环境素养明显高于其他同类学校学生。学校采用国际通用的"新生态范式"（NEP）表（环境社会学家邓拉普和范·利埃研发）与田纳西自我概念量表，对本校和区内外六所市、区实验性、示范性中学的高中一、二年级学生有关环境情感、环境行为、环境知识与技能等有关环境素养的相关指标进行了测量，通过数据统计分析发现，本校高二年级学生的环境素养比较明显地高于本校高一新生和其他学校高二年级学生。2018年，由曹杨中学学生会提议并筹建的上海市中学生环境素养培育联盟在曹杨中学成立，首批共34所学校参加。2018年4月，联盟牵头单位曹杨中学发起并筹办了"上海首届高中生环境素养论坛"活动，充分展示了曹杨中学学生所具备的环境素养。[①]

第二，高考升学率。

在上海市教育委员会制订的《上海市特色普通高中建设参考指标》中，虽然"高考升学率"并不在相关参考指标内，但这并不意味着特色高中可以不顾升学率。相反，由于普通高中教育的任务是"促进学生全面而有个性的发展，为学生适应社会生活、高等教育和职业发展做准备"[②]，而在普通高中多样化发展仍然受限制的情况下，为高等教育输入合格人才仍然是普通高中的一大主要任务。因此，高考升学率和名牌大学录取率，在事实上仍然是特色高中的一大关键性指标，更是学校在社会上获取声誉的重要来源，也是特色学校取得学生、家长和社会的认可的重要指标。

如上海中学的高考升学率就一直位居上海市的顶尖位置。截至2014年，上海市上海中学本部毕业生全国重点大学录取率在99%以上，进入全国"211工

---

① 朱丽.它们何以称为"特色普通高中"——基于上海市四所特色普通高中评估结果的分析［J］.上海教育科研，2019（9）：31.

② 中华人民共和国教育部.普通高中课程方案（2017年版）［M］.北京：人民教育出版社，2018：1.

程"高校90%以上，"985工程"高校80%以上，进入北京大学、清华大学、复旦大学、上海交通大学与香港地区高校的学生超过70%，近六年获得上海市文理最高分的13位学生中有10位出自上海中学。国际部毕业生报考欧美一流大学录取率超过90%；进入美国大学的学生，80%的学生进入美国排名前50名的大学；外国留学生报考中国重点大学录取率保持在95%左右；港澳台班毕业生100%被中国重点大学录取。数百位毕业生进入哈佛大学、麻省理工学院、斯坦福大学、多伦多大学、早稻田大学、法国巴黎音乐学院等世界名校深造。

第三，学校特色课程体系。

一方面，丰富特色的课程体系是特色普通高中特色形成和发展的核心要素；另一方面，特色课程体系也是特色学校办学成果的主要呈现，是评估一所学校是否为特色学校、一所学校特色发展程度的关键指标。上海市对特色普通高中的定义是："上海市特色普通高中是指能主动适应上海城市功能定位、社会和地域经济发展以及学生发展的需求，有惠及全体学生、较为成熟的特色课程体系及实施体系，并以此为基础形成稳定独特办学风格的普通高中学校。"[①] 从中可以看出，上海市对特色课程体系尤为看中。甚至可以说，上海市普通高中特色发展的路径之一就是通过普通高中特色课程建设来推进实施。因此，《上海市特色普通高中建设参考指标》中对特色普通高中的评估认定在课程体系建设上提出了一系列的指标，如要求"学校围绕特色育人目标整体规划学校课程，具有清晰的学校课程愿景、实施策略、发展路径和保障机制"，"学校已经形成不少于5门特色课程组成的特色课程群"，"学校建立起体现特色育人目标、可操作、有效度的学生评价和课程评价方案"，"学校课程实施已见成效，获得学生和同行的认可和好评。学生对学校课程的满意度达90%以上"，等等。[②]

近年来，各地特色普通高中学校都在特色课程体系建设上取得了丰硕成果。如苏州第三中学的外语特色课程体系：苏州第三中学以外语特色教育著称，学校开设了多语种课程，有日语实验课程、日语课程、日语"2+1"课程、德语实验课程、德语"1+2"课程、新南威尔士大学"优飞"基础课程和"优飞"核心课

---

① 上海市教育委员会.上海市推进特色普通高中建设实施方案（试行）［Z］.2014.
② 上海市教育委员会.上海市推进特色普通高中建设实施方案（试行）［Z］.2014.

程。学校先后与国内外的教育机构和学校建立了友好关系，40所日本高校在该校设立日语考点，多所日本高校与该校签约了保送生名额。[①] 又如北京市第八十中学的生活综合课程体系：作为北京示范性高中，北京市第八十中学在课程开发与实施中倡导以社会生活为基点，以学生生活环境为资源，围绕"四条主线"开发课程。即人与自然——亲近自然——关注北京自然环境；人与文化——感受人文——领略北京传统文化；人与社会——走进社会、工厂、田野——认识生活关注现实世界；人与自我——认识自我——开发塑造和完善自我人生。该校鲜明的特色课程体系惠及所有学生，整体提升了学校特色办学水平。[②]

又如上海市教育委员会命名的第一所上海市特色普通高中曹杨中学，秉承"传承＋创新"和"普通＋特色"的特色发展理念，将"环境素养培育"作为学校的特色定位，形成了环境素养培育特色为主题的"三加一"特色课程群，即"环境·科技"课程群、"环境·人文"课程群、"环境·心理"课程群和实践体验类课程群，共计46门课程。"环境·科技"课程群旨在引导学生关注环境保护的热点问题、前沿信息和科技动态，培养实证意识和问题意识，掌握与环境科技相关的知识和技能，学会运用科学的思维方式妥善处理环境问题的路径和方法。"环境·人文"课程群旨在引导学生关注人类面临的全球性挑战，理解人类命运共同体，树立与环境和谐共生、协同发展的意识，在独立思考、辩证思维中认识事物、发现问题、解决问题、规范行为。"环境·心理"课程群旨在让学生了解基本的心理健康常识，对自身、他人、社会和自然怀有尊重、包容、珍爱、负责的情感态度，自觉建构积极、平和的心理环境，养成健康的审美情趣，认识美，发现美，欣赏美。实践体验类课程群旨在架构起课堂学习与社会生活的桥梁，让学生通过实践体验将抽象的知识与具体的生活实际相关联、融合，学以致用，主动践行绿色健康的生活方式。[③]

第四，学校师生获得的各种奖项和学校教学科研成果及名师队伍。

特色学校师生获得的各种奖项和学校教学科研成果及名师队伍是特色高中

---

① 唐爱民.探索高中特色发展开展多语种教学［J］.基础教育参考，2011（8）：77-78.

② 田树林.用心弹奏课程建设新曲倾心铸就学校办学特色——北京市第八十中学课程建设综述［J］.新课程学习（综合），2010（11）：32.

③ 杨琳."环境素养培育"特色主题与课程的设计——以上海市曹杨中学特色普通高中建设为例［J］.现代基础教育研究，2017（3）：23-32.

办学成果最直观的体现，包括学生的各种学科知识竞赛奖项、科技发明和专利奖项、音体美等艺术活动奖项，教师的教学奖项、科研奖项，学校和教师承担的各种课题研究，学校的名师队伍，等等。

如华东师大二附中学生在各种国内国际大赛中斩获各类奖牌。据中国科协统计，华东师大二附中在国际中学生学科奥林匹克竞赛中总共获 27 枚金牌、4 枚银牌和 1 枚铜牌，金牌总数名列全国前茅；华东师大二附中学生连续参加国际中学生科学与工程大赛，共获得 20 多个奖项位居全国第一，顾宇洲、白雪霏、段沛妍、樊悦阳四位同学因突出表现荣获小行星命名资格，学校获评"全国科技教育创新十佳学校"。华东师大二附中在上海市高中阶段最先实施"首席教师制"。首席教师评审有着严格的评选程序：学校拟定评审条件，申请教师须在上海市本学科具有一定影响，并且师德方面表现突出；教研组评议推荐，校务会进行人员初选；由华东师大及上海学科教育专家组成校外评审团对初选人进行评审；最后校长聘任。除传统学科外，学校还设立德育及竞赛指导等方面的首席教师。评审标准非常严格，秉持宁缺毋滥的原则。目前华东师大二附中已经评审出 10 位首席教师，这些首席教师不仅是各学科的掌门人，同时还担任各学科教研组的组长，负责整个学科团队的组建工作；他们不仅要积极开展教育科研、掌握国内外教育发展动态，而且在教育教学方面起示范作用、指导青年教师成长。[1] 又如上海市甘泉外国语中学采用"引进 + 自培"模式，着力将学校建成"多语种师资高地"。该校作为外语类特色高中，拥有一支外语名师队伍，专职外语教师 50 人（不含外籍教师）包括专职日语教师 20 人、英语教 22 人、专职德语教师 5 人、其他语种教师 3 名。此外，该校还有一定数量的兼职教师队伍。

又如上海市曹杨中学，学校近年来自己培养了特级教师 1 名，区学科带头人 2 名，高级指导教师 6 名，岗位能手 5 名，教坛新秀 4 名。2014 年至 2016 年参加"普陀杯"教师专业能力评优活动，英语、体育、音乐学科获教学大赛一等奖；语文、数学、英语、地理、化学学科获二等奖。获奖教师的平均年龄一等奖为 26.7 岁，二等奖为 31.7 岁；2012 年至今，教师在国家级、市级刊物上发表论文 94 篇，编写和完善校本教材 40 余本，正式出版特色课程教材 2 本。指导学生

---

① 杨宇海. 打造学校特色研究：基于案例的分析 [D]. 上海：华东师范大学，2013.

在各级竞赛中获奖 300 余项，其中国家级奖项 34 项，市级奖项 105 项。该校的
课题研究成果见下表，可谓成绩斐然。①

| 课题分类 | 课题名称 | 级别 | 课题进展 | | 课 题 成 果 |
			立项时间	进展	
引领特色发展的课题	"中学节能减排与可持续发展教育行动项目研究"	国家级	2013 年	结题	1. 学校荣获联合国教科文组织中国可持续发展项目实验学校； 2. 钱叶斐老师获 2013 年中国可持续发展教育项目优秀案例评选二等奖； 3. 李立纪老师获 2013 年中国可持续发展教育项目优秀案例评选三等奖。
	"高中生环境素养培养的实践研究"	区级重点	2015 年	研究中	在《现代教学》杂志上发表论文 1 篇
	"高中生环境素养培育一体化课程的实践研究"	市级德育实践研究课题	2015 年	结题	在《现代教学》杂志上发表论文 1 篇
	"曹杨中学可持续发展教育视角下的校本课程开发和实施的实践研究"	区级	2013 年	结题	1. 学校荣获联合国教科文组织中国可持续发展教育项目创新奖； 2. 学校在"第六届北京可持续发展教育国际论坛"作主题发言； 3. "水技术与环保课程"获 2014—2015 年中国可持续发展教育优秀成果评选一等奖； 4. "绿色能源实验室"获 2014—2015 年中国可持续发展教育优秀成果评选一等奖。

① 上海市曹杨中学特色创建自评报告.

课题分类	课题名称	级别	课题进展		课 题 成 果
			立项时间	进展	
指导学校课程开发与实施的课题	"中学生礼仪美育研究"	市级	1995 年	结题	1. 上海市第六届教育科学研究成果二等奖； 2. 首届全国美育实施优秀成果奖； 3.《礼仪美育》教材成为上海市九年义务教育课本拓展型课程教材。
	"'责任与自主'课堂教学模式研究"	区级	2000 年	结题	上海市教师学研究会论文一等奖。
	"绿色能源实验室的开发和利用的实践研究"	市级	2011 年	结题	1. 在《现代教学》杂志上发表论文 1 篇； 2. 开发《绿色能源》系列校本课程及教材，《绿色能源》课程成为区域共享课程； 3. 开发绿色能源创新实验室。
	"高中学生礼仪课程开发的实践研究"	区级	2010 年	结题	1. 2011—2012 年度普陀区中小学德育科研成果评比一等奖； 2. 在《现代教学》杂志上发表论文 1 篇； 3. 开发《高中学生礼仪》校本课程及教材。
指导校园文化建设的课题	"以'礼仪校园'为特征的'和谐校园'建设模式研究"	区党建课题	2011 年	结题	结题报告。
	"'责任与自主'班级教育活动研究"	区级	2001 年	结题	普陀区第九届中小学德育年会论文一等奖。

第五，学校的声誉。

学校的声誉即学校在社会上的名声和影响，是学生、家长、教育主管单位以及社会对学校的总体评价和认可度。特色普通高中的"特色"本身就意味着学校在某些方面有着"独特"和"优质"之处，这些"独特"和"优质"之处就是学校最主要的声誉。如上海中学作为有着光荣历史的"浙东四大名校"之一，在国内外都享有盛誉。该校作为上海市教委直属的大型寄宿制高中，是首批上海市实验性示范性高中，是上海市文明单位、全国绿化模范单位、全国电化教育先进单位、全国体育传统项目学校、上海市科技教育特色示范学校、上海市艺术教育特色示范学校、上海市首批双语教学特色示范学校。学校以教育高质，英才辈出，享誉海内外。历届校友中现任或曾任党和国家省部级以上领导百余人，倪嘉缵、吴有生、周勤之、徐志磊等两院院士50多人，中国人民解放军将领29人，现任或曾任党和国家省部级以上领导百余人。

又如华东师范大学第二附属中学创建于1958年，1963年被确定为上海市教育局直属重点中学。1978年被确定为上海唯一的一所教育部直属重点高中，现在是国家教育部和上海市教委直属领导、华东师范大学和所在区共建共管的上海市首批实验性示范性高中。学校是首批"全国教育系统先进集体"、全国首批"未成年人思想道德建设工作先进单位"、首批"全国科技教育创新十佳学校"、全国中小学现代教育技术实验学校、"2049"创新人才培养基地、联合国教科文组织"亚洲教育革新为发展服务计划联系中心"（APEID）成员单位。学校还是全国中小学科研兴教示范基地、全国中小学计算机教育研究中心实验基地、全国中小学现代教育技术实验学校、全国文化信息资源共享工程基层中心单位、全国信息学奥林匹克特色学校、上海市文明单位、上海市教育系统德育工作先进集体、上海市中小学课程教材改革研究基地、上海市中小学行为规范示范学校、上海市科技教育特色示范学校、上海市2049创新人才培养基地、上海市高中理科德育实训基地、上海市高中历史学科德育实训基地、上海市爱国卫生先进单位、上海市绿色环保学校、上海市学校卫生工作先进集体、上海市健康促进学校、上海市档案工作先进单位、上海市实验室与专用教室建设管理先进学校、上海市影视教育特色学校等，可谓荣誉满满。

综上所述，普通高中的特色发展包括以下八个必不可少的要素：① 独特的办学理念；② 科学合理的目标定位；③ 具有领导力的校长；④ 优秀进取的教师队伍；⑤ 丰富特色的课程体系；⑥ 多元和谐的学校文化；⑦ 先进充分的软硬件设施；⑧ 显著优质的办学成果。上述不同的要素在普通高中特色发展中的地位和作用也各不相同：独特的办学理念是特色普通高中特色形成和发展的灵魂，科学合理的目标定位是其动力，具有领导力的校长是其关键，优秀进取的教师队伍是其基础，丰富特色的课程体系是其核心，多元和谐的学校文化是其引领，先进充分的软硬件设施是其保障，显著优质的办学成果是其呈现。同时，各要素之间也存在着一定的相关性，或相辅相成，或互为表里，或相互渗透。其中，办学理念和目标定位决定着普通高中特色发展的理念和方向，具有领导力的校长、优秀进取的教师队伍、丰富特色的课程体系、先进充分的软硬件设施是普通高中围绕上述理念和目标进行特色发展的主要载体和实施方式，显著优质的办学成果则是普通高中特色发展诸要素共同作用的结果，学校文化又是普通高中特色发展中逐渐形成和固化的制度常规，同时又经过诸要素不断改进和提升后成为诸要素特色发展的精神动力，深刻影响着其他要素的行为方式乃至普通高中特色发展的结果。诸要素之间既相辅相成，又错综交叉，但都指向个性化、创新型人才培养和学生的全面发展、终身发展这个高中阶段教育发展的核心主题，共同推动着普通高中的多样化和特色发展，并构建了普通高中多样化和特色发展的立体结构模型。这正如张瑞海所指出的，学校特色总是包含或反映某种办学理念，总是需要某种载体来体现这种办学理念，而办学理念又总是通过某种实施方式作用于这种特定的载体，并通过学校主流文化、传统和制度使之得以承袭和固化下来，它们共同促成某种优质的办学效果彰显出来并获取同行和社会的认同。[①]

　　普通高中特色发展的要素结构告诉我们，不管创建何种学校特色，都应该围绕理念、载体、实施方式和制度这四个基本要素，系统构建独特的、能够体现学校办学理念和培养目标的理念系统以及该理念主导下的载体系统，通过创新实施方式并加以规范化、制度化，使之成为学校常规，达到理念、载体、实施方式和制度的四位一体，才能真正推动普通高中的特色发展。

---

① 张瑞海.普通高中特色发展：理论、实践与政策研究［M］.北京：北京出版社，2014：63.

第二节 特色普通高中的主要类型

对多样性的事物必须加以分类，因为杂乱无章的事物无法研究。可以说，分类是我们进一步认识学校特色的基本途径，是对学校特色作理性探讨的重要内容。

一、学校特色分类的意义和特色选择的基本依据

学校特色是一种普遍性存在。每所学校都应该也都可能有自己的某些特色。各式各样的学校特色之间总会存在相同和不同之处，我们可以根据它们的相同处将它们归入同一类型或品位，根据它们的不同处将它们分为不同类型或品位。"学校特色分类，就是在对典型的学校特色进行个案研究的基础上，按照一定的标准将不同的特色加以区分，同时将相同或相近的特色加以归并，以使丰富多彩、目不暇接的学校特色在一个系统中对号入座，构成整然的序列，为一般学校的特色建设提供选择性借鉴和触类旁通的启发。"①

普通高中学校特色建设是在推动普通高中多样化发展的背景下提出的，旨在引导普通高中学校从目前的按分数纵向等级划分变为按特色横向分类，以构建一个多样、开放、灵活的普通高中教育体系②，满足学生个性化发展需要，适应社会对普通高中教育的多样化需求。对学校特色建设的类型分析，可以为学校设计特色建设打开思路，有助于校长们作出适合本校实际的选择。"这样，我们面对的形形色色貌似杂乱的学校特色，就具有了一种类别清楚、层次分明、高下有别的内在秩序；我们在研究中不仅可以执简驭繁，而且可以逐步养成一种准确的评鉴眼光。"③

---

① 孙孔懿.学校特色的类型与品位[J].教育导刊，1997（6）：11.
② 霍益萍，黄向阳，李家成.多样、开放、灵活：普通高中教育体系的构建[J].教育发展研究，2009（18）：15-18.
③ 孙孔懿.学校特色论[M].北京：人民教育出版社，2007：94.

学校特色涵盖面广，可以体现在多个方面，既包括学校内部的德育特色、课程特色、教学特色和管理特色等，也包括学校之间不同的特色，如美术特色、体育特色、音乐特色、人文特色、科技特色等；既可指学校某一局部的特色活动，也泛指学校整体的文化特色。因此，如何正确理解高中学校特色，明确学校特色定位，将直接影响高中学校的发展方向。

要实现特色建设与学校发展相统一，使学校特色建设更好地推动学校发展，关键在于选择什么内容作为特色建设的重点。"就普通高中学校自身而言，特色发展就是基于学校的发展历史和面临的现实问题，对学校办何种类型特色的一种选择，需要通过科学的课程领导和有效的管理与教学跟进，实现课程设置的多样化和教育过程的个性化，丰富学生的学习和成长经历，为学生的心智成长和全面发展服务。特色建设需要学校不断进行自我调整和超越，注重每所学校独立的存在价值，侧重学校在原有基础上的发展与提升，重视教育的'增量'。"①

学校特色建设就是要立足自身实际并合理定位，大力挖掘学校内部的潜力，找到学校发展的突破口，逐渐将潜在优势转变为显性优势。殷桂金提出，从学校特色选择的基本依据看，大体可分为以下三个来源。

一是源自学校的文化积淀。学校特色是学校长期积累形成的，是学校传统的重要组成部分，任何一所学校都是在特定的社会和自然环境中办学，学校今天的现状是昨天发展的积淀，而今天的改革决定明天发展的结果。每所学校都有不同于其他学校的历史，在历史的长河中必将积淀并衍生出属于自己的、深厚的学校文化。

二是源自学校的优势项目。办学特色的形成，既是一个由潜在优势向显性优势不断转化的过程，也是一个由局部特色扩展到整体特色的过程，更是一个不断优化选择的自我完善过程。从学校特色的形成过程来看，任何学校的特色建设都不可能是"零起点"的，有的需要结合学校办学的历史分析、聚焦学校已有优势活动（项目），将其提升并扩展为学校特色；有的则在已有"特殊性"的基础上，发展和建设学校特色，通过对单项特色的深化与拓展，逐渐形成学校特色。优势项目一般是在综合考虑学校的原有办学条件和优势资源的基础上，结合学校的办

① 殷桂金.普通高中学校特色的定位与类型［J］.教育科学研究，2011（11）：10.

学理念、育人目标、校长的愿望、教师的专长及生源状况等主客观条件进行综合分析判断后确定的。

三是源自学校发展中面临的新情况和新问题。事物的发展总是与问题的解决相伴而生，特色建设是一个基于问题解决的实践创新、经验积累、制度完善和能力建设的过程，特色也是伴随特定问题的解决而逐步形成的。学校通过聚焦发展中面临的现实问题，学习借鉴同类学校成功经验，挖掘和利用校内外资源并进行整体设计，逐渐形成自身特色。[①]

张瑞海提出，普通高中学校特色定位的依据总体来说包括政治需要，社会需求，学生知识基础、兴趣、升学和发展需求，校长办学理念和价值取向，学校历史传统和优势，学校所处地域和社区资源优势，前沿的教育教学理论以及学校发展面临的问题等方面。每一所学校的情况不尽相同。一般来说，学校特色定位的依据多数情况下是多个因素（2—4个主要因素）共同作用的结果，很少出现单一因素单方面决定的情况。他认为，进行普通高中学校特色定位时应着重考虑以下六个方面的因素，它们应当成为学校特色定位的主要依据。

第一，学生因素。主要指学生的文化知识基础，兴趣、爱好、特长和发展需求。它们是学校特色定位的重要依据，也是首要的依据。这是由学校特色发展的宗旨和根本目的所决定的。依据学生情况对学校特色进行的定位，有利于保证学校师生的参与面，为学校特色的形成奠定群众基础，也保证了日后形成的学校特色真正惠及学校大多数学生。

第二，学校因素。主要指学校各方面的办学条件，包括学校的历史积淀、优良传统、现有的办学优势、师资队伍素质、课程资源丰富程度等。学校历史上出过的"名人""名事""名管理"中蕴含着宝贵的精神财富和教育资源，其中包含着学校特色办学所需要的"显性基因"或"隐性基因"，是学校继往开来、实现特色发展的宝贵资源和重要影响因素，也是学校特色定位的重要依据。学校现有的办学优势往往成为学校特色创建的突破口和切入点，是学校实现从办学优势向办学特色转化的现实基础，因而也是学校特色定位的重要依据。

第三，社会需求因素。满足社会需求是教育的一项基本职能，因而也是学

---

① 殷桂金.普通高中学校特色的定位与类型［J］.教育科学研究，2011（11）：11–12.

校特色定位的一条重要依据。社会需求主要指社会现实的需求和未来的需求。其中既包括党和国家从国家战略和维护国家利益的高度提出的对各类人才特别是拔尖创新人才培养的需求，也包括社会和用人单位对人才综合素质、对某层次或某些类型人才的特殊性需求，还包括不同阶层的家长对子女接受普通高中教育的多样化需求。社会需求的多样化是当今社会的一个重要特点，也是社会发展的必然趋势。多样化的社会需求为普通高中特色定位提供了更大的空间和更多的选择，同时也增加了学校特色定位的难度。难就难在学校特别是公办学校如何在普通高中教育性质和功能规定的有限服务区间内，找到与差异化的社会需求的最佳结合点。

第四，理论因素。理论对实践具有指导作用，因此理论应当成为学校特色定位的依据之一。理论对学校特色定位所起的作用主要在于它能够转化为学校的办学理念，或契合学校的特色发展需求，成为学校特色发展的理论指导。因为学校特色主要涉及学校教育、教学、管理等工作领域，这里的理论主要指各种前沿的教育教学理论、心理学理论、学习理论和教育管理理论等。

第五，社区和地域资源因素。社区资源或地域资源对学校发展的支持作用越来越大，也越来越受到学校的重视。社区资源或地域资源可以使学校享有"地利"之便，有时甚至成为学校特色建设中独特的、不可多得的资源优势。能否将社区资源为学校特色所用，一方面，取决于学校特色定位与社区资源属性的契合度；另一方面，则取决于学校与社区的互动能力。社区资源对学校特色发挥作用的强弱，则完全取决于学校对社区资源开发的广度和深度，取决于学校课程资源开发与利用的能力和水平。

第六，校长因素。校长是决定学校发展的关键，这早已成为共识。学情（学生情况）、校情（学校办学条件）、社情（社会需求）和有关理论，这四者统一于校长的办学理念和价值取向之中，最终形成对学校特色定位的战略决策。这四种因素对学校特色定位的作用正是通过校长的决策体现出来的。学校特色定位是事关学校发展的战略性决策，校长作为学校的法人（仅限于公办学校）和行政首长，具有最终决策权。校长的办学理念和价值取向对学校特色定位起决定性作用，是学校特色定位的决定性因素。即使对于那些一时还提不出鲜明、独特的办学理念的校长（这种情况不在少数）来说，其基本的价值取向和个人的好恶，都会影响到对学校特色的定位。[①]

二、国内学者关于学校特色建设的分类

国内学者从不同角度对学校的特色建设进行了不同的分类。

孙孔懿从文化学视角对特色学校进行了划分，分为体现于物质层面（校舍建设）的特色学校；体现于行为方式（教育模式、教学模式、管理模式）的特色学校；体现于学校风俗与传统的特色学校；表现于精神和品行层面的特色学校，共四大类。[②]

庄允吉等对特色学校进行了如下划分：按学校教育工作划分，可分为培养目标特色，教育途径特色，教学方法、手段特色，教学内容特色，教学评价特色，学校管理特色；按学校的特色的鲜明性划分，可分为显性的特色学校和隐性的特色学校；按学校区域环境划分，可分为民族特色学校、革命传统特色学校等。[③]

陶西平将高中特色办学的实践和探索归纳为三类：第一类是办学模式特色；第二类是学校文化特色，包括基于地域特点、历史特点和教育对象特点的文化特色；第三类是学校学科特色，包括基于学校课程体系、优势学科及优势课外教育的学科特色。[④]

方中雄将学校特色分为"教育理念特色""学校管理特色""课程教学特色""项目活动特色"，实际上是将学校教育的主要方面都囊括其中。其中每一种类型又再作了细分，如"学校管理特色"，还可以分为办学体制的特色、管理体制的特色、管理风格的特色，等等。[⑤]

殷桂金提出，根据主导主体的不同，普通高中学校特色主要可分为两类：第一类是在政府主导下的办学特色，体现学校之间特色的不同，主要包括特色高中和综合高中，是指与其他普通高中相比，在教育对象、课程设置和培养目标等方面具有一定的独特性，在招生和升学方面有一定专业倾向的特色学校，主要为初

① 张瑞海.普通高中特色发展：理论、实践与政策研究［M］.北京：北京出版社，2014：140–143.

② 孙孔懿.学校特色论［M］.北京：人民教育出版社，2007：96–126.

③ 汪正中，刘夕华.特色学校办学经验［M］.北京：中国档案出版社，2000.

④ 陶西平.谈高中特色办学［J］.中小学管理，2009（8）：4–6.

⑤ 方中雄.义务教育学校特色建设的价值选择与分析模型［J］.中小学管理，2010（8）：9.

中毕业学生进入高中提供"入口"选择。第二类是学校内部的办学特色，指的是在现有普通高中学校的体制机制下追求某一方面或某一领域的特色发展，可概括为六大类：育人模式、特色教育、重点学科建设、教学方式方法、德育与心理健康教育、国际理解教育等。①

王小飞等人提出了我国普通高中特色的基本类型假设，包括：学术型高中、人文型高中、科技型高中、外语型高中、艺体型高中、普职融合型高中及其他类别等。②

雷守学提出，特色学校一般来说有以下六种类型：具有独特的办学方向；具有独特的办学体制和办学模式；具有独特的教育模式；具有独特的教学思想和课程体系；具有独特的课外活动；具有独特的管理理念、制度和方式。③

崔玉婷按照教育学有关范畴与学校工作的主要板块进行归类，将学校特色分为育人模式、教育理念、学校管理、课程教学、素养教育五大类型。从整体与局部的角度来看，育人模式、教育理念与学校管理特色属于整体特色，课程教学与素养教育属于局部特色；从文化学的角度而言，教育理念属于精神文化层面，其他四类特色属于行为方式层面。而从学校特色的整体性、文化性来说，上述学校特色还要渗透、体现在学校工作的其他方面，最终表现于学校文化层面。④

分析以上观点可以看出，学校特色类型按照不同标准可以有多种分类。但无论是按照何种标准进行分类，都从某一角度揭示了一所学校不同于另一所学校的本质属性所在，那就是"独特性"和"优质性"。"独特"与"优质"是学校特色的基本属性，"人无我有""人有我优"和"人优我精"是衡量特色的基本标准。学校特色不只表现为学校具有个性的外显环境、校本化的课程体系以及明显优于同类学校的特色项目，更主要的是表现在学校每个成员身上的精神品质。它不因校长的更换而改变，不因教师的调动而弱化，也不因学校的变迁而消亡，它深入学校每个成员的骨髓并影响其一生。学校特色建设不仅要追求学生个性的突出发展，更要追求全体学生素质的整体优化，要为不同选择的学生创造适合的成长环

---

① 殷桂金.普通高中学校特色的定位与类型［J］.教育科学研究，2011（11）：12.

② 王小飞，等.普通高中特色发展调研报告［M］.北京：教育科学出版社，2013：27.

③ 雷守学.特色学校的概念、特征和类型［J］.西安文理学院学报（社会科学版），2015（4）.

④ 崔玉婷.北京市普通高中学校的特色类型——以70所特色项目学校为例［J］.教育科学研究，2016（3）：39-42.

境，使大多数学生乃至全体学生受益，要以满足全体学生的全面而有个性的发展为目标。从这种意义上来说，学校特色建设最终应是一种精神和一种价值追求。因此，对于一所普通高中来说，无论是按照何种标准、选择何种特色发展的道路和方向，都应聚焦于学校的"独特"与"优质"这一本质属性，聚焦于学生的全面和个性发展，聚焦于全体师生的精神和价值追求。

三、普通高中特色发展的主要类型

依据不同的办学理念或学生发展认知，高中特色发展的类型存在多种形态。从长期的实践及当前各地的改革试点来看，"特色项目——学校特色——特色学校"是模式形成的基本路径，涌现出了诸如创新拔尖人才培养、文化历史传承、德育/心理发展、科技素养培养、艺术体育素养培养以及学科创新（校本课程改革）、普职融合等各种各样的特色发展模式。学校通过不同路径的特色发展，为自身发展增添了活力，一定程度上改善了学校的管理理念和发展方式，学生、家长、教师等的满意度逐步提高，凝聚了共识，产生了较好的社会影响。

王小飞课题组通过调查研究的方式，以306所全国"特色高中"项目实验推进为基础，选择和确定了12个具有区域代表性的重点省、市、区及特色学校模式，系统考察了100所高中特色发展的政策、内容、模式、路径、评价标准及典型案例方面的进展情况。经过对百所项目实验学校类型结构的深入分析，各学校的特色发展类型主要分为六大类，人文（德育、文化等）类占比23%，占总项目校数量比最高；学术（拔尖创新型人才，含综合）类占比20%；艺体类占比17%；科技（理工等）类占比13%；外语类占比10%；普职（融合）类占比3%，其他等类别（无法归入前六类的类型）占比14%。

从各校类型所占比例来看，人文类、学术类占比较高，艺体类、科技类、外语类次之，普职类最少。这种分类格局，基本反映了我国普通高中的基本布局及其"应试取向"特征，例如高考升学率位于中下层次学校选择"艺体类"取向就是一个典型案例。其他类别也占有相当规模，这可能主要缘于很多学校根据自身科研优势，自创的各类特色发展类型，其中很多类型以校长办学理念为引领或骨干教师的课堂教学方法创新为主要发展方式。[①]

　　基于国内特别是中国教科院 306 所普通高中特色发展的基本类型调查与分析，课题组提出六种发展类型或特色形成路径的假设，即学术类（含综合、拔尖创新人才培养）、人文类（含德育、文化类）、科技类（含理工类）、外语类（含语言或文学）、艺体类（含声乐、美术、传媒、体育等类）、普职融合类（含职业课程、项目类等）。对 28 位校长的调查与访谈显示，36% 的校长选择一种特色类型，64% 的学校对复合型特色（即包含两种以上的特色）倾向性较高，综合有78% 的校长对本校特色发展的类型归类比较清晰。"人文类"是校长选择最多的特色类型，其次是"艺体、科技、学术"类，较少的是"外语和普职"类。省重点学校更倾向于选择单一类型特色。调查结果说明，70% 以上的校长对本校特色发展归类或形成路径比较清晰，60% 以上的校长更为青睐复合型特色（即包含两种以上的特色）。[②]

　　根据王小飞课题组的调研可见，近年来我国普通高中特色发展类的类型是较为清晰的，但复合型（兼具两种以上类型）发展路径更受高中青睐。

　　结合普通高中的特色发展现状，借鉴王小飞课题组的观点和调查数据，本书将特色普通高中分为以下几个类型。

　　1. 学术型高中：创新人才培养的精英"排头兵"

　　学术型高中指以培养拔尖创新人才为目的的高中，具体指面向全体学生，通过设立丰富课程给学生提供各种资源、机会、鼓励和支撑，为各方面有潜质的学生成才搭建平台。国内一批综合实力较强的学校都致力于建设学术型的精英高中。

　　根据王小飞课题组的调查数据，学术类高中在师资水平、课程设置、特色发展的学生满意度和社会评价方面，确实处在普通高中发展的"排头兵"行列，且特色鲜明。由于受到精英教育观念的影响，即便是在选择两种以上特色类型的学校中，多数学校和家长也愿将学校定位在拔尖创新人才早期培养方面，或愿为各方面有潜质的学生在全面而有个性的发展方面提供优质、多元的教育契机。

---

① 王小飞，等.普通高中特色发展调研报告［M］.北京：教育科学出版社，2013：15.
② 王小飞，等.普通高中特色发展调研报告［M］.北京：教育科学出版社，2013：27.

2. 人文型高中：现实教育环境中"不约而同"的主要选择

人文型高中指在特色发展中较为重视学校历史文化传统、区域文化资源的开发与利用，实际工作中以德育或校园文化建设作为重点，努力凝练和提炼学校的人文品质与特性，并将之转化为激励学校发展的动力与抓手；培养学生以人文素养的养成为目标，各类课程和活动广泛渗透，学生的人文精神、道德情操、审美情趣等得到和谐发展。受"人文大国"历史传统和办学理念的影响，我国普通高中的特色发展现状以人文类型居多。

根据王小飞课题组的调查数据，在调查的学校抽样中，人文类型的选择最多。在很多有两种以上特色发展选项的学校中，人文类型一般是被作为第一选项。在各类调查对象中，70%以上的校长选择人文类特色；教师、学生对所在学校特色类型的判断，也一般集中于艺术、人文这一方面。调查表明，在校长的主导下，人文型学校的特色理念和规划较为容易提出并获得共识，且"出彩"速度较快、工作成效较易凸显。

3. 科技型高中：认可程度、满意程度最高的发展方向

理想的科技型高中至少应体现在如下几个方面：一是科技教育理念及内涵渗透或明确体现在学校办学理念之中；二是与其他类别的课程相比，显性与隐性科技类课程建设与开发明显；三是科技类教师与校外科技人才达到一定比例；四是有专门的科技教育管理机构；五是拥有一定规模的校内科技教育场馆设施与一定数量的校外科技实践基地；六是科技教育面向全体学生，所有学生都能在科技知识、能力及实践方面获得不同程度的发展。

根据王小飞课题组的调查数据，科技型高中在实践中占有相当比例，五成到七成以上的各类调查对象都较为认可科技类特色发展。

4. 外语型高中：区域社会声誉比肩学术型高中

外语类普通高中缘起于新中国成立初期设立的外国语学校，发展该类型学校是我国为了培养外语类应用型人才所采取的重要举措，也是外国语大学的重要生源地，属于体制内"建制"。外语型高中注重加强外语教学，建立了独具特色的外语课程体系；着力培养学生的外语特长和国际视野；拥有一支专业的外语师资队伍，积极开展国际交流和合作。

根据王小飞课题组的调查数据，外语型高中区域社会声誉普遍较高，甚至比

肩学术型高中。基于外语型学校的统计分析，得出如下基本结论。在学校管理方面：第一，外语类特色学校的区域内影响力比较大，认可度比较高；第二，在外语类特色办学管理过程中，教师熟悉特色建构和校长个人智慧发挥了重要作用；第三，外语类特色学校的模式一旦形成，其理念和个性特征比较鲜明。

5. 艺体型高中：学生自主能力与办学绩效同步上升

艺体型学校与外语型学校类似，同样源自新中国成立初期体制内设立的艺校、体校或师范学校转型。艺体型高中是指学校主要围绕艺术、体育教育整体设计学校全面工作，把艺术、体育作为学校的核心课程，形成具有特色的艺术、体育课程体系，着力培养学生的艺术、体育特长。

根据王小飞课题组的调查数据，艺体科研引领提升学校特色发展作用明显；艺体课程资源建设中选修课程、校本教材、自主选修等最为"出彩"；艺体型学校教师的特色认知度、满意度较高，教师特色专业发展机遇较多；艺体型高中学校办学绩效改善明显、学生升学比例稳中有升、学生自主发展能力突出。[①]

当然，从特色普通高中创建的实践来说，不同省市特色普通高中的分类标准并不相同。如上海市主要将特色普通高中分为理工类、科技类、艺术类、体育类、法治类、金融类、综合类等。北京市特色普通高中的分类则呈现多样化特点，包括育人模式、教育理念、素养教育、学校管理和课程教学五大类，其所占比例分别为 20%、29%、29%、8%、14%。教育理念、素养教育、育人模式特色所占比例最多，其中，育人模式特色包括基于学制特点、特定育人方式的育人模式，还包括国际理解教育、普职融通两种特色；素养教育特色包括美术、外语、艺体、科学、心理健康、文学、中医药、传媒等各种素养教育。既有整体特色，又有局部特色；既有属于精神文化层面的特色，又有属于行为方式层面的特色。[②]

---

① 王小飞，等.普通高中特色发展调研报告［M］.北京：教育科学出版社，2013：27–29.
② 崔玉婷.北京市普通高中学校的特色类型——以70所特色项目学校为例［J］.教育科学研究，2016（3）：42.

第五章 上海市普通高中的特色发展概况

高中教育作为国民教育体系中承上启下的教育阶段，它是学生个性形成、自主发展和完善的重要时期，既承担着提升义务教育质量的重任，又担负着促进和提高高等教育发展的使命，地位和作用非常重要。办好高中教育，意义重大。21世纪以来，我国普通高中实现了规模与质量的双提升，但是分层发展的格局日益固化、同质化办学现象十分普遍、育人方式单一的问题依然比较突出。这些问题急需破解之道，特色高中便是一种探索。

第一节　上海市普通高中特色发展的背景

20世纪90年代以来，上海普通高中实现了数量与质量同步发展、规模与效益的有机统一，进入内涵发展和以提高质量为重点的发展新阶段。但是，当前普通高中教育还存在着办学同质化倾向严重、素质教育实施不够全面、唯分数唯升学率评价等突出问题，亟须通过推动普通高中育人方式的改革加以破解和应对。上海市积极推进普通高中的特色发展，既是贯彻落实《国家中长期教育改革和发展规划纲要（2010—2020年）》和《上海市中长期教育改革和发展规划纲要（2010—2020年）》精神的要求，也是深化普通高中育人模式改革、促进学生全面而有个性发展的内在需要。

一、上海市普通高中的发展近况

1. 高中教育得到高标准、高质量普及，优质高中教育资源与结构布局不断扩大和优化

20世纪90年代，上海进入大发展时期。面对上海浦东开发开放的机遇和全市经济社会持续快速发展对教育的新需求，1995年上海提出了建设"一流城市、一流教育"的发展目标，制定了"建设一流基础教育发展规划"，提出了高标准、高质量地普及高中阶段教育的发展目标。上海紧紧抓住城市功能提升与基础设施建设机遇，合理调配资源，实现了从精英预备教育向大众普及教育的转变。[1] 自2001年以来，高中教育阶段入学率始终稳定在99%左右，普及程度已经达到了发达国家的同等水平。

自"九五"以来，上海市在普通高中教育上还坚定不移地实施科教兴市战略，把扩大优质高中资源、积极解决高中入学高峰、满足人民群众对优质高中教育的需求放在教育事业发展和基础设施建设的重点领域，推进高中教育发展和建

---

① 尹后庆. 上海普通高中改革的时代命题和发展路径［J］. 上海教育科研，2009（11）：4.

设。高中阶段学校整体办学条件不断改善，教育质量不断提高，初步形成了开放型、高质量、多模式、多样化的，普职渗透，初中、高中、大学相互衔接的高中教育体系。据统计，2005 年时，上海市高中学校共有 330 所，其中高级中学 146 所，完中 184 所，在校生 30 余万，高中阶段入学率已达到近 99%。高中阶段学校办学类型主要有：具有百年文化积淀的名校，如育才、市西、南洋、敬业、南模、徐汇及市三女中等 20 余所；依托大学办学的附中，如华东师大二附中、交大附中、复旦附中、同济附中、上师大附中等 20 余所；上海中学等寄宿制学校37 所；国际学校 22 所；其中举办国际部的普通高中学校 4 所。学校在办学特色、人才培养上呈现出一定的多样化格局。①

上海市扩大高中优质资源的主要措施有：一是根据上海城市功能定位和形态布局需要，通过新建、迁建、扩建等各种形式，有效地新增了一批普通高中优质资源。②在城郊结合部建一批现代化寄宿制高中，拓展教育发展空间，盘活教育资源，使学校布局趋于合理。1996 年以来，上海市在城郊结合部建了近 20 所现代化寄宿制高中，年招生可达 3 万人，而城区的基础教育整体资源也得到较为充分的调整。高中学校的规模和办学条件也有了较大发展。二是实行了市、区重点中学初高中分离办学。全市 80 余所市、区重点学校初高中分离办学，不仅扩大了优质高中教育资源，缓解了高中入学高峰，而且有利于缩小义务教育阶段办学差距，有利于义务教育阶段免试就近入学，对义务教育均衡发展起到了助推作用。三是民办教育取得较大发展。随着改革开放的深入，上海市高中民办教育办学规模不断扩大，结构不断优化，办学水平不断提升，已成为高中教育事业发展的重要组成部分。在高中阶段，结合城市建设和发展合理调整普通高中结构和高中布局，鼓励社会力量举办有特色的高中，探索多种所有制发展高中的新途径、新模式。经过 20 多年的发展，随着不同办学主体进入民办学校，上海民办教育实现了投资主体多元化、多样化，极大丰富了学校的类型。据统计，上海市民办高中学生数占全市普通高中学生数的 11.46%，民办高中教育快速发展，促进了办学体制改革，为高中学校办学注入活力，形成了以政府办学为主、社会各界参与

---

① 余利惠.上海市普通高中教育发展与建设的回顾与展望［J］.教育发展研究，2006（11）：52-56.

② 余利惠.上海市普通高中教育发展与建设的回顾与展望［J］.教育发展研究，2006（11）：52-53.

办学的局面。此外，还扩大了教育资源的供给，缓解了教育资源紧缺，拓宽了教育经费投入渠道。

2. 高中学校注重内涵发展，并建立起持续优质发展的高中教育体制机制

为全面推进素质教育，提高 21 世纪我国国民素质，自 20 世纪末以来，教育部要求各地区根据实际情况创办一批实验性、示范性学校。实验性示范性高中的创建是高中教育内涵式发展的一个新的里程碑。1999 年 4 月，上海市教育委员会发文《关于本市开展实验性示范性高中规范评审的意见》（沪教委基〔1999〕28 号），正式启动了上海市实验性示范性高中建设工程。至 2001 年底，上海已有 55 所学校提出了创建"上海市实验性示范性高中"的申请，有 49 所学校通过了专家评审，进入实施阶段。其中市重点高中和新建的寄宿制高中 32 所，区（县）重点高中 16 所，普通完中 1 所。[①] 到 2003 学年底，上海已有 28 所高中通过了总结评审，并进入下一轮建设。与此同时，又有一批高中校正在积极制定学校发展规划，争取进入实验性示范性高中的建设行列。截至目前，上海市共有 53 所学校通过"上海市实验性示范性高中"评审（其中 50 所已经命名）。

上海实验性示范性高中建设取得显著成效，它对上海的现代学校发展起着不可忽视的引领作用：有效扩大了上海优质高中资源，提高了高中教育的服务能力；引领、推动了素质教育在基础教育领域的发展，带动了上海基础教育和社区文化的发展；学校发展速度明显加快，名校阵营不断扩大；学生素质显著提高，校长与教师队伍总体素质明显提升。可以说，上海市现代高中的可持续发展机制逐步形成。[②] 上海市实验性示范性高中建设工程，不仅扩大了优质教育资源，更重要的是通过学校发展规划的制定和实施机制，保障所有参建学校都获得了持续进步，并带动、引领更多的普通高中通过规划的制定与实施实现办学水平和质量的提高，逐步形成一个具有先进办学理念、鲜明办学特色和高质量办学成果的"优质高中示范群体"。2005 年，上海市不少区县也正式启动了区级实验性示范性高中的建设和评审工作，从而进一步推动了整个高中教育的

[①] 余利惠，朱怡华.走向明天——上海市实验性示范性高中建设述评［J］.教育发展研究，2002（Z1）：53–58.

[②] 朱怡华.建设现代学校主动发展的广阔平台（上）——上海市实验性示范性高中建设的回顾与思考［J］.中小学管理，2005（4）：11–13.

内涵发展与均衡发展。

同时，上海在高中教育资源优化调整中还积极探索上海市与各区县、大学与区县、名校与薄弱学校共建合作的机制，扩大了一批优质高中的办学资源。2007年，上海市进一步提出"加强高中建设，扩大优质高中教育资源向郊区农村辐射"，力争进一步缩小城乡高中教育质量的差距。经过建设，南汇中学、奉贤中学、崇明中学等在硬件和软件方面都有显著改进，进一步提高了区域高中的办学水平。

3. 高中教育改革与创新得到持续推进

改革和创新是事业发展的不朽动力。在党的教育方针的指引下，上海市不断推进高中教育管理体制、办学体制、课程改革等重大改革和创新。"九五"期间，上海市通过明确校长法人地位，通过简明高效的分级管理体制，界定职责权限，完善政策法规，初步形成了"政府宏观管理、学校依法自主办学、社会参与教育评价"的现代学校管理运行机制，按照"上下结合、重心下移、区域推进、学校为主"的原则，扩大学校办学自主权与承担相应责任和义务教育有机统一，促进学校构建依法自主办学、自我发展和自我约束的新机制，形成学校独特的办学思想和风格。

"十五"期间，国务院批转的《面向21世纪教育振兴行动计划》中提出了开展现代学校制度建设的命题，上海市高中学校教育改革与发展在现代学校制度的大背景下，结合上海市实验性示范性高中的建设，学校依法自主办学的积极性和主动性得到释放，华东师大、上海师大及各教科研机构主动到学校开展教育改革实验，形成了教科研机构和学校联合开展学校教育改革实验、推进学校改革和发展的机制。在现代学校教育理念下，结合学校发展中的问题，在高中学校教育改革和发展中提出了学校如何创造性地运用科学实验与方法，改变教育行为，改善学校文化，提升学校管理能力和教师能量；提出了如何用科学发展观指导学校教育改革，如何把握继承与创新、共性与个性的学校发展文化；提出了名校建设中如何处理学校与社会、学科与课程、育才与育德、国内与国际、科学与人文、传统与文化等方面的关系，以及学校文化与课程文化、教师专业发展、学校文化与社会文化的关系等引导学校发展的新课题。

同时，上海市还通过民办教育发展加快了教育管理体制改革，发挥政府在监管、规划与引导方面的职能，促进教育科研、教育评估、学校鉴定、管理咨询等中介组织和机构的产生。上海市在 2005 年正式成立了上海市民办中小学协会，作为民办教育的行业自律组织，在自律、桥梁、咨询、服务等方面发挥作用，积极探索科学的社会管理模式。①

4. 以课程改革为核心的素质教育的全面推进取得重大突破

在普及高中教育的基础上，上海市普通高中教育的定位是：进一步提高国民素质，引导学生自觉思考并规划人生。高中教育应为不同潜能学生的发展创造条件，为国家培养素质良好的高中毕业生。上海市普通高中教育改革和发展的基本思路是构建具有时代特征、上海特色、符合素质教育要求的新的高中课程体系和有利于素质教育全面实施的学校评价和考试招生制度，特别是要以课程改革为核心，全面推进素质教育向纵深发展。

因此，在高中事业发展和布局调整的同时，上海市还稳步推进了课程和教学等微观层面的改革。研究性学习的实施，促进了教师传统课程观和学生观的转变，开创了高中课程改革的新路，形成了新亮点。同时，通过研究型课程的设置和研究性学习的展开，学生创新精神和实践能力培养获得了新的生长点，为之后高中三类课程实施与内涵发展奠定了基础。晋元高中的走班制教学、向明中学的创造教育都是本市推进课程改革、深化素质教育的亮点之一。大同中学坚持以学生发展为本，打造活力课堂，形成了独特的学校课程体系。杨浦高中在开设富有特色的研究型课程的过程中，充分利用高校专家学者的资源优势，建立起大学教授、中学教师和学生三者一起的学习共同体，使其产生较强的"造血"功能。2008 年以来，上海推出了高中阶段创新人才培养的探索与实践，以创新人才培养为导向，引导学校提炼办学个性、培育办学特色，高中教育教学改革与实验的力度进一步加大。②

总之，自 20 世纪 90 年代以来，上海高中教育发展实现了数量与质量的同步发展，规模与效益的有机统一。通过高中教育体制机制创新，上海市有效应对了高中入学高峰和人民群众对优质高中教育资源不断增长的需求，推进了高中教育的持续发展。

---

① 余利惠 . 上海市普通高中教育发展与建设的回顾与展望［J］. 教育发展研究，2006（11）：54.
② 尹后庆 . 上海普通高中改革的时代命题和发展路径［J］. 上海教育科研，2009（11）：5.

二、当前上海市普通高中发展面临的形势和挑战

近 20 多年来，虽然上海市的普通高中教育事业迅速发展，在国内处于比较领先的地位，但上海市普通高中发展仍面临着一些问题和挑战。这些问题和挑战是与我国整个社会发展转型分不开的。

自 20 世纪 80 年代开始，迄今为止我国社会正在经历着一场深刻的社会转型。改革开放 40 多年来，在党中央的领导下，我国先后启动了分权化与市场化的改革，发生了由传统农业社会向现代工业社会、由高度集中的计划经济体制向充满活力的社会主义市场经济体制、由固步自封的封闭、半封闭社会向全方位放开的社会、由同质、单一性社会向异质、多样性社会全面转型。这种转型给我国经济社会发展带来了各个层面上的变化：第一是结构上的变化，即当前中国社会的社会整体结构、社会资源结构、社会区域结构、社会组织结构以及社会身份结构都发生了变化；第二是机制上发生转换，即当前中国社会的利益分配机制、社会控制机制、社会沟通机制、社会流动机制以及社会保障机制都在发生转换；第三是观念转变，即随着社会结构的转化和机制的转换，人们的思想、价值观念等也在发生变化。[①]

社会转型作为当代中国社会发展的整体性特征，它也是当代中国教育发展所处的宏观背景。自改革开放以来，和其他社会领域一样，教育也进行了改革。1985 年，《中共中央关于教育体制改革的决定》明确提出，教育必须要为社会主义建设服务，社会主义建设必须依靠教育。面对教育管理权限、结构、思想内容和方法等方面存在的问题，必须要从教育体制入手，进行改革，扩大办学自主权，调整教育结构，发挥广大学校的办学潜力，使教育能够主动适应经济社会发展需求。[②] 1993 年，《中国教育改革和发展纲要》也明确提出，必须要把教育摆在优先发展的战略地位，必须要从国情出发，根据统一性和多样性的原则，实行多种形式办学，培养多种规格人才，走出符合我国国情的教育发展道路。在针对办学体制改革上，提出要改变传统的政府包揽一切办学的格局，建立以政府为主

---

① 和学新. 社会转型与当代中国的教育转型［J］. 华中师范大学学报（人文社会科学版），2006（3）：136.
② 中华人民共和国教育部. 中共中央关于教育体制改革的决定［EB/OL］.［1985–05–27］. http://old.moe.gov.cn//publicfiles/business/htmlfiles/moe/moe_177/200407/2482.html.

体、社会各界共同参与的办学体制，对于社会团体和个人办学采取积极鼓励、大力支持、正确引导、加强管理的方针。①《国家中长期教育改革和发展规划纲要（2010—2020年）》也明确提出，要继续将教育摆在优先发展的战略地位上，把改革创新作为教育发展的强大动力。要以体制机制改革为重点，鼓励大胆探索与试验，创新人才培养体制、办学体制，建立现代学校制度。在高中教育发展问题上，要加快普及高中教育，推动普通高中教育多样化发展。针对办学体制，《国家中长期教育改革和发展规划纲要（2010—2020年）》也提出要深化办学体制改革，坚持教育公益性原则，健全政府主导、社会参与的多元化办学体制，充分调动广大社会力量参与教育办学的积极性，进一步激发教育办学活力，满足广大人民群众多样化、多层次的教育需求。② 这一系列的教育办学体制改革就是为了适应经济社会发展而在教育领域中所作出反映的政策体现。

　　社会转型给教育发展带来了一系列的变化。首先，它扩大了整个社会对各级各类教育的需求。社会转型促进各行各业的发展，也加剧了各行业之间的竞争，激发了社会对人才的需求，而这一切为教育变革与发展注入新的活力。其次，打破了传统封闭办学的局面。随着社会转型，教育已经逐步打破由传统计划指令的封闭式教育，向市场竞争的开放教育转变，打破了传统的国家垄断教育的格局。再次，促使人们教育价值观念发生变化。在社会转型背景下，人们已经由传统的保守、封闭、单一的教育发展观念逐步转变为开放、多元的教育观念，由不尊重知识和人才向全社会尊重知识和人才转变。最后，推进了教育改革不断走向深化。在社会主义市场经济体制下，市场经济的开放、多元及竞争等特性对传统教育在办学体制、办学思想、管理体制等诸多方面产生了巨大影响，加速了教育自身的改革与发展，以适应经济社会发展的要求。③

　　上海市作为21世纪的世界超级大都市和国际金融、商贸、航运和科创中心，在中国大陆和海外地区被广泛戏称为"魔都"。社会转型发展对上海市的发展特别是上海普通高中教育事业的发展也提出了新的期望和要求，主要表现在以下几

① 中华人民共和国教育部.中国教育改革和发展纲要［EB/OL］.［1993-02-13］.http：//old.moe.gov.cn//publicfiles/business/htmlfiles/moe/moe_177/200407/2484.html.
② 中华人民共和国教育部.国家中长期教育改革和发展规划纲要（2010—2020年）［EB/OL］.［2010-07-13］.http://www.moe.gov.cn/srcsite/A01/s7048/201007/t20100729_171904.html.
③ 梁剑.普通高中办学体制转型研究［D］.重庆：西南大学，2017：4.

个方面。①

1.社会发展对人才培养提出新要求

21世纪是知识经济占主导地位的世纪，以知识经济和全球化为特征的社会正在迅速向全球扩展，加剧了国与国、地区与地区之间的竞争，而竞争的焦点是"人才"，各个国家和地区无不将发展战略聚焦于"人才培养"上，期望以此提高综合实力和国际竞争能力。上海国际金融和贸易中心建设以及现代化国际大都市建设，要求提升产业等级，调整产业结构，期望上海教育为上海转变经济发展方式、增强自主创新能力和提高国际竞争力，提供更有效的知识、技术和人才支撑。

2.人民群众对教育发展提出新期待

当前，党和国家对教育的重视程度前所未有、教育的投入和保障水平前所未有，与此同时，人民群众对优质教育的旺盛需求前所未有。刘延东同志指出，人民群众对教育的新期盼突出表现为四点：一是获得更加平等的受教育机会，通过教育改变命运；二是接受更高质量的教育，切实让子女成人成才；三是拥有灵活多样的受教育途径，拓宽自我发展的道路；四是通过教育获取知识，丰富精神文化生活，提升精神境界。如何主动地、有效地回应人民群众对教育的新期盼，建设覆盖全民的公平教育、资源共享的优质教育，是现阶段教育发展的关键问题。

3.教育事业发展进入新阶段后对将来发展方向的谋划提出新需求

经过努力，上海基础教育的重心已经从数量扩张的外延式发展进入质量提升的内涵式发展。一方面教育发展的起点更高了，另一方面发展的着力点逐渐下移到学校，同时教育改革与发展的深层次问题也开始全面显现，如深入实施素质教育问题、教育内涵发展问题、创新型人才培养问题、健全公共教育服务的体系问题、教育的公益性问题，等等。普通高中要认清大势、纵览大局、积极主动。

在社会转型背景下，高中教育如何在产业升级、人们多样化和高质量的教育需求背景下进一步发展，是当前整个国家和社会特别关注的话题。作为承担升学与就业双重功能的高中教育，如何在新的社会背景下，改革原有的办学体制，以适应我国工业化、教育现代化、市场化和国际化等带来的新挑战？如何

---

① 尹后庆.上海普通高中改革的时代命题和发展路径［J］.上海教育科研，2009（11）：5—6.

面对现代化建设需要的大量高素质技能型人才的要求？如何解决在教育现实中存在的制约高中教育办学的体制问题？这些都是摆在世人面前的紧迫而又十分艰巨的任务。

对于上海高中教育事业的发展来说，当前，上海以规划引领学校发展的政策已经受到现实的挑战，主要表现为：一是现有学校包括高中到小学的规划出现大量雷同，缺乏自己的个性特点，规划制定一定程度上已经异化为形式主义和教条主义；二是随着学校主持者的更替，一些学校的规划引领作用开始弱化，原因在于规划本身缺乏法制及民主的保证；三是有限目标实现后新规划制定与原来规划难以衔接。这些问题的暴露不能完全归咎于规划引领政策本身，但至少说明它的效应在递减，机制需要再创造。对照教育发展的新形势和新要求，上海市普通高中发展要破解时代命题，完成历史使命，还面临着诸多考验和挑战，突出表现在以下几个方面。①

1. 如何破除发展的思维误区

改革开放以来，上海的教育事业发展取得显著进步，教育投入稳步增加，学校规模迅速扩大，硬件设施明显改善，教育制度更加健全。但是，各级各类学校的教育质量还不尽如人意。特别是教育内涵发展总体水平不高，地区、学校之间质量水平参差不齐，在教育发展过程中，还存在着重投资、看扩张、讲攀比的发展思维。

2. 如何破除发展的认识误区

高中发展还存在一定的认识误区，其中有几种观点比较典型：首先是生源论，认为随着高中规模的扩大，生源质量的下降是导致高中质量下降的重要原因；其次是高考论，认为"一考定终生"的高考指挥棒是导致束缚高中个性发展的直接原因；还有是工具论，认为高中是离"考大学"最近的地方，因此是为升学做准备的大学预备教育。

3. 如何进一步深化素质教育

素质教育在实施中依然面临许多困难，突出的矛盾和制约来自三个方面，第一个方面是教育外部，家长和社会对素质教育的重要性缺乏认识，急功近利，追

---

① 尹后庆. 上海普通高中改革的时代命题和发展路径 [J]. 上海教育科研，2009（11）：6-7.

求升学，影响了学校的办学行为；第二个方面是教育内部，由于教育理念和教育教学方法没有得到根本的转变；第三个方面是实施素质教育的制度和机制尚未健全或配套。这与教育要促进人的全面发展的总体要求是不相适应的。

4. 如何突破同质化倾向实现多样化发展

随着上海建设国际化大都市步伐的加快和人口多元化的发展趋势，市民对有特色的教育服务的需求越来越高，但目前高中教育阶段学校的服务方式仍然单一，学校之间同质竞争有余，错位发展不够，学生的特殊教育要求不能得到很好的满足。对分数和升学率的追求，事实上已经成为左右普通高中办学的主要思想，这种发展方式的致命之处在于它是一种同质发展和同质竞争，没有特点、缺乏自我，结果必然是"千校一面"。即便在实验性示范性高中建设过程中，学校发展特色与发展个性问题也不容忽视。这种单一化模式下培养的学生，不利于真正迎接 21 世纪的挑战。因而，如何保障高中教育多元服务需求的供给，是上海高中面临的一个巨大挑战。

5. 如何改革培养模式加强创新型人才培养

世界许多国家，尤其是发达国家都通过特别举措加强高中创新人才培养，如美国设立"科学高中""州长学校"，韩国专门设立多所科学高中和外语高中，德国为天才学生举办特殊高中，等等。我国普通高中，由于应试教育的长期积弊，加上重识记、轻方法，重结果、轻过程，重讲授、轻发现的教育传统，高中学生创新意识不强，探究能力不足，培养的人才越来越难以适应知识经济和全球化时代的挑战。

三、上海市普通高中教育的价值转型和路径转轨

如何应对上海普通高中教育发展面临的挑战？如何破除高中教育发展的思维误区？如何进一步培养创新型和个性化的人才？普通高中教育如何进一步对接上海市的城市定位和服务于国家的战略规划？这就需要我们跳出精英时代的价值取向，重新定位和认识现阶段我国普通高中的教育功能和作用。

长期以来，我国普通高中的教育功能被确定为两个方面：其一，为高等学校输送继续接受教育的生源；其二，为社会培养高素质、多方面能力的社会主义建

设者。但当前中国，随着社会经济的不断发展，高中阶段教育由普及化阶段进入以提升质量为主的内涵式发展阶段后，普通高中阶段的教育功能也随之发生了变化，需要重新进行定位。

新时期普通高中的教育功能主要包括升学、就业和育人三个方面。目前高中新课改的实施使高中的课程结构发生了结构上的变化，新的课程结构使其教育功能在基本素质的培养和学生终身发展的基础上有所深入，把培养公民作为高中教育的基本功能，同时把发展学生特长与个性作为高层次基础教育的重要功能；新的课程结构也致使高考面临着新的改革，新的高考改革使其功能在目标、内容和评价三个方面有所转变。通过国内外众多学者的深入研究，我们发现，普通高中教育不仅需要完成学生升学和就业的双重功能，同时，学生个性的发展、学生自身价值的追求、学生多元智能的发展等教育人文主义价值培养的功能同样重要，这些价值不仅促进学生为社会做准备，同时也为高中学生未来终身发展打下良好的基础。基于此，新时期普通高中教育的功能应该包括：第一，以升学为导向的教育准备功能；第二，以育人为导向的教育培养健康人格的功能；第三，以就业为导向的教育为未来的社会工作作准备的生活功能，这就是新时期普通高中教育功能的三维目标和追求。[①]

因此，现阶段的高中教育应该更加关注学生素质的培养，更加关注学生个性和特长的发挥，更加关注教育的均衡发展和优质发展，尤其是要关注学生的健全人格的培养，使每个高中学生都能获得适合的教育，都能成长为社会有用之才。而目前的上海高中教育仍然深受素质教育与应试教育的两面挤压、巩固规模发展成果和实现质量转型的双重压力，"生源论""高考论""工具论"等精英时代的高中教育价值取向仍然大行其道，严重阻碍了上海普通高中教育改革发展的实践步伐。

为此，我们必须跳出精英时代的价值取向，重新界定和认识普通高中的教育功能。我们要深刻认识到，升学准备并不是高中教育的全部内容，必须将应试教育的"藩篱"在思想上和实践上都彻底打破，必须对高中的教育任务和培养目标有再认识。"我们唯有把高中教育定位于培养高中生的健全人格或公民基本素养，

---

① 李静. 现阶段我国普通高中教育功能研究［D］. 沈阳：辽宁师范大学，2016：59.

才能真正确立高中教育的内在价值，使高中教育走出生源论、高考论和工具论的泥沼；才能真正摆脱精英时代培养模式的路径依赖，从单纯注重传授知识转变为体现引导学生学会学习、学会生存、学会做人。"[1]

"升学、就业、全人——高中教育的三维目标决定了其复杂性，这种复杂性表现在，一方面学校类型多种多样，另一方面课程结构多种多样。"[2] 学校类型的多元化主要表现为分别设立普通高中、职业高中、技术高中、中等专业学校和综合高中等；课程结构的多样化主要表现在各校为适应学生不同的兴趣、态度和出路以及社会发展对多种人才的需要，一改传统高中为升学或就业做准备的单一课程的局限性，采取了灵活多样的课程结构，开设了门类众多的课程，包括核心课程（必修课程）、专门化课程（限定选修课程）、应用课程（任选课程）等。"在全球化、信息科技急速发展及当今日益多元化的社会中，高中学校教育的功能亦不限于向高一级的院校输送人才，或是只聚焦于学生测验成绩，其国民性、大众性的性质日益凸显。注重升学、就业、全人三维目标的统一和强调学校类型的多元化与课程结构的多样化成为当前世界高中教育的发展趋势。"[3] 对于普通高中来说，提高"教育内容的选择性"是其今后内涵发展的主要途径之一。

新高考改革实现了教育内容从实现选拔向尊重选择的转型。由于录取模式的转变，从前"高校 + 专业"转变为"专业 + 高校"的模式，这种模式的转变，从目标导向上，促使高中教育模式转向以学生素质培养为中心的教育模式。普通高中教育存在问题的根源，就是考试制度所导致的结果。长期的分层选拔和录取模式，导致了学生目标导向的歪曲，学生的个性与兴趣长期被压抑，只是"一心一意"地追求更高层级的大学，而不是去弘扬个性和实现自我。为了顺应新的录取模式，学校必须从政策上进行自我调整。新的录取模式要求学生只有掌握自我认知能力，才能够具有清晰的知识观；基于兴趣导向而形成的知识观，会让学生真正珍惜学习的机会。为此，学生所掌握的教育内容就不再仅仅局限于学科知识，还要包括自我认知能力，从而形成自我效能感，而不仅仅只是在各种各样的选拔

① 尹后庆.上海普通高中改革的时代命题和发展路径 [J].上海教育科研，2009（11）：7.
② 卢立涛.全球视野下高中教育的性质、定位和功能 [J].外国教育研究，2007（4）：36.
③ 卢立涛.全球视野下高中教育的性质、定位和功能 [J].外国教育研究，2007（4）：38.

考试中追求"成功"。不再是单纯地以学科为中心组织教育教学活动，也不再刻意地去追求学科体系的严密性和逻辑性，而是从整个普通高中阶段学生发展的实际需要出发，同时结合社会及学科发展的实际情况，选择适合新时期普通高中学生终身发展所必备的知识，这样的教育内容才能体现其时代性，反映其基础性，突出其选择性。[①]

"强调选择在本质上是对学生权利的尊重，而不仅仅是一种课程开发或教学设计的策略。"[②]普通高中教育内容的选择性表现在多个方面，包括学校办学理念和目标定位的选择、学生个性成长的选择、学生职业发展的选择、课程的选择等，其中尤以课程的选择最为重要。综观世界各国高中教育改革，选择性均为基本要素之一。如芬兰规定每所学校必须开设45—49门左右的必修课程，60门左右的专门化课程。实际上，芬兰绝大部分学校都开设了200门以上的课程。[③]日本文部省1994年开始实施的《高中学习指导纲要》规定，数学、国语、体育、保健、外国语、史地、公民、理科、艺术和家庭等为必修学科，每个学科下又可以细分为若干科目，比如高一理科可以分为综合理科、物理1A和1B、化学1A和1B、生物1A和1B、地理1A和1B五部分共9个科目，学生除了完成数学1、国语1、体育和保健这4个共同必修的科目外，可以充分根据个人的兴趣、特长、爱好和自己毕业后的志向，有计划地选择适合自己学习和发展的科目。[④]

由此可见，提高普通高中教育内容的可选择性是今后上海普通高中内涵发展的主要途径之一。"'选择'贯穿于办学理念、培养目标、课程内容与实施等各个方面。上海高中课程改革已经在'选择'上动了脑筋，但是我们还需要进一步加大力度，特别是在学校层面上，更需要进一步把课程选择的理念变成实践。"[⑤]

总之，新时期上海市普通高中教育的价值转型和路径转轨是上海市普通高中改革和发展必须面对的时代课题。所谓价值转型，即基于社会转型发展和教育发展演变的时代特点，普通高中教育的价值取向由"精英教育"转变为"大众教

① 李静.现阶段我国普通高中教育功能研究［D］.沈阳：辽宁师范大学，2016：76–77.
② 尹后庆.上海普通高中改革的时代命题和发展路径［J］.上海教育科研，2009（11）：7.
③ 李家永.芬兰普通高中教育的改革［J］.比较教育研究，2003（8）：86.
④ 张敏.日本高中教育一瞥［J］.北京教育，2001（11）：22.
⑤ 尹后庆.上海普通高中改革的时代命题和发展路径［J］.上海教育科研，2009（11）：7.

育"，普通高中教育的功能和作用重新定位于"升学、就业和全人"，尤其是以育人为导向的教育培养学生健康人格的功能。所谓路径转轨，即基于上述价值转型的背景下，上海普通高中教育改革和发展的路径要打破"唯分数论"，聚焦于高中教育内容的可选择性，朝着多样化、特色化的方向发展。

正是在这种背景下，上海市普通高中的特色发展应时应势而生。上海市普通高中的特色发展是上海市普通高中教育价值转型和路径转轨下的一个"应然"选择。这种"应然"选择既是对国家教育政策的呼应，又是对上海市高中教育改革发展的理论和实践进行深度思考和不断探索的选择。

第二节　上海市普通高中特色发展概况

　　上海市开展特色普通高中建设既是贯彻落实《国家中长期教育改革和发展规划纲要（2010—2020年）》和《上海市中长期教育改革和发展规划纲要（2010—2020年）》精神的要求，也是深化普通高中育人模式改革、促进学生全面而有个性发展的内在需要。自2011年上海市启动特色普通高中建设与评估项目以来，经过近10年的发展，上海市普通高中的特色发展取得了有目共睹的成就，积累了丰富的经验，在促进育人方式转型、培养健康合格公民，全面实施素质教育、促进学生自由全面和个性成长，对接城市功能定位、培养创新型和个性化人才，深化课程改革、打造特色课程体系，促进高中办学多样化、优化高中学校布局等方面都取得了丰硕的成果。

一、上海市普通高中特色发展概况

　　2007年，中央教育科学研究所发起"我国普通高中教育发展战略问题"的专题调研，发现我国高中教育在由精英教育转为大众教育之后，出现了日趋明显的教育内容同质化、人才培养模式单一、办学缺乏特色等问题。2009年3月23日，中央教育科学研究所和美国安生文教交流基金会在北京共同举办了"中美高中特色办学研讨会"，时任教育部副部长的陈小娅在会上明确指出，我国普通高中教育办学模式和人才培养方式比较单一，应该鼓励特色办学。2009年7月，中央教育科学研究所及全国教育科学规划领导小组办公室在"十一五"规划课题中设立"普通高中特色学校研究项目"，最终在全国确定了306所普通高中成为专项课题项目校。这一举措极大引发了学界和实践领域对"特色高中"这一概念的关注。[①]随后，针对高中阶段以升学为导向以及教育应试化、学校同质化的困境，《国家中长期教育改革和发展规划纲要（2010—2020年）》明确提出"推动普通高中多

---

① 王小飞，等.普通高中特色发展调研报告［M］.北京：教育科学出版社，2013.

样化发展。促进办学体制多样化，扩大优质资源。推进培养模式多样化，满足不同潜质学生的发展需要。探索发现和培养创新人才的途径。鼓励普通高中办出特色"。[①] 自此，普通高中多样化、特色发展有了国家政策的依据。

上海市是较早开始"特色高中"创建项目的城市之一。2010 年，国务院办公厅发布《关于开展国家教育体制改革试点的通知》，确定上海市为开展普通高中多样化、特色化发展试验地区之一。[②] 同年，上海市发布《上海市中长期教育改革和发展规划纲要（2010—2020 年）》，提出上海教育要顺应时代发展的要求，以改革创新为动力，在新的历史起点上更好地实现科学发展，践行"为了每一个学生的终身发展"的核心理念，增强主动适应和服务经济社会发展的能力，为支撑经济转型、推动自主创新、引领文化发展、促进社会和谐作出更大的贡献，率先实现教育现代化，创造上海教育新辉煌。在高中教育的重点任务上，更加明确地提出要"推动普通高中多样化和特色化发展"，"支持高中学校从实际出发，发挥传统优势，探索多样化办学模式，形成独特的教育理念和人文环境，形成一批教育方式独特、学科优势明显、活动富有创意等的特色高中"，"总结和推广高中特色办学经验，发挥优质高中在特色办学中的示范和带动作用"。[③] 2011 年，上海市特色普通高中建设与评估项目正式启动。

为促进高中教育从"分层"教育逐步向"分类"教育转型，上海市在 2014 年制定颁布了《上海市推进特色普通高中建设实施方案（试行）》（沪教委基〔2014〕59 号），在 2016 年出台了《上海市推进特色普通高中建设三年行动计划（2016—2018 年）》。这两个文件的颁布，为上海市特色高中建设从整体上进行了科学有效的顶层设计，是"以系统的方案有机衔接好宏观政策纲要和微观实践需

---

① 详见《国家中长期教育改革和发展规划纲要（2010—2020 年）》"第五章 高中阶段教育"："（十二）全面提高普通高中学生综合素质。深入推进课程改革，全面落实课程方案，保证学生全面完成国家规定的文理等各门课程的学习。创造条件开设丰富多彩的选修课，为学生提供更多选择，促进学生全面而有个性的发展。逐步消除大班额现象。积极开展研究性学习、社区服务和社会实践。建立科学的教育质量评价体系，全面实施高中学业水平考试和综合素质评价。建立学生发展指导制度，加强对学生的理想、心理、学业等多方面指导。（十三）推动普通高中多样化发展。促进办学体制多样化，扩大优质资源。推进培养模式多样化，满足不同潜质学生的发展需要。探索发现和培养创新人才的途径。鼓励普通高中办出特色。鼓励有条件的普通高中根据需要适当增加职业教育的教学内容。探索综合高中发展模式。"

② 国务院办公厅.关于开展国家教育体制改革试点的通知［Z］.2010–10–24.

③ 中华人民共和国教育部.上海市中长期教育改革和发展规划纲要（2010—2020 年）［EB/OL］.［2010–10–29］. http://old.moe.gov.cn/public files/business/htmlfiles/moe/s4604/201010/110458.html.

要，保证科学恰当的建设方向、引领切实有效的发展举措"。①

2017 年，上海市曹杨中学被命名为"上海市特色普通高中"，成为上海市教委正式命名的第一所特色普通高中，这不仅是上海市曹杨中学发展的重要转折，也是上海市特色普通高中建设的标志事件。截至目前，上海市共有 3 批 55 所进入特色普通高中市级项目学校；按照"成熟 1 所创建 1 所、创建 1 所命名 1 所"的原则，上海市被正式授予"特色高中"称号的学校已达 12 所。② 至此，上海市特色普通高中建设迈入了新的轨道。

二、上海市普通高中特色发展的脉络

创建特色高中成为当代高中转型发展的新挑战。目前，上海全市共有普通高中约 270 所。近 10 年来，按照"成熟 1 所创建 1 所、创建 1 所命名 1 所"的原则，上海市在全市范围内有序推进特色高中创建。上海市特色普通高中的创建脉络如下。

1. 承担国家教育综合体制改革项目——高中多样化特色发展项目，率先对特色高中建设进行理论与实践探索

2010 年 7 月，党中央、国务院召开了新世纪以来第一次全国教育工作会议，发布了《国家中长期教育改革和发展规划纲要（2010—2020 年）》，对未来十年的教育改革和发展进行了全面部署，开启了我国从教育大国迈向教育强国的新征程。以改革创新精神推动教育事业科学发展，是这次制定教育规划纲要的基本原则，也是全国教育工作会议的根本要求。时任总书记胡锦涛同志指出，改革是教育事业发展的强大动力，要重视改革的系统设计和整体安排，加快重要领域和关键环节改革步伐，以改革推动发展，以改革提高质量，以改革增强活力，进一步消除制约教育发展和创新的体制机制障碍，全面形成与社会主义市场经济体制和全面建设小康社会目标相适应的充满活力、富有效率、更加开放、有利于科学发

---

① 徐士强 . 项目引领：特色普通高中建设的上海行动［J］. 上海教育，2017（15）：20-22.
② 具体包括：2017 年第一批 1 所，上海市曹杨中学；2018 年第 2 批 3 所，上海市甘泉外国语中学、华东政法大学附属中学、上海海事大学附属北蔡高级中学；2019 年第 3 批 5 所，华东师范大学附属东昌中学、上海戏剧学院附属高级中学、同济大学第二附属中学、上海理工大学附属中学、上海市嘉定区第二中学；2020 年第 4 批 3 所，徐汇中学、上海音乐学院附属安师实验中学、华东师范大学附属枫泾中学。

展的教育体制机制。

为了实现这一目标，教育规划纲要以人才培养体制、考试招生制度、建设现代学校制度、办学体制、管理体制、扩大教育开放为重点，对教育体制改革进行了系统设计，并提出了该届政府启动实施的十大改革试点，作为深化教育体制改革的突破口。为做好教育规划纲要的贯彻落实工作，从 2010 年年初开始，教育规划纲要工作小组办公室就结合规划纲要提出了重大改革，研究确定了近期启动实施的重点任务，并将这些重点任务公开发布，请愿意先行先试的地区和学校，选择一项或几项申报国家改革试点，按照"自愿申报、专家评审、协商论证、综合平衡、统一部署"的原则，制定国家教育体制改革试点总体方案。

2010 年 10 月 24 日，国务院办公厅印发了《关于开展国家教育体制改革试点的通知》，明确了试点的重点任务和试点地区、试点单位。其中，重点改革任务主要包括 10 项专项改革试点、4 项重点领域综合改革试点和 1 项省级政府教育统筹综合改革试点。10 项专项改革试点任务为：建立健全体制机制，加快学前教育发展；推进义务教育均衡发展，多种途径解决择校问题；推进素质教育，切实减轻中小学生课业负担；改革职业教育办学模式，构建现代职业教育体系；改革人才培养模式，提高高等教育人才培养质量；改革高等教育管理方式，建设现代大学制度；适应经济社会发展需求，改革高等学校办学模式；改善民办教育发展环境，深化办学体制改革；健全教师管理制度，加强教师队伍建设；完善教育投入机制，提高教育保障水平。其中，上海市承担的与普通高中特色发展相关的一项教育综合体制改革任务是第三项"推进素质教育，切实减轻中小学生课业负担"中的"开展普通高中多样化、特色化发展试验，建立创新人才培养基地"任务。[①]

上海以承担国家教育综合体制改革项目——高中多样化特色发展项目为契机，率先开始对特色高中的建设开展理论与实践探索，并提出要对普通高中进行分类指导的教育设计和改革。

上海市的理论与实践探索是多方面、多维度进行的。其中，上海市教育科学研究院组建课题组，于 2010 年对上海市 239 所普通高中（含完中高中部，一

---

① 国务院办公厅 . 关于开展国家教育体制改革试点的通知 [Z].2010–10–24.

贯制学校高中部）进行了办学特色现状的全覆盖调研。研究的主要发现和思考如下。

（1）上海市普通高中特色项目形成年限呈波浪形态势，在 90 年代中后期有一次特色项目形成高峰，超过一半的项目是近 6 年里形成的。特色项目老品牌不多。

（2）参与特色项目建设的教师大部分来源于本校，其次是本校教师和社会力量合作，高校教师参与高中特色项目建设的程度较低。

（3）上海市普通高中特色项目影响力还不大，国内、国际层面获得广泛影响力的特色项目所占比例较少，以区内影响力为主。

（4）上海市普通高中办学特色培育路径总体呈现多样、灵活的策略。以教育科研为引领，充分发挥教师专长，依据办学理念系统开发培育特色较为常用，与高校合作、与社区合作、依托竞赛和评比的路径方法相对薄弱。

（5）上海普通高中对于复合型特色（即包含两种以上的特色）倾向性较高。就单项特色而言，人文特色是最受关注的特色，其次为艺术特色和科技特色。

（6）普通高中在办学特色培育中面临来自师资、机制与资源等方面的困难与困惑，如绩效工资带来的潜在挑战，特色教师的培养及职称认定问题，教师编制的灵活性问题，缺乏特色培育资源开放平台，普通高中办学自主权不足、办学硬件滞后等难题。

上海市教育科学研究院关于上海市普通高中办学特色现状全覆盖的调研成果被纳入"上海市普通高中多样化发展的政策和路径研究"[①]后，成为上海市探索普通高中多样化、特色化发展的系列成果之一，开启了新阶段上海市特色普通高中创建的理论总结和实践探索。

2. 启动上海市特色普通高中建设与评估项目，促进高中教育从分层教育逐步向分类教育转型

2011 年 3 月，上海市教育委员会启动了上海市特色普通高中建设与评估项目，以项目方式推动本市普通高中多样化、特色化发展，以促进高中教育从分层

---

① 上海市教育科学研究院.上海市普通高中多样化发展的政策和路径研究［EB/OL］.［2016–05–11］.http://www.cnsaes.org.cn/Information/Detail/11440.

教育逐步向分类教育转型。

上海市启动特色普通高中建设与评估项目是在内外因等多重因素作用下的结果。外因方面，上海市特色普通高中建设是对国家和上海市中长期教育规划纲要关于"推动普通高中多样化和特色化发展"要求的回应，也是当前普通高中更好地服务社会经济发展，有效满足学生全面而个性化发展需求的必然要求。内因方面，上海市特色普通高中建设也是上海市各普通高中学校应对学校内部状况（办学传统、办学资源优劣势、学生发展需要）和外部环境（政策要求、社会发展需要、家长需要等）的挑战，挖掘学校自身独特优势资源，创造出个性化的"教育服务"，使学校形成特定领域优势的过程。这种个性化的"教育服务"是指学校教育中某个领域的卓越，并且这种某个领域优质发展能起到"杠杆"的作用，可以导致学校相关因素的改变，从而引起学校的系统变革。创建特色普通高中是一种新型高中发展模式，是一种学校内涵发展的策略，是提高普通高中办学质量的路径之一。[①]

当前，上海市高中办学格局是分层的，按照办学层次的高低分为市示范性高中、区示范性高中和区普通高中，高中按照分层招生模式招生。学生按照中考分数由高到低分别进入到不同层级的高中。多年来，在分层招生体系下，上海市高中发展中一直有一个困扰，那就是如何满足学生的多样化发展需求，使之可以满足学生的天赋、兴趣？发展特色高中成为破解这一难题的良方。在一所学校内部无法实现满足不同学生的不同发展需求和不同天赋，但是，如果将满足学生的天赋和不同发展需求的任务在不同的高中进行布局，不同的高中各自集中资源发展特色，成为不同类型的特色高中，从高中的整体布局上，就可以满足不同学生的发展需求。这种高中分类发展的模式，能一定程度解决分层招生存在的弊端，直接呼应学生的多样化发展需求。因此，创建特色高中，能缓和高中招生中只看重分数的教育生态，引领高中从唯分数论转向学业与个性特长发展并重。从这个角度来看，创建特色高中，既是高中改革的一个方向，也是提高高中办学质量的一条途径，也为学生的个性发展提供了更多的选择性和可能性，是集高中整体发展、高中学校发展、学生个性发展于一体的学校发展战略。这

---

① 吕星宇.上海市创建特色普通高中的思路分析［J］.上海教育科研，2019（9）：34.

一战略无疑可以大大提高学校办学的责任感和效能感，为特色高中办学提供较强的内在发展动力。[①]

此外，特色普通高中的创建还将对上海市高中办学格局产生深刻的影响。上海市从全市普通高中发展的格局出发，赋予特色高中在全市招收不同特长生的优惠性政策，有助于推动普通高中接纳具有特长的学生，为学生的差异化、多元化发展提供条件，致力于形成不同高中都有自己强项、有自己特色的分类格局，为不同的学生提供不同的教育与不同的发展出路。同时，这也有助于各普通高中在全局视野下理解本校办学在整个特色高中办学"棋局"中的位置、作用，从而对自己的特色办学产生更加深刻的理解，进而找准自己的定位，更加明确地制定学校特色发展的规划和目标，为上海市高中发展作出独特贡献。

从上海市教育委员会的层面来说，作为上海市基础教育管理的上级行政部门，上海市教育委员会既要尊重各普通高中学校的选择，为他们创建特色高中创造条件，又要立足于上海市普通高中教育发展的整体局面，立足于上海这座现代化城市的功能定位和战略需求，为各普通高中的特色创建在整体上把握方向，进行宏观"调控"，避免出现各普通高中在创建特色高中的道路上一拥而上、盲目跟随、"为特而特"等现象的发生，为普通高中的分层、分类发展作出指导和系统谋划。

正是在这种教育发展的宏观背景下，上海市教育委员会启动了上海市特色普通高中建设与评估项目，指出普通高中要分类指导，一部分高中聚焦拔尖创新人才培养；一部分高中聚焦创新素养培育的实践和研究；一部分高中加强特色办学，通过高中的差异定位和分类指导，实现优质多样的整体布局。

3. 制定颁布《上海市推进特色普通高中建设实施方案（试行）》和《上海市推进特色普通高中建设三年行动计划（2016—2018 年）》，系统构建上海市普通高中特色建设的方略

为推动上海市特色普通高中建设与评估项目落实落地，围绕国家和上海市普通高中多样化特色发展的要求，"上海市推进特色普通高中建设与评估"项目组于 2012 年实施开展了上海市特色高中建设问卷调查项目，以上海市教育学会

---

① 吕星宇.上海市创建特色普通高中的思路分析［J］.上海教育科研，2019（9）：35.

高中专业委员会 153 个会员单位为对象，通过自编问卷的方式开展问卷调查和访谈，以了解全市特色普通高中建设的初始情况和总体情况，聚焦特色建设的载体（课程）和运行机制，以期为形成普通高中多样化特色发展方案提供素材，为高中多样化布局和特色高中建设政策制定奠定基础。①

结合上海市特色高中建设问卷调查的结果，上海市教育委员会在 2014 年制定颁布了《上海市推进特色普通高中建设实施方案（试行）》（沪教委基〔2014〕59 号）。实施方案明确提出，上海市特色普通高中"是指能主动适应上海城市功能定位、社会和地域经济发展以及学生发展的需求，有惠及全体学生、较为成熟的特色课程体系及实施体系，并以此为基础，形成稳定独特办学风格的普通高中学校（含完中、十二年一贯制、十五年一贯制学校的高中部）"。《上海市推进特色普通高中建设实施方案（试行）》确立了"以深化课程教学改革为主要抓手，着力构建富有特色的学校课程体系以及相应的运行和管理机制，促进学生全面而有个性地发展，推动高中学校错位发展、特色发展和可持续发展，逐步形成全市普通高中教育'百花齐放'的发展格局，促进高中教育从分层教育逐步向分类教育转型"总的战略定位；树立了"通过上海市特色普通高中建设，在全市建成一批课程特色遍及人文、社科、理工、艺体等多个领域，布局相对合理，有效满足学生多样化学习需求的特色普通高中，并发挥示范引领作用，成为各特色领域的课程建设高地和教师研训基地，推动本市高中特色课程资源的辐射共享"的战略愿景；提出了"项目孵化、滚动推进；分类指导、分阶提升"的策略；明确了"学校自主规划、区县推荐支持、项目滚动指导、探索分阶管理"的建设机制。同时，在课程、师资、经费和招生上设计了具体的支持保障政策。这些为特色高中建设工作奠定了方向和思路，对其路径作了清晰的规划。

2015 年 5 月 20 日，上海市教育委员会在华东政法大学附属中学召开了"上海市特色普通高中建设项目"推进会，来自上海市 17 个区（县）教育局、项目学校、教育科研单位代表 100 余人参加了会议。该项目是在普通高中多样化特色发展大背景下推动高中转型发展的一大探索，上海公布了特色高中建设方案意见，成立了专门的特色高中建设项目组，组织一批项目学校开展了实践研究，研

---

① 徐士强. 项目引领：特色普通高中建设的上海行动［J］.上海教育，2017（15）：20–22.

制了特色高中评估观测点。

为推进《上海市推进特色普通高中建设实施方案（试行）》的实施，2016年，上海市教育委员会出台了《上海市推进特色普通高中建设三年行动计划（2016—2018年）》（沪教委基〔2016〕56号），重申了上述方案确定的方向和目标，并从行动层面对特色普通高中建设作了更加详细的阐述。行动计划进一步明确了创建工作实施方案，尤其是对创建路径作了更加细致明确的要求，要求参与特色普通高中创建的学校按照校本化、递进性、稳定性的原则，制定体现学校特色建设目标的整体发展规划；要聚焦课程，融合普通课程与特色课程，形成富有学校特色的校本化特色课程体系，进而形成学校明确的办学特色；要整合资源，形成资源共享的良性发展格局，丰富特色育人的有效资源供给；要围绕特色课程体系建设，逐步探索与之相适应的管理模式、队伍建设、资源开发利用、环境建设的机制路径，形成稳定的制度架构。

"特色普通高中建设必须进行科学有效的顶层设计，以系统的方案有机衔接好宏观政策纲要和微观实践需要，保证科学恰当的建设方向、引领切实有效的发展举措。"[①] 上海市教育委员会这两个文件的制定和发布，是对上海市普通高中特色建设方略的系统构建和特色创建行为的整体谋划，为上海市各普通高中的特色创建提供了明确的可操作性的路径指引。

4. 落实阶梯晋升机制，有序推动上海市普通高中特色创建

"特色高中建设政策是一项政府公共政策，引领和鼓励每一所学校根据自身办学实际情况差异定位、确定办学路径、探索多种育人方式，这是政策的内在要义。但是特色建设本质上是基于课程的长期实践探索，由于学校的特色基础不同、起步早晚有别、建设力度大小有异，特色发展水平客观上会存在差异。"[②] 那么如何让不同发展基础的学校都看到希望、产生动力呢？上海的探索是建立阶梯晋升机制，为每一所真抓实建的学校搭建相应的入门台阶。

上海市为特色高中晋升设计了两条路径。[③]

① 徐士强.项目引领：特色普通高中建设的上海行动［J］.上海教育，2017（15）：20–22.
② 徐士强.项目引领：特色普通高中建设的上海行动［J］.上海教育，2017（15）：20–22.
③ 上海市"推进特色普通高中建设与评估"项目组.突破分层固化，走向分类发展——特色普通高中建设的上海行动［EB/OL］.［2019–11–20］.http://www.jyb.cn/rmtzgjyb/201911/t20191120_275801.html.

路径一是对特色普通高中发展作了三段式划分，即特色项目阶段、学校特色阶段和特色学校阶段。第一阶段（特色项目阶段）：学校有 1 个及以上适应学生需要的富有特色的课程或项目；第二阶段（学校特色阶段）：学校围绕特色领域，形成相应的特色课程群，形成面向全体学生、层次递进的特色课程体系，形成一定的办学特色；第三阶段（特色学校阶段）：学校以特色领域为主线，制定发展规划，形成系统引领和支撑学校发展的办学思想、发展目标、课程体系、教师架构、管理制度、资源体系和辐射机制。普通高中学校可以据此判断发展阶段，清晰发展路径，明确发展重点，一步步提升。从全市来看，上海市是通过市教委组织实施上海市推进特色普通高中建设项目，以学校自主规划、项目滚动指导、建设目标引领的方式，根据特色普通高中建设三个发展阶段的建设路径，引导普通高中学校找准发展阶段、聚焦特色课程建设，提升学校特色办学水平，最终建设一批特色普通高中、带动一批特色普通高中项目学校、引领一批高中学校主动开展课程建设，形成高中教育特色发展的不同梯队。

路径二是引导和推动各区建立自己的特色普通高中学校梯队，形成市区两级特色普通高中项目学校梯队。目前上海市级层面确立了 55 所项目学校，占全市普通高中学校 1/5 左右，区级特色普通高中项目学校若干所。这样，特色高中建设学校的基数得以扩大。阶段式门槛带来阶梯式入门，形成特色发展学校梯队，有效应对了学校广泛介入和分层拔高的矛盾，最终为每一所项目学校设计了相应的特色发展路径。

5. 命名 9 所特色普通高中，全市普通高中分类多样化发展格局初步形成

2017 年，上海市曹杨中学被命名为"上海市特色普通高中"，成为上海市教委正式命名的第一所特色普通高中，这不仅是上海市曹杨中学发展的重要转折，也是上海市特色普通高中建设的标志事件。2018 年，上海市特色普通高中再添 3 名新成员——甘泉外国语中学、华东政法大学附属中学和海事大学附属北蔡高级中学。2019 年，华东师范大学附属东昌中学、上海戏剧学院附属高级中学、同济大学第二附属中学、上海理工大学附属中学、上海市嘉定区第二中学经过评估，达到了命名要求。2019 年 4 月 24 日，上海市教委在上海戏剧学院附属中学举行仪式，对 5 校进行正式命名授牌。

目前获得命名的 9 所上海市特色普通高中分别以环境素养培育、航海文化教

育、"尚法""日语见长、多语发展、文化理解""金融素养""艺术""理工""工程""融合人文的科技教育"等为特色。这9所学校在自主招生、特色师资队伍建设、设备配置和经费投入等方面都参照上海市实验性示范性高中相应政策进行管理。在学校特色办学理念的引领下，各校在特色定位、课程体系建构、教师队伍建设、资源共享等方面进行了积极的实践探索，形成了各具特色的创建路径和运行机制，在推进学校发展路径与人才培养模式转型方面起到了积极作用。

当然，这9所特色学校的创建不是一蹴而就的，更不是简单或瞬间的"翻牌"或"挂牌"。9所学校无一例外地经历了这样一个过程：前期学校自主实践——成为所在区重点建设的特色学校——通过评审成为上海市项目学校——系统性特色建设实践——举办经过上海市教育委员会基础教育处认可的特色普通高中建设市级展示——申报命名评估（初评、复评）——通过后被命名。

以9所上海市特色普通高中的命名为代表，上海特色普通高中建设得以推进和深化，全市普通高中分类多样化发展格局初步形成。这将对同类普通高中的特色创建发挥示范引领作用，促进本市高中从分层向分类发展，从而进一步推动本市普通高中建设格局的优化。上海市特色普通高中的创建还撬动了普通高中分层发展的单一路径，对普通高中转变育人模式、提升育人品质起到了示范引领作用。至此，上海市第一轮特色高中建设三年行动计划全面完成，上海市特色普通高中建设迈入了新的轨道。

目前，全市共有普通高中约270所。自2011年上海市教委设立"上海市推进特色普通高中建设与评估"项目以来，经过近10年的创建，按照"成熟1所创建1所、创建1所命名1所"的原则，全市分三批共发展了55所特色普通高中项目学校（含9所已被命名的特色普通高中）。具体名单如下。

表 5–1 上海市推进特色普通高中建设首批项目学校

编　号	学　　校	区
1	香山中学	浦东
2	华东师范大学附属东昌中学	浦东
3	海事大学附属北蔡高级中学	浦东
4	市八中学	黄浦

编　号	学　校	区
5	上海戏剧学院附属高级中学	静安
6	紫竹园中学	徐汇
7	市四中学	徐汇
8	华东政法大学附属中学	长宁
9	甘泉外国语中学	普陀
10	上海音乐学院附属安师实验中学	普陀
11	同济大学第二附属中学	普陀
12	曹杨中学	普陀
13	鲁迅中学	虹口
14	上海理工大学附属中学	杨浦
15	上海市体育学院附属中学	杨浦
16	上海财经大学附属中学	杨浦
17	华东理工大学附属闵行科技高级中学	闵行
18	嘉定二中	嘉定
19	华东师范大学附属枫泾中学	金山
20	亭林中学	金山
21	上海师范大学第二附属中学	金山
22	松江区第四中学	松江
23	上海师范大学附属外国语中学	松江
24	城桥中学	崇明

表 5-2　上海市推进特色普通高中建设第二批项目学校

序　号	学　校	区
1	张堰中学	金山
2	中光高级中学	嘉定
3	闵行三中	闵行

序　号	学　　校	区
4	北外附属闵行田园高中	闵行
5	致远中学	奉贤
6	澄衷高级中学	虹口
7	徐汇中学	徐汇
8	华理工附中	徐汇
9	天山中学	长宁
10	华东师范大学松江实验高级中学	松江
11	宝山中学	宝山
12	罗店中学	宝山
13	桃浦中学	普陀
14	周浦中学	浦东
15	青浦一中	青浦

表5-3　上海市推进特色普通高中建设第三批项目学校

序　号	学　　校	区
1	中国中学	徐汇
2	行知实验中学	宝山
3	风华中学	静安
4	市东中学	杨浦
5	文来中学	闵行
6	北虹高级中学	虹口
7	上海海洋大学附属大团高级中学	浦东
8	松江区立达中学	松江
9	浦东中学	浦东
10	上海中医药大学附属浦江高级中学	闵行
11	长征中学	普陀

序　号	学　　校	区
12	奉贤区曙光中学	奉贤
13	复旦实验中学	杨浦
14	崇明区堡镇中学	崇明
15	青浦区第二中学	青浦
16	同济大学附属七一中学	静安

其间，在上海市教委主导下上海市举行了近 10 场市级特色普通高中创建展示活动以及近 10 场同领域项目学校分组交流活动，做到同行交流互评、专家评鉴与市级展示排序"一揽子"实现；特色普通高中建设与评估项目组成员公开发表研究文章多篇。上海市教育科学研究院还开展了"上海市普通高中多样化发展的政策和路径研究"课题研究，[①] 力图通过将上海普通高中多样化发展置于全球普通高中教育发展背景下，基于普通高中本质属性的再定义以及上海区域特质，明晰上海市普通高中多样化发展的价值取向，探寻促进普通高中多样化发展的政策空间与实践路径，为教育行政部门与学校提供对策与建议。该课题的研究成果主要包括四个方面：探寻我国普通高中发展的历史经验及其对多样化发展的启示；比较全球普通高中发展趋势对上海普通高中多样化发展的启示；对上海市普通高中办学特色现状进行全覆盖调研；开展上海市普通高中多样化发展的学校个案研究。如本书前揭所述，普通高中的特色化发展是普通高中多样化发展的一个重要渠道和应有之义。普通高中的"特色发展"和"多样化发展"是相辅相成、相互促进、辩证统一的关系。相关研究和普通高中的特色发展，有力推进了上海市普通高中的多样化发展和普通高中的转型发展。

6.进一步深化特色学校建设，开启第二轮特色高中建设三年行动计划

曹杨中学等 9 所特色普通高中成功命名后，上海市第一轮特色高中建设三年行动计划全面完成。但其他 46 所特色项目学校的特色创建仍在路上，同时这 9

---

① 上海市教育科学研究院.上海市普通高中多样化发展的政策和路径研究［EB/OL］.［2016–05–11］.http://www.cnsaes.org.cn/Information/Detail/11440.

所已命名的特色普通高中的特色创建也在进一步深化中，包括继续优化课程体系和品质建设，持续加强特色教学探索与载体建设，进一步做实特色资源和经验辐射等。根据上海市推进特色普通高中建设项目组副组长、市教科院普教所副所长徐士强的研究，这些已命名的特色普通高中在进一步深化特色教育的过程中，还面临着一些共同的瓶颈性难题，包括特色教师专业支持政策瓶颈显现，办学条件和学习资源不足导致政策效应受限，特色教育效果尚缺乏有效的实证评估等。徐士强提出，"后命名时期特色高中"需在以下几个方面进一步提升，持续推进和进一步优化特色学校创建：一是建立特色高中发展新需求年度审议机制，二是创新机制应对教师专业发展问题，三是持续投入进一步释放特色高中政策红利，四是开展校本化特色教育效果实证研究。[①]

2019 年 11 月 21 日，由上海市教委基础教育处指导，上海市教科院普教所、上海市教育学会高中教育管理专业委员会和上海市推进特色普通高中建设项目组共同主办，上海市曹杨中学承办的"深化特色学校建设，转变高中育人方式"长三角普通高中特色发展论坛在上海市曹杨中学举行，来自上海、江苏、浙江、安徽、天津、河南、四川、重庆、黑龙江等地的高中教育管理者和研究者共计 350 余人出席会议，并有来自长三角地区的 12 所高中围绕主题做了专题交流。论坛主要聚焦以下两个主题：高中教育如何从"应试升学"向"全面育人"转变？如何进一步深化普通高中特色学校建设？

在这次普通高中特色发展论坛上，上海市推进特色普通高中建设项目组作了专题报告，来自长三角地区的 12 所高中围绕主题作了专题交流。其中，上海市 9 所已经命名的特色普通高中全部以文本交流、展板展示、论坛发言、校园展示等方式进行了交流展示，市区校协同，倾力呈现了上海市在国家政策、推动普通高中特色多样化发展和转变育人方式上的积极作为，切实承担了对长三角地区教育的引领示范职责。

作为率先启动高考综合改革的试点探索的上海，经过近 10 年的实践，已取得了有一定价值的经验。在这次论坛上，上海市教委副主任贾炜致辞指出，要将育人方式转变落到实处，应该看清存在的问题。要明确高中发展的格局，找准从

---

① 徐士强. 后命名时期特色普通高中再提升的思考［J］. 上海教育，2019（9）：9—11.

应试教育到与育人方式改革的抓手，实现评价和招生改革同步进行。在上海高中发展新阶段，贾炜提出，上海市特色普通高中在上海创建评审不会"关门"。未来三年内，上海还将继续评定并命名 10 所左右的特色普通高中，在新高考、新课程、新教材的背景下，进一步深化普通高中课程改革、建立《普通高中学校建设标准》、出台《高中教育教学综合质量评价指标》，持续推动普通高中关注特色多样发展和全面育人、立德树人的综合质量提升。[①]

此次论坛是长三角地区积极落实国务院《关于新时代推进普通高中育人方式改革的指导意见》（国办发〔2019〕29 号）要求的行动之一，也是对上海市近 10 年持续推进特色普通高中建设阶段经验的梳理和成果的展示。长三角各地正通过高考改革、特色办学、学校评价转型等战略举措，加速促进高中教育从"应试"教育模式向"全面育人"教育方式转变；从以"升学"为目标向"升学与生涯辅导相结合"目标转变。论坛一方面将有助于上海市进一步深化特色学校建设，另一方面也将有助于进一步促进地区和校际对话交流，分享智识。[②]

以此次"深化特色学校建设，转变高中育人方式"长三角普通高中特色发展论坛的召开为标志，上海市特色普通高中的创建迈入了新时期；上海市特色创建的下一个三年计划也即将实施。

就在本书稿即将付梓之时，上海市公布了第四批特色普通高中，包括三所学校：上海市徐汇中学，上海音乐学院附属安师实验中学，华东师范大学附属枫泾中学。上海市特色普通高中的创建再迈新步伐。

---

① 杨思超.向"全面育人"转变，长三角普通高中特色发展论坛在上海举行［EB/OL］.［2019–11–21］. https://www.thepaper.cn/newsDetail_forward_5021248.
② 许沁.上海特色高中评审不"关门"，未来三年再建 10 所，这个区"连中三元"有何秘密［EB/OL］.［2019–11–21］. https://www.jfdaily.com/news/detail？id=189941.

第三节　华东师范大学附属东昌中学 "金融素养培育"教育特色评析 [①]

通过对华东师范大学附属东昌中学的办学理念与目标、育人目标、特色发展定位、特色课程实施、特色创建成效等方面的认知与梳理，有助于我们进一步探寻普通高中特色发展的路径与轨迹，进而为本校的特色创建提供借鉴。

一、华东师范大学附属东昌中学简介

华东师范大学附属东昌中学（以下简称"东昌中学"）创建于 1954 年，1982 年成为区重点中学，1993 年更名为华东师范大学附属东昌中学，2008 年成为首批浦东新区实验性示范性高中，2015 年成为上海市特色普通高中建设项目首批学校，2019 年被命名为上海市特色普通高中。

学校现有 36 个教学班，学生 1 300 余人。学校拥有良好的师资队伍，现有正高级教师 2 名，高级教师 40 名；市、区级学科中心组成员 15 名；中学高级教师专业聘任委员会（兼一级教师专业聘任委员会）专家库成员 8 名；参加过上海市高考、会考命题工作 10 余次；已初步形成了正高级教师（2 名）、特级教师（2 名）、区学科带头人（3 名）、区骨干教师（26 名）为主体的教师骨干队伍。

学校坚持"行以至诚"的校训，在教育教学过程中贯彻"诚而自律、合而共进"的办学理念，以"诚信教育"为抓手，弘扬"诚信、合作"学校文化，使"立人以诚"成为东昌人的共同追求。

二、学校办学目标和理念

东昌中学的办学目标是：坚持"至诚"的教育理性，依托华东师范大学和陆

---

① 本节关于华东师范大学附属东昌中学特色创建内容的介绍，除特别标注外，相关内容和信息均来自学校官方网站，上海市及区基础教育机构官方网站，相关媒体对学校的报导，以及笔者的个别访谈和调研。

家嘴金融区的优势，把学校建设成能保障每位学生"主动自主＋个性特长"的发展，在本市学生金融素养培育中有影响力的优质特色高中。

学校坚持"诚而自觉特色发展"办学理念，以诚信教育为价值追求，弘扬"诚信合作"的学校文化，确立了"诚信为基础、信任为前提、规则为保障、合作为途径、和谐为目的"的管理观。

学校的办学目标和理念得到师生的高度认同。调查问卷显示，教师认为学校特色符合学校发展实际占97.76%，99.21%的教师认为能从学校特色建设中获益；89%的学生认为学校特色符合自己的兴趣。

三、育人目标与学校特色发展定位

学校的育人目标是"三会一有"，即"诚信立身会做人、慎思求进会学习、身强心健会生活、素质全面有特长"。

"诚信立身会做人"：学校金融素养之金融意识所包含的诚信意识、规则意识、风险意识、创新意识，是处理人与人、人与自然、人与社会之间关系的准则，其中诚信意识是规则意识、风险意识、创新意识的基础。学校育人目标中"诚信立身会做人"即金融意识的基础，这些金融意识凸显了社会主义核心价值观中"公正""法治""敬业""诚信""友善"等价值取向和价值准则。

"慎思求进会学习"："慎思"应该与系统思维、关联思维、分析思维和建模思维相关联，希望学生能养成基于现实问题的实践导向思维，养成应对瞬息万变的经济世界和社会中不确定性的思维。"会学习"是一种关键素养，它体现出认知和情感整合的视角：持续追求并坚持学习的能力，认识到自己的学习进程和需要，找到可获得的学习机会，以及为了获得学习的成功而克服障碍的能力。"会学习"一定要具有创新意识，"会学习"指向个人幸福和社会发展。

"身强心健会生活"：是指身体健康，能正确认识自我，有自主自助和自我教育能力，有调控情绪、承受挫折、适应环境的能力，有健全的人格和良好的个性心理品质，具有自理自立的生活能力、高雅健康的生活情趣，有很好的理财能力。"身强心健会生活"与学校金融素养培育中的金融知识能力和金融意识息息相关,可以通过树立诚信意识、规则意识、风险意识和创新意识来达到这一育人目标,通过了解自己、了解学校、了解社会,进而关注社会、关注人类,并在实践中磨练意志,获得情感的体验,从而提高自己的社会适应能力和社会生存能力。

"素质全面有特长":学校一直坚持学生的多元全面发展,努力保障每位学生"主动自主+个性特长"发展。希望学生不仅德智体美劳全面发展,还能具备相应的金融素养方面的特长,获得金融知识能力,发展金融思维,培育金融意识。尤其是具备创新意识,懂得如何规划增值人生、如何创意生活、如何观念创新,最终成为一个"素质全面有特长"的现代公民。

学校的特色发展定位是"金融素养培育",该特色教育在全市乃至全国高中教育中独树一帜。

学校通过采取以下措施,进一步厘清学校的育人目标与特色发展定位。

一是全力打造"诚"的文化。以"诚信教育"凸显金融素养培育,并把它作为社会主义核心价值观实施的要素,作为现代公民未来美好生活必备素养,融入学生的认知、能力和人格培育,进入生涯认知、生涯探索、生涯决策的生涯指导中,培养德智体美全面发展的人,努力让学生得到与个性发展相契合的教育,取得较好的教育效果。

二是进一步加强与"行以至诚"校训的衔接。东昌中学的金融素养培育包含金融知识能力、金融思维、金融意识三个维度的内容,其中,金融思维和金融意识处于核心层次。金融意识是指在金融实践活动中所体现的一种共同的价值观、创业意识、行为准则、道德规范等意识形态。诚是金融的魂,金融素养中诚信意识、规则意识、风险意识、创新意识的培养,都离不开诚信意识这一基础。学校"行以至诚"的校训、"诚而自律、合而共进"的办学理念、"诚信、合作"的学校文化、"立人以诚"的教学理念,是学校育人目标的基础。学校全力打造"诚"的文化,"立人以诚""立教以诚""立校以诚",倡导"诚信、自律、合作"的学校精神,创设"诚信、合作、开放"的教学环境,进而打造学校"诚信品质和合作精神"的诚信办学品牌。

三是突出国际金融元素的融入。通过对国外金融素养培育的文献搜索和与国外友好学校的交流互访以及与市内国际学校的研讨合作，学校积极开阔国际视野，进一步探索国际元素在金融素养培育中的融入。通过梳理学校文化环境建设的现状，进一步设计校园内特色文化的显性符号；通过收集国际和国内关于学生金融素养培育的做法及评估方面的文献资料，梳理学校已开展的国际交流活动中的金融素养元素、国际学校中有关金融素养培育的课程和教学方面的资源，进行学生金融素养培育中融入国际化元素的思考与实践。

四、特色课程与教学

学校结合学生发展需要与时代特点，对学生"金融素养"要素与结构作了界定，在严格执行市教委高中课程计划基础上，把金融课程有机融入学校课程计划，编制了一般素养与金融素养协调发展、互为促进的《东昌中学课程方案》，构建了相对完整的金融特色课程体系，实现了金融素养在基础型课程、拓展型课程和研究型课程三类课程中的有效落实，整个课程体系结构清晰。

1. 三类课程凸显金融素养分层培育

东昌中学金融素养培育课程的设计坚持国家课程的校本化实施和校本课程的特色化融合，追求金融素养培育课程实施与基础型课程有机结合，与拓展型课程广泛整合，与研究型课程深度融合。学校将金融素养培育特色课程系统作为辅系统，与现行高中课程主系统融为一体，整体构建富有特色的东昌中学学校课程体系。

学校对三类课程中的金融素养培育有较清晰的实施路径设计：① 学科基础型课程形成了挖掘金融文化、培育金融素养的"学科案例研究"的实施经验；② 拓展型课程基于金融素养培育的层次设计，将特色课程群分层分类，满足"普及—提高—拔尖"不同层次的学生发展需求；③ 研究型课程通过提供金融类课题指导，引导学生理性选题，对立项小课题加强课题过程指导与管理，开展研究成果展示活动等。

基础型课程体现出普及的特点。在挖掘金融文化、培养金融思维的学科案例研究基础之上，展开对学科核心素养与金融素养关联点的分析研究，并形成金融素养培育与基础型课程有机结合的课例。该课程重在体现金融素养

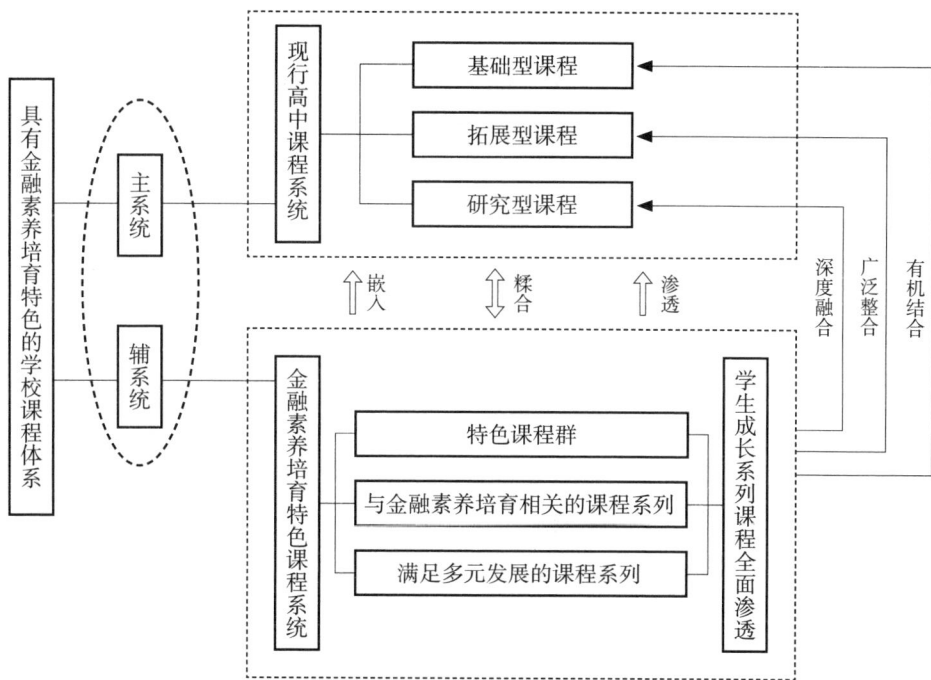

图 5-1　东昌中学具有金融素养培育特色的学校课程体系图

培育课程的普及。

拓展型课程体现出分层的特点。金融素养培育特色课程群从学习维度及培育层次设定为"A（普及）、B（提高）、C（拔尖）"三个层次，每个层次明确了具体的培育内容及要求，以适合不同层次学生的发展需求，体现"普及—提高—拔尖"不同发展层次的需求。初评以来，学校继续做实分层实施。普及层课程除4门通识类必修课程外，还增加了选择性必修课程金融慕课在线学习及实践活动，要求学生人人参与，从5门学校制作的金融慕课中选择至少两门进行视频学习，之后完成作业，得到成绩认定，并建议学生同时可浏览其余课程，了解课程概要。

研究型课程在分层中体现对高端学生的培养。作为课改基地学校，学校从2000年开始就坚持开设研究型课程，目前学校的课程实施方案完备，稳步有序推进。在校学生两年内完成两个课题，即"小课题＋大课题"。学生人人参与，通过开展小课题研究，关注了研究方法的习得。大课题鼓励学生通过科学研究方法深入更广泛的领域，尝试开展实验研究。一部分学生脱颖而出，初步具备了创新实践精神。学校完备的优秀课题评审方案和途径，让一批优秀的学生经过指导和历练，充分展示自己的才能。他们的课题研究已经能够与个人的志趣发展结合在一起，并积极参加市、区级比赛获得好成绩。2017学年度评定出高二年级（大课题）校级优秀课题28个，高一年级（小课题）校级优秀课题11个，并评定出班级研究性学习推进工作优秀者7名。通过自愿报名、递交个人申报材料、学校组织面试等环节，学校经过校研究性学习评审专家组的讨论，综合评议推荐高一年级13名学生参加2018年"上海市青少年科学创新实践工作站实验项目"。浦东新区青少年活动中心科技活动部王建军部长和华东师范大学化学系王清江教授，为研究性学习工作的开展提供指导，专家与学生的面对面，使学生的研究热情更加高涨，学习动力更加增强。研究性学习校评审专家组、研究性学习校指导教师团队、指导教师个体和外请专家，形成了研究型课程的组织保障。

东昌中学金融素养培育特色课程系统共有课程122门，呈"三圈"架构，以满足学生的不同需求。

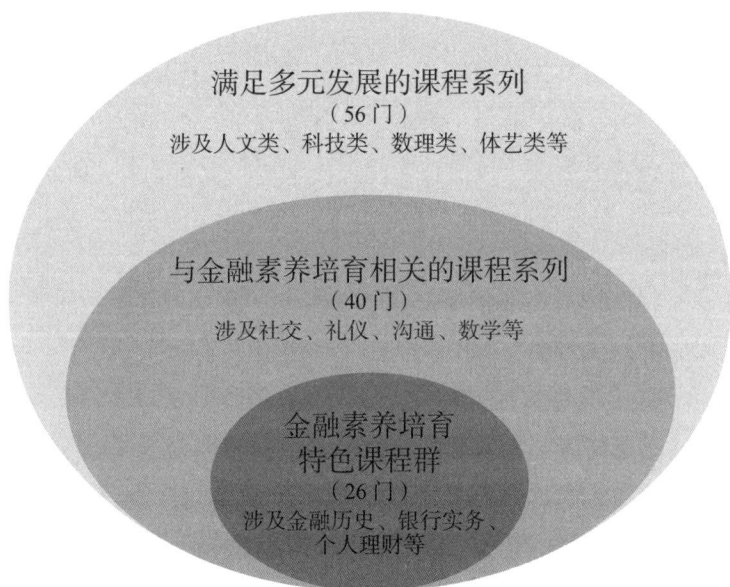

满足多元发展的课程系列
（56门）
涉及人文类、科技类、数理类、体艺类等

与金融素养培育相关的课程系列
（40门）
涉及社交、礼仪、沟通、数学等

金融素养培育
特色课程群
（26门）
涉及金融历史、银行实务、
个人理财等

图5-2　东昌中学"三圈"架构的拓展型课程

表 5-4　东昌中学金融素养培育特色课程

通识性必修课程	专业性选修课程	金融慕课（网上自主学习课程）
1. 金融与社会 2. 60 天个人财务分析 3. 采访金融人士 4. 走进金融博物馆	1. 学生公司 2. 学做投资 3. 银行实务 4. 生活中的理财 5. 生活中的经济学 6. JA 经济学 7. 世界是部金融史 8. 学习生活中的经济学 9. 金融与理财 10. 初级财经英语 11. 金融法律与解说 12. 中国货币发展史 13. 人工智能与金融 14. 大数据时代的风控	1. 身边的货币 2. 身边的财务信息 3. 身边的风险 4. 身边的财富管理 5. 身边的金融机构和工具

2. 与高校课程实现对接

为进一步加强对金融素养高端学生的培养，提升学生的金融与财经素养，深化青年学生对当代金融学科及经济发展形势中热点问题的认知与思考，逐步确立科学的财富观和理财观，具备基本的人生规划能力和职业意识，我们与华东师范大学经管学部学位教育中心合作开设 DC 金融优才班，让金融课程走进中学课堂。DC 金融优才班由华东师大 MBA 金融从业学生详细讲解证券投资、保险学、银行、投资理财、创新创业等相关课程，由经管学部老师为学生们带来金融类论文指导及辅导。华东师大 MBA 从业金融毕业生带领学生探访上海著名金融行业，贴身感受金融行业。并邀请华东师范大学金融行业的学长们举办金融行业沙龙，分享金融行业从业经验及人才要求，开展头脑风暴，交流心得。以小组为单位完成金融论文写作。在结业仪式上以小组为单位进行论文汇报和答辩，由学部老师进行点评与指导。DC 金融优才班鼓励兴趣、支持拔尖学生的发展，体现自主选报和学校选拔的特点。在自主选报的学生中，特色课程教师对在学校金融特色课程中及金融类社团中表现突出、金融素养有潜质的学生进行推荐，任课教师及班主任教师对该生的平时学业及品德进行审核。在此基础上组成 DC 金融优才班。高端及拔尖学生的培养，使学校成为金融人才的孵化基地。

表 5-5　东昌中学 "DC 金融优才班" 课程设置

课 程 名 称	课程类别	课时安排	课程修习方式
保险学	专业课程	8 课时	必修
银行	专业课程	8 课时	必修
投资理财（基金、股票）	专业课程	8 课时	必修
创新创业	专业课程	8 课时	必修
论文写作指导	专业课程	8 课时	必修
企业参访	实践课程	16 课时	必修
行业沙龙	实践课程	8 课时	必修
课题研究	研究课程	一个半月	必修
论文答辩	研究课程	8 课时	必修
成果交流	实践课程	2 课时	选修

表 5-6　DC 金融优才班小组课题一览表

组别	课　题	成　员	指导教师
1	"我国不同支付方式的现有风险"	秦蕴瑜、方韵、左嘉怡、郭斯翃、鲁冰冰	浦　璎
2	"支付方式的优劣势态与未来猜想"	刘若凡、沈雪婷、肖雪慧茅怡君、罗思悦	何梅艇郭政瑞贺文奇
3	"从公平和效率浅谈传统银行与互联网银行的发展方向"	林星羽、李斯特、陆颢天、印越、杨奕文	胡振兴常　琳
4	"P2P 网络贷款风险及防范分析——以金鹿财行为例"	沈思缘、王彦玮、龙思羽李雨璇、唐圣昊	赵　磊张廷忠韦有新
5	"人民币国际化与其对人民币汇率机制的影响"	顾紫阳、沈铭劼、刘冰冰冯佩、方乐	胡　莹陈　东李明辉

组别	课　　题	成　　员	指导教师
6	"浅析区块链技术及在金融领域的运用和未来发展——以比特币为例"	马钰轩、王轶莹、周怡谢子轩、张弛	（华师大经管学部教师）
7	"郁金香与楼市泡沫危机"	王增略、林雨莹、陆婷丽黄佳倩、傅佳洁	
8	"中美贸易战原因影响与对策分析"	夏菊紫、严梦昱、王运方正宇	

3. 金融实验室建设助力学校特色发展

为激发学生学习兴趣，在实践中提升学生的金融素养，学校先后建设了东昌模拟银行、智慧证券交易所、货币博物馆、金融演讲室、金融创意设计室、金融知识抢答室、金融实践室、智慧保险业务室等金融活动专用实践场所，为师生金融素养的培育提供了良好的实践平台。每年 3 月至 5 月，学校金融实验室面向浦东新区初中学校开放，开展初中生"一日金融人"活动。每年 11 月底，学校会选定一个本年度的金融热点问题，吸引全上海知名高中学校及金融类特色学校的学生们围绕热点问题展开讨论，撰写论文，并在此基础上召开上海高中生经济论坛。在论坛召开之后，依托金融实验室开展丰富多彩的金融嘉年华系列活动。

近年来，学校金融实验室的教育价值和社会影响力不断提升，东昌金融实验室已经成为浦东新区以及上海市师生开展金融活动、提升金融素养的孵化地。

4. 进一步提升课程的趣味性和生动性

其一是将特色课程融入国际化元素。基于高中学生的认知特点和心理特点，学校借鉴国外教学理念和课程、国际化课程教学方法，注重国际化课程元素的融入，通过在课程中增加国际背景、国际案例、外国文化等方式，探索进一步增加课程的趣味性和生动性的途径：一是在现有的课程设计中增加国际课程元素；二是将国家化的内容融入课程，使课程内容具有国际导向，以此发展学生的国际意识；三是课程实施的国际化，即教学理念、教学方法与手段国际化，以此培养学生全球视野。学校特色课程群中有两位教师是英语教师，凭借自身的英语专业教育背景开发和实施特色课程。"学习生活中的经济学（英语版）"，使用英语上课，内容借鉴哥伦比亚大学R·格伦·哈伯德和利哈伊大学安东尼P·奥布赖恩著的《经济学（宏观）（英文版第3版）》和清华大学经济学系列英文版教材《国际经济学（第8版）》（美多米尼克（Dominick）著）；"初级财经英语"等课程，系统而全面地介绍了诸如收入（Earning an income）消费和储蓄（Spending and saving income）等个人理财的知识，使用英语教学，突出财经英语的实用性，启发式、研讨式、案例式等教学方法并用；"世界是部金融史"找出世界历史背后的金融问题，追寻金融的本质，探讨金融的演化，发掘金融的文明——从世界历史中看金融、从金融中看世界历史。我们还与国外合作，邀请国外学生来学校交流，并推出基础型课程、富有传统文化特征的拓展型课程和金融素养培育特色课程，把我国优秀文化向世界推介，从其他国家课程中了解、习得金融知识能力，培养具有国际视野、通晓国际规则、具有跨文化交流能力的学生。

其二是开发和完善线上线下课程。学校青年教师学习市名校慕课平台上的优质慕课，重新认识慕课的特点，认识教师角色转变的理念，改变"独角戏"的授课模式，以数字化网络资源为课程开发理念，注重使用课程载体进行课程设计。使用生动有趣的数字画面，采用线上线下课堂互动的方式，为学习方式的转变提供环境、资源的支持，激发学生持续学习的兴趣，在趣味性、生动性上有了较大改善。另有教师团队研制《张口胡说红楼梦》音频，系列音频以《红楼梦》中一个个鲜活的金融故事为案例，精选《红楼梦》中的经济现象如家族金融危机、经济改革、民间非法融资等，通过剖析经济现象，使抽象的金融素养具象化，深奥的金融知识通俗化。学生边听故事边习得金融知识，在潜移默化中提升金融素养。校内创新试验室也在进行改善，如模拟银行将投入取款机，货币展厅将设置实物展品和数字化触摸设备，数据分析中心将设置量化交易系统，这些都将使学生的实践体验更加富有吸引力。

其三是增加开设实践类社团。目前学校有学生社团38个，其中金融类社团有学生公司、经济协会和品格积分银行。每学期金融类社团学生参与人数稳定在40人左右。学生公司是学生在校内实践金融活动的载体，通过模拟公司运营的组织形式，为学生提供一个更真实、更全面地走进社会、认识社会的实践平台。学生们用自己的双手将书本中似乎遥不可及的科学知识转化成具有实际意义的产品，通过校园售卖、社区售卖、网络售卖，创造出现实中的财富。学生公司通过提供实践平台，鼓励学生从为社会创造价值出发，以团队合作的方式进行产品开发、融资、市场营销和股权估算等，从而培养学生创业的必备素质。学生公司通过实践学习、角色扮演等方式，帮助学生建立健康的存储及投资观念、理智的消费观和信用观，以及税收、择业、社区参与和国际贸易等知识。学生社团进行基于金融素养的顶层设计，与学生公司合作、搭建原创产品宣传和订购的社团，从原来的摄影社扩展到现在的摄影社、烘焙社、手工社、漫画社、刻章社。如社团需将课程成果商品化，需由各社团向经济协会提供产品设计情况，说明产品特点，经济协会论证后交由学生公司投产、营销、售卖、分红。学生社团红红火火地运作，近年来，校辩论社、街舞社、"视觉—东昌"、学生公司、JA 经济社、摄影社、手工社获浦东新区明星社团称号。

其四是增强"东昌金联"体验性活动。2017 年以来，学校继续加大与"东昌金联"的合作力度，与湘财证券、历道证券博物馆、上交所等成员单位的合作有了进一步的发展。校党总支与中国银行达成了党建共建和廉洁伙伴协议，开辟中国银行的货币博物馆为学生金融实践的另一基地。学校积极联系校外金融机构，组建教学或参观、学习基地，基于"东昌金联"设计职业体验系列活动，保证足够的活动机会以满足不同课程的学习需要。在学生走进银行博物馆等三大博物馆的基础上，学校开辟了中国银行上海市东昌路支行等参观实践基地，学习中国银行始终秉承追求卓越的精神，将爱国爱民作为办行之魂，将诚信至上作为立行之本，将改革创新作为强行之路，将以人为本作为兴行之基的卓越的品牌形象。

5. 进一步加强特色课程的评价管理

学校特色课程评价目标要能够建构有效和可操作的课程评价体系与策略，保证金融特色课程的顺利推进，同时也为引导课程的实施提供有力支持；要能够通过评价提高学生的各学科素养，有利于学生在不同课程方向的个性发展；要能够关注学生金融素养培育三个维度的实现，促进学生金融素养的提升，并帮助学生认识自我、建立自信，帮助教师发现学生潜能、了解学生发展需求。学校从以下方面加强特色课程的评价管理。

其一是特色课程星级评价。学校通过特色课程的评价为学生学习提供有效支持。课程评价来自两个方面：对星级课程的评定（也即对授课教师的评价）和对学生的评价。每学期课程结束后组织学生完成对所学课程的评价（共计 10 个指标），根据学生的评价结果作为星级课程评定指标，综合两个学期的评价指标评定出学年度的星级课程。课程结束后每位任课教师需要综合学生的学习情况进行评价，并评选出优秀学生，其学习成果通过二楼橱窗及时展示。

其二是特色课程绿色指标评价。金融通识水平和金融实践能力两项评价指标均有明确的指标含义、育人目标、课程群支撑、指标的表现性评价标准及工作流程及保障等内容。

其三是特色课程研究性评价。特色教研组教师通过开展磨课、听课、评课等活动，探索特色课程评价指标。特色教研组通过开展课堂教学展示和课堂教学改进计划行动，摸索指标构成。学校邀请华东师大李明辉博士、对外贸易学院张铁铸副院长定期来听课评议，共同研讨，提升教师的金融素养培育水平，进一步提升课程品质。同时从研究的角度来对特色课程实施评价，逐步形成精品课程的评价指标。

五、特色发展成就

学校自 2009 年特色定位以来，着眼于育人目标，整体设计了金融素养培育的育人体系，形成以国家课程为基础，校本课程为统整的课程架构，分层分类实施金融素养培育，满足了不同层次学生发展的需求。学生金融素养明显提升，特色创建取得较为显著的成效。

通过特色创建，学生的综合素养得到了较好的提升。2015 年以来，学生参加校级研究性课题 381 个，涉及金融的课题 79 个。学生的综合实践能力和金融素养得到较大的提升。学校通过金融特色课程群、实践活动和基础性课程的渗透，学生的金融素养明显高于同类学校学生。学校连续三年学生学业水平考试合格率达到 99% 以上。

随着金融素养特色培育课程的展开，学生的金融意识明显提高，在学校金融类校本选课时，2017 学年第一学期、第二学期，2018 学年第一学期选择金融类校本学生数从 433 人上升至 495 人。金融素养培育的实施使学生对于职业的认识有了一定的变化：几年来，学生选择财经类大学和专业的兴趣以每年 10% 左右的速度递升，2018 年学生录取财经类专业 118 人，占比 27.23%，其中财经类专业 87 人。

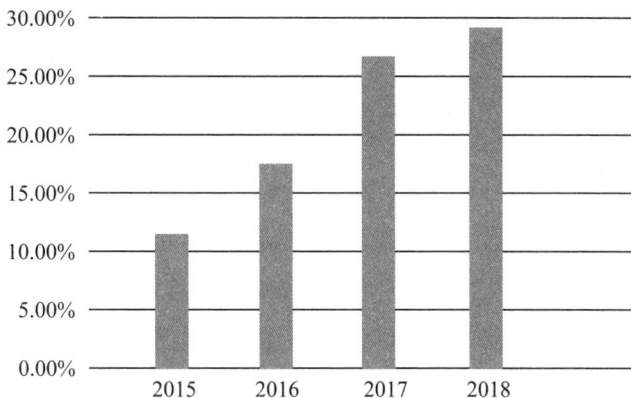

图 5-3　东昌中学财经类大学近四年录取人数占比

通过对 2015 年以来学校录取财经类大学的学生统计（不包括被综合类大学经济或者金融类专业录取的学生），可以发现特色课程对学生未来职业规划的影响正在进一步显现，学生的未来自我规划将更有方向性、针对性和实效性。

学校关注金融素养的培育，形成了一支能满足特色课程教学的教师梯队。教师能在所有学科中有意识地渗透特色课程的理念与内容。学校在金融素养培育的理念建构、课程体系建设与学校办学传统的融合及新时代办学目标的传承创新上作了深入的探索，积累了丰富的经验，开发了市级与区级的共享课程；教师在相关领域承担了区级重点课题研究，发表了系列论文，取得了丰硕的成果，在相当大范围内发挥了积极而广泛的示范引领作用。

学校为推进特色高中建设，采取了学习研讨、宣传动员、组建团队、明确任务、全员参与等措施；通过构建学校文化组、课程规划组、课程实施组、教师发展组、学生导航组、资源保障组等"五环节六小组"的运作机制，形成了实践共同体。校长在特色创建中不断提升领导力，组织结构在特色创建中不断完善，形成特色发展研究实践共同体，运作机制流畅。

学校特色比较鲜明，对同类学校产生了示范辐射作用，在市内外获得了较高的知名度。学校特色相关领域开展课题或项目研究，并取得一定成果，获得了市、区级及以上的荣誉。"学校教育质量保障体系的建设评估与改进研究"获上海市基础教育一等奖；"区域联动建设中学生金融素养特色校本课程的实践研究""区域联动研发与实施中学生金融素养特色课程的研究"均为浦东新区内涵项目且获得"优秀","基于金融素养培育的特色普通高中创建实践研究"立项为区级重点课题。

从调查问卷结果来看，92%的学生了解学校特色，92.67%的学生对学校特色建设满意。100%的教师认为学校特色符合学校发展实际，96.4%的教师对学校特色建设满意。97.26%的家长了解学校特色，97.62%的家长赞成学校特色定位，88.8%的家长对学校特色建设满意。

六、东昌中学"金融素养培育"教育特色评析

特色普通高中建设是现代教育发展规律的必然要求，是普通高中教育改革的重要趋势。东昌中学10年来稳健的探索之路，彰显了东昌人勇于改革创新，勇于面对深化特色发展带来的瓶颈问题，勇于探索为学校特色建设提供专业支持的校本研究路径的精神，从而从根本上为学生提供更有选择性、更加个性化、更能培养核心素养的有特色的高中教育，在学生人生中的学习探索阶段给予有益的引导，为学生未来健康幸福生活助力。

1. 提升办学品质，创建"金融素养培育"特色普通高中，是全体东昌人的共同愿景

2015年2月，东昌中学成为上海市特色普通高中建设项目首批学校；2017年3月，学校通过市教委基教处、市特色普通高中创建项目组组织的"特色普通高中创建学校交流"；2017年6月，学校举行"育金融素养，筑生涯之基"市级展示活动；2017年11月，学校通过"上海市特色普通高中"评估初评；2019年4月，学校正式被命名为上海市特色普通高中。

东昌中学之所以在短短的4年时间内就成功创办特色高中，这与全体东昌人的努力奋斗分不开。

自2009年特色定位以来，学校认清自身特色发展的不同阶段，探索不同发展阶段的工作重心，聚焦特色课程建设，逐步提升学校特色办学水平。学校在继承优秀办学传统基础之上，开拓创新，与时俱进，抓住新机遇，接受新挑战，走出一条扎实的特色创建之路。几年来，学校的特色建设成跨越式发展，2015年被列入上海市特色普通高中建设项目首批学校，2017年11月通过"上海市特色

普通高中"评估初评。在 2017 年接受专家发展性评估指导的基础上，一年多来，学校立足初评成效，总结发展优势，持续完善改进，以评促建提升办学水平，努力迎接复评。在此过程中，学校根据专家给出的评估建议进行了持续性思考、研磨、实践，不断学习和改善，不断调适和深化。

在不断提升学校办学品质和创办"金融素养培育"特色办学的共同愿景下，学校全体教师达成了共识，凝聚了思想，形成了合力，学校特色建设思路越来越明晰，机制制度的适应性、支持度越来越高，课程建设的体系化程度越来越高，学生的收获越来越大，教师队伍建设越来越深入，学校办学品质越来越高，学校的整体发展势头非常强劲。

2. 对接国家发展战略和上海城市功能定位，进一步厘清特色发展定位与育人目标

自"金融素养培育"特色学校的创建目标提出以后，学校一直在深入思考学校"金融素养培育"特色与学生培养之间的关系。学校认识到，一方面，东昌中学位居浦东新区陆家嘴金融贸易中心核心圈，办学条件优异；学校周边的商业和金融气息十分浓厚，学生也无时无刻不受到金融因素的熏陶和渲染。另一方面，2009 年 4 月，国务院发布《关于推进上海加快发展现代服务业和先进制造业建设国际金融中心和国际航运中心的意见》（国发〔2009〕19 号），正式提出上海要打造"四个中心"，包括国际经济中心、国际金融中心、国际贸易中心、国际航运中心。"四个中心"目标的确立，给上海人民绘就了一个更为清晰的经济战略蓝图，为上海的发展带来了新的机遇和挑战。位居浦东新区陆家嘴金融贸易中心核心圈的东昌中学，理应牢牢抓住这一机遇，并积极为上海发展贡献智慧和力量。

为此，学校进一步厘清特色发展定位与育人目标，认识到无论是学校特色的发展，还是学生的培养，都应该与上海国际金融中心相匹配，融入国际元素，用先行先试的锐气，培育学生的金融素养，为培养金融人才、造就金融精英奠基；进一步推进特色的凸显，如加强体制管理和机制变革，将社会高度参与纳入制度设计；从未来经济社会发展和学生实际需求来完善学校的育人目标和办学定位，将金融素养融入学生的培养目标，加强与"以行至诚"校训的衔接。

其后，学校还召开各类研讨会、务虚会以及特色项目组推进会，认真学习特色学校创建评估组初评专家提出的意见和建议，深入学习《上海市推进特色普通

高中建设三年行动计划（2016—2018年）》的精神，深化对学校办学理念的理解，加强对特色定位的诠释，深入对特色内涵的挖掘，完善对特色课程群的架构，形成对特色育人有效资源供给的新的认识。学校深入学习了国务院办公厅发布的《关于加强金融消费者权益保护工作指导意见》（简称《意见》），《意见》中提出的"将金融知识普及教育纳入国民教育体系""切实提高国民金融素养"让学校认识到学校金融素养培育特色定位的超前意识；2018年1月，中国财经素养教育协同创新中心在北京发布了《中国财经素养教育标准框架》，该框架涵盖幼儿园到大学各阶段，对规范和引导我国财经素养教育具有非常重要的现实意义，也启发了学校金融素养培育具体实施的路径。这些都更加坚定了学校金融素养培育特色定位的自信。

学校还通过开展"我们的金点子"主题征文活动，聚焦问题，引导教师就学校金融素养培育特色亟需改进的方面提出建议及可行性措施，包括凸显学校金融素养特色文化的环境建设、学生金融素养培育中的国际化元素融合、基于金融素养培育的学生实践体验课程的设计与实施、学生社团组织架构及其运行机制、学生金融素养评估办法等。教师的建议基于学校实际，又有深度思考，为学校工作的进一步开展提供了参考。

3. 以薛志明校长为首的特色教师队伍，引领和推动了学校的特色创建

东昌中学特色办学成就的取得，与以薛志明校长为首的特色教师队伍是分不开的。薛志明，化学高级教师，浦东新区政协委员、常委，上海市教师资格证书考试面试官，浦东新区化学中高级职称评审专家库成员，浦东新区教育学会化学专业学会副理事长，曾荣获"上海市园丁奖"。他长期从事教育教学和管理工作，连续15年任教高三毕业班，2016年8月起任华东师范大学附属东昌中学校长，正是在其带领下，学校于2019年4月被命名为上海市特色普通高中。薛志明曾主持多项市、区级教科研课题，主持编写《中学生百科知识竞赛大全》（上海科学普及出版社），已在全国各类刊物发表10余篇文章。目前主持的区级重点课题"基于金融素养培育的特色普通高中建设实践研究"取得阶段性成果。

薛志明校长对特色办学有着自己的深刻认识，对如何培养学生的金融素养等在理念和实践上进行了长期的探索。他强调"特色教育要以学生为主，特色课程要通过学生切实落地，特色办学要增加学生的体验与获得感"。为推动特色学校

创建，薛志明校长十分重视特色教师队伍的建设，全方位多途径组建特色教师骨干队伍。

一是系统设计教师金融素养的分层分类培训模式。以专家团队、校内外资源为支撑对特色教师进行培训，通过专题培训等方式对特色教师进行培养，通过东昌论坛、微型讲座、青年学会及骨干学会活动、每学年的寒暑假培训、组织全体教师参观金融博物馆等方式，通过"我们的金点子"等征文活动，引导教师投入到特色建设的思考和实践中来，促进教师的专业化成长和特色教师队伍的培养。

二是基于金融慕课将青年教师培养成复合型教师。青年教师学会通过金融慕课的开发来进行金融知识的学习。在专家的指导下，青年教师依据学生特点和接受特点，深入钻研课程内容，学习其他优秀慕课的呈现方式，对脚本进行了修改，重新录制了慕课。学校努力将青年教师培养成复合型教师。

三是分步组织骨干教师承担特色课程的实施。骨干教师是在学科专业背景上有着较强的教育教学能力和研究能力的教师，在特色骨干教师的培养上有着先天优势。学校通过专题培训、教材修订等任务来推动骨干教师特色发展。在特色课程的实施上，学校分步组织骨干教师承担特色课程，组织骨干教师基于任务进行研究，在做中学，在学中做，加快特色骨干教师的成长进程。

学校特色教师培养方式多样化、多途径。一是通过以老带新的方式滚动式发展；二是高校专家指导研发，校内教师具体实施；三是通过校内教师与专家、校外志愿者共同开发课程，来实现特色教师的培养；四是通过团队式开发和实施来进行。教师们自学金融类课程，根据学校需要开设特色课程，为学校特色创建和扩大特色辐射提供人力资源保证。目前，学校已在若干区域内形成有影响力的特色教师。

学校还派教师到美国、荷兰等中学学习交流、参加国家级学术研讨，通过外聘专家的指导、协助及各种教师培训、日常教研活动等提升教师金融素养课程的开发、设计和实施能力。特色专业教师的培养，是特色课程实施的助推器，学校全方位多途径组建特色教师骨干队伍，构建特色教师专业发展支持系统。

4. 构建实施金融素养培育课程体系，全面提升学生素养，有效实现学校育人目标

东昌中学的金融素养培育课程体系建设是一个循序渐进、从逐步完善到逐步

稳定的过程。这一过程大致可以分为三个阶段。

第一阶段，利用东昌中学的区位优势，开设一门具有东昌特色的校本经济课程。2009年，杨文强老师与国际青年成就组织（简称JA中国）接洽，在学校开设"青年理财"。JA为杨文强挑选了一个来自新加坡淡马锡控股公司的志愿者团队，他们一起制定授课计划和活动方案，在授课计划中加入了许多社会实践活动，如采访金融人士、参观银行博物馆、参观证券交易所等活动，从理论到实践，激发学生对理财的兴趣。这个课程被学生推选为东昌中学校本明星课程。

第二阶段，2010年引入"JA经济学"课程后，东昌中学相继开设了"学生公司"和"银行实务"两门课程。每成功落实一门，就在政治教研组进行分享和普及，这样就形成了一个实施JA经济课程的政治组团队，"与JA合作开发和实施具有东昌中学特色校本经济课程的探索"课题，被列为上海市"双名工程"课题。

第三阶段，2011年起继续深化和发展课题，形成东昌中学的金融素养培育课程体系。这就需要把课题的实施级别从教研组上升到校级层面。学校召集语文、数学、英语等各学科老师，参与金融素养培育课程体系的建设，在原来的基础上进行分工和细化，语文组重点指导、组织和实施采访金融人士等课程；历史组重点编写和实施世界是部金融史、中国货币发展史等课程；其他学科教师编写和实施初级财经英语、学做投资、人工智能与金融等课程。实施课程的团队进一步扩大，由校级领导挂帅，使金融素养培育课程体系更加完善、更有保障。JA经济课程完全融入了东昌中学的金融课程体系，初步完成了东昌中学金融素养培育校本课程体系的构建。[①]

东昌中学构建了相对完整的金融特色课程体系，实现了金融素养在基础型课程、拓展型课程和研究型课程三类课程中的有效落实。其中，拓展型校本课程分三圈架构：核心圈为金融素养培育特色课程群，中圈为与金融素养培育相关的课程系列，外圈为满足多元发展的课程系列，圈层的特点体现了金融素养培育的分层特点。拓展型校本课程建设的重点是形成金融特色课程群，并确定了"分层"的建设方略。从学习维度及培育层次，学校将金融素养培育的特色课程群设定为

---

① 杨文强.东昌中学构建金融素养培育特色课程体系的实践研究［J］.思想政治研究，2019（5）：119–120.

"A（普及）、B（提高）、C（拔尖）"三个层次，体现"普及—提高—拔尖"不同发展层次的需求。

金融素养培育特色课程体系的构建与实施，对东昌中学的特色创建与学生综合素养培育起着十分关键的作用。

其一是形成了一支能满足特色课程教学的教师梯队。学校在金融素养培育的理念建构、课程体系建设与学校办学传统的融合及新时代办学目标的传承创新上作了深入的探索，积累了丰富的经验，开发了市级与区级的共享课程。教师能在所有学科中有意识地渗透特色课程的理念与内容；在相关领域承担了市级、区级重点课题研究，发表了系列论文，取得了丰硕的成果，在相当大范围内发挥了示范引领作用。

其二是学生金融类课题的研究能力日益增强。如姜天翼同学的论文《探索学生公司化社团发展模式——以"东昌学生公司"为例》发表在《现代企业》杂志2018年第1期上；"DC金融优才班"学生开展的金融课题研究，"支付方式的演变与猜想""P2P网络贷款风险及防范分析"等课题获得专家好评。学生联系生活实际，对社会和金融问题有着自己深刻的理解和认识，对金融的关注程度之深和理解能力之强，表现出了较高的金融素养。学校大课题研究中金融类课题13项，"从学生电子游戏消费情况谈其娱乐消费观念"等一批课题获评校优秀课题。

其三是学生参与金融类课题学习的兴趣明显提升，对金融专业的选择意识明显提高。参加"DC金融优才班"的学生，8个课题小组中有6个小组学生自愿申报参加"DC金融优才班"课题组学生学习成果汇报，表现出了对课题成果相当的自信。来自高一的241名学生（占年级学生数51.9%）自愿报名选择参加课题组学习成果汇报会，表现出了对金融课题学习的较大兴趣。几年来，学生选择财经类大学和专业的兴趣逐年递升，2018年被财经类大学录取的学生有118人，占比27.23%。

其四是学生参加各类研究性学习活动均有突出表现。社会实践项目"上海市高一学生零花钱的管理与使用"在2017年浦东新区中学生社团文化节之社会实践比赛中获二等奖，另有社会实践项目在2017年"未来杯"上海市高中阶段学生比赛中获三等奖。2018年，学校12名学生有缘进入美国知名的新闻公司彭博社，每位学生都获得了与公司各职能部门的负责人进行面对面交流沟通的机会。

学生社团红红火火地运作，校辩论社、街舞社、"视觉—东昌"、学生公司、JA 经济社、摄影社、手工社获浦东新区明星社团称号。UE 学生公司被 JA 中国评为上海赛区优秀学生公司。

其五是学生的金融素养普遍得到提高。东昌中学学生财经与金融素养测评项目组对学生进行了金融素养测评，《华东师范大学附属东昌中学财经与金融素养测评报告》显示：对两个年级学生的财经素养平均成绩进行比较发现，高二学生平均成绩为 512.1 分，高一为 489.9 分，两者相差超过 22 分。独立样本 T 检验发现，高二学生的财经素养得分显著高于高一学生的财经素养得分。具体到不同的财经素养等级，高二学生的优秀等级比例更高，达到 15.4%，相应的高一学生仅占 6.2%；同时，高二 49.1% 的学生财经素养在中等以上，比高一学生高 3 个百分点，说明通过参与一个学年的金融课程，学生的财经素养有一定提高，课程效果较为明显。[1]

"育金融素养，筑生涯之基。"东昌中学金融素养培育课程体系的构建实施，不仅全面提升了学生的金融素养，起到了为上海市和国家金融人才培养奠基的作用，而且通过"金融素养"这个教育支点撬起了学生全面素质的提升和"全人"的养成，有效实现了学校的育人目标，也推动了学校的特色创建向纵深发展。

未来已来，将至已至。随着 21 世纪的信息变革和时代变迁，高中办学竞争格局的加剧和高中教育改革的创新，上海城市的发展和对金融人才、创新人才日益提出新需求，东昌中学将站在更高的层面，系统思考和设计金融素养培育的软硬件建设，继续用先行先试的锐气，竭力打造上海金融第一校，培育学生的金融素养，为培养金融人才、造就金融精英奠基，为培养"主动自主＋个性特长"的全面发展的人奠基，为把学校办成一所在市内有品牌有影响力的优质特色高中而作出更积极的探索和努力。

---

① 杨文强 . 东昌中学构建金融素养培育特色课程体系的实践研究［J］. 思想政治研究，2019（5）：121–122.

第六章　向美而行　筑梦香山
——上海市香山中学美育特色创建的实践、经验与启示

上海市香山中学作为一所以美育为特色的普通高中，2012 年被列为首批上海市特色高中项目学校。近年来，学校的办学质量高位稳健发展，美育特色不断凸显。2017 年 9 月，学校开展了市级特色高中创建经验展示交流活动；2017 年 11 月，学校通过上海市特色普通高中项目初评。2018 年底，学校迎接了上海市教育评估院的特色普通高中评估复评。相信不久后，上海市香山中学有望成为上海市又一所特色普通高中，在美育教育上发挥示范引领作用，积极推动本市高中美育特色课程资源的辐射共享。

第一节　上海市香山中学美育特色创建的实践

从 1995 年初办时的默默无闻，到如今的特色鲜明、声名显赫，香山中学的美育特色创建经历了"三步走"的过程，也见证了香山人 20 多年的筚路蓝缕之路。

一、学校简介

上海市香山中学是创建于 1995 年的公立普通完全中学。学校现有初高中班级 28 个，1 100 名在校学生。是全国特色学校、上海市文明单位、上海市艺术教育特色学校、上海市花园单位、上海市首批 11 所特色高中项目实验学校、上海市安全文明校园、浦东新区一级党支部、浦东新区羽毛球和手球传统特色学校、浦东新区学生行为规范三星级示范学校、浦东新区语言文字示范学校、浦东新区教师专业发展校本研修实验学校、中国教育学会初中教育专业委员会常务理事学校、中国教育学会初中教育专业委员会初中教育改革特色校、复旦大学心理研究中心心理教育实验基地、华东师范大学美术教育实验基地、上海师范大学体育教学实验基地等。2004 年，清华大学美术学院南方考区考点设在香山中学。2004年、2005 年，学校受上海市人民政府委托，分别承办"上海市—大阪市缔结友好城市 30 周年中日青少年手绘明信片展""上海市—大阪府缔结友好城市 25 周年高中生绘画展"，2006 年至今连续多年受邀参加在日本大阪府举行的日本高中生艺术节画展。2006 年承办上海市"香山杯"中小幼书画作品展。2007 年 11 月承办"长三角美术教学现场交流会"，同时被推荐为长三角美术教学交流中心理事长单位。2010 年 6 月被命名为浦东新区实验性示范性高中。2011 年 4 月，被授予上海市文明单位。2012 年 9 月被命名为全国特色学校。

"以美立校、立美育人"是学校的办学理念；"以美育人，让香山成为师生共同成长的艺术人文家园"是学校的办学思想；"自信合作创新"是学校的校训。学校着重于"美术、美育"教育，培养美术特长明显、各科均衡发展的高中生，为其日后成为专业画家及美术实用型人才打下扎实的基础。

二、香山中学稳健的特色发展脉络——24 年三步走

作为一所地处上海市浦东新区的美术特色高中，香山中学秉持"以美育人，让香山成为师生共同成长的艺术人文家园"的办学思想，致力于培养全面发展兼有美术特长的学生。经过多年的努力，学校美术教育特色令人瞩目，逐步成为一所以美术教学为龙头、各学科均衡发展、具有鲜明的美育特色，在上海同类学校中具有相当知名度和影响力的实验性示范性高中。

学校美育特色的发展呈现出"三步走"的发展逻辑。

第一步，美之术——逐步形成项目特色（1995—2006 年）。

1995 年建校之初，香山中学通过美术学科的强化教学，形成了"以美术抓应试"的项目特色，通过培养美术特长学生，打开一条升学的道路，在社会上享有"进香山、学美术、考大学"的口碑。

第二步，美之韵——初步形成学校特色（2007—2011 年）。

逐步实现从美术学科教学到"立美教育"的学校特色，丰富以美术为核心的美育课程，强化美育的育人功能，丰富学生的审美体验，开阔其人文视野；充分挖掘和开拓"大艺术课程"，将美育融入教学全过程，以美促德、以美启智、以美健体，全面推进综合素质教育。

第三步，美之魂——全面创建特色学校（2012 年至今）。

全面创建"美育特色学校"，建立初步特色教育体系，加强美育的渗透与融合，着力提升学生审美和人文素养，以美育陶冶人的情操，激励人的精神，温润人的心灵。

三、香山中学特色办学理念的形成与特色办学目标的定位

香山中学美育特色发展的"三步走"过程同时也是学校特色办学理念的形成过程与特色办学目标的定位过程。从美术教学特色到美术项目特色，再到美育学校特色，最后再到美育特色学校，香山中学不断挖掘和凝练美育内涵，最终确立

了"美育"的特色办学目标。香山中学"以美立校、立美育人"的特色办学理念形成与"美育"的特色办学目标定位经历了以下三个阶段。

1. 确立"让香山成为师生共同成长的艺术人文家园"的办学思想和美术教育特色办学目标，打造美术项目特色学校

早在1995年建校之初，香山中学就比较重视美术教学。1997年，香山中学提出"全面育人、创建特色"的办学指导思想，率先在浦东新区开办高中美术特色班，创建"美术教育"特色项目学校成为香山中学的特色办学目标。

香山中学通过强化美术学科教学，逐渐形成了"以美术抓应试"的项目特色，致力于通过培养美术特长学生，走出一条升学的道路。随着学校美术特色教育的规模不断扩大，香山中学的美术学科教学项目特色逐渐形成，并得到了社会认可，在社会上的影响力也不断彰显，逐渐享有了"进香山、学美术、考大学"的口碑。特色班学生的美术素养为学生未来发展定了良好的基础，为学生成才提供了多元渠道。

2004年，香山中学制定了三年发展规划，确立了"让香山成为师生共同成长的艺术人文家园"的办学思想，提出"二次创业"的战略构想与发展目标，即进一步提升办学品位，将教师个体的发展与学校的生存发展联系起来，追求学校可持续发展，逐步形成德育为首、文化美术共同发展的格局。2004—2006年被称作香山中学发展的"二次创业"阶段，学校在推进学校内部管理改革的过程中，实现了德育、课程、教师和美术特色发展的共同突破。三年间，学校落实了一系列有针对性的措施，逐步推进学校内部管理改革，形成包含学校、各部门和教师个人发展的目标链和目标管理体系，取得了明显的成效。

学校实施以"落实学校三年规划，加强美术内涵建设"为主题的美术特色教育发展三年行动方案，不断做强美术特色品牌。2004年，学校成立了香山美术教育中心，专门负责美术特色创建工作。美术教育中心引入质量管理体系，制定了美术预防控制程序、美术持续改进控制程序、美术纠正措施控制程序等，积极探索符合学校实际的美术教育管理模式。以《香山中学校本课程方案》为基础，学校制定了独特、系统、完备的美术特色校本课程标准，包括课程定位、课程性质、课程理念、设计思路、课程目标与实施安排、课程管理与保障措施，构建了各年级基础型课程（素描、色彩等）、拓展型课程（平面造型、设计艺术等）、探

究型课程（校园画展、学生艺术社团活动等）三类课程体系。

为加强美术特色教师队伍建设，三年来，学校加大投入，积极组织美术教师参与各级学习、交流、研讨活动，请中央美术学院等高校美术专家指导教师美术教学，提高教师专业水学。2004年，学校选派一名美术教师赴清华大学进修；2005年，选派3名教师赴欧洲学习。学校现有专业美术教师9人，聘请兼职美术教师20余人。学校专业美术教师根据美术特色课程标准与学生实际水平编制、出版了《水粉静物》、《素描头像》、《石音头像》等"大师起步"系列美术校本教材，在浦东新区、上海市引起强烈反响。

经此"二次创业"阶段，学校美术特色教育成效显著，美术特色在浦东新区同类学校中已经具有强有力的办学优势，特色发展具有厚实的发展基础，并发挥了一定的示范、辐射作用。如2004年被命名为"浦东新区艺术教育特色学校"，2005年被命名为"上海市艺术教育特色学校"，2006年被命名为"全国初中教育改革特色学校"。作为一所美术特色学校，香山中学非常注重与外界的交流、合作，充分发挥示范、辐射作用。学校成为清华大学美术专业南方考点，先后主办"长三角美术教育研讨会"、"首届海峡两岸综合艺术教育研讨交流会"，等等。2004年、2005年，学校受上海市政府委托，连续两年承办上海—大阪中小学画展并赴日本大阪举办中学生画展；2006年承办上海市2006"香山杯"中小幼书画作品展；2007年1月，学校第三次赴日本举办画展。学校还与社区内的香山小学、蓝贝壳幼儿园一起，共同创办以香山品牌为龙头的美术教育共同体。

这一阶段（1995—2006年），香山中学的美术特色创建已融入学校自主发展过程，形成了以美术特色促进学校整体发展的品牌、资源与文化策略，建立了促进特色课程与教师发展的校本管理制度，学生个性得到充分发展。

2. 进一步提升学校美术特色品牌，确立"以美立校，立美育人"的办学理念，打造学校的美育特色

2007年是香山中学发展历史上的一个转折点。2006年底，继2003年之后，香山中学再次接受了浦东新区人民政府督导室对香山中学三年办学（2004—2006年）成效的评估。督导室认为，这三年里，香山中学在推进学校内部管理改革过程中，实现了德育、课程、教师和美术特色发展的共同突破，其中学校发展最为明显的方面是美术特色、学校管理、校园环境与文化建设。经此"二次创业"后

的香山中学，站在新的起点上，如何进一步促进学校的发展？学校将来重点发展的方向又在哪里？香山中学面临新问题。

为此，香山中学一方面着手充分发掘香山美术教育的文化价值，从美术内涵发展与美术教育对德育、智育等方面影响的维度来思考学校的办学理念和未来的发展方向；另一方面，则从学校整体发展的角度来思考美术特色品牌的塑造和美术特色发展的策略，进而思考学校的办学定位和未来的发展方向。

在办学理念上，在"二次创业"时期，香山中学已经初步提出"以美立校，立美育人"的办学理念，申报了"以美立校，立美育人"为主题的区实验性、示范性高中建设规划并通过初审。2007年，香山中学经过深入思考后，进一步确定了"以美立校、立美育人"的办学理念。这一办学理念是基于香山中学从美术特色上升到美育特色，从特色项目上升到特色学校，从培养学生掌握绘画的一技之长到培养全面发展特色人才的思考。所谓"以美立校"，是指以美的内容、形式和品质创建学校，就是以美育作为学校发展的根基，以美术特色教育为抓手，将美育融入教育教学的全过程，以美促德、以美启智、以美健体，把美育与德育、智育、体育有机结合，全面推进学校的素质教育；学校管理、校园环境等一切都充分体现美育的整体功能。所谓"立美育人"，就是教育者自觉应用教育规律和美的规律，创建内容和形式和谐统一的美育实践活动，按照美的品质、美的特征，感染和影响学生，以发展学生审美素质，提升学生综合素养，最终完善其人格，为学生的成长、成人、成功奠定基础。教育工作者以美的语言引导人，以美的行为感染人，以美的意境影响人，以美的课堂艺术启迪人，使学生的情感升华到美好的境界，提高其发现美、欣赏美、寻求美、创造美的能力，从而完善其人格，促进学生德智体美全面发展。

在办学定位上，香山中学将美育作为学校的特色发展方向，立足于打造学校的美育特色。2007年，香山中学申请了"中学立美教育的体系建设的实践与研究"区级课题，以此推动对美育的研究。教研室将该课题细分为五个一级子课题，紧密围绕总课题开展研究；同时还开展了"教师审美素质的调查报告""学生审美素质的调查报告""教师专业发展分析报告""香山中学教师职业立美分析报告"等研究，以推动课题进展。

通过对特色办学目标的重新定位和新的探索，学校在2017年制定了新一轮的发展规划。2017年12月21日，香山中学召开三届六次教代会，审议并通过了《香山中学2008年—2011年新四年发展规划》，标志着学校特色发展进入了新的阶段。

从2007年开始，香山中学还加大了教师科研工作的力度，包括召开教师教科研专题会议，加强教师的科研意识；修订《学校教育科研工作管理条例》，完善教科研运行机制；组织教科研培训，加快教师向"科研型"转轨；积极开展课题研究，提高教师科研能力；完善激励与评价机制，提升教师科研工作积极性等。

2007年，香山中学的另一项重点工作是努力做好区级实验性示范性高中中期评审工作。香山中学利用高中示范校中期评审工作这一契机，全面提升学校各项工作水平。2007年12月25、26日，香山中学接受区实验性示范性高中中期评审。

2007年11月24日，首届长三角美术教学经验交流论坛在香山中学举行；同时，长三角美术教学交流中心在香山中学成立，进一步彰显了香山中学的美术特色在社会上的影响力。2008年初，学校被上海市教委命名为新一轮上海市艺术教育特色学校；学校连续两轮获此称号。2010年6月，学校正式被命名为浦东新区实验性示范性高中。

这一阶段（2007—2011年），香山中学确立了"以美立校、立美育人"的办学理念，初步构建了立美教育的框架体系，正式将"美育"作为学校的特色发展方向，并尝试将"美育"融入教育教学的全过程。

3. 进一步挖掘和凝练美育内涵，确立美育特色学校办学目标，全面创建美育特色学校

2012年，学校被列为首批上海市特色高中项目学校，正式确立了美育特色这一办学方向。由此，香山中学开启了全面创建"美育特色学校"的步伐，致力于构建体系化的特色教育，通过加强美育的渗透与融合，着力提升学生审美和人文素养，以美育陶冶人的情操，激励人的精神，温润人的心灵。

香山中学在2007—2011年组织实施区级课题"中学立美教育体系建设的实践和研究"的研究基础上，于2012年下半年又提出"基于美育课程体系的特色学校建设的研究"的区级课题，以此引领学校实施新四年发展规划，实现学校从

美育特色到特色学校发展的嬗变；2013 年，该课题又被立为区重点课题，并于 2017 年 6 月顺利结题。以"基于美育课程体系的特色学校建设的研究"课题研究为抓手，香山中学对美育的特色内涵进一步进行了挖掘和凝练。

"美育，又称美感教育或审美教育。即通过培养人们认识美、体验美、感受美、欣赏美和创造美的能力，从而使人具有美的理想、美的情操、美的品格和美的素养。美育不仅能提升人的审美素养，还能潜移默化地影响人的情感、趣味、气质、胸襟，激励人的精神，温润人的心灵，是全面发展教育不可缺少的组成部分。"[①] 狭义的美育，一是极端的定义，认为美育专指"艺术教育"；二是一般的定义，认为美育指"美感教育"或"审美教育"或"审美观和美学素养教育"等。广义的美育，认为"真正的美育是将美学思想渗透于各科教学后形成的教育"。从香山中学对"美育"的探索来说，"美育"是从先期的狭义概念走向后期的广义概念的同时，实现由形式美育走向实质美育，即以培养对象的审美素养（如认识美、体验美、感受美、欣赏美和创造美的能力等）为目标的"形式美育"，走向提升学生美学趣味和审美境界的"实质美育"。

香山中学通过对美育特色内涵的挖掘和凝练，结合学校从"美之术"到"美之韵"的办学积累和经验，进一步提出了"美之魂"的育人目标。这一目标的提出，是基于以"双轮驱动教育观"来培养学生的未来胜任力。所谓"双轮驱动"，即通过"国家标准基础教育 + 香山中学美育特色素养教育"使学生同时获得两种教育，从而达到"普通高中办不普通的教育，育不普通的学生"目的，使香山的学生因此成为"双轮驱动全面发展之学生"。"美之魂"的育人目标是通过美育特色教育的内容和方法，全面培养学生的审美和人文素养，加强美育的渗透与融合，把培育和践行社会主义核心价值观融入学校美育全过程，从而培养"敬贤、尚美、乐学、笃行"的学生，促使学生把德行的尽善、艺术的尽美、科学的求真融为一体，"成为身心健康的完美的人"。此外，香山中学还对"以美立校、立美育人"的学校办学理念进行了进一步的阐释，提出了以"美育塑造未来胜任力"的学校办学理念，以此把香山中学办成一所以美术教学为传统特色，以"美好未

[①] 王克蓉.美育目标导向下普通高中美术特色学校美术课程转变的研究［J］.中国校外教育（中旬刊），2018（11）：7.

来"为特色品牌，以"美育"为学校特色发展方向，基础扎实，特色鲜明，在同类学校中具有一定影响力，在特色领域具有示范和辐射乃至引领作用的美育特色普通高中。

这一阶段（2012年至今），香山中学秉持"以美立校、立美育人"的办学理念，确立了全面创建"美育特色学校"的特色办学目标，构建了内容丰富的特色教育体系。

四、香山中学美育特色课程体系的构建与实施

香山中学通过系统梳理学校美术特色项目建设和美育学校特色建设的经验，总结学校教师参与美育特色课程建设的经验，包括美育特色课程教材编制、美育特色课程教材实施、美育特色课程教材管理与评价等方面的实践经验，构建了较为成熟的美育特色课程体系。

（一）香山中学美育课程建设的目标体系

1. 美育课程建设的总目标

香山中学美育课程体系建设以美术课程为龙头，以审美和人文素养培养为核心，以创新能力培养为重点，突出课程的多样性和选择性，注重学科相互渗透融合，重视美育基础知识学习，增强课程综合性和实践性，丰富审美体验，开阔人文视野。

2. 美育课程建设的分目标

（1）学校课程建设目标

按上海市颁布的各学科课程标准，严格执行基础型课程、拓展型课程、研究型课程三类课程标准，将特色课程全部纳入整个学校课程框架体系。开设以服务特长学生、体现办学特色为宗旨和以创建一流的"美术＋美育"为目标的特色课程，开展适合特长学生所必备的以艺术人文修养为主的拓展型及研究型课程。

（2）学生教育培养目标

从学校实际出发，让学生掌握一门艺术技能，为他们的职业生涯和终身学习打下牢固的基础；同时，通过"以美促德、以美启智、以美健体"，提高学生的

审美情趣和人文素养，使学生成为全面发展的人。

（3）教师专业成长目标

为把美育贯穿到课堂教学的全过程，落实到教学的各个环节上，教师自觉地将美育渗透到教学中去，由"务虚"变为"务实"，由"理论思考"变为"行动探索"，由"局部渗透"变为"全面推进"，开展内容丰富、形式多样的学科美育建设的实践和研究。建设一支"教师形象气质美、教学设计精当美、教学过程优化美、教学语言艺术美、师生关系和谐美"的"五美品牌教师"。将"人人都是美育工作者"落实为学校全体教师专业发展的自觉行动。

（二）香山中学美育课程建设的指导思想

通过"上承国脉、下接地气"，构筑香山"立美育人"的特色课程大厦。

一是以国家和上海市政府相关文件精神为"屋顶"——确立目标。

《国务院办公厅关于全面加强和改进学校美育工作的意见》（国办发〔2015〕71号）的相关意见，尤其是对学校美育课程体系构建的相关要求，是学校美育特色课程思想定位的指导。香山中学的美育特色课程建设需要以此为"脊"，从"上承国脉"的高度，确立学校课程特色的立足点和价值观，使课程能顺应时代需求，确保落实国家相关培养目标和方案。

二是以上海市中小学课程方案和课程政策为"方梁"——对照结构。

上海市教育委员会颁布的课程方案和各科课程标准等系列课程政策，是保障学校课程结构框架依据的栋梁。尽管经过10多年实施后，目前的课程方案和课程标准面临修订与完善的任务，但这并不与学校特色课程建设的指导思想相悖。近期国家教育部和上海市教委都提出课程为学生核心素养培育服务的观念，以此作为修订与完善国家课程的时代要求，各类学校必须要与时俱进地予以落实。

三是以"以美立校"特色文化建设为课程之"基石"——凸显特色。

要实现高中多样化发展，就需要克服"千校一面"的格局，彰显学校的特色。为此，"以美立校、立美育人"的办学思想，需要在学校课程中鲜明地凸显。课程特色要通过"立美育人"的深化、美育特色的彰显，通过现代学校制度建设，形成"尚美"学校文化的"基色"，使学校真正成为具有高度文明的并富有浓郁艺术人文气息的现代特色高中。

四是以彰显美育特色的四大系列学校课程为"支柱"——校本方略。

学校课程要将美术特色转型为美育特色，就要充分挖掘和开拓美术教学内涵和外延，将美育融入学校教育教学的全方位，构筑"各学科基础课程""跨学科拓展课程""创新实践探究课程""个性化社团课程"相结合的育美之柱，实现"以美促德、以美启智、以美健体"，使美育与德育、智育、体育有机结合，充分发挥课程整体美育功能，全面推进学校素质教育。

（三）香山中学美育课程建设的基本原则

1. 美育内容和实际生活相结合。美育特色课程的内容须富有生活气息，并渗透到学校全部生活中。

2. 情绪体验和逻辑思维相结合。引导学生在感受美和享受美的过程中，通过逻辑思维来分析作品，以焕发学生高尚的情感，加深学生对生活的认识。

3. 艺术内容与表现方法的统一。既要求学生钻研艺术内容，使学生加深对艺术的理解，又要使他们了解艺术的表现方法，掌握艺术表现的技能、技巧。

4. 统一要求和因材施教相结合。既要使全体学生都学习一定的绘画、唱歌以及其他艺术，有一般的艺术修养，也要适应学生艺术才能和兴趣的不同，因材施教。

5. 继承性与发展性相结合。一是坚持办学理念和办学目标的继承与发展，二是坚持学校美育特色"制度＋人文"管理机制的继承与发展，三是坚持美术课程、美术教学和管理机制的继承与发展。

（四）香山中学美育课程建设的基本框架体系

根据上述指导思想，香山中学的课程以"立美育人"为价值观，按照大厦之"屋顶""房梁""基石""立柱"的图像视角进行架构。"屋顶"是指课程建设的目标思想，以人文素养和审美素养培育为课程的价值追求；"房梁"是指课程的对照结构，以三类功能性课程与八大学习领域为建构依据；"基石"是指课程的特色基底，以美育文化为基本底色；"立柱"是指课程的聚类组合，是纳入课程计划的实施载体。

（五）香山中学美育课程体系的主要内容

经过多年校本实践和探索创新，香山中学构建了彰显美育特色的"美育课程体系"。这一"美育课程体系"由两大类美育特色课程群（美术特色课程群＋美育特色课程群）和四张美育特色课程表（一张美术课程表＋三张美育课程表）构成。

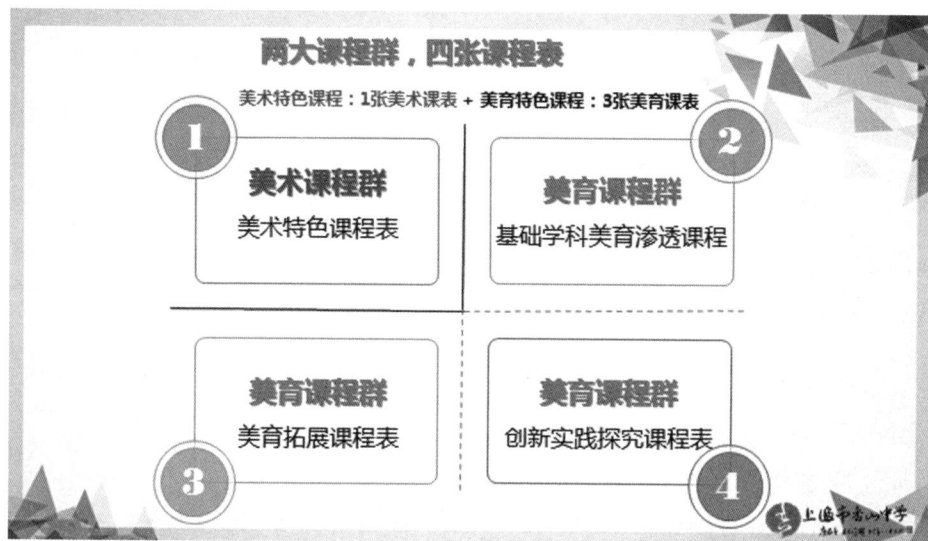

图 6-1　两大课程群，四张课程表

1. 美术特色课程群——一张美术课程表

香山中学以美术基础课程教学为美育龙头课程，全面奠定美育基础。为此，对国家课程计划艺术学科中的美术因素予以校本化调整，从目标、课时、内容、教学、评价等相关要素着眼，分年级、分阶段编制学校美术教学课程纲要，依据美术教学的内容及学生学情的现状，实行流动分层教学，都凸显"做强"的意涵，为学生在拓展课程的分流打下坚实基础。

美术作为美育的龙头课程，也是学校的传统特色。2013 年，经过第一阶段的积累和探索，香山中学编制了香山中学美术特色课程方案，形成了高中三个年级18 个门类的美术课程表，编撰了《大师起步》五册校本美术教材。2016 年，针对高考新政关于分层走班教学和美术高考内容的调整，香山中学对课程方案进行

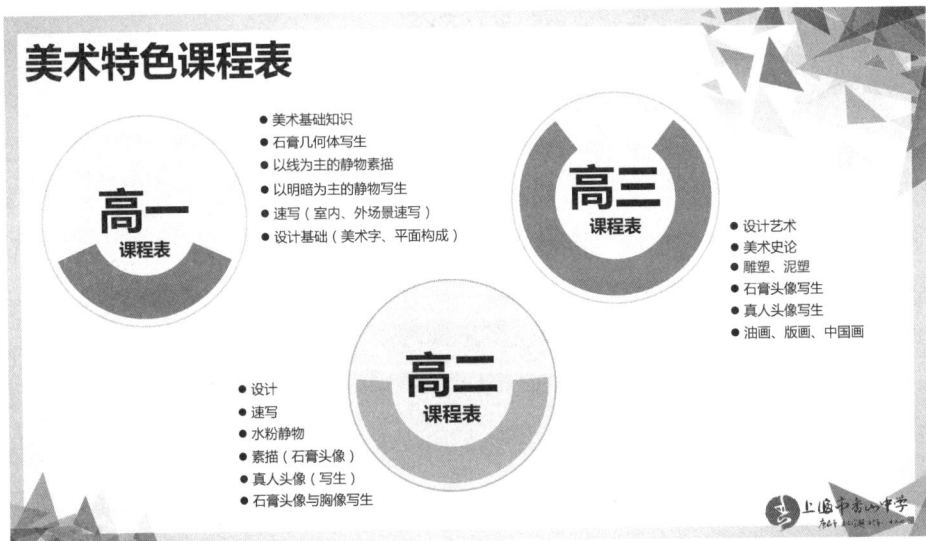

图 6-2　美术特色课程表

了改版。美术课程表的设置关注学生的专业性、普及性和审美渗透性，课程内容涵盖知识和技能、艺术和人文，为学生美育素养培育奠定了基础。

2. 美育特色课程群——三张"美育特色课程表"

美育特色课程群包括三张美育特色课程表，其中国家基础课程关注美育的渗透与融合，注重普及型；拓展课程和研究课程关注学生审美和人文素养的提升以及学生创新意识的培育，注重个性与选择。三张"美育特色课程表"之间的关系如下所示。

表 6-1　课程关系

三张美育特色课程表的关系							
课程特点　　　　　课程表	课程类型之递进	课程特点之递进	教育重点之递进	学习者行为之递进	教育形式之递进	教育主体之递进	因材施教之递进
课程表二：美育学科渗透表	渗透型	跨学科	审美性	普及性	互动式课堂	引导式授课	普及化
课程表三：美育拓展实践表	拓展型	实践性	人文性	个体创作型	翻转式课堂	教练式授课	普及后分层

三张美育特色课程表的关系							
课程特点 课程表	课程类型之递进	课程特点之递进	教育重点之递进	学习者行为之递进	教育形式之递进	教育主体之递进	因材施教之递进
课程表四：美育创新实践表	研究型	创造性	自主发展	团队协作型	项目制学习	学生主导	分流后提示
以美术课程为基础 以审美和人文素养为提升拓展的切口 以学生创新意识培育为重点 以学生自主发展的课堂创新为实施手段							

（1）第二张美育特色课程表：美育学科渗透课程表

香山中学从 2005 年起开展探索国家基础课程的美育渗透研究，形成了《香山中学基础学科美育渗透课程方案》（高中文科版和高中理科版），涵盖了高中 9 门科目。

① "做亮艺体"：根据国家课程中对体育与健身和艺术的基本要求，结合学校美育特色要求，注重对两门学科美育功能的深度发挥，使之体现学校特色高中的文化特征。

② "做宽人文"：人文课程群包括语文、外语、思想政治、历史、地理（人文部分）、社会（综合）等学科，涉及语言文学和社会人文两大学习领域。这些学科所包含的美育因素是十分丰富的，在以往日常的教学中往往被掩埋在一般性学科性的知识技能中。学校美育课程特色文化打造，需要回归学科教育的本真，使这些因素在学科建设中显性化、实践化，为此需要结合教材对这些学科的课程标准进行重新解读。

③ "做实科技"：当今世界的课程在强化跨学科和综合的趋势下，出现了后现代教育思想的新课程，如 STEM（科学、技术、工程、数学的融合）课程，目前又在此基础上融进了艺术（Art），成为 STEAM 课程。这反映出科技与艺术的融合和特殊的育人功能。为此也可以通过解读课程标准，将这种功能发掘出来。涉及的学科，可以有数学、物理、化学、生命科学、地理（自然部分）、劳动技术、信息科技等。

（2）第三张美育特色课程表：美育拓展实践课程表

拓展型课程是上海中小学课程结构中的一种，其主要功能是满足学生不同发展的需要。拓展的核心涵义应是横向的，所以即使是学科拓展，也是单元模块层面上的增加，而非是程度的加深。学校美育特色课程建设中，对拓展课程群的基本定位主要也是横向要求，其中重点是建立跨学科联系的拓展，其主轴是"审美教育"。

经过近几年的实践探索，学校在美育特色拓展课程的建设方面，已经积累了一批受学生欢迎、在区域层面有影响力的美育精品课程。其中"美从何处寻"校本跨学科美育拓展课程，涉及自然、社会、艺术、人格美的精华。目前在学校已经开设的16门拓展课程中，有艺术课程的拓展如中国画和中西方美术史对比等，有学科教学的拓展如国学之美，有跨学科的拓展如诗画同源、戏剧等。这些课程都为学生提供了人格发展、潜能开发、身心发展、艺术审美等方面的学习经历。

一个经典的案例：沈昊——2013级一位意欲退学的双困生，因参演戏剧《威尼斯商人》，点燃了对艺术的热情和生活的希望，成功走向纽约艺术大学，成为导演和编剧。

表6-2　课程表三

美育拓展实践课程表		
课 程 名 称	任 课 教 师	开 设
美术写生	叶见鹏	高一、高二
摄 影	朱 平	高一
书 法	梅龙华	高一、高二
油 画	吴建清	高二、高三
中国花鸟画	宋海军	高一
中国水彩画	陆 瑶	高一
中国山水画	苏 炎	高二
中西方美术史对比	俞 丰	高二
戏 剧	李寅莺	高二

美育拓展实践课程表		
课 程 名 称	任 课 教 师	开　　设
戏　　曲	李寅莺	高一
古典诗歌赏析	黄长德	高一、高二
诗画同源	黄　彬	高二
国学之美	曹　琼	高二
经典诵读	李　勇	高一
走进民国大师	朱晓圆	高二
美从何处寻	曹　琼	高一

（3）第四张美育特色课程表：美育创新实践课程表

① 以创新实验室为载体。学校建立"艺术创意实验区"，现有实验室 5 个：雕塑实验室、创意面具工作室、瓷板画工作室、浮雕工作室、新媒体艺术工作室和一个高温电窑烧制区。以此为载体开发美育课程，关注实践性、探究性、创新性，推进美育教育。在研究课程开设过程中，学校还尝试和高校的课程对接，着眼于学生职业需求和未来发展，如 2015 年与上海音乐学院数字媒体艺术学院合作，开发了新媒体艺术课程，作品《香山行》参加市教委组织的成果展获得好评，两位参与此课程的学生赵紫天和龚颂恩也被上海音乐学院数字媒体艺术学院录取。

创新实验室建设是特色高中建设的重要组成部分，而创新实验室的课程建设又是创新实验室建设的重要任务。学校注重创新实验室的课程建设，提倡在学校创新实验室开展的教学活动，都基于相应的课程，并以"创新实践探究"来定位。学生在创新实验室中所进行的学习活动，首先是要体现实践性，即使最终有知识概念的生成，但也一定是在实践的基础之上——"做中学"。其次是要有一定的探究性，要在这里发现问题或生成问题，主张在问题解决的过程中获得探究的方法与兴趣——"研中学"，这是一种"深度学习"的主旨思想。第三还要具有创新性，因为是艺术学习领域的体验，而"艺术的生命在于创新"——"创中学"。创新实验室课程上述三大要义特征，是学校对特色高中创新实验室建设的校本理解与实践。实践、探究、创新是新时代对学习者和教育者提出的转型要求，也是后现代对公民的素养要求，需要在所有学校课程中落实。但囿于应试模式的意识惯性，一般在常态课程中落实还有难度，而在这种创新实验室课程中落实是值得探索的。在具体科目开发与实施中，对实践、探究、创新要求的落实可以有所选择，也可以有不同组合。

表6-3　课程表四

美育创新实践课程表		
类别	课程名称	课程内容简介
创新实验室	瓷板画	• 学生在瓷板上作画，通过烘烤设备完成作品的定型。瓷板画集绘画与传统的烘瓷工艺于一身，培养学生的绘画表现力。鼓励学生去追求绘画艺术和陶瓷工艺的完美结合，开发了学生的潜能，提高了他们的创新能力。
	浮雕	• 浮雕是表达审美意志、优化校园环境的重要手段。学生通过浮雕的作品制作，了解通过凹凸起伏的方法，将壁画转化为空间性和立体性的模型，会产生强烈的视觉效果。不断提高学生的绘画水平，初步了解浮雕艺术的创作要素。
	创意面具（脸谱艺术）	• 此项课程是在纸质面具模型上创作脸谱等作品，可以提高学生的设计能力和审美能力，激发学生创作潜能的发挥，增强学生的自信心。
	雕塑	• 通过学生制作雕塑作品，培养学生的三位观察方法，从而理解正确的绘画步骤，并且寻找雕塑制作与学校高中素描课程之间的共性，不断提高学生的素描水平。
	新媒体艺术（美育融合课程）	• 是以现代数字技术为纽带，融合信息科技、美术、音乐三门学科的"艺术融合课程"，借助上海音乐学院、上海电教馆，作为技术力量支撑和师资培训基地，深化和细化香山的美育教育。

②学生美育社团课程化。学校尝试个性化美育社团课程化，社团课程以兴趣为出发点，以个性化培养为方向，以学生艺术创新能力和创造精神培养为核心，逐步形成创新艺术人才培养新模式。

社团课程开发的宗旨：以兴趣为出发点，以个性化培养为方向，以学生艺术创新能力和创造精神培养为核心，形成完善的创新性艺术人才培养新模式。鼓励学生突破常规，标新立异，充分保护学生的创新积极性，调动学生的学习主动性，激发学生的创新热情和动力，全面提升学生的创新素质和创新能力，增强学生的综合人文素质和丰富想象力，改变从书本到书本的学习方式，形成明确的文化意识和文化自觉，引导学生"由技入道"地进入艺术创新的更高层次，为培养出富有创造思维、富有艺术想象力的人才打下良好基础。教师参与其中指导。表6–4所列即学校目前的师生社团及其课程化的学习活动特点。

表6–4　美育社团课程

	课程名称	课程内容简介
美育社团课程	红叶传媒	通过录音、摄像、编辑等现代多媒体手段对学校重大活动进行及时采访和报道。
	青团漫画社	通过活动了解漫画的艺术表现形式，提高欣赏能力和绘画技巧，致力于为广大的卡通漫画爱好者创设一个共同学习、交流、展示漫画绘画技巧的平台。
	书画工艺社	开设各种形式多样的活动课堂，为师生提供成长的舞台，提高艺术修养。
	莺韵合唱朗诵社团	以弘扬传承民族文化、培养兴趣、发展学生个性、陶冶情操为宗旨，发扬社团活动中"教书育人"的功能。
	九州 Cosplay 社团	涉及表演、摄影、电脑制作等多个领域，让学生充分发挥自己的特长。
	香山广播社	提升学生沟通、组织、表达、处事等各种能力，学会如何去认真努力地做好每一件事。
	晓津文学社	取意"早晨的渡口"，期望学生在老师的引领下从香山这个人生的"晓津"出发，扬起文学的风帆，追寻生活和生命的多彩。
	经典诵读和诗词创造	已出版师生作品集《大美有言》。
	戏曲课程	传承中华传统文化，在学校艺术节上汇报演出。

在两类课程群四张课程表的打造中，香山中学关注和对标《中国学生发展核心素养》，结合本校的校本化实践进行聚焦和取舍，梳理了具有香山特色的六方面基于课程的主题情境：从审美能力，领悟生命美好；从文艺一体，拓展人

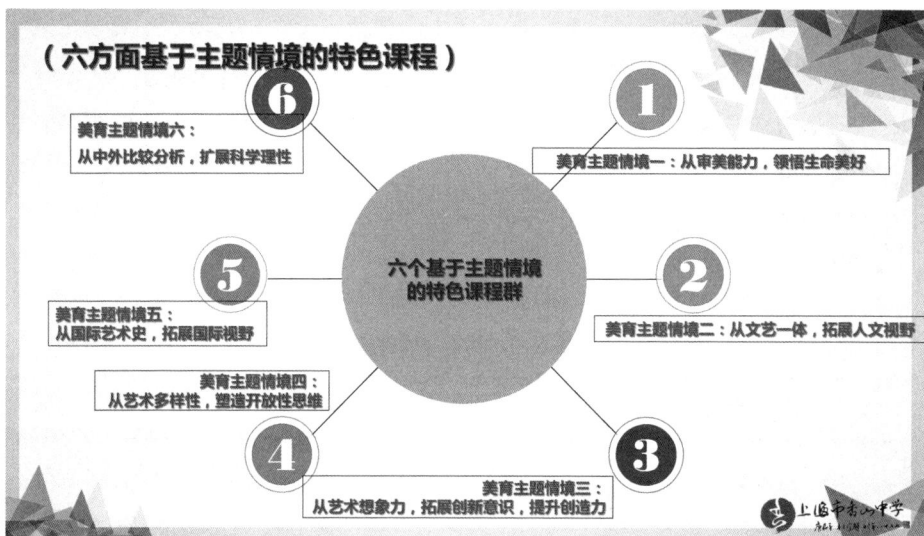

图 6-3　六方面基于主题情境的特色课程

文视野；从艺术想象力，拓展创新意识，提升创造力；从艺术多样性，塑造开放性思维；从国际艺术史，拓展国际视野；从中外比较分析，扩展科学理性。聚焦人文底蕴、审美情趣、理性思维和国际理解等，探索核心素养培育的校本化落实方案。

五、香山中学美育特色实施的载体与途径

为将美育特色教育渗透教育教学全过程，全面贯彻"以美立校、立美育人"的办学理念，香山中学一方面建立以美育为特色的课程体系，以课程建设为载体，强化课程实施与管理，另一方面又以"五美工程"和制度建设为抓手，全面推进师资队伍和校园文化建设。

1. 强化基础课的美育渗透，通过"学科育美"实现"各美其美，美美与共"

为将美育教育贯穿教育教学全过程，香山中学除了构建由两大类美育特色课程群（美术特色课程群＋美育特色课程群）和四张美育特色课程表（一张美术课程表＋三张美育课程表）构成的美育特色课程体系外，还在基础课的教学过程中渗透美育教育，让学生在不同的学科中感受不同的美；在此基础上，实现基础课

图 6-4　学科育美，各美其美

美育教育和美育特色课美育知识和技能的融合，使得学生得以用香山学生特有的美学知识和技能去更好地理解、掌握学科知识。

如覃丽老师的区级公开课"长安一景"，学生先从图文诗歌中感受唐文化之美，从美学的角度去探寻艺术作品的史料价值，再讲盛唐时期多元文化和谐共存，天下大同，各美其美，美人之美，美美与共！最后学生用画笔去再现历史。从老师带领学生从历史中去感受美，到学生用美学的知识、技能去学习和再现历史。历史与美育相得益彰！又如孟玉庭老师的物理课从规律美、理论美、公式美、实验美最后到科学家的人格美，美育得以熏陶，价值观得以落地。可以说不同的学科各美其美，科学与美育美美与共。

2.通过实施"五美工程"评价，推进美育教育实施

"五美工程"是香山中学"以美立校，立美育人"办学理念具体化的配套工程，它由"五美学生""五美班级""五美教室""五美寝室"和"五美教师"组成，其核心是"五美教师"和"五美学生"。以此为基础，学校出台了"五美工程"评价制度，制定了细化的指标及评选办法，合理地体现了学校美育的元素，有效地检测了实施美育课程体系下的课程美、课堂美、学生美和教师美，有力地推动了学校和谐尚美校园文化的形成，促进了学校特色的深化与发展。

"五美课程评价"是指从"课程目标，课程内容，课程实施，课程管理，课程效果"五个方面开展课程评价；"五美课堂评价"是指从"教师形象气质美，教学设计合理美，教学过程优化美，教学语言艺术美，师生关系和谐美"五个方面开展课堂评价；"五美教师评价"是指从"品德美，行为美，语言美，形象美，特色美"五个方面开展教师评价；"五美学生评价"是指从"品德美，行为美，语言美，仪表美，特长美"五个方面开展学生评价。

"五美工程"评价中，"五美课堂评价"是最为重要的，因为这是课堂的审美化改造，它有以下几个要求：教师形象气质美，要求教师有深厚的学科功底，逐步形成自己的教学风格；教学设计合理美，要求教学要有明确的目标、有序的教学步骤和恰当的形式，给学生留下赏心悦目的印象；教学过程优化美，要求课堂教学节奏感强，自然流畅，能激发学生的兴趣；教学语言艺术美，要求语言生动优美，以情激情，给人以美的享受；师生关系和谐美，要求师生互动，学生充分发挥主动性学习。通过"五美课堂评价"，促使教师围绕着"五美"来检测自己的学习行为与教学行为，达到老师爱学生，学生尊敬老师，师生教学相长、和谐发展。

3. 通过美育社团的培育和运行，提升美育育人效果

学校积极培育、支持和加强美育社团发展，从课时、经费、设施和师资上予以保障，并对社团实施项目制管理。社团建设以兴趣为出发点，以个性化培养为方向，以学生艺术创新能力和创造精神培养为核心，在这些属于学生的"自由、自主、自发"的创造性领域里，培养了学生的社会责任、劳动意识、自我管理、问题解决等能力。目前学校的七个美育社团活动都如火如荼地展开着。

学生的美育社团发展，让人刮目相看——红叶传媒社团荣获新区明星社团；书画工艺社团荣获浦东新区优秀社团。师生投稿、美工和文字编辑全部由学生负责的《晓津》杂志，引得尹后庆先生为晓津文学社欣然题字。基于兴趣或社团的美育特色的课程实施，有助于自主发展学生兴趣爱好，有效提升了学生的社会责任、劳动意识和勇于探索、健康阳光的人格素养。

4. 实施三维度美育评价，实现"以美育德"，完善美育育人内容

德育与美育有着内在的关联。德育是促进学生"立善"的教育活动，而美育是促进学生"创美"的教育活动。两者都是提升个人品德修养和完善自我人格的过程。对于创建美育特色的高中来说，美育与德育密不可分，"以美育德"是美育教育育人

要义中必不可少的内容。所谓"以美育德"就是"在实施道德教育过程中，通过一系列的审美活动，实施审美教育，促进学生优良的品德和健全人格的形成"[①]。

对于从美术特色项目上升到美育特色学校的香山中学来说，学校的审美教育和审美活动因其特殊性和专业性，始终多维度全方位贯穿、渗透在学校德育工作的各个方面。"以美育德"的教育功能在美育特色学校得到充分的发挥，构建"以美育德"的德育模式是学校进行教育教学改革，全面开展素质教育，增强学校德育工作的实效性的客观要求。

为推进"以美育德"，完善美育育人内容，香山中学构建了三维度美育评价体系，在"从三维度美育，到全方位德育"的课题引领下，以美育教育为核心，从行为美教育、人格美教育、理想美教育三个维度，整合专题教育、心理健康辅导、社工教育、社团活动、社会实践五块德育活动内容，把培育和践行社会主义核心价值观融入学校美育的全过程。连续五年，学校被评为区未成年人思想道德建设示范校。2016年铁有鹏同学被评为上海市"百优美德少年"。

三维度美育评价体系的实施，有助于实现德育与美育在学校课程、活动、校园文化建设中的相互融合，进而推动学校的教育目标与学生个体素质相结合，催化学生审美素质的产生和融合，使教育活动与审美活动和谐统一，促进学生的全面发展。

六、香山中学美育特色创建的条件创造和资源组织

为创建美育特色学校，香山中学组建了若干保障体系，如在组织保障体系上，学校成立美育特色课程建设领导小组，由校长挂帅，校级、中层两级主要部门负责人为小组成员，课程处为主要实施部门。课程建设领导小组全面负责学校课程计划的制定、调整、实施和评价；课程处还具体负责课程的开设、人员和相关设备的配置等。在制度保障体系上，学校按照现代管理与教育理论，根据学校课程建设的需要，修订教育教学、综合管理等系列制度，形成了有香山特色的学

[①] 徐雨.美术特色学校"以美育德"德育模式探索——以广州市美术中学为例［D］.广州：广州大学，2016：17.

校课程管理制度，包括各项课程评价制度、课程监督制度和课程奖励制度等，形成了比较完整的具有可操作性的制度保障体系。

为确保美育特色课程群的实施和教育教学的推进，香山中学还采取了以下措施。

1. 打造专兼融通的师资队伍，发挥优秀教师的引领、示范作用

（1）培育美育骨干教师队伍。美育课程主要靠专业的美育教师队伍去实施。学校重视美育骨干教师队伍的打造，现有美术专业教师11位，1位区学科带头人，2位区美协理事。学校通过定期选派美术老师到清华美院进修、赴国外考察、为芬兰等国际学生上课等方式，提升骨干教师的业务能力。

（2）持续组建校外大师指导工作室。聘任多位来自高校美院和市、区美协的教授担任学校艺术顾问，请他们着眼学校特色发展规划，根据艺术发展的前沿信息，开展资质优良学生的个性化辅导。学校首批校外工作室队伍，就得到多位大师的鼎力支持，如徐伟德，原工程技术大学美术学院院长；林加冰，原上海教育考试院美术命题组组长；王大根，上师大美术学院院长；翟勇，上师大美术特级教师；丁设，上海市美术协会副秘书长；徐立铨，浦东美术家协会主席；张家朔，上海美术名师培养基地主持人；瞿剑宛，美术特级教师、区名师基地主持人。

（3）成立香山中学优秀毕业生回馈讲学指导站，分享个人成长经历，启发学生的艺术梦想，激发学生学习动力。指导站自2015年成立至今，已举办回馈讲学指导12期，参与的优秀毕业生达40多人次。其中的毕业生金婉是一位高位截瘫的姑娘，2015年作为自强不息的艺术家代表受到李克强总理的接见。她多次来到香山中学，不仅和学生分享了她艺术道路上的知识和技能，更以她的人格和意志美引领和熏陶了香山中学的学生，成为真正的学生导师。

（4）提升整体教师队伍的育美能力。通过各种美育讲座、艺术观展、技能培训和比赛等提升教师的育美能力。如组织本校美术教师开设形式美的基本法则、古代山水画赏析、美术作品中的科学性等系列美育讲座。邀请复旦大学美育专家蒋国忠教授作"美·美学·美育"专题报告，邀请上海教育科学研究院廖大海教授作"欣赏型德育研究"专题报告，邀请上师大卢家楣教授作"情感教育研究"专题报告等。举办教师古诗词吟诵比赛、水墨画培训和简笔画培训，不断组织教师参观长三角美术作品联展、"不朽的梵高"感映艺术展等。定期举行立美教育论坛，及时总结立美教育的阶段性成果。论坛从学科立美、德育立美、管理立

美、校园文化立美等方面、角度，分析总结立美教育的内涵、策略、方法等。

2. 嫁接和引入外部教育资源，拓展美育特色资源渠道

（1）充分嫁接大学资源。学校紧密联系各艺术类高校，了解他们的专业设置、学科发展和社会需求，利用高校的师资和场地开展学校的美育教育。学校目前是华东师大、上海视觉等学校生源基地，与上海音乐学院合作开发新媒体艺术课程，和澳门城市大学合作创意面具课程，与上海视觉合作开设艺术创意思维课程，同济的鲍峰教授莅临指导开发中外美术史比较课程，丰富了学校的课程体系。

（2）对接各级社会美育团体，如上海市美协、浦东新区美协、浦东新区名师工作室等。上海市美协定期派出专业力量对学校的美术工作予以指导，对特长学生予以个别辅导；上海美术家协会儿童美术艺委会的陆汝浩主任担任学校资质优良学生的个人导师；2016 年 6 月，浦东新区美术家协会书画教学基地在学校正式挂牌，协助学校开展青年教师培养、拔尖学生辅导，帮助策划筹办"香山杯"新区中学生美术大奖赛、开设国画和书画拓展课程。2016 年，浦东新区美术名师基地在学校挂牌。

3. 美化学校美育创建环境，彰显生机活力

学校十分重视校园环境建设，借助橱窗、墙画和绿化等，展现校园美育环境，打造艺术人文家园，培养学生的审美情趣和审美能力。校门外学生艺术创意墙的绘制，校门口雕塑"蕾"的设计，大厅过道浮雕"宇宙"的落成，校园宣传橱窗的展示，连廊悬挂的学生绘画作品和美育格言等，处处彰显着学校浓郁的艺术特色和独特的人文氛围。

4. 兴办各类美育节会，为特色发展添彩泼墨

学校积极办好每年的各种美育节会，让每一个在校学生都能在节会中受到艺术熏陶，展示艺术才华，接受美的教育。如开展"五美教育"系列讲座、两年一届的校园艺术节、每年的高三画展、美术长期作业展，等等。2016 年 6 月，学校协助浦东新区美协和区文化艺术指导中心开展区美术作品展；10 月，联合区美协举办"香山杯"美术作品展，等等。

5. 开展国际交流合作，扩展美育实践舞台

学校以艺术为桥梁，探索教育国际化道路。开展多种形式的国际交流与合作，从中汲取东西方美育课程的经典和精华，形成一批学校美育课程新资源，推

动学校美育课程的整体优化。如 2015 年起学校参与浦东新区和芬兰库奥皮奥市的友好结对项目，接待芬兰奥市市长代表团，并和芬兰的露米特艺术高中结成姊妹学校，两校每年都有近 10 位师生的互访，共建了戏剧课程交流网站。又如 2015 年 5 月，学校在美国驻上海商务部与美国伊利诺伊沃德艺术高中结成友好学校，就两校共建艺术创意设计课程达成了初步的意向，并通过沃德艺术高中和芝加哥地区的两所艺术类大学取得联系；2016 年 10 月学校教师访问了该姊妹校。

近年来，学校共组织 33 次国外来访或交流，8 次港澳台来访，42 次国内来访或交流。如 2004 年 11 月，承办"上海市—大阪市缔结友好城市 30 周年中日青少年手绘明信片展"，王露映同学获日方最高奖"樱花奖"；2005 年 10 月，承办"上海市—大阪府缔结友好城市 25 周年高中生绘画展"，戚言冰同学的作品获"最佳作品奖"；2008 年 11 月，15 幅高中生美术作品送展西班牙萨拉弋萨"水与可持续发展"世博会，两位学生作品获优秀奖；2010 年 12 月，12 幅高中生美术作品参展第 29 届大阪高中生艺术文化节；2015 年 4 月，加拿大 BC 省教育代表团来访学校；2015 年 12 月，与芬兰库奥皮奥市露米特艺术高中结为姊妹学校，共建合作网站，开展中外美术课程比较研究；2016 年 4 月，法国国际学校 25 位师生来访；2016 年 10 月，英国泰勒斯女校学生来访；2016 年 10 月，9 幅高中生美术作品送展大阪府第 30 届高中生艺术文化节，等等。

七、香山中学美育特色创建的成效

香山中学创办于 1995 年，办学历史并不长，与一些有着百年历史积淀的名校相比，无疑是年轻甚至稚嫩的。但从普通高中的特色发展来说，香山中学是上海市较早确立美术教育特色的学校之一，是上海市首批进入特色普通高中建设项目学校阵营的学校之一。可以说，香山中学办学的 25 年也是学校美育特色发展的 25 年；香山中学的特色发展取得了丰硕的成果，起到了一定的示范引领作用。学校美育特色创建的成效主要表现在以下几个方面：

1. 学校特色活动成为品牌，办学成绩斐然

（1）学校获得各种荣誉。学校已于 2010 年 6 月被正式命名为浦东新区实验性示范性高中。学校现为全国特色学校、上海市文明单位、上海市艺术特色学

校、上海市花园单位、上海市首批特色高中项目实验学校、长三角美术教学交流中心理事长单位、上海市人民政府外事办学生美术作品国际交流指定学校。学校连续 3 年参加日本大阪府高中生美术作品展，还与澳大利亚达利奇视觉艺术高中、英国爱德华六世高级中学建立了友好的国际交流关系。

在基础教育领域内，学校以美育特色为引领，整体实力不断提升。近年来获上海市艺术教育特色学校、上海市文明单位、上海市花园单位、上海市安全文明校园等荣誉称号；2012 年还被命名为全国特色学校。2015、2016 年，教育行政部门连续两年对学校的年度考核为"优秀"。

（2）学校办学质量高位稳健发展。从学校高一新生录取和高三学生高校录取情况来看，学校生源标准从 2012 年的线上 16 分上升到了 2016 年的线上 49 分。近 8 年本科录取率保持在 85% 以上；2015 年，一本录取率达到 40%，在浦东新区近 50 所高中里面排名第十位。2012 年，美术专业高考达线率、艺术类本科文化考试达线率达到两个 100%，全校本科录取率高达 87.5%。从录取学校来看，学校共有数千名毕业生考入中央美院、中国美院、复旦大学、上海交通大学、同济大学、华东师范大学等一流大学的美术专业。2017 年的美术专业高考校平均为 358 分，高出市平均 30 分。近几年来，学校本科录取率一直维持在超过市区两级非实验性、示范性高中本科录取率平均数的 30 个百分点。

高一新生和普通高中
最低录取线相差

图 6-5　高一新生和普通高中最低录取线相差

（3）学校特色办学获得社会广泛认可，媒体纷纷予以报导。近年来，香山中学的特色办学得到了政府的支持、百姓的认同、学生的欢迎，《人民日报》《文汇报》《新民晚报》《上海教育》《新闻晨报》《浦东新区周报》、上海电视台、东方电视台、浦东电视台等都从不同角度，对香山中学的特色教育和所取得的成果进行过专题报道。

2. 学生综合素养迅速提升，美育特质明显呈现

随着教学质量发展和学生综合素养的提升，涌现了大批特质学生。2015年陈泓懿同学的油画组图"我梦中的传奇丝路"获上海市少年图文大赛第一名。2014年美术联考我校两名学生凌茹懿和张天成分别排名上海市第一、第四名，同年分别考入华东师大和同济大学；叶秋森、叶秋扬兄弟双双考入中央美术学院后又直升研究生，叶秋扬作品被中央美术学院美术馆永久收藏，叶秋森任贾樟柯的副导演。学生的成长和发展，彰显了学校美育教育的价值。

3. 教师美育能力普遍提升，校园艺术人文氛围融洽

学校一位美术教师为市美协会员，蔡岳云老师成为学科带头人，美术教研组多次被评为浦东新区优秀教研组；语文教研组长曹琼老师常为学生举办美育讲座，她组织语文组编辑出版了师生作品集《大美有言》；语文黄长德老师对美育有较深入的研究，立美论文多次在市级刊物发表；学校美育课题获新区科研成果二等奖，学校"立美教育研究"成果进行了市级交流，上海普教科研网给予了报道。

4. 美育特色不断示范辐射，引领同类学校发展

（1）学校牵头成立了上海市跨区县的美术教学联盟，首批已有4所美术特色学校签约加入联盟。联盟建立了章程，组织了多次美术教师创作沙龙、教学和高考动态研讨、高中美术联考等活动；根据章程，联盟成员共享美术教学资源，联合开发美育精品课程。

（2）学校被列为市政府外事办学生美术作品国际交流指定学校。学校经常举办上海市"香山杯"中小幼书画作品展和"浦东—香山杯"中小幼书画展，以学校的专业力量和特色声誉引领中小学的美术书画教学。

（3）多次承办"长三角美术教学现场交流会"，同时被推荐为长三角美术教学交流中心理事长单位。

（4）2012年2月，教育部陈小娅副部长在上海主持召开"高中多样化办学"座谈会，学校被邀请参会；同年6月，学校的特色办学经验材料被要求报送教育部；同年，学校被命名为全国特色学校。

（5）学校被上海市教育考试院指定为外省市美术类院校在上海招生校考的专设考试点，为清华美院、江汉大学等院校做好专业招生考试工作。上海市美协于2015年10月在学校设立面向社会的美术专业考级点。

（6）学生运用艺术特长参与社会服务。学生运用自己的美育特长开展"齐聚香山路画说孙中山"，协助纪念馆开展孙中山100年诞辰纪念活动。学生为社区美化墙面、为孤寡老人画肖像，用画笔去美化别人的生活。在高中学生综合素质评价社会实践环节中，香山的这一特色获得区教育局的高度肯定。

（7）学校国际影响力日益扩大。2018年香山中学成功入围由中国上海国际艺术节组委会办公室联手市教委共同主办的"中国上海国际艺术节——慧画无限"学生公共美术活动，2019年学校继续申报参加了"中国上海国际艺术节"主题活动，致力于在国际化平台上交流美化校园建设，赋予日常生活新的艺术生命，感受着城市与国际的交融，提升着综合艺术素养，不断创造美、传播美；作为"基于区域特色的学校综合课程创造力研究和实践"研究的项目学校，参访英国艺术特色学校，与意大利米兰布雷拉国立美术学院对接研修特色学校综合课程；举办"爱尔兰周主题活动绘画展"邀请爱尔兰驻华大使馆经济参赞约翰·莱纳姆（John Lynam）先生来校，邀请法国巴黎玛丽·居里高中、巴黎第九大学多芬、巴黎ESSEC商校教师雷米·莱里翁（Remi Leurion）先生来校，与学生交流不同国家的文化、艺术、经济，推进校际交流与分享。

第二节　上海市香山中学美育特色创建的
经验与启示

从美术项目特色到美育学校特色，再到创建特色美育学校，短短的二十几年内，香山中学的美育特色创建取得了斐然的成绩，并在国内外具有了一定的影响力。这期间凝聚了香山人的奋斗汗水和辛苦付出，更见证了香山中学办学者一步步探索办学规律、不断总结办学经验、不断提升办学水平，艰难困苦、玉汝于成的足迹，给予了我们智慧和启迪。

一、香山中学美育特色创建的经验

通过梳理香山中学的特色办学历程，我们认为香山中学在特色高中的创建上有以下经验，值得同类学校学习和借鉴。

1. 立足学校办学传统，凝练和定位学校特色发展方向

1995 年初创时，香山中学只是一所普通的完全中学。但随着学校学科教学的开展和师生兴趣的萌发，学校的美术学科教学不断得到强化。1997年，香山中学提出"全面育人、创建特色"的办学指导思想，率先在浦东新区开办高中美术特色班，美术学科教学得到进一步强化，并逐渐形成了"以美术抓应试"的项目特色。随着学校美术教学特色的进一步发展和美术特长生规模的不断扩大，学校的美术学科教学项目特色逐渐形成，并得到了社会认可，在社会上的影响力也不断彰显，逐渐享有了"进香山、学美术、考大学"的口碑。

正是在此背景下，香山中学立足学校美术教学的特色办学传统，逐渐凝练出了香山中学的特色发展方向——美育教育，并确立了"以美立校，立美育人"的办学理念。2012 年，学校被列为首批上海市特色高中项目学校后，正式确立了"美育"的特色办学方向，开启了全面创建"美育特色学校"的步伐。

立足学校办学传统，凝练和定位学校特色发展方向，是学校特色发展目标

和方向确立的一种途径或模式，孙孔懿将其称之为"传统发扬式"①。这一模式是学校特色发展中较为稳妥可靠的模式，具有独到的优势。其一，这种特色发展模式是基于学校长期的办学传统和实践而不断总结、凝练、提升而来，因而基础较为牢固，特色创建面较为广阔，容易为全体师生所接受。其二，并不是所有拥有特色办学传统的学校都能发展成特色学校或成功创建特色学校，而是需要办学者对学校的传统优势和特色加以不断扬弃和推陈出新，提炼出学校特色发展的精髓所在，进而在此基础上发展创新。因此，这种模式下的学校特色发展是在继承中发展、在发展中创新的结果，也自然有助于在创新中始终保持自己的前进动力，不断优化和深化学校的特色发展。其三，相较于那些"弊端矫正式""困境奋起式""空白填补式""理想实施式"特色学校创建模式而言，这一特色办学模式无疑更加稳妥和笃厚，特色发展的阻力比较小，学生家长和社会的认可度高，因而更容易彰显自己的特色和影响，更容易在社会上赢得办学声誉和取得学校外部资源的支持，进而使外部资源支持和学校办学声誉成为推动学校特色发展的动力，与学校的特色发展相得益彰、相辅相成，进一步推动学校特色发展。

2. 紧扣时代脉搏，挖掘和凝练美育育人内涵

美育是审美教育，是情操教育，对塑造人的美丽心灵具有重要作用；美育不仅能够提升学生的审美情趣和人文素养，促进人追求更富情趣的美好生活和更高水平的精神境界，还有助于培育坚定的文化自信和深厚的民族情感。"在物质供应日益丰沛、精神问题愈显突出的现代社会，审美能力将发挥越来越重要甚至是不可替代的作用。对个人来说，它关系到感受生活的能力，关系到体验美好生活的幸福能力。对社会而言，审美能力也是培育历史文化意识的重要基础。缺乏足够的审美能力和对于美的内在追求，国民很难在内心深处真正树立文化自信，也很难在继承历史的基础上再进一步，不断提升现代文明的水准。当每一个社会公民都拥有发掘美好的眼睛与心灵，拥有完善的性格、更富情趣的人生和更高的精神境界，不仅是个人之福，也是国家之幸。"②

改革开放以来，党中央和国务院高度重视美育，将美育作为国家教育方针、

① 孙孔懿.学校特色论［M］.北京：人民教育出版社，2007：150-151.
② 赵婀娜.美育是一种刚需［N］.人民日报，2017-07-04（5）.

落实立德树人根本任务的主要抓手以及发展素质教育的重要途径和内容。1997年8月，李岚清副总理在出席全国中小学优秀音乐美术教师表彰大会暨国家教委艺术教育委员会专家讲学团成立大会时谈到，作为一个面临21世纪的大国，科学技术固然非常重要，需要有数以千万计的专门人才，但最根本的还是要培养和提高全民族素质，培养同现代化要求相适应的公民。怎样来提高12亿人口的整体素质，除了要对他们进行文化知识、法制及其他方面的教育外，很重要的一点就是要加强德育和美育，这是一个刻不容缓、最为紧迫的任务。据此，教育部在2002年下发《全国学校艺术教育发展规划（2001—2010年）》，明确加强学校美育工作是当前全面推进素质教育、促进学生全面发展和健康成长的一项迫切任务。①

2010年，《国家中长期教育改革和发展规划纲要（2010—2020年）》颁布，明确提出育人为本的教育总要求，"把促进学生加快成长作为学校一切工作的出发点和落脚点，关心每个学生，促进每个学生主动地、生动活泼地发展"，"促进学生身心健康，体魄强健、意志坚强；加强美育，培养学生良好的审美情趣和人文素养"，"使学生成为德、智、体、美全面发展的建设者和接班人"。②

十八大以来，党和国家将改进美育教学和提高学生审美及人文素养作为全面深化社会各领域改革、全面深化教育综合改革、全面提升文艺工作高质量发展的一项重要任务，相继出台了一系列重大政策，我国各级各类学校的美育发展得到了前所未有的重视，迎来了重要的发展机遇。2015年，国务院办公室印发《关于全面加强和改进学校美育工作的意见》，要求形成全社会关心支持美育发展和学生全面成长的氛围，同时，还强调要"构建科学的美育课程体系，科学定位美育课程目标，开设丰富优质的美育课程，实施美育实践活动的课程化管理"。③

由此可见，加强和改进学校美育工作，创建美育特色学校，是我国经济社会发展和人才培养的客观需要，是落实国家教育方针政策的必然要求，是时代发展的必然选择。

---

① 许洪帅.改进学校美育——改革开放40年学校美育重大政策研究［J］.美育学刊，2018（9）：17.

② 《国家中长期教育改革和发展规划纲要（2010—2020年）》［EB/OL］.［2010–07–29］.http：//www.gov.cn/jrzg/2010–07/29/content_1667143.htm.

③ 国务院办公厅关于全面加强和改进学校美育工作的意见［EB/OL］.［2015–09–28］.http：//www.gov.cn/zhengce/content/2015–09/28/content_10196.htm.

在此背景下，香山中学积极呼应社会需求，紧扣时代脉搏，深刻挖掘和凝练美育育人内涵，将基于美术教学的项目特色提升至基于育人的学校特色——美育，进而提出了"美之魂"的育人目标，意在通过美育特色教育的内容和方法，全面培养学生的审美和人文素养，加强美育的渗透与融合，把培育和践行社会主义核心价值观融入学校美育全过程，从而培养"敬贤、尚美、乐学、笃行"的学生，促使学生把德行的尽善、艺术的尽美、科学的求真融为一体，"成为身心健康的完美的人"。

3. 立足美育育人要义，打造美育特色课程体系

"美是物我同一、因人而彰、显现事实、动人无际的意向世界，亦是一个完整且充满意蕴和情趣的感性世界，美才有条件、有能力去实现人的感性与理性的统一、精神与物质的统一、主观与客观的统一，实现人性的和谐完满，使人走向崇高的心灵自由，人才能够成为有充分意义的人。"①

席勒第一次在美学史上提出了美育的理论，"希望通过审美教养获得人的精神解放"。②席勒也被称为近代美育的创始人。自此以后，美育开始走进人们的视野。我国在1985年8月的第二次美育座谈会上最早提出，美育即审美教育，它是指导人们正确处理人与现实的审美关系的一种教育。《国务院办公厅关于全面加强和改进学校美育工作的意见》指出："美育是审美教育，也是情操教育和心灵教育，不仅能提升人的审美素养，还能潜移默化地影响人的情感、趣味、气质、胸襟，激励人的精神，温润人的心灵。美育与德育、智育、体育相辅相成、相互促进。"③《中共中央国务院关于深化教育改革全面推进素质教育的决定》明确指出："美育不仅能陶冶情操、提高素质，而且有助于开发智力，对于促进学生全面发展具有不可替代的作用。"

中小学美育在全面育人中的作用表现在三个方面：一是美育的直接功能，即通过美育使学生树立正确的审美观，培养和提高审美能力和创造美的能力，完善审美心理结构，塑造完美人格，可概括为"育美"。二是美育的间接功能，即美

---

① 许洪帅.席勒美育思想的重要启示：追求人性的完满［J］.中国德育，2014（2）：35–38.

② 席勒.美育书简［M］.徐恒醇，译.北京：中国文联出版公司，1984：23.

③ 国务院办公厅关于全面加强和改进学校美育工作的意见［EB/OL］.［2015–09–28］.http://www.gov.cn/zhengce/content/2015/09/28/content_10196.htm.

育的育德、促智和健体功能等，可概括为"借美育人"。三是美育的"超美育"功能，即超越以上论及的两种功能的美育功能，实质上就是要使整个教育贯穿美的法则，应用美的形式，自觉"按照美的规律塑造人"。美育的超美育功能可概括为"立美育人"。[①]

香山中学积极挖掘和凝练美育育人内涵，在"二次创业"时期，就已经初步提出"以美立校，立美育人"的办学理念，其后一直秉持这一办学理念，并立足美育育人要义，以此打造美育特色课程体系，努力将美育融入教育教学的全过程，以美促德、以美启智、以美健体，把美育与德育、智育、体育有机结合，全面推进学校的素质教育和美育特色创建。

香山中学的美育特色课程体系由两大类美育特色课程群（美术特色课程群＋美育特色课程群）和四张美育特色课程表（一张美术课程表＋三张美育课程表）构成。香山中学以"立美育人"为价值观，以人文素养和审美素养培育为课程的价值追求，以三类功能性课程与八大学习领域为建构依据，以美育文化为基本底色，构筑了由"屋顶""房梁""基石""立柱"有机结合形成的课程框架体系。实践证明，这一特色课程体系的实施取得了显著成效，不仅提高了学生的审美素质，促进了学生的全面发展，而且提升了教师自身的美育素养，更凸显了学校的美育办学特色，进而提高了学校的整体办学水平，使学校美育声名远播，取得了良好的社会效应。

4.通过课题研究和学校发展规划制定，推动美育特色定位和特色学校创建

香山中学的美育特色定位和特色学校创建经历了三个阶段，每一阶段无不凝聚了全校师生的心血和汗水，体现着办学者的殚精竭虑和冥思苦想。为了更好地总结学校的办学经验，论证和规划学校下一步特色发展方向的可行性，香山中学采取了理论先行、以课题研究和学校发展规划制定推动学校特色定位和发展的策略。

学校发展规划是指"学校根据国家和地区教育发展的要求，结合学校自身条件，寻找学校发展中存在的主要问题，展望学校发展的前景和目标，对学校未来（如三至五年内）要达到的主要目标和发展途径，包括学校发展目标、发

---

① 康万栋.中小学美育在全面育人中的作用［J］.天津师范大学学报（基础教育版），2000（9）.

展规模、发展速度、办学特色、组织结构、人力资源、办学条件、实施策略等方面进行的系统策划和总体安排"。[①] 学校发展规划的制定和实施具有积极而重要的意义，它是现代学校管理的重要工具，体现了学校的自觉与能动，是学校发展的重要资源。

如 2004 年，香山中学制定了三年发展规划，确立了"让香山成为师生共同成长的艺术人文家园"的办学思想，提出"二次创业"的战略构想与发展目标，即进一步提升办学品位，将教师个体的发展与学校的生存发展联系起来，追求学校可持续发展，逐步形成德育为首、文化美术共同发展的格局。2007 年，香山中学进一步确定了"以美立校、立美育人"的办学理念，申请了"中学立美教育的体系建设的实践与研究"区级课题，以此推动对美育的研究；年底，制定了《香山中学 2008 年—2011 年新四年发展规划》，全力推动学校美育的特色发展。2012 年下半年，香山中学又成功立项"基于美育课程体系的特色学校建设的研究"的区级重点课题，以此引领学校实施新四年发展规划，帮助学校实现从美育特色到特色学校发展的嬗变。

2019 年，上海市教育委员会出台了"基于区域特色的学校综合课程创造力研究和实践"项目实践研究，香山中学成功申报项目试点学校，将规划以校长、教师、学生"三位一体"的创新综合课程，通过项目载体、主题创意，创建美育区域课程育人特色，建构资源整合、中外融通、实验创新、智能供给的学校主题式创新创意综合课程体系。此外，香山中学还积极动员各学科教师从各个学科教学出发，围绕育人和美育特色发展申报各种课题，开展课题和教学研究。

香山中学还以课题"中学美术网络教育教学的实践研究"为抓手，将美术学科与现代信息技术有效整合起来，改变美术教学手段，体现美术教育多样化的特点，对外辐射"香山美术"网上教育的优质资源，共享特色课程资源，彰显学校影响力。

可以说，香山中学之所以在 2012 年进入上海市首批特色高中建设项目学校行列，能够一脉相承、水到渠成地从美术项目特色发展到美育学校特色以及朝着美育特色学校的方向全力迈进，都是与香山中学对学校的办学理念、办学方向、

---

① 韦毅，洪涛.学校发展规划与特色创建［M］.长春：东北师范大学出版社，2009：4.

特色发展定位等方面的理论研究和实践探索分不开的，是与学校发展规划的科学制定和有效落实分不开的。

5.深化美育实施载体，凸显美育育人成效

"载体"，顾名思义，通常被理解为承载知识和信息的物质形体。据此理解"以美育人"的美育载体就是"能够承载和传递以美育人的美育的内容和信息的形式"。[①] 为凸显美育育人成效，将美育教育渗透教育教学全过程，香山中学积极重视美育载体建设。

课程是美育教育最重要的载体。香山中学不仅构建了特色美育课程体系，而且按照现代管理与教育理论，根据学校课程建设的需要，修订教育教学、综合管理等系列制度，形成了有香山特色的学校课程管理制度，包括各项课程评价制度、课程监督制度和课程奖励制度等。香山中学美育特色课程有三条实施途径，并对应《中国学生发展核心素养》的18个指标：其一是基于兴趣或社团的美育特色的课程实施，自主发展学生兴趣爱好，有效提升学生社会责任、劳动意识、勇于探究、健全人格的核心素养；其二是基于项目制学习的美育特色的课程实施，有效提升学生自我管理、理性思维、问题解决的核心素养；其三是基于导师制的美育特色课程的翻转课堂，有效提升学生乐学善学、勤于反思的核心素养。

课堂教学是美育教育的主要途径和根本渠道。以美术课堂教学为例，香山中学通过以下三个教学策略来确保课堂教学的效果：其一是欣赏带动理解策略，重视美术欣赏的作用，深入细致地分析美术作品中的形式因素，进行绘画语言的理解，重视中外美术史上的辉煌成就，从而使学生热爱艺术，尊重艺术；其二是操作提高兴趣策略，通过循序渐进的实践，在操作中培养学生的成就感，逐渐提高学习美术的热情，达到让学生主动学习的目的；其三是评价激励自尊策略，通过进行多种形式的评价，激励学生的自尊，培养健康、健全的人格。为加强美术特色课程教学的管理，深化课堂教学载体建设，香山中学还成立了以学校副校长为专门分管领导的美术教育中心，并针对美术教育制定了一系列行之有效的管理制度，从美术中心主任、美术教研组长、美术教师到美术教务员、美术仓库管理

---

① 罗强，邹立君.关于学校美育载体的探究［J］.科教文汇（中旬刊），2018（6）：70.

员，从美术专用教室、美术陈列室到美术储藏室都有一套明确的规章制度。

"学生评价体系是美育的第一载体。"①美育课程和课堂教学的实施效果如何，美育育人要义落实与否，美育的特色发展程度如何，归根结底都落实到学生身上，因此建立学生的评价体系至关重要。香山中学在实施"五美工程"的同时，还出台了"五美工程"评价制度，包括"五美课程评价""五美课堂评价""五美教师评价"和"五美学生评价"，制定了细化的指标及评选办法，有效地检测了实施美育课程体系下的课程美、课堂美、学生美和教师美。为推进"以美育德"，完善美育育人内容，香山中学还构建了三维度美育评价体系，以美育教育为核心，从行为美教育、人格美教育、理想美教育三个维度检测学校美育实施效果。

此外，香山中学还通过深化校园文化载体建设，加强学生社团载体建设，扩展国际交流载体建设等途径，推进和凸显美育育人成效。

二、香山中学美育特色创建的不足

虽然香山中学的美育特色创建取得了有目共睹的丰硕成果，但仍有一些不足之处需要进一步加强和深化。2018 年 10 月，上海市教育评估院组织专家组对香山中学开展上海市特色普通高中复评时也提出了一些问题与建议。基于笔者一线校长的办学经验以及对特色学校创建的研究与思考，结合专家组的意见与建议，笔者认为，香山中学的美育特色创建在以下几个方面需要进一步深化和完善。

1. 美育特色校园文化体系的立体构建有待完善

校园文化包括学校对学生进行人格养成过程中的环境、氛围因素，是美育实施最普遍和最通常的教育载体。学校是有目的、有计划地培养人才的场所，是依据全面发展的教育目的来规划和建设的，这决定了学校文化具有教育性、育人的功能。学校文化主要以营造良好教学氛围、塑造和完善学生人格、陶冶身心和发展学生能力为中心任务；而学校美育是以陶冶学生的性情与品行、净化心灵、启迪审美人生和培养学生全面发展为任务。可以看出，学校文化与学校美育有着共同的培养目标和任务，两者任务的共同性，使它们能互为融合，互相渗透，学校

---

① 金知明 . 浅谈美育教育的有效载体［J］. 江苏教育研究，2009（5）：30.

文化的美育功能也就能成为现实。学校文化作为一个复杂的系统，从构成要素来看，既有观念性的，也有实践性的；既有实用的，也有艺术的；既有动态的，也有静态的；既有偏重于理性的，也有偏重于感性的。学校文化包括学校物质文化、学校精神文化及学校制度文化，而不管是其中哪一种文化的建设，都遵循美的规律，充分体现审美理想。校园文化是遵循"美的原则"或"美的规律"来创造的，无论学校的物质文化还是精神文化都是人类审美创造的成果，是内在美与外在美的和谐统一，所以学校文化具有高度的审美特征和审美意义是毋庸置疑的。这样美的学校文化，使师生在视觉上和心理上得到了双重愉悦的体验，进而引起师生对学校文化审美的共鸣与认同，使师生的情感、态度和审美价值观受到潜移默化的影响，促使其知、行、意、情等多种心理功能协调发展，最终塑造出健全完美的人格。①

香山中学要将美育完全渗透进教育教学全过程，就必须构建立体的美育特色校园文化体系，包括学校的物质文化、精神文化及制度文化，将美育教育渗透进学校文化中的校容、校貌、校纪、校规、教育教学活动、校风和校园精神等各个层面，构建美育特色校园文化的立体体系，使这些构成学校文化的要素相互协调、相互渗透地发展，从而促进学生审美心理的形成，并全方位对学生进行美的熏陶，从而进一步提高学生的审美鉴赏力、对美的感受力及审美的创造力等所构成的审美综合能力。

从学校的特色发展来说，特色校园文化的形成既是学校特色发展的成因和动力，同时又是学校特色发展的体现。就香山中学而言，只有将美育特色的办学理念和办学方向上升到文化的高度，使其内化于师生员工之心、外显于师生员工之行，并物化于校园环境、建筑和室舍之中，才能通过丰富多彩的校园文化载体诠释和体现学校的办学理念和核心价值，实现学校特色发展在物质、精神和行为上的统一。

2. 美育特色创建的关键——校长领导力有待提升

"校长是一个学校的灵魂，要想评论一个学校，先要评论他的校长。"② 一所办

---

① 罗强，邹立君.关于学校美育载体的探究［J］.科教文汇（中旬刊），2018（6）：70–71.

② 陶行知.陶行知文集［M］.南京：江苏人民出版社，1981：106.

学有特色的学校，必须拥有一位具有领导力的校长。校长领导力是"校长充分运用学校内外各种资源，按照学校既定发展目标，引领、激励教职员工实现学校发展目标，在推进学校发展的整个过程中展现出来的一种综合能力"，"主要有校长个体领导力和团体领导力两个方面，包括个人素养、办学理念、管理模式以及资源利用四个因素"。① 笔者认为，一位优秀的、有领导力的校长，应该要有强烈的特色意识、渊博的文化知识、独特的教育思想、完善的个性和独特的人格魅力以及独特的管理风格和出众的管理才能。

有学者指出，随着素质教育的全面推进，校长的角色发生了重大的变化，经历了一个由低级到高级、由兼职到专职、由非专业到专业、由简单到复杂的演变过程，具有多元化发展和变化的规律。校长的角色主要体现为五种角色：教育者、领导者、管理者、研究者、协调者；每一种角色都在校长的思想素质、知识素质、能力素质、个性素质和身体素质上有着相对应的素质要求。②

在基础教育大改革大发展的新时期，高中办学的竞争也愈发激烈，这就给高中校长带来了更多的动力和压力。普通高中特色发展的本质是优质，是"人无我有、人有我优、人优我精"。因此，高中校长必须切实担当起学校发展的领航者的重任，全面提升作为校长必须的专业素养，加强全方位的深度学习和自我知识重构，向着"教育家型"校长的方向迈进。对于香山中学这所办学历史较短的普通高中来说，学校要在激烈竞争中生存、发展，要在特色创建道路上走得更远，必须需要更高素养、更高追求的校长们前赴后继地开创进取，筚路蓝缕，披荆斩棘，不断前行。

3. 美育特色教师队伍建设有待加强

素质教育的发展，不仅需要教育家型的校长，也需要学者型的教师。研究者认为，教师是真正的专业化从业者群体，而不是阶级分明的管理系统中的科层制员工；教师群体学者型专业身份的重构已是必然。有特色、有个性的学校一定是学术成功的、有成效的学校，而学术成功的学校就在于学校有教育家型的校长和学者型的教师，并且教师与校长彼此间相互合作，成为一个职业群体。学者型教

---

① 谢方圆.学校特色发展视野下校长领导力研究［D］.烟台：鲁东大学，2014：52.
② 林森.教育家办学导论——校长专业化发展的使命与策略［M］.北京：人民教育出版社，2010.

师是教师群体职业化、专业化成熟的标志，是学校个性的创造主体。[①] 学者型的教师具有两大特征：一是学者型的教师是反思型教师，注重教育的内在目的，关心学生的成长，具有批判和建构的意识和能力，能从多重角度分析问题，有能力对教学行为及其背景进行学理和实践层面的思考；二是学者型教师是指导型教师，教师由权威的知识传递者、讲授者转变为知识的促进者、帮助者、激励者，甚至是学生学习的服务者，"教师的职责现在已经越来越少地限于传授知识，而越来越多地倾向于激励思考，除了他的正式职能以外，他将越来越成为一位顾问、一位交换意见的参加者、一位帮助发现矛盾论点而不是拿出现成真理的人。他必须拿出更多的时间和精力去从事那些有效果的和有创造性的活动：互相影响、讨论、激励、了解、鼓舞"。[②]

优秀进取的教师队伍是特色普通高中特色形成和发展的基础，是学校最为宝贵的财富，是学校发展难以复制的核心竞争力；香山中学办学特色成效和办学成绩的取得是与全体教师的努力奉献分不开的。但相对于其他示范性高中和特色高中来说，香山中学的教师队伍建设仍不免显得薄弱，如缺乏名师和特级教师，区级以上学科带头人稀缺，教师队伍的整体学历结构偏低，教师的科研成果还不突出，教师专业发展的机制还不健全，等等。当然，就特色创建的整体来说，根据王小飞的调研，学校特色发展的诸多问题中，最突出的问题集中在特色师资数量与专业发展方面，如教师参与培训与科研的状况总体欠佳，绩效工资改革未与特色师资发展有效对接，特色培训内容与形式单一，时间、经费不能保障等。[③]

学校的特色创建需要全体师生形成特色发展的意识，需要教育家型校长领航，更需要学者型教师群体的努力进取。香山中学需要进一步构筑教师专业发展的支持系统，加强教师的教育教学能力建设和教学科研能力建设，加强中青年骨干教师的培养培训，促进学者型教师的涌现和教学名师的脱颖而出，整体提升特色教师队伍的实力。

---

① 张东娇.最后的图腾——中国高中教育价值取向与学校特色发展研究［M］.北京：教育科学出版社，2005.
② 联合国教科文组织国际教育发展委员会编著.学会生存——教育世界的今天和明天［M］.华东师范大学比较教育研究所，译.北京：教育科学出版社，1996：108.
③ 王小飞，等.普通高中特色发展调研报告［M］.北京：教育科学出版社，2013：30-31.

4. 美育特色课程有待进一步深化

经过多年校本实践和探索创新，香山中学建立了彰显美育特色的"美育课程体系"，两类课程群四张课程表成为香山中学美育特色教育的支柱。可以说，香山中学在美育特色课程体系的打造上无疑是独具一格、颇有特色的；学生升学率、名校录取率、艺术活动影响力和辐射力等都见证了学校美育特色课程体系的成功之处。

但对于将美育特色课程体系作为学校特色发展名片的香山中学来说，其特色课程体系仍有进一步深化和完善的空间。一是需要重视开发德育课程资源，推进德育课程精品化、特色化、品牌化，构建融德育课程与美育课程为一体的特色课程体系，强化全员育人，实施教育教学全过程育德，引导学生在学习中培养正确的情感、态度和价值观。二是需要进一步完善课程教学设计与实施，提升课堂教学效果。三是需要进一步加强学校课程顶层设计，围绕育人目标，从学校美育特色出发，进一步梳理课程结构，包括进一步厘清校本美术专业课程和校本美育专项课程的关系，拓展型课程、研究型课程与国学素养、体育专项、创新实验课程群之间的纵向逻辑关系，五大课程群之间的横向逻辑关系等。四是需要加强"五美课堂"实践研究，建立符合特色建设的教学模式，做强特色教师和特色学科品牌。

5. 美育实施途径和载体有待进一步拓展

其一是课堂教学载体建设有待进一步加强。课堂教学是学校美育最基础和最根本的载体。学校美育被视为一种相对独立的教育活动，而学校教学活动最基本的形式就是课堂教学。因此，课堂教学是学校向学生进行教育的主要形式，也是学校实施美育的主要途径和根本渠道。学校艺术课程是在科学的教学理念、特定的教育目标、合理的课堂组织安排下开设的。艺术教育始终是学校美育的核心内容和最直接的手段，是学校美育的最基本载体。①

其二是要进一步加强教师的言传身教这一美育教育的特殊载体建设。特殊载体是指在美育的过程中对学生的人格形成、完善起到相对特殊影响作用的载体。教师的言传身教是指拥有健康人格和审美情趣的教师，在与学生日常的学习交往

---

① 罗强，邹立君.关于学校美育载体的探究［J］.科教文汇（中旬刊），2018（6）：70.

中，通过自己的言语和行动，以自身的真才实学和真情实感来影响和教导学生，学生在耳濡目染中对教师的言行产生同化和模仿。教师的言传身教是以美育人的学生人格养成的特殊载体，对学生的人格培养起着不可估量的作用。作为校园美育载体的教师，不能满足于扮演知识传播者的角色，更应该责无旁贷地以自己的言传身教影响、指导学生，成为学生的人生导师。教师要想获得学生的认同，就要不断加强自身修养，以扎实的专业基础，独特的人格魅力和审美价值取向，用言传身教去感染每一个学生，激发学生对真善美的热爱和追求。①

其三是需要加强其他载体建设。学校美育的根本特点是"以美育人""以美育美"，凡是人类按美的原则、美的规律创造的东西，均可以作为师生审美活动中的审美的材料，如校园文化与环境、校园社团活动、学生的社会生活实践、大自然的人文景观，等等。学校教育中的各个环节、各个学科都具有审美教育的资源，从环境到教学、动态到静态，都承载着审美教育因素。只要教师们把握了这些美育载体，充分挖掘其中的审美资源，并将其渗透到学校教育的全过程中，校园美育就会取得显著的成效。

通过加强各种美育载体建设，拓展美育建设渠道，可以使学生在教育中受到美的熏陶，使学生的思想道德不断得到升华，使学生的自身素质不断得到提高，为培养造就合格的人才打下坚实基础，推动美育特色渗透学校教育教学全过程。

三、美育特色学校创建的方向和启示

香山中学美育特色创建的实践和经验，为我们展示了一所普通高中从美术教学特色到美育项目特色，再到美育学校特色，乃至最终走向美育特色学校的这一美育特色创建的历程。香山中学美育特色创建过程中的每一步精彩绝伦的发展和发生的质的蜕变都令我们惊叹，办学者的良苦用心、深思熟虑和励精图治也令我们折服，但其特色创建的不足之处也给我们深深的警示。"梧桐一叶而天下知秋"，通过香山中学的案例，我们认为，美育类特色学校的创建，在以下几个方面需要"浓墨重彩"。

---

① 罗强，邹立君.关于学校美育载体的探究［J］.科教文汇（中旬刊），2018（6）：71.

1.进一步挖掘美育特色的育人要义和提升美育特色的目标定位

美育是美的教育，是指向人的心灵的教育，是人类通向美的境界的阶梯。关于美育的内涵，目前在美学界和教育界尚未取得一致的看法，常见的有以下几种看法：美育是陶冶情感的教育；美育即艺术教育；美育是美学知识教育；美育是审美观念教育；美育是审美能力教育；美育是塑造人的美好心灵的教育等。这几种提法大致可以归为两类：一类试图从手段方面揭示美育的性质，例如艺术教育说、美学知识说、情感教育说；另一类试图从目的方面揭示美育的本质，例如审美观念说、审美能力说、塑造心灵说。对美育内涵的理解，历来人们就有不同的看法，迄今为止，有以下几种比较具有代表性的观点，一是美育内涵的"自由教育观"：美育就是让人获得自由，使精神能力的协调提高进而产生幸福和完美的人；二是美育内涵的"情感教育观"：美育通过各种美的形象诉诸人的心灵，触动人的情感，从而陶冶人的情操；三是美育内涵的"艺术教育观"：艺术是审美的集中和典型形态，是审美文化最主要的载体，因此，艺术教育是美育的最佳途径，美育也即艺术教育。①

金昕通过深入研究美育的概念和内涵后提出，"美育"概念的内涵丰富多样，古今中外美学家、教育家、思想家对美育的阐释各执一词又各有千秋。从对美育内涵的整体把握来看，也许把各家学说定位为冰山一角颇有一定道理，真正的美育内涵需要的恰是综合百家之长。从美育的手段来看，美学知识的普及为美育的实施打下了基础，艺术教育、情感教育无疑是美育的最佳方法和途径，会获得最佳的效果；从美育的目的来看，实现人的自由而全面的发展是美育的最终目标。最初提出"美育"概念的席勒把其界定为"人性"的自由解放与发展。在他看来，美育是实现人的"全面发展"和"审美生存"人文精神的重塑之路。基于上述分析，金昕对美育的定义是：美育是"人性和人道教育"，就是"做人的教育"，是"使人作为人而成为人"的教育。具体而言，美育是一种以美学理论为基础，以艺术教育、情感教育等为手段，通过美的事物的熏陶和感染，来培养受教育者鉴赏美、接受美、创造美的能力，提高审美素养，形成审美态度，学会审美生存，最终达到培养完整人格，提升人生境界的一种特

---

① 金昕.美育与大学生人格养成［D］.长春：东北师范大学，2009.

殊教育。①

通过上述美育概念的分析后，我们需要对高中学生美育的功能和作用给予进一步的界定，明确高中学校美育的育人价值及其取向。我们认为，美育的育人功能主要表现在以下几个方面：① 美育可以悦耳悦目，促进学生大脑的协调发展。美育对于实施人的全脑教育、全面开发大脑的潜能发挥着极为重要的作用。② 美育可以悦体悦肤，促进学生身体的协调发展。肢体活动的美曾经是最早的审美创造与审美欣赏活动的主要形式。直到今天，人的形体美、姿态美、动作的协调美在审美教育中仍然占有重要的地位。③ 美育可以悦心悦意，促进学生的心理健康。美育能有效地培养学生的感知、想象、理解能力。任何一种艺术作品，都存在着一种具体的、感性的艺术形式，它直接作用于人的感官。由于艺术作品所传达的往往是用概念无法表达、用逻辑推理无法把握的内容，因此，人们对艺术作品的欣赏只能靠理解、领悟或顿悟。也正因为如此，美育非常注重对学生理解力和领悟能力的培养，而个体的艺术理解力的提高，必然会促进个体其他方面理解力的提高。美育还能有效地培养学生的情感体验能力、调节能力和表达能力。无论是在艺术创作活动中还是在艺术欣赏活动中，人们都必须把他人的情感当做自己的情感来体验，这样，学生就会在不知不觉中提高情感体验能力。同时，艺术作品和艺术教育虽然诉诸于人的情感，但又不止于情感，其中所蕴涵的大量的理性因素对调节人的情感起着极为重要的作用。所以，美育可以发展学生的观察力、想象力、形象思维能力和创造力，培养学生的情感自控力。④ 美育可以悦志悦神，能促进学生良好的道德意识的养成。美育的首要任务就是帮助学生树立正确的审美观和审美理想，学会辨别善与恶、美与丑、正义与非正义。可以说，审美教育本身就包含德育的内容，它给学生以积极的思想影响，使学生在体验美、感受美的同时受到深刻的道德教育。②

高中阶段美育的育人功能除上述悦耳悦目、悦体悦肤、悦心悦意、悦志悦神四个方面以外，高中学校美育的最终育人价值取向则是培养健全的人格。"我们唯有把高中教育定位于培养高中生的健全人格或公民基本素养，才能真正确立高

① 金昕.美育与大学生人格养成［D］.长春：东北师范大学，2009：49–50.
② 屈广才.美育的育人功能［J］.中小学管理，2001（9）：14.

中教育的内在价值，使高中教育走出生源论、高考论和工具论的泥沼；才能真正摆脱精英时代培养模式的路径依赖，从单纯注重传授知识转变为体现引导学生学会学习、学会生存、学会做人。"①

美育不仅是高中教育的一个主要内容，也是高中教育的一种主要途径和方式，更是人格养成的重要途径之一。"人格作为涵盖着人的心理文化结构的整体性表征，它的最高境界是融真、善、美于一体，它的最高本质是在审美中表达人的自由。"② 理想人格是真善美调和、融合的结果，美是理想人格中必不可少的关键因素之一，美育是人格养成必不可少的关键途径之一。美育与其他各种教育相结合，共同促进理想人格的养成。而美育之所以能成为人格养成的重要途径，更是因为美育有着其他教育形式所无法替代的独特功能。

美育类特色学校的创建，不仅需要充分挖掘美育育人要义，还需在此基础上，进一步提升美育特色创建的目标定位，将美育与德育、智育有机结合起来，将美育与青少年一代精神塑造、与全球化背景下的民族文化发展紧密联系在一起，将美育与学校所在城市和区域的功能定位和发展方向结合起来，将美育与学校的社区资源和办学传承结合起来，如此美育特色创建才能真正达到"人无我有、人有我精"。

如华东师范大学附属枫泾中学深入挖掘美育特色育人要义，不仅将学校办学理念、办学目标与特色发展的目标定位有机结合起来，而且将美育特色育人要义的实施贯穿其中，颇有值得借鉴之处。如枫泾中学提出，学校的办学目标是深化"艺术让人成为人"的办学理念，遵循教育发展规律和学生身心发展规律，牢固树立以提高质量为核心的教育发展观，以发展学生的审美素养为抓手，美善相谐，美真互融，办让师生幸福、家长放心、社会满意的特色学校；学校的育人目标是以审美素养培育为引领，坚持"尚美、崇善、求真、笃行"的育人方向，培养学生成为懂得审美的人、完整人格的人、充满智慧的人、富于情感的人。由此可见，该校的办学目标实际上是一个目标体系，包涵了学校的办学理念、特色发展方向和美育育人指向，构筑了较为严密的学校办学目标逻辑体系。同时，学校

---

① 尹后庆.上海普通高中改革的时代命题和发展路径［J］.上海教育科研，2009（11）：7.
② 余潇枫.哲学人格［M］.长春：吉林教育出版社，1998：82.

的美育特色创建经历了"起于美术、承于美育、转于审美素养"四个发展阶段，"合于大艺术育人观"的最终目标定位也是与学校的育人要义相互呼应的。①

　　"居高声自远，非是藉秋风。"美育特色学校的创建，必须充分提升美育特色的目标定位，结合自己学校的办学传承，深入挖掘美育特色的育人要义，并将育人要义与特色目标定位有机结合起来，渗透进学校的教育教学全过程，这种创建才有意义，才能创办出自己学校的特色品牌，真正彰显学校的特色影响，从而在日益竞争激烈的高中办学格局中立于不败之地。

　　2. 进一步深化美育特色课程体系建设

　　课程是特色创建的关键。上海市命名成功的特色普通高中，无不是在特色课程建设上具有独到之处和成功之处。但由于长期以来，学校对美育的重视度不够，认识也不充分，我国目前的美育教育在学校教育中仍然处于相对薄弱的环节，主要体现在挤占艺术课程、师资力量不足、重应试轻素养、重少数轻整体等方面。② 正是在这种背景下，深化美育特色课程体系建设，培育学生的审美素养，发挥课程审美化功能正愈益受到教育界的重视，也成为政府的导向和社会的共识。2015 年，国务院办公室印发的《关于全面加强和改进学校美育工作的意见》对此有深刻的认识，要求形成全社会关心支持美育发展和学生全面成长的氛围，同时，还强调要"构建科学的美育课程体系，科学定位美育课程目标，开设丰富优质的美育课程，实施美育实践活动的课程化管理"。

　　课程是实施美育教育重要的载体和途径，美育特色课程体系的建设必须围绕美育的育人价值指向，进行体系化的范式构建。美育是感性教育和理性教育的统一，普通高中美育的价值在于维护人之为人的本质，培养完整的人，让教育过程成为学生正确的世界观、人生观和价值观的形成过程。因此，学校美育应以提升人文素养、丰富社会情感、关照全人发展为价值指向，即"基于文化知识建构的人文素养指向""基于公民素养培育的社会情感指向"和"基于人本发展的全人培养指向"。③ 在此美育育人价值取向的基础上，各校要根据自己的美育特色发展目标和方向，结合学校师资特点和校本文化，进行系统的特色课程体系建设，并

---

① 该校在 2020 年 3 月被公示为上海市第四批特色普通高中学校。
② 陆旭东 . 美术特色高中课程审美化建设研究［D］. 上海：华东师范大学，2018.
③ 马维林 . 普通高中美育的学理转型、价值指向与范式建构［J］. 课程·教材·教法，2019（3）.

不断加以深化、总结和提高，进而构筑具有学校特色和典型意义的课程范式。

如马维林提出，普通高中美育应以中华美学精神①统摄学校教育，探索美育落地的实践范式，让审美教育面向全体学生、贯穿高中教育全程、进行全学科渗透。他进而建构了"身心一体"的美育理论模型，提出了个人、社会和国家三位一体的美育课程体系，以此实施以"情感交往"定义的"审美课堂"。"身心一体"的美育理论模型以"学生个性"为中心，分为上、下双层构造。上层为一般通识课程，以审美进行价值立意；而下层则为专业艺术类课程，天然具有审美素质。这一模型着重表达"培养完整的人"这一价值预设下的美育的实践范式。个人、社会和国家三位一体的美育课程体系最重要的是在国家层面要涵养家国情怀，突出三个面向。一是"中国"作为教育的本位与立足点，不同课程都应努力凸显数千年华夏文明积淀至今而形成的中国特色、中国风格、中国气派，彰显当代中国特色社会主义的道路自信、理论自信、制度自信和文化自信。二是在国际视野上，当代普通高中的美育课程要有意识地突出全球化时代的跨文化与多元文化共存特质，培养学生的国际理解素养，增强民族文化自信，涵养家国情怀。三是指向构建人类命运共同体。这一方面来源于中国传统儒学中的"民胞物与"观念，另一方面则来源于中国崛起背景中的大国使命。而这种扎根于中华传统，又面向世界前景的新观念，同样需要对"真诚""善意"和"智慧"等人类情感进行引导、教育和训练。国家、社会和个人这三个层次的美育课程体系恰与富强、民主、文明、和谐，自由、平等、公正、法治，爱国、敬业、诚信、友善的社会主义核心价值观构成一种对应关系。核心价值观教育介入美育，既为社会主义核心价值观教育在中学的落地提供了可行路径，也为美育提供了情感面向和价值指引。②

高中美育课程实施的关键是通过课程开发与衔接，形成体系化的课程群，使

---

① 2018 年 8 月 30 日，习近平在给中央美术学院老教授的回信中提出弘扬中华美学精神。叶朗先生谈道："中华美学传统认为，美育和审美活动可以从多方面提高人的文化素质和文化品格，其意义归结为一点，就是引导人民有种高远的精神追求，提升人生境界。我国古代思想家强调，个人不仅要注重增加自己的知识和技能，更重要的是要注重拓宽自己的胸襟，涵养自己的气象，提升自己的人生境界，也就是去追求一种更有意义、更有价值、更有情趣的人生，这一思想在今天非常有现实意义。"详见叶朗《以美育培养时代新人》，载《人民日报》2018 年 9 月 18 日。

② 马维林.普通高中美育的学理转型、价值指向与范式建构［J］.课程·教材·教法，2019（3）：62–70.

美育的目标得以落地。而美育课程实施的关键在于探求课程体系建构的具体实施方法，通过特定课程的开发与既有课程的优化重组，从而真正让美育成为学生生活的一部分。如江苏省南菁高级中学以课程融合、课程整合、课程综合的路径，实现了美育对学校生活的改造，探索出了美育课程实施的有效路径，值得借鉴。"课程融合"是美育课程体系实施的最简单、最便捷的方式，与创新课程或重组课程不同，课程融合的实施手段即是在原有课程的基础上融入审美元素，挖掘课程对象的美感，从而把散见于日常生活之中的物质、人和事件之美通过课程呈现出来。在教育转向生活的理论视野中，课程融合的理论意义还在于让日常生活本身从习以为常变为新的、陌生化的知识效果；让学生在课程中感受到生活之美与生活的意义。"课程整合"这一概念来源于"统整课程"（Integrated curriculum），就是要围绕共同主题来联系不同的科目，形成一门独特的美育课程。"课程综合"即按照预设的课程开发目标，通过跨学科的主题渗透，建构综合性、情境性、复杂性的课程实践载体，使学生获得综合性的审美体验，实现认知、能力与情感协同发展的课程开发范式。[①]

3. 进一步拓展美育特色建设的外部资源

美无处不在，美育建设的途径和载体也多种多样，这就要求美育建设不能仅仅局限于课堂和校园。美育特色建设必须积极拓展外部资源，包括社区资源、城市资源、大学资源、国际资源等，建立美育建设的联合共建机制，搭建美育建设的广阔平台。如可充分利用社会公共美育资源，加大与高等艺术院校、博物馆、美术馆、艺术馆等联系的力度，一方面可以发挥专家的引领、咨询作用，形成推进学校美育改革发展的合力，争取为学校艺术教师培训、美育课程资源建设和美育实践活动等提供支持；另一方面则开辟美育教育的第二课堂，拓展美育教育渠道和载体，丰富美育课程。

4. 进一步彰显美育特色的国内国际影响力

习近平总书记强调，"加强美育工作，很有必要。做好美育工作，要坚持立德树人，扎根时代生活，遵循美育特点，弘扬中华美育精神"。彰显美育特色影

---

① 马维林.普通高中美育课程实施的路径研究——以江苏省南菁高级中学为例［J］.教育理论与实践，2019（17）：47–49.

响力，既是美育特色创建的内容，也是美育特色创建的必然要求，是弘扬美育精神的必然要求。只有不断扩大美育特色的国内国际影响力，才能赢得社会的广泛认可并取得更多外部资源支持。通过彰显美育特色的国内国际影响力，还可以加强学校与国内外的合作，拓展美育建设的载体。如香山中学通过进一步发挥香山美育优质资源的示范辐射作用，做大做强"美术教育论坛"，完善共享平台，逐渐形成"香山影响力机制"。该校积极发挥上海市跨区县美术教学联盟作用，逐步形成具有全市影响力的美术特色学生的发展联盟。香山中学以艺术特色为桥梁，秉持上海教育国际化的理念，不断参与国际交流活动，积极探索和实践教育国际化道路。2010年，学校参与了中英校际连线项目，和英国爱德华六世高级中学签订了为期三年的结对协议，其间进行了多次交流活动。学校也被列为市政府外事办学生美术作品国际交流指定学校，连续三年参加日本大阪府高中生美术作品展。学校积极开展中外美术课程比较研究，切实提高教师团队学科建设的国际化水平，为美术教育国际化发展奠定基础。积极结对友好学校，建立稳定交流关系；承办和参与各类涉外活动，紧密联系相关部门，为学生作品提供国际展台。

第七章　让学校弥漫现代生活教育的气息

——周浦中学"现代生活教育"特色创建的实践与方向

华东师范大学附属周浦中学（以下简称周浦中学）是一所办学历史悠久、文化积淀深厚、校园环境优美的区属重点中学。十几年来，周浦中学积极开展"现代生活教育"特色创建，致力于在教、学和做中提升学生的学习能力、生活技能和生存本领。

第一节 周浦中学"现代生活教育"特色创建的实践

周浦中学的特色创建最早可以追溯到 2005 年开始的生活化课程实验,其后逐渐升级为数字化的现代生活教育,再到全空间的现代生活教育。2016 年,学校被列为"上海市特色普通高中建设"项目学校后,学校积极开展以"生活—创意"为载体的"现代生活教育"特色项目建设,迈开了特色学校创建的坚定步伐。

一、学校简介

华东师范大学附属周浦中学(以下简称周浦中学)建于 1924 年,是一所拥有近百年办学历史的传统老校。学校历史悠久、师资雄厚、人才辈出。近百年来,学校培养了一批又一批救国、建国、强国的栋梁之才。

学校是上海市文明单位、上海市中小学生行为规范示范学校、上海市教师专业发展学校、上海市语言文字工作示范学校、上海市安全文明学校、上海市平安示范单位、浦东新区重点中学、实验性示范性高中。学校现址位于浦东新区周浦镇,占地面积 135 亩,建筑面积 39 000 余平方米,学校现有 36 个教学班,学生 1 400 余名,专任教师 143 名,其中高级教师 49 人,中级教师 69 人,硕士学位以上教师 28 人(含博士 1 人),区级学科带头人和骨干教师 19 人。

学校以"爱、俭、韧、诚"为校训,以"尽心服务、和谐发展"为办学理念,以"人格完善、学力坚实"为育人目标,坚持"聚焦课堂,关注学生生命质量;校本研修,提升教师专业水平"的办学主题,秉持"生活即教育,教育即生活"的课程理念,积极开展"生活教育"特色普通高中建设,是浦东新区 10 所特色高中实验学校之一,是上海市特色普通高中建设项目学校。

学校是华东师范大学附属中学,与华东师大在师资培训、专家指导、课程改革等方面保持密切合作关系,与云南大理实验中学、贵州威宁九中、美国哈德森高中等学校开展教育教学交流和合作。学校也是华二浦东教育集团的成员校,通过紧密依托和利用华东师范大学师资和课程资源，进一步贯彻和应对国家高考及课程改革要求，落实分层教育和创新人才培养精神，为985、211院校输送人才，也为学校特色高中创建领衔实验项目。

二、周浦中学特色创建的三个阶段

1. 初级版的生活教育：部分学科的生活化实验（2005—2011年）

2000年，周浦中学搬迁到了新校址，坐落在浦东新区周浦镇繁荣路188号，交通便捷；学校有了新的教学楼，硬件设施大为改善。但学校当时的教材则显得过于稳定，缺乏创新和变通，部分教师考什么教什么，导致学校基础型课程教学不完整，拓展型、研究型课程学习和社会实践活动流于形式。受"唯分数论"的影响，学校多元的教育评价体系不能有效推行，难以得到家长和社会的真正认可，等等。上述方面的问题一直阻碍着周浦中学教学改革的深入发展。

为了解决这些问题，自2005年始，学校花了很长时间进行对话型课堂文化建设，希望能通过教师和学生之间的平等对话改变陈旧的教育理念，走出"唯分数论"的误区，走出"师生"割裂的阴影。2009年，学校首先在物理、化学、生物等学科的三类课程实践中开展了若干"生活化实验"项目，尝试着让学生把所学知识和技能应用指导于现代生活实践。学校倡导高中理化生中的课本实验、课本知识就地取材，将日常生活的食醋、一次性杯盘、酸奶、洋葱、电线、橘子等作为实验用品，鼓励教师和学生共同开发生活化实验。

其后，学校连续四年开展了浦东新区教育内涵发展项目"高中课程'生活化实验'实践研究"，逐渐突出了高中各学科在生活实践中的价值，通过以"生活化实验"为载体的三类课程实践，引导学生将所学知识与生活紧密联系，使学生的学习变成了一种力求"再次发现"的参与式学习活动，提高了学生思维的灵活度。三百多个小型课题及时融入各基础型课程教学，这些生活化实验成了师生对话、生生对话以及学生与文本对话的有效载体，使学校沉闷的氛围逐渐焕发出盎然生机。"零成本、可复制"的特点使其迅速受到不少学校的欢迎，直到现在很多广受欢迎的理化生公开课里还有周浦中学这些"生活化实验"的影子。

2. 中级版的生活教育：数字化现代生活教育（2012—2015 年）

现代生活变化和发展令人目不暇接，当下和未来教育不断面临新挑战，"生活教育"实践需要继续升级，从基础融入、领域拓展走向研究创新。自 2012 年开始，学校开设"生活教育"创新实验课程，建设相关创新实验室，进行"生活教育"数字化实验研究，开展"生活教育"微课程群建设等，让学生们凭借各自对生活的认知层次，在创新实验室中找到探究方向。学校运用数字技术辅助，搭建全新的创新学习平台和载体，引导师生更关注在生活探究中的过程表现，推动了"生活教育"更深层次的变革，收获了更多的"生活教育"资源，巩固和丰富了"生活教育"方法，再次改善了"生活教育"教育生态环境。

3. 升级版的生活教育：全空间现代生活教育（2015 年至今）

社会发展的脚步越来越快，陶行知先生和杜威的生活教育理念也需要不断融入新元素。随着上海市普通高中逐渐加快特色建设步伐和迈向多样发展，探究高中特色创建的更新途径，拓展实践空间，提升探究层次，开辟创新途径成为周浦中学打造升级版"生活教育"的新内涵发展要求。学校汲取中外"生活教育"的特色经验，深挖内部潜力，建立校内博士生、研究生导师团队；利用大学丰富的教研资源，力争将高中教育与现代生活融合，拓展教育的学习空间；目前学校正尝试用全空间学习法将三类课程进行有机融合，让学生从单一的教室学习空间演变为三个全方位的学习空间，即教室空间、虚拟空间、生活空间。通过三个空间的全方位学习将学校教育和师生生活紧密结合，生活和教育融合在一起，让学校弥漫生活教育的气息，实现"生活即教育，教育即生活"的课程教育理念。

三、周浦中学的特色办学理念与特色办学目标定位

学校以"爱、俭、韧、诚"为校训，以"尽心服务、和谐发展"为办学理念，以"人格完善、学力坚实"为育人目标，秉持"生活即教育，教育即生活"的课程理念，定位于"现代生活教育"特色普通高中建设。

1."尽心服务、和谐发展"的特色办学理念

"尽心服务"即尽心服务于学生成长、成才、成人发展的需要；"和谐发展"

即在"尽心服务"的基础上实现学生之间、师生之间、师生和社会之间、师生和环境之间、师生和自然之间的和谐、共同发展，提高师生的人生价值与精神境界。

周浦中学"尽心服务、和谐发展"办学理念的形成，与"现代生活教育"特色学校建设是紧密相连的。要尽心服务于学生成长、成才、成人发展的需要，必须对学生进行现代生活教育的普及和提高。为实现学校的办学理念，学校需要开展更加积极有效的"生活教育"特色学校建设，瞄准现代生活发展的多项领域，创造条件普及到现代生活所包含的领域，以此积极帮助师生提升现代生活品质和能力，帮助师生共同提高现代生活质量，为师生的生活向善、向上提供所需要的教育。

2."现代生活教育"的特色办学目标定位

周浦中学"现代生活教育"特色学校的目标定位和"尽心服务、和谐发展"的办学理念是相辅相成的关系。一方面，尽心服务于学生成长、成才、成人发展，需要现代生活教育的普及和提高。通过有效的现代生活教育，发挥学校提升现代生活能力的特殊力量，通过教育找出生活问题，找出知识与生活的联系；发现甚至设置生活与生活冲突的情境，让好的生活改造坏的生活，先进的生活引导落后的生活，整个的生活去解放偏狭的生活；引导学生把书本知识应用于生活实践，让学生的学习走向宽广，从字面学习到手脑并用，从耳目口舌学习到全身心学习实践。另一方面，在这种办学理念的指导下，学校积极开展"现代生活教育"，按照生活教育的"教、学、做合一"的原则，培养学生立足现代生活的"自觉性之启发，创造力之培养，生活能力之提升"，有助于实现学校的特色育人价值，即体魄强健、劳动习惯；科学头脑、创新创造；人格完善、学力坚实。

3."现代生活教育"特色育人价值的分析

"人格完善、学力坚实"指的是通过现代生活教育培养适应并促进当代社会发展的人才，培养具有扎实的学科知识、坚实的学习能力，"手脑相长"，知识、情感、能力合一，视野开阔，具备完备的心理素质，健全人格的现代人。其中包括培养学生有改造社会的精神，无论什么时事变化，都有求实开拓、求新的精神，这是实现整个育人目标的"发动机"。

要达成这样的一个育人目标和要求，学校需要通过现代生活教育，培养更加适应生活常态、提升生活品质的能力，主要包括以下两方面。

（1）体魄强健、劳动习惯：实施有效的生活阳光体育，培养学生具有强健的体力，健康的身心素养，充沛的精神毅力等。通过社会实践、学生社团活动等，培养学生热爱劳动，把所学知识和社会需要结合起来进行科学的劳动和科学的发明创造，通过劳动生活发展能力、习惯、技能。

（2）科学头脑、创新创造：通过现代生活教育，培养学生具有一定的科学知识和初步运用科学知识的方法，积极探求科学知识能力和技能方法，积极投身于改造社会的能力与方法，培养创新、创造力。这是学校实现整个育人目标的中心任务。

四、周浦中学"现代生活教育"特色课程体系的构建与实施

开齐国家课程、开好地方课程、开发校本课程是实施素质教育的必要条件；而在此基础上打造特色课程体系，更是创建特色学校的主要内容和标志。周浦中学围绕"人格完善、学力坚实"的育人目标，立足校本课程开发，积极开展"现代生活教育"特色课程体系建设，努力落实现代教育对高中阶段育人总目标的要求，逐渐形成了具有个性的学校特色办学发展之路。

1.课程规划理念和思路

随着近年来越来越多的专家呼吁要改变和扭转现有中小学灌输式的教学方式、应试教育的倾向，我国的学校教育逐渐开始注重学生的生命质量、回归学生的生活世界。作为一所区级重点高中，在其百年办学历史变迁中，周浦中学始终恪守培养"人格完善、学力坚实"的优秀高中学生这一目标，坚定不移地走特色办学和个性发展之路。周浦中学开发以"生活教育"为载体的校本课程，积极打造特色课程体系，以生活教育浸润学生，使学生素养在生活教育的熏染中不断得到提高。学校积极探索旨在培养学生基础学力、现代生活素养、积极的人文素养及创新能力的生活教育实践活动。这些实践探索既注重以学生生活实际为依托，又注重以学校"生活化实验"课程建设为契机，开展生活化实验及创新科技活动，契合学生兴趣特长发展，培养学生的科学态度、科学精

神和创新能力，为学生终身发展服务，为学生成长、成人、成才奠定坚实的基础。

在校本和特色课程规划上，学校从以下三个方面出发：其一是注重生活经验与书本知识相结合。随着现代科技的高速发展及教学媒体先进化程度的提高，实验中采取视频录像已是常态，但学生的动手、观察、应变、交流合作的能力得不到培养。面对现状，学校围绕"人格完善、学力坚实"的育人目标，积极开展"生活教育"学校课程建设，着眼于生活，将书本知识与生活实验相结合，着力提升学生分析问题、解决问题与开拓创新的能力。其二是注重学生德行的养成。随着年龄的增长，世界观和方法论的逐步养成，高中生开始对身边的事物有独立的判断和想法，所以在高中阶段开展"取之于生活、用之于生活"的德育活动，对学生树立全面、正确的世界观和养成良好的道德修养以及提升做人的综合素质方面有所帮助。其三是关注学生学习兴趣的激发。以书本知识为立足点，与日常生活相关的时事热点、研究现状和发展趋势相结合，引导学生开展丰富多彩的创新科技主题活动，以此激发学生的学习热情，提高学习兴趣，消除学习倦怠感。①

为此，学校将"现代生活教育"大课程列为各小型课题，将其有机融入高中所有基础型课程之中，开设与培养目标相关的若干拓展型"现代生活教育"课程群，根据师生生活发展需要和问题，开展"现代生活教育"研究型课程。研究型课程包括明白生活哲理、初步掌握现代生活技巧、掌握现代信息技术数字生活技能技巧、了解职业生涯规划等多个方面。在此基础上，学校引导学生选择并初步掌握现代生活需要的甚至能够维持今后生计的一技之长，鼓励学生积极有效参与现代社会生活的实践活动，培养学生在生活中的创新精神和实践能力并贯穿于学校各年级、各学科的教育教学活动之中。

学校各年级、各课程分别制定相关课程的"现代生活教育"教育教学目标，目标围绕以下核心要求：在自然科学和数理领域，以现代生活发展对人的自然和数理核心素养培养为基本要求，创设条件让学生学会一些相关的生活实验，学会

---

① 周学兵. 学校特色校本课程开发研究——周浦中学"生活教育"活动课程开发与实践个案研究［D］. 上海：华东师范大学，2017：11–12.

收集、管理和分析说明数据；学会用学科语言撰写各类小论文和小型科学报告；学会运用信息技术辅助手段识别和分析第一手资料的来源，评估资料的有效价值；培养良好的学术道德习惯，等等。在社会科学领域，学生能将自己发现和研究的一些社会科学成果及时传递给家庭和社区，指导家庭和社区生活；将学习成果推广到社会应用程度的初步能力并不断提升；尽量采取学生社团模式协作完成任务，即使个人完成的成果也需要团队分享；尽可能多地采用信息技术帮助完成各项学习任务；培养良好的学术道德习惯，等等。

2. 课程结构和课程学习领域

周浦中学的"现代生活教育"课程包括基础型课程、拓展型课程和研究型课程三个大的类别，每一类别又包含不同的子课程。具体课程结构如图7-1所示。

与基础型课程、拓展型课程和研究型课程三大类别课程结构相对应，每一大类别课程包含了四个学习领域。

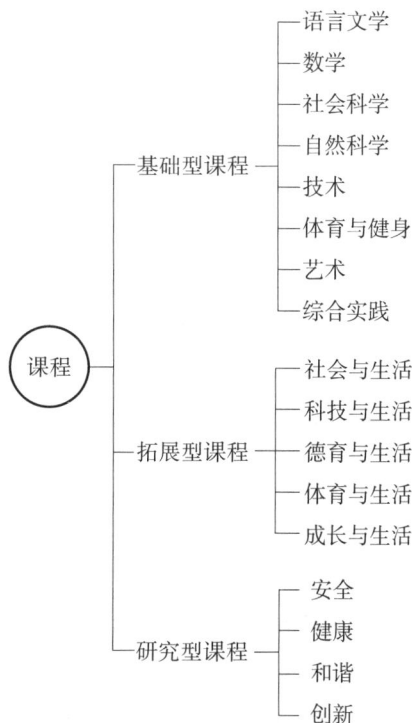

图 7-1 "生活教育"课程图

课　程	领　域　分　类			
	语言、社会、人文	数、理、化、科技	体育、艺术、劳技	德育生活化课程
基础型	语、外、史、政、地	数、理、化、生、信息	体、劳、音、美	各学科教学融入生活德育
拓展型	以上学科相关《生活化实验》校本教材	以上学科相关《生活化实验》校本教材	阳光体育和生活劳动技能等课程	道德讲堂德育课程
研究型	开展相关研究型学习活动	开展相关研究型学习活动	开展相关研究型学习活动	《生活化实验》系列研究型课程

学校鼓励教师独立或合作编写"生活教育"相关课程的课程纲要，帮助教师系统地思考如何从一节课、几节课走向一门课，有利于教师审视目标、内容、实施与评价之间的一致性，形成课程意识，编撰校本课程，开展课程教学。

3.特色课程实施

学校研究并合作编制各基础型学科实施"现代生活教育"的课程标准，实现国家课程校本化。学科课程标准包含具体内容、市级课程标准要求、学习水平、校本要求及生活化素材等五大板块。课程标准尤其强调学校生活教育特色在课程中的体现，重视生活化素材的广泛挖掘和有机融入，使现实生活成为最好的课程资源。学校积极开展"现代生活教育"相关拓展型课程、研究型学习活动，特色课程实施有助于现代师生生活问题的解决，特别是真实存在于现实生活世界的问题解决，作为学校"现代生活教育"的教学核心，开展真实真正的研究。通过课程实施，帮助学生研究真实现代生活世界所出现的问题，学会关注自己身边的生活问题并与有关大学、社区机构合作解决问题。

（1）特色课程的教学目标定位

周浦中学"生活教育"活动课程十分关注学生的生活方式、生活体验，关注学生的情感，使学生体验到生活的乐趣；"生活教育"活动课程转变了传统的教学方式，更注重学生的参与性和活动性。在教学观上，一是注重学生学习与生活相沟通。"生活教育"活动课程以生活为中心，在学习中要让学生处处感到贴近生活，在学习中充满生活气息。"生活教育"活动课程注重学生的学习与生活相沟通，让他们在生活的世界中自己去探究和发现，从而最大限度地激发起他们的兴趣和好奇心，以自己独特的视角体察教材中的世界。二是注重用生活情景设计教学。生活是教学的源泉，教学需回归生活，用生活材料作为教学素材，用生活情景设计教学活动。教学不应仅仅让学生为了掌握课本知识和应付考试而学习，更应让学生体验生活，善于发现生活的美，建构高质量的生活，学会幸福生活。三是注重培养学生的生活能力。"生活教育"活动课程的教学是一种培养学生的生活经验和能力的活动，教学应围绕学生的发展，促进自我完善，使学生不断融入社会现实生活，强化社会责任感，将来更好地服务于社会。四是注重学生的体验和感悟。生活教育活动课程的教学是在体验已有的生活基础上构建理想生活的活动。学习的过程就是学生的生活过程，教学过程应充分重视学生的生活体验和感悟，而不是为教学而教学。

在教学目标上，周浦中学的"生活教育"旨在培养学生具有现代社会的生活常识、生活方式，具有正确的生活目标和理念；初步形成对自我、自然，对生活和对社会的责任感；在掌握基本的科学研究方法的基础上，自主学习、合作共享，具有初步的探究和创新意识及综合应用知识的能力；具有在生活中善于发现问题并研究问题最后解决问题的态度和能力。故此，"生活教育"校本活动课程及特色课程的教学目标不仅考虑学科知识体系，而且兼顾学生全面发展的需求，具体来说包括以下几个目标。

一是知识与技能目标：通过让学生积极主动地参与教学活动，激发学生对学科知识的兴趣，获得有关学科最基本概念、原理、规律和模型等方面的知识，加强与生活的紧密联系，培养学生将所学知识切实应用于个人或社会生活及在生活中分析问题、解决问题的能力。

二是过程与方法目标：培养学生科学的探究能力，观察、分析和解决个人生活、社会生活和生产问题的能力，获取、分析、处理信息的能力，掌握科学的研究方法、思维方法等。

三是情感态度与价值观目标：帮助学生确立积极的生活态度，热爱生活，珍爱生命；具有健康的心理、健康的体魄和健康的生活方式；具有较高社会责任感，增强学习动机，提升学习兴趣，增强学习的自觉性。[①]

（2）教学原则

周浦中学不断创造条件，秉持"教学做合一"的教学原则，尽力满足"现代生活教育"的分层学习和选择性学习要求。相关课程开设的时间和地点可以根据学生研究生活问题的特殊需要、各级层次的要求进行安排；教学内容灵活设计，教学形式丰富多样，并不断提升教学方法，满足不同层次学生的有效选择；教学注重突出运用整合的学习方式，聚焦于问题解决、交流、合作。

---

① 周学兵.学校特色校本课程开发研究——周浦中学"生活教育"活动课程开发与实践个案研究［D］.上海：华东师范大学，2017：12-13.

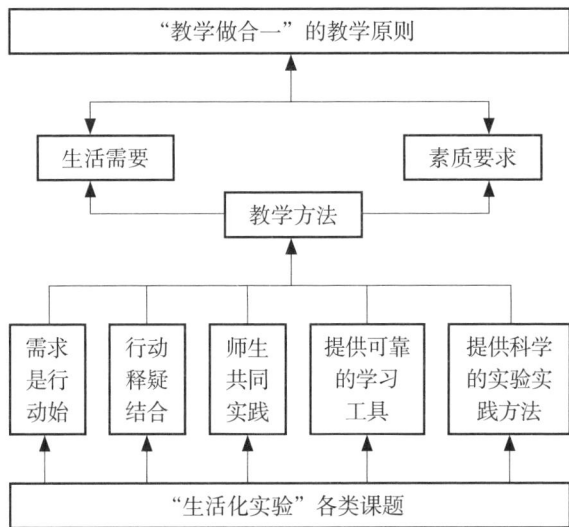

图 7-2 "现代生活教育"教学原则示意图

（3）教学改进

为推进"生活教育"特色课程的实施，周浦中学十分注重课程的教学改进，不断优化课堂教学方法，让"现代生活教育"贯穿课程和课堂的每一个环节。课程教学改进的目标是让"现代生活教育"再一次改善周浦中学教学生态，提升学生的核心素养，让"生活教育"课堂教学成为"迷人的王国"。具体来说，"现代生活教育"的课堂改进主要围绕开放性、对话性、问题性以及合作和探究性展开。

周浦中学"现代生活教育"的课堂具有"开放性"：倡导通过师生间的合作与交流发展自我，倡导将一切教育教学活动延伸到大社会乃至大自然中去，使学校与社会、教育与生活紧密结合，倡导人与社会、人与自然的和谐相处，以培养出真正适应社会发展需要的各种人才。学校的"现代生活教育"的课堂具有"对话性"：倡导师生之间、生生之间、学生和书本之间、学生与自我之间开展对话，在对话中共同探究"生活教育"的未知领域，在对话中大家合作交流，互相聆听，共同寻找生活的乐趣、解除生活的烦恼，共同寻找生命的意义。学校的"现代生活教育"的课堂具有"问题性"：教师注重有效问题的设计，问题类型是多元开放的，有助于启发学生思维，启发学生心智。课堂教学是学习者主动建构自己知识与经验的过程，课程教学在一个个问题解决中完成。学校的"现代生活教育"的课堂具有"合作和探究性"：合作和探究是周浦中学"现代生活教育"的主要学习方式。课程中，由学生提出问题，成立学习小组，并开展问题探究活动。学习方式的改变，改变了学生单打独斗的传统问题解决模式，使学生初步具备了21世纪关键技能之一：无论个体是否与其他人意见一致，都能够与他们合作。探究活动的开展，让学生不再只获取知识，更获取了问题探究的方法，提升了综合素养。基于合作和探究的学习方式在学校理科讨论社等社团活动中得到实践并初见成效。学生自己确立主题，团队合作开展问题研究：实验方案设计、小组成员分工、聘请指导教师、开展实验探究，等等。整个过程，教师只是团队的一员，远远地观望，不再指手画脚，而是尊重学生争辩、研究、失败、再实践的不断循环过程，使学习生活成为学生生活不可或缺的一部分。

（4）课程管理与评价

2015—2018年度，学校整合和补充契合"现代生活教育"特色高中建设的课程管理与评价机制。其指导思想和目标要求是建立学校自觉自律的内部评价与管理机制，以评价促管理，以管理促进"现代生活教育"课程探索与实施；评价既要有和国家课程管理一致的共性，又要有与校本实践要求相适应的特征。

在课程实施和评价的制度上，周浦中学坚持评价主体的多元化，把自我评价、专家评价、学生评价、同行评价等结合起来；坚持评价方式的多样化，把结果评价与过程评价、定性评价与定量评价结合起来；坚持评价内容的多维化，对师生参与课程教学的投入度、指导方式的接受度、教学措施的有效度等教与学的经历进行有效的评价。评价制度既能体现学校的育人目标，同时兼具简易可操作和有效度等特点，让评价制度保障"现代生活教育"的有效开展，促使学校特色高中建设如期完成。

五、"全空间学习"学习理念与创新实验室建设

教育技术专家祝智庭教授提出，在教师培训中，学员的学习可以在三个维度的空间进行，或称全空间学习，即包括教室空间、虚拟空间和社会空间（如

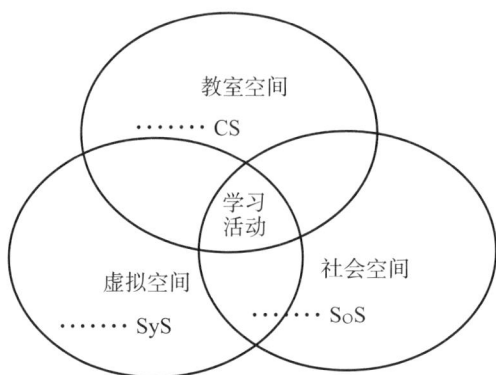

图 7-3　三维空间图

图 7-3 所示)。① 全空间学习思想体现了一种终身学习的理念。

周浦中学将"全空间学习"理念引入"现代生活教育"中，提出了"全空间现代生活教育"理念，让学生从单一的教室学习空间演变为三个全方位的学习空间，即：教室空间、虚拟空间、生活空间。通过三个空间的全方位学习将学校教育和师生生活紧密结合，将生活和教育融合在一起，让学校弥漫生活教育的气息，实现"生活即教育，教育即生活"的课程教育理念。周浦中学的这一"全空间现代生活教育"理念主要通过创新实验室的建设进行推进和落实。

《中共中央关于全面深化改革若干重大问题的决定》指出："深化教育领域综合改革……增强学生社会责任感、创新精神、实践能力。"可见，创新是一个国家和民族进步的灵魂；而科技创新以及培养科技创新人才，则是创新体系中不可或缺的重要组成部分，科技创新能力的高低将直接影响国家综合国力的强弱。因此，上海市十分重视创新实验室的建设。《上海市中长期教育改革和发展规划纲要（2010—2020 年）》指出：高中教育要"为每个学生的成长、成人、成功奠定基础，形成'高质量、多样化、有特色、可选择'的发展格局"，将"建设若干个区域性中小学生创新实验室和 50 所高中专题创新实验室"列入重点发展项目。2010 年以来，上海、北京、江苏等地陆续在高中学段建设创新实验室，并以创新实验室建设为抓手，带动本区域探索教育新模式，激发学生的创造活力，培养学生的创造能力，取得了大量而又富有成效的经验。建设创新实验室已成为推进高中多样化、特色化发展，培养学生创新实践能力的政策要点。

作为一种基本、有效的科学研究方法，实验活动已成为周浦中学教师实施"生活教育"的主要途径。

---

① 祝智庭.中国教育技术标准化在行动［J］.中国远程教育（资讯版），2002（3）.

1. 建设理念

周浦中学"现代生活教育"创新实验室的建设主题是"教育源于生活、教育需要生活、教育为了生活"，希望通过创新实验室的建设让周浦中学的每一位学生都能有生活化实验的动手实验、参与实践的机会，达成学校"现代生活教育"特色的目标；希望通过"生活化教育"创新实验室的建设构建"平民化"创新教育的蓝图，通过学校教师的智慧创造若干低成本、效益好、贫民化、易复制的生活教育实验和社会实践活动；希望这些小实验和社会实践活动能够在同类学校甚至是教学资源相对较少的农村学校复制。创新实验室建设，最重要的是向学生传递一个思想：创造力是藏在我们身边的，只要我们愿意动手、动脑，我们就可以发明创造；也许这种创造不是惊天动地的大发明，但这种创造会为我们的生活带来方便和改变，能够转变学习生活方式，甚至能够影响学生一生的发展。

2. 建设情况

（1）教室（实验室）空间建设

"教室（实验室）空间"建设主要是将传统课堂改造为适合现代生活实验的实验室，并根据校本课程开展实验教学，将教室打造成为适合对学生进行生活教育的空间。

2010—2015年，学校创新实验室的建设重点是对原有设施进行改进。学校从已有的化学、物理、生物、劳技实验室中各整理出一间作为化学、物理、生物等学科生活化实验的专用教室，每个实验室都配备了多媒体设备，以满足教师"生活化实验"课的时代化要求。同时，根据教师课程设置的需求，随时添置实验设备和实验易耗品，例如物理实验室添置了TI实验托板、线性传感器、动力小车系统、静电印刷机等；化学实验室新增配了电磁炉、微波炉、电子天平、空气压缩机、抽滤机、离心分离机等；生物实验室新增加了不锈钢温度传感器、宽范围温度传感器、血压传感器等；劳技实验室购置了机床、太阳能实验托板、光感传感器、导电率测定仪等。学校还把教师研发的经典小实验进行固化，在相应实验室开辟实验角，方便学生利用中午和活动课的时间进行自主探究。

（2）生活空间建设

"生活空间"建设主要是对校园里学生的生活环境进行实验化建设，让学生的生活环境充满实验氛围。

2014—2016 年，学校创新实验室的建设重点是建设现代生活教育长廊。学校在教学底楼新增设了生活教育科技长廊，从房屋装修、建设到里面的设施设备全都焕然一新。为了让学生有节约能源、开发新能源的意识，学校在该长廊里引进了太阳能发电、风力发电、人力发电等寓教于乐的设施；为配合艺术走进生活，基于艺术生活与科技相结合的课程特点，学校购入了光琴和无皮鼓，组织学生艺术社团进行自编曲目和艺术创作；在学生的建议下，学校还在该长廊里放置了隐身人的光学设施、具有悠久历史的鲁班锁等。学校已经和上海建桥学院合作，在长廊里建设了现代汽车构造实物解析解剖和模拟驾驶室、道路交通管理电子设备模拟设计室、通用现代生活电子设备设施展示和原理解析室等。

为了达成"教育源于生活、教育需要生活、教育为了生活"的"生活化教育"实验室建设目标，让周浦中学的校园里弥漫生活教育的气息，学校利用宣传橱窗、实验室走廊等宣传阵地，不定期更换生活教育宣传内容，包含理论宣讲、建设进程、课例介绍、案例宣传、创新实验等。另外，学校还利用温馨教室等让教室里也充满现代生活的气息，每个班都有自己的生活教育宣传板，学生自己设计，学校帮助制作。

（3）虚拟空间建设

"虚拟空间"建设主要是运用数字化技术，对校园、教室和实验室进行智能改造，打造数字化、智能化、生活化和实验化的虚拟空间，让学生在虚拟空间接受生活教育、参与生活教育实践。

近几年来，周浦中学利用数字化手段，将生活教育创新实验室建设与数字化、智能化校园建设进行对接，利用数字化手段，实现"生活教育"从部分基础设施（网络、终端、教室）、教育资源（教具、图书、讲义、课件）到活动（教学、研究、管理）的数字化；拓展高中"生活教育"的时空维度，促进优质"生活教育"数字资源的建设、应用和共享；实践"生活教育"学习方式和教育方法的变革和创新，提升师生在现实生活中的信息化生存能力；形成部分具有推广意义和典型影响的"生活教育"数字化实践的经验和案例；形成部分具有示范意义的"生活教育"数字化实践研究创新应用成果，如"数字化环境下'生活教育'资源设计、建设与共享""数字化环境下家庭'生活教育'协同教育""'生活教育'数字化管理流程优化与再造"等。

为了让广大教师能够更多地收集资料，学校 2016 年分别和中学学科网、文汇出版社等进行网络共建，购买网络资源，帮助教师掌握最新动态，方便师生在充分利用现代生活教育资源的基础上发挥自己的创造性思维。目前智慧教室、物联网、模拟驾驶等虚拟空间建设均已投入使用。

六、周浦中学"现代生活教育"特色实施的载体与途径

为实现"生活教育"到"现代生活教育"特色办学目标的升级，周浦中学重点开展从生活化实验三类课程建设到创新实验室课程建设的融合，并通过课题研究、规划研制、校园环境塑造、生活德育模式探究、家校互动等途径和载体推动特色学校创建工作。

1. 通过创新实验室建设，提升学生的创新和创造能力

创新实验室建设，不仅是高中课程改革发展的需要，也是学校特色办学与发展的需要，更是国家人才发展战略的需要。[1] 由于创新实验室具有丰富的课程资源、灵活的空间组合形式、先进的技术装备、真实的情境模拟和能够支持学生深度学习这五大核心特征，因而广受学校欢迎。据统计，2010 年前上海共建有中小学创新实验室 51 个；至 2017 年底，上海已建成创新实验室 1 473 个，覆盖 82.9% 的高中、82.7% 的初中、72.9% 的小学。[2] 2010 年，创新实验室更被列入上海中长期教育改革和发展规划纲要的重点发展项目，要求"建设若干个区域性中小学生创新实验室和 50 所高中专题创新实验室"。2015 年底，上海市教委、市发改委等九部委联合下发《促进本市城乡义务教育一体化的实施意见（暂行）》，把创新实验室建设列为促进上海市城乡义务教育一体化的"重大举措"之一，明确到 2020 年每个学校应至少设立一个创新实验室。

周浦中学积极响应国家和上海市号召，2010 年即开始了创新实验室的建设。目前，学校已有 8 个创新实验室，包括物理创新实验室、化学创新实验室、历史创新实验室、书法创新实验室、VR 创新实验室、物联网创新实验室、模拟驾驶

---

① 丁书林 . 关于在普通高中建设创新实验室的思考 [J] . 实验教学与仪器，2015（10）：3–5.
② 竺建伟 . 学习环境重构：中小学创新实验室探索与实践 [J] . 上海教育科研，2018（7）：67–70.

室创新实验室、酿酒创新实验室。此外还有大量的专用教室，包括 1 个地理专用教室、4 个计算机专用教室、7 个心理辅导专用教室、2 个录播专用教室、2 个体育专用教室、3 个体质测试专用教室、3 个音乐专用教室、3 个美术专用教室、4 个英语（听说）专用教室和 4 个劳技专用教室。

2014—2016 年，学校建设了设施设备焕然一新的现代生活教育长廊。现代生活教育长廊的建设，让学生有了开展各种科学实验的场所，有助于学生将课本中的知识与实践结合起来，并通过已有的知识与经验去探索未知的世界和现象，使学生们流连忘返于思考、动手、探究未知世界的求索过程之中。

2.通过学生社团工作培育学生"现代生活教育"意识

开展"现代生活教育"必须最大程度地让学生有自我教育和自我选择的机会，能自己控制业余时间，因为生活是学生取之不尽的源泉，生活应由学生自我掌控。为此，学校在现有的基础上不断鼓励和支持学生开展"现代生活教育"相关社团活动。

学校组织成立了现代农业学会、业余电台、轨道交通学会、汽车学会、银行学会、航空协会、豆腐协会、生活作文社、周浦文化研究协会、生活与文学协会、艺术与生活学会、浦东老中医研究协会、营养午餐协会、幽默笑话协会等学生社团。

一系列社团安排了丰富的现代生活教育活动，让学生在校生活丰富多彩，得到更多的生活经验，探索出更多的生活奥秘。学校积极创造条件，利用学校知名校友等社会资源，邀请社会各界相关领域的知名人士，聘请他们担任导师指导学校的社团建设。学校还学习兄弟学校的先进经验，允许社团学生有足够的时间到校外开展"现代生活教育"相关社会实践活动。

对在有关活动中表现突出的学生，学校允许学生根据兴趣定位其研究，并将所掌握的知识和能力用于实践。学校邀请了华东师大、西安电子科技大学、上海建桥学院、上海工程技术大学、上海应用技术大学、上海第二工业大学、上海健康医学院、上海市浦东教育发展研究院等经验丰富的科研院所参与指导学校的特色高中建设工作，指导学生社团活动，使"现代生活教育"的参与者获得宝贵的研究实践经历和经验，获得创造性的思考和解决问题的能力，帮助学生逐渐成长为守信、自信、有坚强意志和充满创造力的人。

3. 通过开展家校合作，建立"现代生活教育"的家校联动机制

学校教育与家庭教育是紧密结合在一起的。周浦中学引进家长资源，开展家校合作，通过家长委员会、家长学校、家长接待日、家庭访问、家长微信群、家校项目互动、专题讲座等形式倾听家长心声，与学生家长建立经常、密切的联系，及时通报信息，交流看法，普及家庭教育知识，让家长参与学校管理。通过整合家、校、社区各类教育资源，积极构建优质教育的大环境，实现家庭、学校、社区"三位一体"教育的共生型、和谐化发展，进而建立"现代生活教育"的联动机制，积极推动"现代生活教育"特色创建。

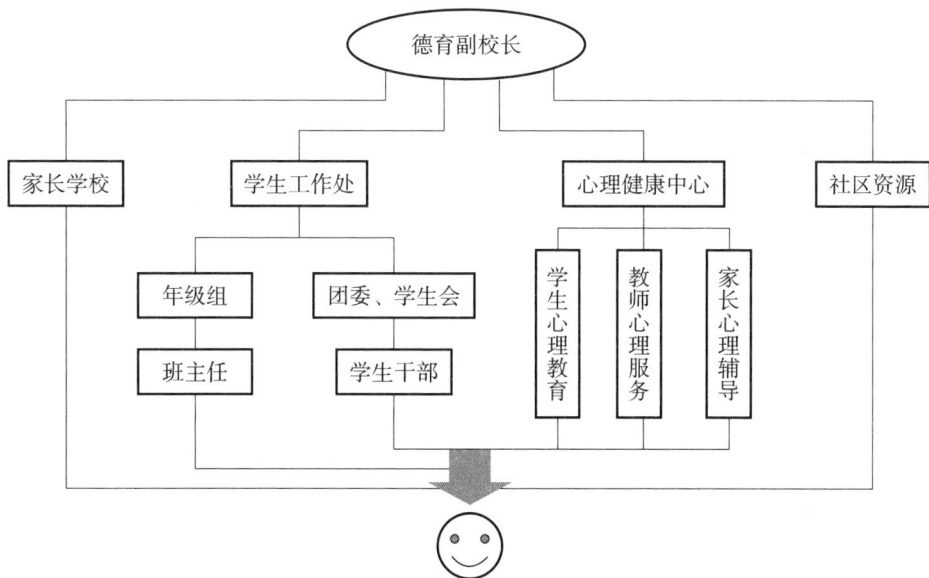

图 7-4　学校家庭教育组织架构图与职能分工

学校还积极开展家长课堂，组建由教务处、德育处、年级组组成的家长学校，开设的主要课程包括：适应高中生活、家长如何与教师沟通、高中生涯规划、《傅雷家书》读书会、习近平谈家风家教、亲子沟通技巧、如何陪伴子女考前心理调适等。

2019 年，学校成为浦东新区家庭教育示范校。学校主动与社会、家庭联系沟通，加强学校、家庭、社会密切配合的育人体系建设，形成教育合力，鼓励创建学校、家庭、社会三位一体教育的新模式、新方法。

在推进家庭教育的过程中，周浦中学还形成了用"开发和创建家庭文化使者"向家长传达家庭教育、帮助家长弘扬文明风尚的理念，通过这种方式，跨越了时空限制，打破了人际阻隔，被动施教变反客为主，进而推进家庭正能量的维护。（1）以家长学校为起点。通过对家长学校使用的校本德育教材《家庭教育读本》进行解构：分年级分主题的"必修课程"；分层次分专题的"选修课程"；有重点有序列的"网络课程"；有理论有演示的"心理课程"，形成和家长的共识，尊重孩子、理解孩子、相信孩子，形成并夯实家庭文化使者创建活动的群众基础。（2）以家长需求调研为依据。在实践家校共育开发家庭文化使者的过程中，我们也逐步紧跟时代脉搏，努力在把握不断发展的家长需求中形成特色，每学年开展"周浦中学家庭教育需求调研"。（3）以学生文明创建为抓手。学校对学生进行文明风尚教育、感恩教育、爱的教育等主题教育，倡导创建学习型家庭，让学生把文明创建做到家庭，做到亲人身边。

学校在开展家庭文化使者创建工作中，不断探索，借助外力，勤练内功，在实践的道路上不断积累经验。（1）以上级文件及工作精神为指导，制定《华东师范大学附属周浦中学家庭教育指导纲目》，成为学校开展工作的指导和基础。（2）梳理家庭背景指导文化创建内容，配套不同的文化使者创建内容。（3）以家长需求确立家庭文化使者创建形式，对家庭教育中的"共性"难题进行原因解剖，进行方法支招，提出建议和对策，通过改变场景对家长和孩子分别指导，解决不理想的家庭和成长问题。（4）在实践中梳理家庭文化使者创建开发流程，在实践过程中不断固化并完善，形成开发流程，最终生成相互协作的家庭文化使者创建模式。

现如今，学校已形成以提升包含"教育观念""教养态度"和"教育能力"这三种家长"教育素质"为目标的家庭教育系列读本，解答了不同家长的家庭教育难题。

4. 通过规划研制和课题研究，推动学校教育教学开展和特色创建

特色学校的创建是一项长期工程，需要校长充分发挥舵手的作用，持之以恒，特别是学校要制定长期发展规划并步履坚定地推进，切忌朝令夕改、人云亦云。

周浦中学向来重视学校发展规划的制定，并能坚定办学方向、持之以恒地推动学校特色发展。早在 2006 年 9 月，学校就制定了《尽心服务、和谐发展——华东

师范大学附属周浦中学（2006.9—2009.9）实验性、示范性学校发展规划》。在此规划中，周浦中学首次系统提出了学校"尽心服务、和谐发展"的办学理念和"人格完善、学力坚实"的学生培养目标，并提出了学校的发展目标是"力争把学校办成学有特色、教有特点、管理有活力、学校有发展，在南汇区乃至上海市领先、全国有影响、具有现代化特征的人民群众满意的实验性、示范性高级中学"。

2013 年，学校制定了特色创建的系统规划——《华东师范大学附属周浦中学创建"生活教育"特色高中建设及内涵发展四年规划（2013—2016 年度）》。规划对"生活教育"的概念进行了界定，并系统阐述了开展"生活教育"特色高中建设的目标取向、工作原则、工作要求和工作思路。规划提出，为促进学生终身学习，学会生活，适应现代社会生活，学校教育应顺应时代对人才发展的需要，科技与人文教育并重，将实践环节有机融入三类课程建设之中，提升学生的综合素养。为此，华东师范大学附属周浦中学将围绕"人格完善、学力坚实"的育人目标，积极开展以"生活化实验"为载体的"生活教育"特色高中建设，努力落实现代教育对高中阶段育人总目标的要求，让学生学会学习、学会生活，努力发挥潜能，促进学生个性发展。

2016 年，学校制定了《让学校流淌现代生活教育的气息——华东师范大学附属周浦中学"现代生活教育"特色高中建设规划》，进一步明确了学校特色创建的理念目标和政策举措。

以践行社会主义核心价值观为抓手，以创建优质特色高中、办人民满意学校为目标，倾心培英育才，奋笔再谱华章，进一步推进学校和谐校园建设，促进学校全面可持续发展，2017 年 1 月，学校制定了《倾心培英育才，奋笔再谱华章——华东师范大学附属周浦中学 2017—2018 年度市级文明校园创建工作规划》，对学校 2017—2018 年度上海市文明校园创建工作进行了规划，并提出以下创建目标：围绕新一轮市级文明校园各项指标要求，尽心服务于学生成长、成才、成人的需要，努力培养"人格完善、学力坚实"的合格高中毕业生，提升教师人文素养，夯实专业基础，提升教育的高度和效度，积极开展"对话型"课堂教学文化和"生活教育"特色高中建设，有效进行未成年人思想道德教育，创造良好的社会氛围，展示全校师生奋发向上的精神状态和良好的文明形象，促进师生之间、党群之间、家校之间、学校与社区之间的和谐互动，建设和谐校园、文明校园、生态校园，全面履行社会文明建设责任，努力办成一所"重思考、勤对话、善学习、有特色"的学习型学校。规划中不仅提出要抓好师德建设和学校德育工作，还提出了要切实抓好"阳光体育"工作，积极有效开展以生命健康教育为支撑的"阳光体育""生活体育""学生心理健康教育""阳光体育、健康成长"等各项活动。如学校几年来一直坚持与上海武警一支队合作开展住宿生晨跑活动，以此提升学生身体素质，践行"现代生活教育"理念。

除上述规划以外，学校还制定了学生生涯发展规划。高一年级的生涯规划重点是"发展自我意识"，帮助学生意识到个人在能力兴趣、个人需要和价值等方面的差异，评价个人的生理和心理特征，判断将来个人生涯发展的态势和择业的范围。高二年级的生涯规划重点是"增进职业机会意识"，向学生和家长介绍他们今后可能的职业选择、个人生涯发展范围以及获得发展的途径。在全面加强学生学业考试的基础上，学校要求高二下半学期初步决定高二和高三阶段等级考试科目，引导学生确立就学方向，利用有关拓展型和研究型课程介绍各社会职业对人才的素质要求等，积极培养符合社会需要、符合新区社会经济发展需求的综合型人才。高三年级的生涯规划重点是"增进生涯发展机会意识"，向学生介绍他们可能的职业和生涯发展选择范围，以及获得发展的途径。

在课题研究上，围绕"现代生活教育"的目标要求，学校自 2009 年开始进行各项相关课题的教育教学实践研究。实践研究分成三个层面。

（1）学校层面上，从理化生学科的"生活化实验"案例收集、分析、总结开始，逐渐探索了八大学习领域，围绕学校育人目标实现的三类课程，有机融入和深化教学的"现代生活教育"理论依据和实践方法，并从中提炼经验和成果，在浦东新区教育局、高中学校介绍经验。2012 年学校校长参加"浦东新区高中校长论坛"获得一等奖；2013、2014 年学校连续两年参加浦东新区教育内涵发展项目研究，项目均获得评审"优秀"；在 2014 年上海市中小幼校（园）长暑期培训活动中，学校校长的《让学校流淌生活教育的气息》微视频和论文代表浦东新区作了经验成果介绍，得到专家的肯定。

（2）教师层面上，通过公开教研活动和撰写科研论文等形式，把开展"现代生活教育"的经验和体会进行公开展示，并不断听取专家和同行的意见建议，不断改进"现代生活教育"的方式方法。于海鹰、陆幸、蒋晓蕾等老师还在全国性的公开教学比赛中，积极结合"现代生活教育"的教学目标和要求，获得了可喜的成绩，在全国电视教学比赛和全国英语教师课堂教学比赛中荣获一等奖。化学博士老师张馥以"高中化学教学如何融入生活教育"的演讲，通过专家评委的认证，被选拔为新区出国短期研修人员。

（3）学生层面上，在鼓励全员、全程参与"现代生活教育"学习的基础上，我们不断支持学生把参与"现代生活教育"的拓展型、研究型学习成果在各个层面上公开介绍、展示。自2010年开始，学校每年参加浦东新区和上海市青少年科技创新大奖赛，100多人次获得校、区、市三级科技创新大赛奖。这对于周浦中学这所以前从没有在青少年科技创新大奖赛上得过奖的学校来说是值得自豪和高兴的事情，而且随着实践的深入，学校获奖的层次也越来越高，获奖的人数也越来越多。

除上述教育教学实践研究外，学校还积极鼓励教师以小组或个人为单位开展各类课题的研究。如2015年12月，康潇津校长牵头开展的"利用道德讲堂开展传统文化教育的实践研究"市级课题按时结题，并获得上海市三等奖。2018年4月，徐凤校长为负责人的课题组获得2018年度浦东新区中小学德育实践研究课题"生活德育模式的探索和研究"立项。2018年7月，康潇津、徐凤、于海鹰等人组建课题组承担的2017年度上海学校德育"德尚"系列基础项目"'生活教育'引领下的高中科技创新教育研究与实践"通过验收，并被评为2017年度上海学校德育"德尚"系列项目优秀研究成果三等奖。

5. 通过生活德育模式的实践探索和研究，进一步凸显学校的特色创建

学校特色创建的最终目的是育人，因此除了课程教学和知识传授之外，对学生进行德育教育，成为学校教育工作的重要环节。为进一步凸显"现代生活教育"的特色，落实"生活即教育，教育即生活"的课程理念，周浦中学开展了"生活德育模式的探索和研究"课题，基于学校办学特色背景下的德育实践模式创设及其实践探索研究，不着重于目标过高、方法过泛的理论研究，而是结合学校实际、学情特点、现有条件作相应的整合和创新，讲究实效，寻找学校德育和课程建设、教师队伍建设、校园文化建设及教育教学策略制度等环节的适应性和结合点，形成与学校历史传统、学生发展方向、特色办学特征相协调的生活德育操作模式。课题希望通过分门别类的探索研究，寻找各个环节最有实效的操作细则，行之有效，融会贯通，形成理论框架，整合成学校德育的运行模式。来源于

实践，再应用于实践，形成具有校本德育特色的《生活德育读本》。

课题的研究内容比较明确和具体，即遵照新时期党和政府对学校德育工作发布的法规和指导意见，结合本校德育发展实际，以德育理论为指导，以区域和学校特点为依据，整合和改进学校德育教育模式，提升家庭教育和学生自主管理水平，探索和架构具有生活德育特征的基本模式和实践途径、方法和策略，在理论上为学校德育体系的科学化提供实证依据和行动参照，构建学校、家庭、社会联动的德育网络，全面提升学生德育素质，通过学生目标、教师目标、学校目标的统一实现生活德育模式的构建。研究的内容具有精细化特点，主要包括学生日常行为规范的运行程序、德育目标测评考察及发展性评价方案、学生自主管理运行策略、学生思想道德建设和道德实践体验操作方案、心理健康教育和公民意识教育方案、学校和家庭社会的联动程序、学科德育和生活教育特色课程、德育精细化管理策略等。

该课题的研究分为四个阶段进行：第一阶段（2018 年 4—5 月）准备阶段，主要任务是申请立项，资料准备，思想发动，队伍建设；第二阶段（6—12 月）实验设计阶段，主要任务是分工协作，联系基地，整合设施，挖掘资源，实际操作，编撰报告；第三阶段（2019 年 1—5 月）深入研究阶段，主要任务是全方位、多角度进行实践活动，构建德育联动网络，实验并评价德育策略和程序，完善德育模式，落实和汇集课题的研究成果；第四阶段（2019 年 6—9 月）总结阶段，形成结题报告，参加鉴定和验证。

经过一年多的研究探索，该课题已顺利结题。学校逐步规范了各种管理规程，理清了德育管理的头绪，形成了德育管理过程的分解步骤和序列层次，梳理和整合了各种活动的规程和方法，完善了相关的管理制度。相关理论研究和实践探索成果如下。

（1）编撰了德育校本教材《生活德育读本》，并且通过研究报告，构建了具有学校生活教育特征的德育创新模式，形成德育的实践研究经验，以此指导学校的德育工作发展，全方位达成学校德育的工作目标。

（2）在管理方法上通过《华东师范大学附属周浦中学学生德育分考评条例》《周浦中学班级月考评制度》《周浦中学德育精细化管理制度》三个条例制度，形成实践管理依据。

（3）分年级进行德育序列化管理，不同年级围绕不同的德育主题进行，高一重在养成和规范教育，高二是人格和行为教育，高三是理想和信念教育，分年级形成管理操作的梯度建设，各种教育活动如报告、讲座、演讲、合唱、辩论、实践活动等有序开展。

（4）通过温馨教室建设进行常规管理。学校进一步把温馨教室定义为"洁、齐、静、美、和"五个方面内容，通过检查和评比，评选出在保洁卫生、两操整齐、自习安静、教室美化、团结和谐等方面成绩优异的班级，颁发循环红旗，推出各项管理规定，如学生不准在校使用手机、禁止外卖进校园等。校园的卫生管理、食宿管理、公物管理、常规管理、自习管理、活动管理等都建立了完善的操作细则，让学生有章可循，有规可依。

（5）弘扬志愿者文化也是德育实践研究的重要内容。学校通过团队建设开发学生干部队伍，成立志愿者组织，开发学生社工，开展志愿服务，完善志愿者文化，发展家庭文化使者，组织生涯规划实践和科创活动，让志愿者文化成为学校精神。学校采用储蓄志愿服务的时间和经历的方式来记录志愿者工作成绩，使志愿者活动常态化、规范化。学校挖掘并创新志愿者文化，规范志愿者标志、注册、宣誓等程序，创作志愿者歌曲，创设志愿者论坛，活跃基层志愿者组织，积极建立定点结对服务点，为志愿者基层组织提供工作任务、活动证明和评价，让志愿者工作经历成为成长过程中的荣誉。这些活动的开展都得到了广大青少年学生的积极响应，完善了学校的德育实践课题探索内容。

（6）家庭教育也是本课题探索和研究的重要内容，学校规范了家庭教育领导小组和学校三级家委会组织建设，开办了家长学校，编发了家庭教育读本，开展周浦中学家庭教育需求调研，并以调研内容为依据，针对性地开展家庭教育，鉴于学校地处城乡结合部和人口导入区的特点，学校规范了家庭教育的原则，采用文化浸润的家庭教育指导方案，我们通过家长学校指导家长组织家庭会议，和孩子签订家庭契约，制定家庭文化方案，和孩子一起展开科创文化活动，组织"两递书 慈孝情"亲子书信传递活动，为每个家庭设立《家庭教育档案》，较好地调动了家长和学生开展家庭教育的热情。

（7）开展文化交流活动。作为华师大附属学校，周浦中学是浦东新区西部援建人才培训单位，多次接受华东师大基础教育和终身教育处、教育学部的培训任务，帮助湖北、江西、海南等省市培养骨干教师和校长，其中对家庭教育工作进行了经验推广，起到了示范辐射作用。2018年10—12月，接受云南大理20名骨干教师跟岗培训，交流学校德育管理的经验；2018年6月接待了美国哈德森高中代表团，展示中国文化和学校文化，得到好评；2019年9月学校又接受美国友好学校的邀请回访美国。文化交流作为学校德育管理探索和研究的重要内容，丰富了现代学校管理的科学规范。

（8）课题的实践探索和研究给学校发展注入了活力。学校作为生活教育特色高中，得到上海市教委立项，确定为特色高中建设项目学校，被列入新一轮整新工程学校，并准备冲刺新的目标。学校被确立为浦东新区未成年人思想道德建设示范学校，被评为新一轮上海市学生行为规范示范学校、上海市安全校园、上海市文明单位，2019年又被公示为上海市家庭教育示范学校。可见生活德育模式的探索和研究实践促进了学校德育工作的良性循环。

学校将继续深化生活德育模式的实践探索和研究，优化德育工作的过程，完善德育管理的策略，规范德育活动的程序，调整德育工作的资源，以期取得新的德育管理成效，进而推动学校的特色创建。

七、周浦中学"现代生活教育"特色创建的条件创造和资源组织

为推动"现代生活教育"特色学校的创建，周浦中学采取了系列保障措施。

1. 明确组织领导

学校成立"生活教育"特色高中建设领导小组，全面负责特色高中建设项目的方案设计工作。领导小组组长由校长担任，成员包括各学科教研组长和备课组长。学校还成立了"生活教育"特色高中建设中心教研组，负责实施和推进特色高中建设项目方案。为充分发挥学生社团对"现代生活教育"的推动工作，学校成立了"生活教育"学生社团工作小组，负责相关学生社团的组织和管理工作。

2. 加强师资培训

开展"现代生活教育"，需要加强"生活教育"教师队伍建设。周浦中学一直都很重视教师培训工作，培训内容包括教学理念的转变、专业知识的加强、专业技能的充实、教学智慧的增长，等等。通过相关校本研修培训，让教师明白周浦中学现在正处于转型发展期，根据学校的发展态势和学生的实际情况，根据国

家、上海市和浦东新区关于高中教育发展的要求，学校实施"生活教育"特色高中建设是实事求是和切实可行的。"生活教育"特色高中建设实践，体现的是教育公平，为每个孩子提供了平等的受教育的机会；教学方法上强调的是学科教学应用意义上的价值，注重实际，强调公民的基础知识，引导学生联系日常生活和社会发展中的基础实施应用，解决社会生活中的实际问题。

学校积极加强"生活教育"中心教研组建设，并带动提升其他教师实施"生活教育"的能力；鼓励支持教师参加各类名师工作室、教育硕士、专业硕士的学习，提升教师有效实施"生活教育"的专业能力。通过研讨、交流、展示等活动，学校为教师搭建施展才华的事业平台，在实践中增长教学智慧。

学校还实施旨在全员发展的系列培训，及时总结实施"生活教育"过程中的先进理念，介绍教学有效方法，解决课程技能难题，等等。培训的主要实施方式包括了专家讲座、教学观摩、教学比赛、教学论坛、专题辩论等。

3. 充实专家队伍

为推动"现代生活教育"特色创建，学校长期聘请教育领域和大学的专家和导师团队对学校的教育、教学和特色创建等进行指导。学校成立"现代生活教育"特色项目初评专家组，由上海基础教育领域的专家如上海市教委、上海市教科院以及高校相关专家组成；学校成立"现代生活教育"特色项目建设专家组，项目指导专家有华东师大基础教育专家顾问团、上海市教委教研室、上海市浦东教育发展研究院相关专家等组成；学校还成立"现代生活教育"特色学校推进工作组和若干项目实施专家指导组，项目实施导师包括华东师大、西安电子科大、上海工技大、上海应用技术大学、上海二工大、建桥学院、上海医学园区、上海市浦东教育发展研究院以及以本校骨干教师为主的导师队伍。项目实施过程中根据实际需要，还需聘请社会各企事业单位的能工巧匠帮助教师开展教学或指导师生进行实验操作、科学研究。

4. 保障项目经费

为推动"现代生活教育"特色学校建设，学校对教育局特色高中建设专项经费、创新实验室建设专项经费和教育内涵发展项目费进行科学预算和充分使用。从 2014 年起，学校每年投入各专用实验室开辟"创新实验区""生活教育长廊"的经费达 40 万元。2015 年开始，学校每年投入相关校本研修和校本教材开发的经费达 40 万元。学校每年还在绩效工资中留出 10 万元对创建"现代生活教育"

成绩突出的教师实施专项奖励。

为确保创新实验室建设，学校还积极向上级财政寻求支持，或邀请社会力量帮助投资；经过科学预算和申报，申请了建设3—5个"现代生活教育"创新实验室的费用。

5."现代生活教育"的校园环境建设——智慧校园规划和建设

随着大数据、云计算、人工智能、物联网等科学技术的迅猛发展，教育行业"智慧校园"的理念应运而生。智慧校园是以学生为中心，利用物联网和云计算，强调对教学、科研、学习、校园生活和管理的数据采集、智能处理，为管理者和各个角色按需提供智能化的数字分析、教学、学习的智能化服务环境。

周浦中学积极影响《浦东新区教育信息化"十二五"发展规划》，以"加强基础保障、整合系统资源、探索创新应用"为指导思想，积极开展智慧校园建设。浦东新区的"智慧校园"建设项目"就是运用物联网、云计算、移动互联网等前沿信息技术手段，把学校里分散的、各自为政的信息化系统和资源整合为一个具有高度感知能力、协同能力和服务能力的有机整体，对学校的科教运作、校园管理和公众服务提供强有力的智能支撑"[1]，其建设理念如图7-5所示。

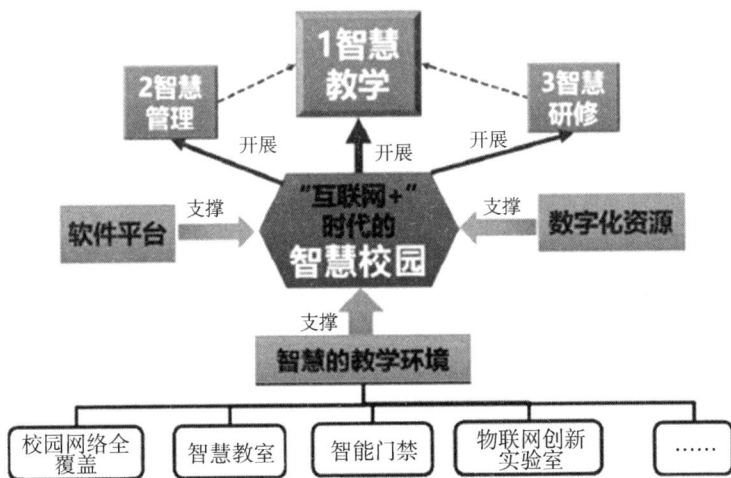

图7-5　建设理念

---

① 周伟."智慧校园"建设的思考与实践——以浦东新区示范性高中智慧校园建设项目为例［J］.中小学信息技术教育，2018（1）：89.

周浦中学以"现代生活"为主题，蕴含"生活即教育、教育即生活"的教育理念，从校园环境、教学场馆、课程体系到软件设施等方面进行设计，打造出特色鲜明的高中示范性学校和"现代生活教育"特色学校。其设计理念和设计思路分别如图7-6、7-7所示。

图7-6　设计理念

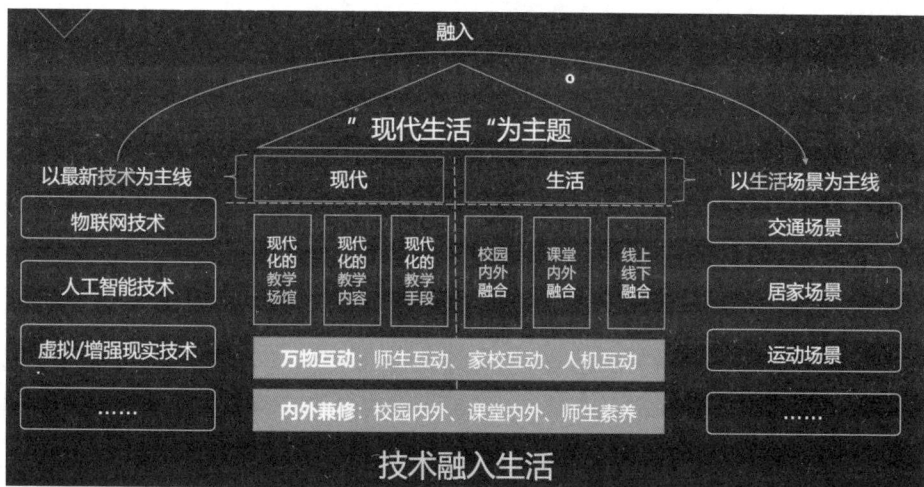

图7-7　设计思路

周浦中学从"慧健康、慧学习、慧生活、慧创意"四个层面开展智慧校园的建设，涵盖教师教学、教师专业发展、学生学习、学校德育管理、图书馆服务、智慧校园、班级文化、精品课程、移动课堂、数字化学习、创意实验室、安全教育、生涯规划、阅读生活、创意校园、研究性学习、创新创意大赛等方方面面。

周浦中学瞄准校园未来3—5年的发展需求，对智慧校园进行前瞻性统一规划，避免"建成就落后"和"推倒重来，全部更新"的资源浪费，所选取软硬件设施均采取该领域的前沿技术方案。同时，对智慧校园的分阶段任务进行梳理，制定阶段性目标和方案。周浦中学智慧校园的建设具有非常重要的意义。从学校管理层面来说，提升了学校管理的服务水平，为学校发展节省了财力、人力和物力，实现了学校管理服务智能化，建立了高效及时的校园资源库；从教师教学层面来说，通过大数据分析平台，对数据进行有效挖掘和分析，可以找到教学中问题的根源，并制定改进措施，进而提高教学效率。而且学生可以借助智慧教学平台随时随地开展学习，调动并增加师生的互动；从学生学习层面来说，利用数据库感知学生学习的情境信息，并根据学生性格、个人爱好和学习方向，建立个性化的学习化模型，为学生贴上个性化的标签。

目前，周浦中学的智慧校园建设在以下几个方面已经取得显著成效。

一是在智慧德育方面，通过校园智能广播电视系统的广泛使用，营造了良好的德育氛围；通过多媒体设备的综合利用，提高了德育活动实效；通过微信、QQ、钉钉授课系统、校园网、校园公众号平台、校园一卡通、极客大数据测试平台、校园生活软件管理平台等网络多平台的共享交流，刷新了德育工作方式，助推了社会、家、校的德育合力形成。

二是在智慧教学、智慧科研方面，疫情期间周浦中学利用钉钉开展线上教学、教研活动、家长会、教学工作会议，充分保障了疫情防控期间学校教育教学活动的有序开展，有效实现了"停课不停学"，充分发挥"互联网＋教育教学"的作用，得到绝大多数家长和学生的认可与好评。2018年12月，周浦中学引入"极课大数据"设备，成立周浦中学"极课大数据"研究中心，开始利用"极课大数据"开展精准教学研究。

三是在智慧管理方面，学校打造由微校园、微办公、微家校三大板块构成的微信平台，不断改进完善，使校园信息分享更快捷、各类办公更便利。

四是在智慧校园生活（文化和科技类）方面，周浦中学以参加上海市教委指导的"基于区域特色的学校综合课程创造力研究和实践"项目试点为契机，打造智慧课程以提升课程创造力。2019年，本校项目组成员在本区教育部门组织下，参加国际论坛、校长赴英研修、学生研学访学等活动，广泛吸收和借鉴当前国际前沿的课程教学研究成果和实践经验，将当前全球范围内最先进的课程理念、课程内容、课程教学模式引入到当前上海深化基础教育课程改革的进程中。学校进一步借助信息化手段开展课程教学、评价、教研的开放性优势，打破传统课程建设与实施的时空局限，构建学生和教师在课程建设、实施与研究改进过程中时时可学、处处能学的教师培训研修与学生学习模式。

五是在智慧科技创新方面，在学校生活教育特色氛围下，教师利用智慧校园的建设便携地使用计算机技术、网络技术、通信技术等创新教学手段、创新教学管理，多渠道地让学生更加关注学习、关注科学、关注生活、关注社会。智慧校园引领科技社团、创客教室、VR教室等结合学校实际组织开展各类创新教育实践活动助力我校科技创新活动，学生学以致用在生活中挖掘感兴趣的可研究的课题进行研究，提高了科学创新思维和科学实践能力。科技创新工作年年取得可喜的成绩。就在2020年3月，周浦中学有10位同学在第35届上海市科技创新大赛中获奖。

6. "现代生活教育"的制度建设

一是完善"生活教育"管理制度和工作机制。学校建立以提升"生活教育"特色高中建设质量为导向的管理制度和工作机制，追求科学精神和人文关怀相互交融的精细化管理。将"生活教育"开展的各项制度作为常态下的工作序列，内化为各项工作任务，逐渐形成工作机制。2013年2—7月，学校修订和完善各项相关管理制度。根据实践发展的实际情况，使制度内容全面化、制度规程具体化。学校实行管理制度，突出一个"实"字，需要落实执行环节，以"制度加监督"激励优良教师履职，以"使用加培训"规范工作行为，强化"方案落实和实践提升"两个环节。学校进行经常性检查和指导促进"生活教育"的落实，及时总结，对实施情况进行归因分析、提炼和反思，及时反馈和调整。

二是推进"生活教育"学生学习管理。2014年3—7月，学校及时总结"生活教育"实施经验和成果，开发出一套学生学习选课手册——《寻找生活的色彩——"生活教育"科目选择及个人实践探索》。学校利用这套手册，协助学生在"生活教育"实践中探索适合自己的路向。学生明确"生活教育"通识知识是在每个基础学科教学中体现的，其根据自己的需要参加各类拓展型、研究型学习以及各类学生社团活动。信息技术老师参与学生选课程序软件建设，分析学生选课意愿，编排组合式时间表。通过合理科学的课程组合，提高学生修读"生活教育"各类课程的机会。

八、周浦中学"现代生活教育"特色创建的成效

自 2005 年以来，周浦中学围绕"生活教育"特色项目创建，在课程实施、课题研究、教师发展、学生成长等方面取得了丰硕成果，学校整体办学水平不断提升，社会声誉日益凸显。

1. 校本和特色课程

在普通特色高中建设的征程中，只有用富有特色的校本课程和特色课程作为支撑，学校的发展才能展示强大的生命力。周浦中学基于自身的特点和优势开发了系列校本课程和特色课程，使学校拥有了更大的自我完善的发展空间，为特色办学奠定了基础。

学校在高一年级和高二年级广泛开设了各种与生活教育相关的拓展课程，具体如表 7-1、7-2、7-3 所示。

表 7-1 2019 学年高一学生拓展课程

课 程 名 称	上 课 教 师	上 课 时 间
流行语浅析	郭聪	周三 5/6 节
影视文学欣赏	李晓姣	周三 5/6 节
数学在彩票快 3 中的活学活用	王礼林	周三 5/6 节
动感羽毛球	周早华	周三 5/6 节
英文影视欣赏	陈敬莲	周三 5/6 节
英文歌曲欣赏	徐志华、戚恒欣	周三 5/6 节
生活中的化学	张馥、唐维	周三 5/6 节

课 程 名 称	上 课 教 师	上 课 时 间
历史电影鉴赏评析	周 伟	周三 5/6 节
Flash 动画制作实例	富玲书	周三 5/6 节
珍爱生命网站制作	许世红	周三 5/6 节
合唱指挥培训	张 音	周三 5/6 节
太极拳与修身	张 镇	周三 5/6 节
生活中的地理	张伟菁	周三 5/6 节
校园风景速写	朱望云	周三 5/6 节
篆刻艺术	朱志国	周三 5/6 节
足球拓展课	周 杰	周三 5/6 节
健美操拓展课	富建清	周三 5/6 节
乒乓拓展课	俞明建	周三 5/6 节

表 7-2　2019 学年高一学生生活教育领域选修课程

编 号	课 程 名 称	任 课 老 师
A	快乐羽毛球	周早华
B	岩石与矿物辨别	张子涵
C	太极拳	张 镇
D	折飞机	支延长　解春霞
E	影视经典欣赏	董 莉
F	急救与健康	健康医学院老师
G	《史记》选读	叶燕波
H	生命起源与演化	杨 丽
I	Flash 动画制作实例	富玲书
J	美学与摄影	陈 武
K	传统编织文化	郭玉华
L	数学纪录片鉴赏	陈 晨

编　号	课 程 名 称	任 课 老 师
M	计算机辅助设计	黄春华
N	篆刻艺术实践	朱志国
O	速写探究	朱望云
P	合唱与指挥	张　音

表 7-3　2019 学年高二学生拓展课程

课 程 名 称	上 课 教 师	上课时间
导数与微分	薛　平	周三/周四
高考数学研究	王礼林	周三/周四
快乐羽毛球	周早华	周三/周四
微积分初步及应用	顾兆君	周三/周四
酿酒文化	周学兵	周三/周四
模拟驾驶原理	孟祥宏	周三/周四
地理兴趣拓展 1	刘　红	周三 8
高二化学基础巩固班	钱伟民、陈武	周三 8
围巾编织中的几何文化	郭玉华、倪雪华	周三 8
英美文化初探	王晶、秦燕	周三 8
古诗写作方法	查卫东	周三 8
算法初步	蒋次鳌、朱玲	周三 8
手工作坊（十字绣，头饰达人，5D 钻石画）	徐志华、董莉、戚恒欣	周三 8
摄影基础&古典诗词欣赏	涂友家、张燕柳	周三 8
篆刻初中研究——学会篆刻，印章不求人	朱志国	周四 5
地理兴趣拓展 2	栾春青	周四 5
厨房中的化学	唐　维	周四 5
生命科学兴趣拓展	范　鹰	周四 5
生命科学兴趣拓展	李　苑	周四 5

课　程　名　称	上　课　教　师	上课时间
高二生命科学兴趣班（数字化生物实验）	宋华昌	周四 5
英语影视欣赏	陈敬莲	周四 5
影视欣赏	花小平	周四 5

周浦中学还将生活教育特色课程与社区活动结合起来，坚持用生活进行教育。学校与周浦污水厂、周浦长乐养老院等建立了密切的合作关系，建设实训基地，开展"生活与环境""生活中的感恩教育"等拓展课程学习活动，既弥补了学校师资和资源的不足，也为学生创设了理论联系实际的良好载体，让他们把书本上学到的知识、技能、技术运用到实践中去，促进学生综合素质提升。具体课程设置如下表 7-4、7-5 所示。

表 7-4　化学教研组生活课程

学科	年级	类型	教　案　名　称	设计者	备注
化学	高一	基础	化工生产中又快又多	朱丽娜	新教案
化学	高一	基础	二氧化硫	钱伟民	新教案
化学	高一	拓展	你找对洗涤剂了吗？	傅爱华	新教案
化学	高一	研究	汽车尾气及净化技术研究调查	张　馥	新教案
化学	高一	研究	有机玻璃合成研究课题	张　馥	新教案
化学	高二	基础	甲醛	王　燕	新教案
化学	高二	基础	乙醇	刘斌彬	新教案
化学	高二	拓展	肉桂酸制备	谈燕红	新教案
化学	高二	拓展	维生素 C 的故事	张　巍	新教案
化学	高二	研究	我们需要食品添加剂吗？	范雨美	新教案
化学	高三	基础	指纹的秘密	刘　娜	新教案
化学	高三	拓展	茶水多变色	唐　维	新教案
化学	高三	研究	牛奶变胶水	齐微微	新教案

表 7-5　生物教研组生活课程

学科	年级	类型	教案名称	设计者	备注
生物	高二	基础	人工诱变育种	范 鹰	新教案
生物	高二	基础	伴性遗传	李 苑	旧案改进
生物	高二	拓展	葡萄酒的制作	宋华昌	新教案
生物	高三	基础	有机物的鉴定	孔丽萍	新教案
生物	高三	拓展	渗透作用原理	李伟昌	旧案改进
生物	高三	拓展	酶制剂的使用	孔丽萍	新教案

上述"生活教育"系列特色课程侧重培养学生学会做人、学会生存、学会学习的能力，在提升学生综合素质上发挥了重要的现实意义。如叶脉书签制作、利用"回锅油"制作肥皂、固体酒精制作、VC的检验等拓展课将高中化学与生物的基础知识融合，让学生真正爱上化学，爱上科学，学会环保。在中美学生文化交流活动中，周浦中学的学生将自己制作的叶脉书签和"可以吃"的肥皂作为礼物送给美国的同学，引起国际友人的连声惊叹。又如《我眼中的酒》则是从酒文化的历史到酿酒原理，架起了历史课、化学课、生物课的桥梁。学生在这里学会文献查阅与综述、社会调查与实践、技术创新与研究、产品开发与包装，甚至还有销售计划。又如，生活中电磁波无孔不入，测定手机辐射和电磁波屏蔽等一系列活动的设计，让学生发现长时间打电话要左右手经常交替，发短信比打电话辐射小，信号弱时别打手机，别把手机放进裤兜。这些课程和活动的设计让学生发出"谁说读书是辛苦的，读书真的很快乐"的感叹。

实践证明，在教学中积极地引导学生联系生活实际，不但拓展了学生学习的途径，也确立了一种具有生命色彩的知识观和课程观，发展了学生的个性，增加了学生与生活、与社会的联系，发展了学生的创新精神和综合实践能力。

2. 学生成长成才

十几年来，周浦中学坚持在教学中融入"生活教育"元素，极大地激发了学生的学习兴趣。学生在周浦中学爱学、乐学，并将所学与生活紧密结合起来，逐渐学会运用相关知识和方法，认识和解决社会生活实际问题，不断提升热爱生活的情趣，初步具备了面向现实和未来生存、生活所需要的人文与科技素养，进而为其终身发展奠定了基础。

近几年来，学生的学业成绩一直在本区同类学校中保持高位。其中，高中会考合格率、优良率均达到或超过区平均水平，处于同类学校的前列；高考成绩和升学率也一直位于全区同类学校的前列，2015、2016届学生高考本科上线率分别达到86.68%、87.34%；2017、2018、2019届学生高考本科上线率分别达到95.89%、97.40%和95.89%。2015年，学校考取"211"和"985"高校的学生数达到45名，其中复旦大学3名，同济大学2名，名校录取数量逐年提升。

近十年来，学生在各类奖项中收获不断。如2010年，获得第六届全国语文规范化知识大赛优胜奖计7人次，获得全国中学生物理竞赛二等奖1人次，获得"恒源祥文学之星"中国中学生作文大赛上海赛区"新课标·新知杯"作文竞赛一、二、三等奖计23人次，获得"外研社杯"第24届上海市中学生作文竞赛一、二、三等奖计19人次，获得上海市中学生劳动技术竞赛一、三等奖各1人次，获得上海市第十六届高中基础物理知识竞赛（TI杯）区重点中学组一等奖1人次，等等。

十年来，学生获得的各类奖项合计533项，奖项等第包含特等奖、一等奖、二等奖、三等奖、优胜奖等；奖项范围涵盖了语文、数学、英语、物理、生物、化学、劳技、科技创新、政治等学科。学生所获得的奖项之多、范围之广在全区名列前茅，充分反映了学校"现代生活教育"所取得的成就，充分反映了学生的创造和创新活力。

3. 教师发展进步

"现代生活教育"的特色创建，一支专业扎实、素养全面、懂生活会生活的特色教师队伍是关键。为加快学校教师队伍的成长，学校于2008年1月制定了《华东师范大学附属周浦中学2008—2010教师专业发展三年行动计划》。行动计划对学校教师队伍建设取得的主要成绩以及面临的挑战作了深入分析，提出学校教师的学历结构还不够优化、市级优秀教师、特级教师等领军教师数量相对不足、培养任务艰巨，教师整体的人文素养有待提高，学校教师教育的发展体制和激励机制还不够健全等。据此，行动计划规划了新三年学校教师队伍建设的目标和任务。新三年学校教师队伍建设的总体目标是：积极落实教师教育优先发展的地位，全面推进教师教育的创新，加强"对话型"学校文化建设以及"重建教研文化，构建学习共同体"的校本研修制度的落实和创新，努力建设一支师德高尚、结构合理、发展平衡，适应"二期课改"发展需要，适应上海市实验性、示范性学校建设发展需要，在南汇乃至上海市同类学校起引领和示范作用的高素质教师队伍。

学校在完成 2008—2010 年教师专业发展三年行动计划的基础上，于 2012 年又制定了 2012—2015 年教师专业发展规划。规划把师德建设摆在教师队伍建设首位，以尽心服务于学生发展为办学宗旨，以做充满爱心、品格优秀、业务精湛、道德高尚的优秀教师为目标，以校本研修为主要手段，积极鼓励支持教师参与高一层次学历和业务培训，在不断完善规范和支持改进的基础上，积极营造学校教师专业发展的环境。

学校紧紧抓住教师的学科专业素养和人文素养两个抓手，通过上海市教育科研项目"'对话型'学校文化建设实践"和浦东新区科研项目"青年教师人文素养提升研究实践"以及连续三年的浦东新区教育内涵发展项目"高中课程'生活教育'系列实践研究"等课题研究实践，提出了新时期教师专业发展必须是学科专业素养和人文素养双提升、双发展，以提高教育教学的高度和效度的理念；搭建了开展特色高中建设教师队伍发展的平台；实施了《周浦中学教师师德规范"十六要"和"十六不要"》《周浦中学教师岗位发展要求》《周浦中学课堂教学天天问》《周浦中学教师教育教学满意度测评》等保障措施；开展了各级各类以校本研修为主的校内外培训，通过"深度会谈""打开教室大门，共建学习共同体"等活动，推动教师个人专业发展和教研组团队发展提升。其中"青年教师人文素养再提升""高中课程现代生活教育实践研究"等一系列具有原创性的实践经验，多次在区、市级乃至全国的教师专业发展研讨会上交流，产生了良好的社会反响，引领学校教育教学改革向更高层次迈进。

为进一步贯彻落实国家和上海市中长期教育改革发展纲要，根据《上海市"十三五"中小学、幼儿园、中等职业学校教师培训工作实施意见》（沪教委人〔2016〕41 号）和《浦东新区"十三五"中小学、幼儿园、中等职业学校教师继续教育实施意见》（浦教职〔2016〕15 号）文件精神，上海市加快特色高中建设进程，深化"对话型"课堂教学文化建设，培养具有社会责任感、创新精神和实践能力的高素质教师队伍。2017年，学校制定了《华东师范大学附属周浦中学"十三五"教师专业发展暨教师培训规划》。规划的基本思路是：以教师专业素养和人文素养双提升、双发展，不断提高教师教育教学的高度和效度为基本理念，尽心服务于教师发展的需要，以教师职业道德教育为先，以教育理念更新和业务水平提高为重点，最大限度地满足不同层次和类型的教师专业发展需求；分层分类进行教师培训，改进培训方式，着力解决教师专业发展和教师教育中存在的教学内容针对性不强、质量监控薄弱等瓶颈问题；坚持教学、研究、培训一体化，改进校本培训制度，继续依托华东师范大学、上海师范大学、上海外国语大学、上海市师资培训中心、浦东新区教发院等教师培训机构和各名师培训基地，完善教师发展支持系统，努力造就一支有理想信念、有道德情操、有扎实知识、有仁爱之心的充满活力的富有创新意识和实践能力的高素质教师队伍，为周浦中学的可持续发展打下坚实的人才基础。规划进而提出了教师专业人文素养发展目标、教师发展支持系统建设目标、教师继续教育学习的途径与方式以及对教师队伍进行培训和培养创新的举措。

为推动教师队伍的成长，学校2014、2015年连续两年选派张馥博士、刘娜硕士到美国加州大学洛杉矶分校教育学院进行短期学习培训。两位教师在洛杉矶市阿卡迪亚学区的几所中学深入美国英语、历史、化学、物理、生物、音乐等课堂，与当地教师一起探讨中学教育的发展，两年多的时间里形成了《美国化学课堂多样化学习评价方式带来的新思路》《不约而同又各有千秋——中美化学课堂生活化教学一探》《中美两国高中化学教育的比较研究》等研究成果，并刊登在各类国家级中文核心专业期刊上。她们参与的"基于中美比较的中学课堂教学行动研究""浦东中外课堂教学方式融合课堂实践"等区级课题获批为浦东新区优秀内涵发展项目。

在学校的高度重视、培养培训和全体教师的自我努力提升下，学校的师资队伍建设取得了丰硕的成果。周浦中学成为首批"浦东新区教师专业发展示范校暨见习教师规范化培训学校"、浦东新区首批"校本研修学校"、上海市教师专业发展学校。目前学校有教师146名，其中特级校长1名，湖北省特级教师1名，区学科带头人1名，区骨干教师18名，市双名培养工程对象、市德育实训基地学员、区名师基地学员 10 名；中学高级教师 51 名，一级教师 76 名。在学历上，本科及其以上学历教师 146 名，100% 学历达标；其中获博士学位教师 1 名，硕士学位教师 26 名，在读硕士生 4 名，硕士课程班结业教师 20 名。

近十年来，学校教师获得各种奖项近 150 项，如获得全国课堂教学评比一等奖，第六届全国语文规范化知识大赛优胜奖、教育教学研究理论与实践论文大赛一等奖，全国中小学教师说课专场展示活动说课稿一、二、三等奖，第七届全国中青年教师（基教）优质课大赛二等奖，第七届全国高中英语课堂教学优秀课展评一等奖，第六届全国中小学公开课电视展示活动一、二等奖，2015—2016 "全国中小学教师说课展示活动" 说课稿一等奖，2016 年全国化学数字化实验教学应用及创新设计一等奖，中国梦·全国优秀教育教学论文评选大赛一等奖等。

学校有 50 多人次获得过区级、市级、国家级优秀教师、优秀班主任、模范教师、新长征突击手、"三八红旗手" 先进教育工作者、"金爱心老师" 等荣誉表彰。

学校教师团队学习型组织发展明显。至 2015 年 12 月，在新一轮浦东新区优秀教研组评审中，周浦中学五分之四的教研组被评为优秀和特色教研组。语文、英语、化学、政治、历史、地理被评为浦东新区优秀教研组，物理、音美、信息技术和劳技被评为特色教研组。

4. 学校声誉

随着学校各项事业的快速发展，周浦中学在社会上的影响力不断扩大，学校声誉逐年提升，先后获得以下荣誉：浦东新区未成年人思想道德建设先进单位、上海市语言文字工作示范学校、上海市中小学生行为规范示范学校、浦东新区区本课程试点学校、浦东新区心理健康教育达标学校、浦东新区团工作特色学校、上海市健康促进学校、上海市节水型学校、上海市依法治校示范学校、上海市平安示范单位、上海市家庭教育示范学校等。

2016 年，学校被确定为特色高中建设项目学校，列入新一轮整新工程学校，全面开启特色高中的创建。学校 "现代生活教育" 特色不断凸显，经常开展生活化特色课程展示和交流。近几年来，学校高考升学率逐年提升，学生被多所名校录取；师生不断获得各类奖项，学校知名度不断提升。

学校不断进取，广泛开展国际国内交流与合作。2015 年，学校先后接待了云南、海南、新疆、浙江等多批外省市校长教师代表团；学校校长在教育局党校为新疆莎车县教师和校长学习团作"'对话型'学校文化建设实践"专题经验介绍。2018 年 6 月美国哈德森高中（Hudson High Shool）师生及家长来访学校，进行文化交流。双方进行了友好互动和充分交流，双方校长就现代生活教育理念相互沟通并签署友好合作备忘录。2019 年 12 月，学校与河南大学举行"优质生源工程建设合作"签约仪式。

第二节 周浦中学"现代生活教育"特色创建的方向

艰难困苦，玉汝于成。任何一所特色学校的创建都不是一朝一夕、一蹴而就的，而是经过几代师生的不懈追求和努力拼搏而成的。对于周浦中学来说，尽管学校拥有"生活化实验"课程的长期实践和一定"生活教育"创新实验课程的积累，但"现代生活教育"仍是一个全新的时代课题，并无现成的样板可供拷贝和借鉴，"现代生活教育"特色学校的创建仍需久久为功。

一、进一步凝练和明确学校的特色办学目标

"特色学校建设，应该是不断厘清、凝炼学校办学思想，长期信守、践行学校教育理念，围绕学校培养目标不断推进、深化项目研究，最终形成学校鲜明、稳定的教育哲学和先进、科学的教育实践，并外显于学校文化氛围、课程建设、评价管理等领域，内化为全校师生精神气质、行为习惯、人格修养等渐行渐进的过程。它既是一个长期积淀、潜心打磨的过程；也是一个不断继承创新、发展完善的过程；还是一个需要执着坚守、一以贯之的过程。它是一所学校促进学生、教师内涵发展，形成鲜明办学风格、彰显个性特色，深入持久实施高质量、高品位教育之必须。"[1]

根据周浦中学的学校发展规划和特色创建规划，学校将"现代生活教育"特色创建定位于从服务学生成长、成才、成人发展的需要出发，积极开展"现代生活教育"，按照生活教育的"教、学、做合一"的原则，培养学生立足现代生活的"自觉性之启发，创造力之培养，生活能力之提升"，进而实现学校的特色育人价值，即"体魄强健、劳动习惯"，"科学头脑、创新创造"，"人格完善、学力坚实"。周浦中学的这一特色办学目标定位，经历了从"初级版的生活教育——部分学科的生活化实验（2005—2011 年）"的缘起，到"中级版的生活教育——

---

① 李勤.聚焦"现代生活教育"——关于特色学校建设的思考［J］.江苏教育研究，2011（3）：35.

数字化现代生活教育（2012——2015年）"的探索，再到"升级版的生活教育——全空间现代生活教育（2015年至今）"的定型。

然而，对于什么是"生活教育"，什么是"现代生活教育"，什么是"全空间现代生活教育"，以及这三者之间如何构成和构成何种逻辑关系，周浦中学的思考显然还不够充分和成熟。此外，周浦中学对于"现代生活教育"特色办学目标的定位还不够凝练和清晰，对于"现代生活教育"特色育人价值指向的定位还不够聚焦和精准，对于如何实现"现代生活教育"特色办学目标和育人价值指向还不够具体和明确。因此，进一步凝练和明确学校的特色办学目标定位，进一步提炼和聚焦学校的特色发展方向，是周浦中学特色创建必须解决的课题。

在上海市普通高中的特色创建格局中，与其他普通高中特色创建较多聚焦于理工、科技和人文、艺体不同，周浦中学的特色创建定位于"现代生活教育"，不仅显得小众并且独特。何为"现代生活教育"？对这一概念及其内涵的深入诠释是理解周浦中学特色创建的基础。

"现代生活教育"这一办学目标的定位，起源于我国著名教育家陶行知先生的生活教育思想。

1. 陶行知生活教育思想的内涵

我国著名的人民教育家陶行知主张教育融入生活，并在此基础上创生出了生活教育思想。陶行知的生活教育思想包含了三个维度，彰显了教育是成就人的事业。

其一，生活教育目的："生活即教育"。活的教育根植于人的现实生活，是因为教育的目的是为了让人能够过上好的生活。脱离社会和生活的教育是没有生机的教育，不具备促进人成长的潜质。正因为生活和教育之间存在密切的关系，生活既构成了教育的重要内容，又形成了教育活动的场所。陶行知提出了"是那样的生活，就是那样的教育"，意在强调立足于生活的教育才能达到教育为人服务的目的。基于生活的教育才是真正的教育，所以教育要凸显出生活的特质。在陶行知看来，剥离生活的教育不是幸福的教育，要把生活中含有教育的元素挖掘出来，这就是说教育要以好生活为素材。"生活即教育"包含两方面的内涵：一是丰富的社会生活是教育的来源，二是教育为了良好生活的生成。

其二，生活教育内容："社会即学校"。陶行知主张"社会即学校"的理念，丰富了教育的环境和内容。教育不应仅仅局限于学校，社会作为教育的大场所，是学生获取知识、技能的大学校。学生参与社会实践能够提升教育的深度和广度，能够激发学生的创新能力。"社会即学校"强调教育与社会的有机融合，实现教育为了生活、成就"做完整的人"的目的，其核心是把整个社会当作生活教育的内容来看待。社会是教育的场所，也是学生获得人类全部经验的源泉，发挥着作为教育内容的功能，开启了人精神上的自觉行为。"社会即学校"明确了社会中存在着表达生活教育的现象和内容，表明了参与社会生活和实施教育过程是同步的系统，从而促使人为社会创造更大的财富。

其三，生活教育方法："教学做合一"。"教学做合一"是生活教育的方法，也就是说通过"教学做合一"的手段才能使社会生活发挥教育的作用，实现教育完善生活的目的。陶行知认为经过生活滋养的教育方可提高人的内心修养。好的生活是好教育的活教材，人的发展要在生活和教育有机融合的基础之上才能得以完成。因此，"教""学""做"三者之间是不可分割的有机体。"教""学"优先，"做"统合了教与学的过程，通过人自身在社会中的不断实践获得生存智慧。"教学做合一"的核心是把"教"与"学"通过"做"联结起来，"教"和"学"共同的目的是教人学会做事，生活得更好。因此，"教学做合一"作为生活教育的策略与方法，体现了教育的实践性和行动性，当然也唯有这样的教育方可培育人的创新精神。①

作为中国教育改革的先驱，陶行知以一颗孜孜不倦的博大心灵，远见卓识地提出了"生活即教育，社会即学校，教学做合一"的生活教育观，反对教育脱离社会生活实践，主张教育要适应人民大众生活前进、发展的需要，结合人民大众生活的解放和幸福的实践斗争，启迪觉悟，培养生活实践和创造的能力。置身于"学会认知、学会做事、学会合作、学会生存"的新世纪教育背景中，陶行知的生活教育观蕴涵了当代世界教育现代化的发展趋势和民族传统文化的教育底蕴，不仅是 20 世纪中国教育史上的珍贵遗产，也为 21 世纪中国教育面向世界、面向未来、面向现代化，为建构走进新世纪的中国特色的现代化教育理论，勾勒了一

---

① 田养邑.陶行知生活教育思想及其教育理论创新［J］.教师教育论坛，2016（10）：33.

幅崭新的蓝图。①

2."现代生活教育"的内涵和价值定位

"现代生活教育"，顾名思义，是"现代化"的"生活教育"，是对"生活教育"的"现代"限定。"生活教育"即指基于生活和教育紧密联系、密不可分的前提和现实环境下，通过以"生活化实验"等课程为主要载体的三类课程以及其他相关学校教育活动和社会实践活动，培养学生运用已经学得的知识和科学的方法分析和解决现实生活问题，并指导学生积极参与社会生活和社会实践，注重在做和学中提升学会学习和学会生活的技能、本领，注重在社会实践中培养其创新和创造的能力，从而确立科学的生活态度和科学的生活方法的整个教育过程。"现代生活教育"就是基于现代化生活和现代社会发展对人的要求，基于教育现代化发展对学生培养的要求，积极对学生开展"生活教育"，使学生"学会认知、学会做事、学会合作、学会生存"，进而培养具备强健体魄、劳动习惯和科学头脑，善于行动实践和创新创造，人格完善、学力坚实，具有综合素养和健全人格的人才，从而为学生的终身发展和成就幸福人生奠定基础。

同时，周浦中学作为上海市浦东新区重点中学、实验性示范性高中之一，周浦中学的"现代生活教育"还具有强烈的社会价值取向，即立足于实现中华民族的伟大复兴和祖国的强大未来，立足于上海教育现代化的领衔发展和上海城市的功能定位，立足于城市发展对紧缺人才的需求和国家人才培养的需求，培养具有强大实践能力和创新创造能力的人才。

3."现代生活教育"的提出背景及其创建方向

周浦中学这一"现代生活教育"特色办学目标的提出，主要基于以下几点考虑。

一是基于应试教育向素质教育转轨的时代背景。1993年，党中央、国务院颁布《中国教育改革和发展纲要》，指出："中小学要由'应试教育'转向全面提高国民素质的轨道，面向全体学生，全面提高学生的思想道德、文化科学、劳动技能和身体心理素质，促进学生生动活泼地发展，办出各自的特色。"这极大地激发了基础教育阶段对多元化办学的研究和探索热情。其后，《国家中长期

---

① 张华.陶行知生活教育观：内涵、价值和境界［J］.中华文化论坛，2017（2）：54.

教育改革和发展规划纲要（2010—2020年）》明确提出要推动普通高中多样化和特色化发展。作为浦东新区一所具有近百年办学历史的传统老校，周浦中学必须抓住这一历史机遇，积极开展特色化和多样化办学的探索，推动学校发展迈上新台阶。

二是对学校办学历史的传承和创新。周浦中学很早就开始了"生活化实验"课程的探索和实践，开发了校本课程教材，积累了很多丰富的课程资源和实践经验，学生乐学、教师乐教，师生互动良好，有力促进了教学相长和学生的成才成长。然而高中办学亦如逆水行舟，不进则退。上海新高考的实施和浦东新区高中教育办学竞争的加剧，促使周浦中学进一步思考学校将来发展的方向，更加注重学生综合素质的培养和"全人"的养成，更加关注学生作为人在学校这个生活世界中的现实存在，进而关注通过提升学生在学校的生活质量，使教育过程真正成为学生精神变革、意义把握和生活实践的生活过程，以促进学生自我觉醒、自我生成、自我实现。

三是对陶行知"生活教育"思想的继承和创新。周浦中学提出的"现代生活教育"，是基于学校长期的办学历史和办学传统，在对陶行知先生的生活教育思想进行充分借鉴的基础上，同时融合吸收其他先进的现代教育理念，赋予其新时代的内涵和发展创新的意义后提出来的。

面对当时学校教育的弊端，陶行知先生提出了"生活教育"的理论，指出生活与社会是未来教育的目的与真实场域。陶行知说："教育的根本意义是生活之变化。生活无时不变，即生活无时不含有教育的意义。因此，我们可以说：'生活即教育'。"从生活的横向展开来看，过什么生活也便是在受什么教育："过健康的生活便是在受健康的教育；过科学的生活便是在受科学的教育；过劳动的生活便是在受劳动的教育；过艺术的生活便是在受艺术的教育；过社会革命的生活便是在受社会革命的教育。"从生活纵向的发展来看，生活伴随着人生始终："生活教育与生俱来，与生同去。出世便是破蒙，进棺材才算毕业。"①

按照陶行知的观点，就人类群体而言，人类有了生活就有了教育，处处是生活，处处即教育，这就是生活教育。它存在于学校教育出现之前，也存在于学

---

① 陶行知.陶行知文集［M］.南京：江苏教育出版社，2008：11–13.

校教育出现之后。就生命个体而言，"出世便是破蒙，进棺材才算毕业"，即便没有进过学校，没有受过学校教育，但他过什么生活，就受什么教育，这样的生活教育伴随生涯的始终。在这里，教育与生活是一体的，是自然而然的，是原生态的。所以我们未来的教育目的应该是面向生活的。

周浦中学继承了陶行知先生的"生活教育"学说和思想，并在此基础上，充分认识到目前高中教育存在的弊端，充分认识到"生源论""高考论""工具论"等精英时代的高中教育价值取向对高中教育改革发展的阻碍，进一步地对学校教育进行追根溯源和回归教育本真意义的深度反思，进而提出了"现代生活教育"的特色创建目标，将周浦中学打造成现代生活教育气息弥漫的现代校园。

因此，对于周浦中学来说，"现代生活教育"特色创建目标提出以后，学校需要对周浦中学的学校教育进行从价值理想到实践模式的重构，进一步聚焦特色创建的方向，明晰特色创建的路径和模式，并建构"现代生活教育"的思想体系，包括"现代生活教育"的标志性理念，在这种标志性理念下形成的校风、教风、学风及校园文化环境，围绕"现代生活教育"应开展何种教学模式，采取怎样的教育评价，学校管理和德育应如何推进，等等。

二、进一步加强"现代生活教育"的学校环境文化建设

学校的环境文化建设体现着学校的办学理念、功能定位和文化品位，是学校特色创建的重要组成部分。周浦中学定位于"现代生活教育"，要使校园里弥漫现代生活教育的气息，更加需要在校园环境文化的建设上下大功夫。

周浦中学积极开展校园文化建设，不断丰富学校文化生活。如不断营造良好育人环境，积极做好专用教室、图书馆、体育馆等场所设施的日常维护工作；积极加强学校"一网、二窗、一报、一刊、一台"的建设，充分利用和发挥校园网、宣传橱窗、黑板报、校报、校刊、广播台等载体的作用，加强宣传教育，以正确的舆论引导人，以高尚的精神激励人，以优秀的作品鼓舞人，使学校的良好形象更加深入人心。

为进一步推动"现代生活教育"特色创建，周浦中学需要对学校的环境文化建设进行全面设计，并制定系统的规划，加以有序地推动。

1. 确立校园环境文化建设的主题

校园环境文化建设是一项包括社会学、美学、心理学、建筑学、教育学在内的综合工程，其价值在于不仅能满足学生的学习、成长等基本使用功能，还可以实现其特有的文化育人、素质立人等教育价值。因此，学校要站在时代发展的制高点，全面研究和思考校园建设的整体布局、功能定位、建筑风格、文化风格等，通过精心设计和实施，传承学校的传统文化，彰显百年老校的文化特色，同时又聚焦"现代生活教育"特色创建的主题，营造契合学校办学理念的校园文化氛围，凸显现代教育的特征，切实做到校园规划布局美、生态环境美、人文环境美、师生生活方式美。

2. 通过开展丰富多彩的校园文化活动，提升学校文化内涵

学校需以育人为宗旨，按照"校园建设营造整体美、绿色植物营造环境美、自创作品营造艺术美、人际和谐营造文明美"的思路，开展丰富多彩的校园文化活动，不断丰富校园文化内容，发展校园文化，构建健康和谐的校园文化氛围，突出文化育人，注重内涵发展，以此提高学校办学品位，让校园充满现代生活的氛围，丰富师生生活内容，全面推进素质教育发展。如在已经形成的"对话型"学校文化建设的基础上，不断丰富和发展其内涵，通过"生活教育"让学生与生活对话，使学生学会生活、学会学习；通过学生生涯发展指导，促使学生学会和自身对话，不断反思学习，提升学习品质，提高自身修养；通过历史、语文和学生社团活动，组织学生读佳作、读精品；通过编辑《周中校报》和《课改探究》校刊，总结教育教学经验和理论，宣传周浦中学教育成果；积极开展具有学校特色的主题活动如"咬文嚼字"大奖赛、学生汉字听写比赛等活动，增添校园文化活力。

3. 大力打造数字化校园，彰显现代生活教育的活力

"现代生活教育"的特征之一就是现代性，或者说现代化，即教育的现代化和校园生活的现代化。那什么是教育的现代化和校园生活的现代化？

2015年联合国发展峰会通过了一个重要文件——《变革我们的世界：2030年可持续发展议程》。据此，联合国教科文组织发布的"教育2030行动框架"提出了"迈向全纳、公平、有质量的教育和全民终身学习"的共同目标。而早在2010年，《国家中长期教育改革和发展规划纲要（2010—2020年）》就提出了"到2020年我国基本实现教育现代化"的战略目标。从2030年这一"远期时

点"来谋划中国教育发展目标及战略,能够找到近接 2020、远衔 2050 的时间交接点;聚焦于教育的现代化发展,就能找到教育与社会各领域的"共振频率"。未来教育可能呈现哪些图景?华东师范大学基础教育改革与发展研究所所长杨小微指出:"概略地说,宏观图景是教育与社会、与生活和谐共生,包括'立交桥'式的学校体系建成,学校等教育机构与社会环境和谐共生,学习化社会基本形成等;中观图景是学校成为令人向往的地方,无论学校环境和学校文化,还是领导与管理,抑或课程与教学,都能在最大程度上以学生和学习为中心、为出发点和归宿;微观图景则是在教育过程中充满平等、尊重和爱。"①

从杨小微的说法可见,教育现代化的宏观图景、中观图景和微观图景都与周浦中学的"现代生活教育"的某些理念高度契合。现代化的校园生活主要表现在现代化的理念、现代化的校园环境、现代化的设施设备、现代化的生活方式等。校园生活的现代化无疑也是教育现代化的内容之一。

因此,若要彰显现代生活教育的活力,奠定"现代生活教育"的土壤,必须从教育现代化上探寻着力点,而大力打造数字化校园无疑是教育现代化的基础之一。为此,周浦中学制定了智慧校园的建设规划,拟引入华东师范大学超星网络神经系统的安全教育平台、生涯规划平台和课外阅读平台,在此基础上建设校园电视台、数字学习中心、校园气象站,以人工智能、大数据等新技术来实现学习个性化、生活智能化,并利用信息化平台提升学校教学管理水平、提高师生现代生活质量。

周浦中学计划利用校园电视台记录师生生活的精彩瞬间,用其来展示校园文化的多姿多彩,同时也培养出学校的新闻团队。学校计划打造的数字学习中心则是集计算机教室、电子阅览室和数字语音教室等为一体的综合类学习中心。具有资源丰富、多种终端整合、多种应用系统集成、相关业务高度整合等特征,其宗旨是通过信息技术与教育教学实践的深度融合,优化教学、教研、管理和服务等过程,提高教育教学质量和管理水平,促进师生全面发展。规划建设中的校园气象站结合物理、化学、地理等学科的教学实践,利用气象局现有互联网资源,使

---

① 教育现代化:人的现代化之路.光明网 – 光明日报［N/OL］.2017–07–17.http://www.tibet.cn/education/campus_topics/1500279173630.shtml.

高中生能够看懂气象云图和天气图，能够对气候变化、空气污染、低碳生活等概念有所了解，对陆地水文和自然地理地貌有所了解，突出各类抢险和救援知识的应用，在知识与实际运用结合上下功夫，提升学校教学品质及完善教育设备种类，丰富教学生活。

周浦中学还规划和实施了智慧教室建设，即以物联网技术为核心、构建一室多用的 AI 智慧教室，不但具有多媒体智慧教室、录播教室、远程教学教室等功能，而且配套了人工智能的课堂管理和设备管理系统，同时对校园内各教室、会议室的设备进行故障诊断及警告、使用情况分析等管控功能，能够对接教务信息，课表联动控制，实现设备的自动化运转，动态显示智慧校园各系统的运行情况。

除上述智慧校园系统和智慧教室之外，周浦中学还应从整体上打造数字化的校园系统，以"大数据、云计算、群体智能、物联网、移动互联"等前沿技术为支撑，依托云计算、云操作系统、云存储、虚拟化、云服务、物联网等先进技术的优势，结合教育智慧化、云服务化的实际，建成完整统一、技术先进，覆盖全面、应用深入，高效稳定、安全可靠的数字化校园，从而消除信息孤岛和应用孤岛，建立统一信息系统，实现部门间流程通畅，为校园的各项服务管理工作和广大教职工提供无所不在的一站式服务，打造为校园用户的教学、科研、管理、生活等提供全周期专属服务的智慧化、数字化环境，以凸显"现代生活教育"的现代化气息。

除上述措施外，周浦中学还应大力挖掘学校文化内涵，着力开展精神文化建设；优化校园环境氛围，创建平安健康校园；积极开展"阳光体育运动""三课两操"等活动，加强健康校园建设；关注师生学习、工作、生活环境的美化工作，营造安全、舒适、美观的教学环境，加强温馨教室、文明宿舍建设；加强师生德育工作，促进学生核心素养提升和全面发展，为学生一生成长奠定坚实的思想基础。

三、以"创新实验室"建设为抓手，凸显"现代生活教育"的特征

1."现代生活教育"的特征

"现代教育是与现代社会政治、经济、文化相适应的，以培养个体生命品质

（慈悲、博爱、关心、尊重、同情）与公民意识（公共、参与、责任、权利意识）为目标的教育。生命教育与公民教育作为现代教育的两大支柱，决定着我们能培养出怎样的人。"①"幸福人生与美好社会是教育的价值追求。而教育的方向决定了'为怎样的社会培养怎样的人'。在现代社会政治、经济、文化的背景下，现代教育的方向就是为一个民主、自由、公正、文明的社会，培养幸福人生的创造者。生命教育与公民教育可作为现代教育的两大支柱，实现现代教育的价值诉求。"②而"现代生活教育"正是"现代教育"的一个组成部分，是实现"现代教育"的一种渠道。由此可见，"现代生活教育"的特征有以下几点：生活性、实践性、创新性、创造性。

高中阶段学生的学习年限、学习内容和学习方式以及高中阶段学生的年龄结构决定了高中生的学习仍以在校学习且是知识的获得性学习为主，故高中阶段学生接受、参与"现代生活教育"受到场所、时间和行为方式的诸多限制，无法像大学生那样有着更加自由和广阔的天地。而高中校园的创新实验室由于其得天独厚的条件成为学生进行"现代生活教育"的绝佳场所；加强创新实验室建设，有助于学生生活性、实践性、创新性、创造性的发挥和培育。

2. 创新实验室的概念和特征

创新实验室是"学生开展自主探究和创新实践的场所，是融合学习内容、学习方式和技术装备于一体的新型学习环境，具有丰富的课程资源、灵活的空间组合、先进的技术装备、真实的情境模拟、支持学生深度学习等核心特征，是实验室学习环境的时代重构"。③也有学者提出应从不同的角度来理解创新实验室的概念，认为创新实验室是"以营造创新教育实践环境，提升学生的创新精神和实践能力为目标"的实验室；是通过做中学、学中做，开展自主学习与实践、自主探究与创新活动的实验基地；是配备丰富的仪器、设备、工具、图书、资料、作品等多种学习资源的教室；是一个集教育性、实践性、综合性、开放性、科研性、创新性于一体的实验平台；是一个民主、平等、自由、宽容、和谐的学习环境，

---

① 肖川，陈黎明.现代教育的两大支柱：生命教育与公民教育［J］.深圳信息职业技术学院学报，2018（3）：54.

② 肖川，陈黎明.现代教育的两大支柱：生命教育与公民教育［J］.深圳信息职业技术学院学报，2018（3）：56.

③ 竺建伟.学习环境重构：中小学创新实验室探索与实践［J］.上海教育科研，2018（7）：68.

使学生的兴趣得到培养、个性得到尊重、潜能得到发挥、创新意识得到增强。另外，创新实验室并非单纯的科学、技术实验室，目前在各学校也涌现出人文、艺术、体育、经济、数学类实验室，拓展了创新实验室的内涵。此外，校外资源的利用也是一个重要渠道，有与当地高校、中职校等部门的合作，也有区域内校际之间的合作，共享场地、设施、师资等资源。创新实验室不仅实现了对原有传统实验室的综合运用，还成功地与信息技术、现代科技、市场经济、国际文化接轨，为个性化需求提供了新的先进的技术支持。[①]

创新实验室具有以下五大核心特征。

（1）丰富的课程资源。创新实验室提供丰富的课程资源，坚持立足于学校的育人目标和办学特色，紧扣实验室学习环境的建设与重构，通过整合学校内外多方资源，形成丰富多样的校本课程体系和课程资源配置。例如，上海市曹杨中学的"水环境实验室"，通过建设水分析实验室、人工湿地、雨水回收利用系统等，构建"环境素养培育"校本特色课程，并与同济大学环境与工程学院、香港科技大学环境学部等专业机构合作，开发形成一大批共建共享的课程资源，将校园打造成一个大型的环境素养培育基地。

（2）灵活的空间组合。创新实验室具有灵活的空间组合，能根据不同的教学需要，对学习环境进行灵活布局和功能分区，便于学生开展多样化的学习探究与互动协作，充分满足不同学生和学生群体的个性化学习需求。例如，上海交通大学附属中学的"数字化加工中心"，由设计讨论区、零件加工区、组装调试区等分区组成，各区域的功能划分体现了工程活动的一般流程，并能够根据学生的具体学习需要进行灵活调整，让学生在活动过程中自然地接受工程教育的全方位熏陶。

（3）先进的技术装备。创新实验室拥有先进的技术装备，坚持正视时代发展和技术进步对教育教学的积极影响，倡导将现代信息技术广泛融入创新实验室建设与运行过程，积极支持学生适应信息化时代的个性化学习需要与创新素养发展。例如，上海市实验学校的创新实验室建设，融入了多种现代信息技术，学生可以通过读取手环数据，借助通信技术了解自己的学习进程；利用无线交互技术

---

① 李青，孙爱青.高中创新实验室建设分析与思考［J］.教学仪器与实验，2012（9）：50.

和多屏互动技术，获取丰富的多媒体学习资源；依托云计算技术，形成学习的评价与自适应反馈。

（4）真实的情境模拟。创新实验室凸显真实情境的模拟，坚持让学生在实践中体验和探究，将实验室从单一学科拓展到跨学科，从以自然学科为主，拓展到人文、艺术、社会科学、工程技术等新领域和综合学科，回答与解决实际生产生活中的真实问题。例如，华东政法大学附属中学的"明德尚法"创新实验室，通过设置庭审厅、仲裁厅、事务调节室、辩论厅、学生事务中心等，对法制系统进行了全真模拟，开展模拟立法、模拟听证、模拟庭审、模拟仲裁、模拟事务调节等实践活动，为培育学生的法制素养提供了丰富的学习载体和实践平台。

（5）支持学生深度学习。创新实验室聚焦对学生深度学习的支持，坚持以学习环境重构引领学习方式的变革，将教学方式的关注点从教师的"教"转向学生的"学"，促进学生在自主探究、合作交流和问题解决的过程中实现深度学习，提升创新素养。在上海市嘉定区迎园中学的"无线电创客中心"创新实验室，学生运用无线电发射接收模块实验套件，在组装无线电作品时，从中了解基本电子元件的功能，认识电磁波的发射与接收原理，破解电路接触不良、信号不稳定等问题，同时也深化了学生对初中物理知识和技能的理解。[①]

3. 进一步加强创新实验室建设，培育和发展学生的生活性、实践性、创新性和创造性

创新实验室的建设有利于学校在满足学生掌握课程基本要求的基础上，形成自己的优势学科领域，有利于把学校的校园文化建设、特色发展融为一体；还有利于满足不同潜质的学生发展需要，有利于创新型人才脱颖而出。进一步加强创新实验室建设，需要注意以下几个方面。

（1）确立创新实验室建设的主题。学校首先要确立创新实验室建设的主题，确定创新实验室的学科领域方向。在实际选题过程中要特别注意以下几个方面：其一是要紧密结合生活实际。实验选题应当充分考虑高中学生特点，如其所拥有的知识与能力结构、兴趣爱好等。当前有一种不好的倾向，即实验选题过于专、精、尖，大有一种高中生如果不写出具有博士等级的、逻辑的、深刻的论

---

① 竺建伟. 学习环境重构：中小学创新实验室探索与实践［J］. 上海教育科研，2018（7）：68–69.

文，就不是拔尖创新人才，就没有体现出创新实验室的价值。其实，我们有很多现实而具体的问题，怎样能够紧密结合生活实际研究问题，把学生的创造潜能激发出来，才是其真正的价值。其二是要紧密结合科技发展。创新实验室的建设与应用，一定要充分考虑现代科技手段的综合应用，在选题的过程中，必须考虑利用先进手段的可能性与必要性。例如，航空航天实验室与3D打印相结合，环境监测实验室与物联网技术相结合，还有诸如遥感技术、虚拟仿真技术以及普遍使用的传感器技术，乃至包括云计算、大数据手段相结合，等等，这既能满足学生个性化学习发展的需要，又能在一定程度上满足选题的时代性与先进性的需要。其三是要紧密结合社会难题。问题导向是创新实验室选题的基本方法。学生几乎每天都可以在不同的媒体上，见到大量的感兴趣的社会话题，如环境污染、食品安全、生态保护等。我们应当积极鼓励学生将自己的实验设计与社会难题的解决相结合，在培养学生创新素质的同时，培养学生的社会责任感。[1]

（2）要完善创新实验室的课程与教材建设，编撰具有学校特色和符合学校实际情况的校本课程和教材。创新实验室的课程和教材编写应由学校自主邀请的专家、本校的教师以及学生的代表参与，要使得学生总是处在一种思考、动手、探究未知世界的求索过程之中，以便培养学生的创新和探索意识。

（3）加强创新实验室的开放与共享。创新实验室的建设对场地、设施设备、人力资源等的要求都比较高，一所学校往往受到财力、场地、教师等资源的限制，难以全部建成理想中的创新实验室。因此，整合资源，加强创新实验室的开放与共享，就显得非常有必要。学校应充分盘活各种资源，包括人力资源、文献资源、装备资源等多种资源，充分利用高等院校、科研机构乃至社会企业的各种条件，"不为我有，但为我用"，最大限度地开拓创新实验室资源。如自2015年起，北京市教育技术设备中心与北京市高校实验室研究会联合了13所大学近70间实验室，面向中学生开放，大大丰富了创新实验室建设的外延，也为在中学校内建设创新实验室创造了新的条件。[2] 各校还应加强校际间的互动合作。每个创

---

① 丁书林. 关于在普通高中建设创新实验室的思考［J］. 实验教学与仪器，2015（10）：4.
② 丁书林. 关于在普通高中建设创新实验室的思考［J］. 实验教学与仪器，2015（10）：5.

新实验室既要加大资源的开放共享力度，也要积极地向暂时没有条件建设创新实验室的学校开放。研究领域、研究方向、研究手段相同的学校，可组建联盟，共克难关，共享成果。

（4）充分发挥学生的主动性和积极性。在创新实验室的实验教学过程中，不能仅仅是教师展示、学生复制，还要让学生积极参与，充分发挥学生的主动性和创造性，使学生通过已有的知识与经验去探索一个他们完全未知的领域，以此锻炼和培育学生的思考能力、问题意识、科研思维，开发学生的动手能力，进而提高学生的研究分析与总结能力、创新能力，形成对学生的全能力培养。

此外，在创新实验室建设过程中，还必须全面贯彻教育改革的思想，应该树立以学生发展为本，以培养学生的创新精神和实践能力为宗旨的建设目标；建立以开展研究性学习和实施探究性实验为核心，有利于开展实践、探究、创新活动的实验教学体系；组建和培养高素质的实验教师队伍；建设仪器设备先进、资源共享、开放服务的实验教学环境；制定有效的多元评价方式等。[①]后续还需进一步实现学校空间、课程和技术装备的深度融合，加快与人工智能等新技术的对接，为学生提供更为开阔的平台视野和更为灵活的学习辅助手段，以此培育和发展学生的生活性、实践性、创新性和创造性，推动"现代生活教育"特色学校的创建。

四、进一步加强学生的社会和生活实践，以此推动学生的创新和创造能力培养

1. "教学做合一"——未来教育的现实途径

"教学做合一"是陶行知先生生活教育理论的又一重要主张，是"生活即教育"在教学方法问题上的具体化。"它的涵义是：教的方法根据学的方法；学的方法根据做的方法。事怎样做便怎样学，怎样学便怎样教。教与学都以做为中心。在做上教的是先生，在做上学的是学生。"[②]陶行知在《创造的教育》中提到：

---

① 李青，孙爱青.高中创新实验室建设分析与思考［J］.教学仪器与实验，2012（9）：51.
② 陶行知.陶行知文集［M］.南京：江苏教育出版社，2008：27.

现在中国的教育是重视知识不重视行动的教育，其主要表现在"教师教死书，死教书，教书死；学生读死书，死读书，读书死"，因此这种教育是"死的教育"。但创造是活的教育，是行动的教育，因为有行动才能得到知识，有知识才能创造，有创造才有热烈的兴趣。未来的教育应该是"教学做合一"："行动"是教育的开始，"创造"是教育的完结。①

周浦中学"现代生活教育"特色办学思想是对陶行知"生活教育"思想的继承和创新，"教学做合一"是"现代生活教育"特色办学思想的固有之义。"教育若以生活为背景，就应将师生的视野越过传统的学校边界和学科边界，向着现实生活世界回归，使教育从单质、共性、必然、简化的世界，走向多质、个性、偶然、丰富的世界；向着人的生活世界回归，尽力拓展教育的时间和空间，拓展学习的环境，拓展学习的资源，开辟一条可以应用一切有利于学生学习和发展的路径，最终实现成全人生的教育目标。"②因此，只有加强学生的生活实践能力，才能真正做到"教学做合一"，才能实现"现代生活教育"的目标。

2. 加强高中生的社会实践能力是国家和上海市高中教育改革的要求

2014年国务院颁布《关于深化考试招生制度改革的实施意见》，将高中生的社会实践纳入了高中学生综合素质评价之中，并将上海市和浙江省作为高考综合改革试点地区，从2014年秋季新入学的高中一年级新生开始实施。③同年，教育部颁布《关于加强和改进普通高中学生综合素质评价的意见》，要求全面实施综合素质评价，切实转变人才培养模式。④其中，社会实践是评价内容的重要组成部分。

上海作为高考改革的试点区域，根据以上两个文件分别颁布了《上海市深化高等学校考试招生综合改革实施方案》（2014年）和《上海市普通高中学生综合

① 陶行知.陶行知文集[M].南京：江苏教育出版社，2008：43-50.
② 张建国.回归生活，执信教学本真——青海湟川中学的教育价值追求及学科建设理念[J].人民教育，2014（13）：30.
③ 国务院.国务院关于深化考试招生制度改革的实施意见[EB/OL].[2014-09-03].http://www.moe.edu.cn/publicfiles/business/htmlfiles/moe/moe_1778/201409/174543.htm1.
④ 教育部.教育部关于加强和改进普通高中学生综合素质评价的意见[EB/OL].[2014-12-10].http://www.moe.edu.cn/publicfiles/business/htmlfiles/moe/s4559/201412/181667.html.

素质评价实施办法（试行）》（2015年），积极开展高校综合改革，推行综合素质评价。《上海市普通高中学生综合素质评价实施办法（试行）》（2015年）首次规定申城高中阶段学生社会实践不少于90天，其中志愿者服务不少于60学时。[①]并在记录和评价内容、记录方法与程序、评价结果应用和组织管理保障等方面作了详细的规定。

由此可见，加强高中生的社会实践能力已成为国家和上海市高中教育改革的要求，这对于提高学生的综合素质，激发学生的职业兴趣等都有着十分重要的意义。

2015年暑假，华东师范大学开展了"上海市普通高中学生社会实践现状分析及对策研究"项目，对上海市17个区（县）的5.5万名2014级在校高中生以及负责管理学校社会实践相关工作的高中教师进行了调研。宋一婷根据问卷所获得的样本进行了进一步的分析，发现高中生虽然对社会实践的意义有所认识，但是对于自己参与社会实践仍存在着功利的取向，只是把其当成学校的任务或高考的要求，缺乏主动性。对于学校来说，也存在着重视宣传而忽视具体指导和评价的问题。[②]

3. 进一步加强学生社会实践和生活实践的方法和策略

对于周浦中学这样一所倡导现代生活教育的高中学校来说，加强学生的社会实践和生活实践具有特别重要的意义。它不仅是培养学生创新精神和实践能力、提升学生综合素质的良好载体，还是实施素质教育、培养学生批判思维的良好途径，更是使学生能够融入社会、感触生活，进而通过参与、体验与感悟，增强对社会的认识和理解，增强社会责任感的绝佳方法。

（1）加强宣传教育，积极提倡学生进行社会实践和生活实践

学校应积极加强宣传教育，鼓励学生大胆和积极地参与社会和生活实践。传统的评价方式注重结果性评价而忽略过程性评价，给学生造成了很重的心理负担，而上海作为推行高考改革的试点区域，提倡通过实践育人，推行综合素质评

---

① 上海市教育委员会.上海市普通高中学生综合素质评价实施办法（试行）[EB/OL].[2015-01-15].http://www.shmec.gov.cn/html/xxgk/201504/402162015002.php.

② 宋一婷.普通高中生社会实践学校支持调查研究——以上海市普陀区为例[J]上海教育科研,2016（7）: 47-51.

价。因此，引导学生明确社会实践的服务意义、主动参与是社会实践实施的基本要求。学校可以充分利用社会实践的机会对学生进行生涯发展教育。首先，学校可以对学生开展一定的理论学习和相关培训，使学生在心理认知、技术层面对社会实践有充分的准备；其次，学校通过与家长沟通、社会宣传等方式宣传社区服务活动的重要意义，对于表现优异的学生给予一定的激励，激发学生主动参与社区服务的意识；最后，充分利用校本课程，向学生渗透主动服务社会的意识，发挥高中学生探究能力强、学习能力强的特点，逐渐引导学生形成主动奉献精神和社会责任感。[①]

（2）完善评价方式，激励学生进行社会实践和生活实践

学校可以合理运用多种评价方式制定较为系统的、全面的评价指导体系，以督促、鼓励学生对社会实践进行反思。在实践的过程中，学生可以通过自评、他评、民主评议等形式进行过程性评价。学校应与实践基地建立良好的合作和沟通机制，对学生的实践过程进行评价，促进协同育人。在实践结束之后，学校应对学生的实习进行认定，不仅仅是达到所要求的学时，而且需要达到一定的自我反思。将自我评价和学校、基地评价相结合，过程性评价和终结性评价相结合，有利于学生明确社会实践的意义和价值，从而提升实践的育人功能。[②]

此外，可以进一步探索社会实践岗位的提供，例如社会实践岗位既可以由学校和实习基地协商提供，也可以由学生自主制定服务方案，充分发挥学生的主观能动性，开拓适合自身或者团队的岗位。这样既可以调动学生的积极性，丰富学生的社会实践经历，也符合学生的兴趣，使学生在服务社会的同时锻炼自身能力，让更多的学生能够真正有所收获。

（3）加强学生的健康教育，为学生的社会实践和生活实践奠定坚实基础

"健康"教育是"生活教育"的蕴含之义和应有之义。学校教育需要以健康为前提与首要目标，学校体育是教育的关键部分，对于学生的身心健康来说极为关键。陶行知早在20世纪40年代时便提出"健身"这一概念。健身渗透于大

---

① 宋一婷.普通高中生社会实践学校支持调查研究——以上海市普陀区为例［J］上海教育科研，2016（7）：47–51.

② 宋一婷.普通高中生社会实践学校支持调查研究——以上海市普陀区为例［J］上海教育科研，2016（7）：47–51.

众生活的诸多层面，也是大众生活的重要内容。健身需要以运动为基础，并依靠卫生、营养等进行辅助，从而实现身心健康的目标。陶行知强调"健康第一"这一重要理念，不论是在自己的书籍中还是在与友人的通信中均提到了这一概念。例如，在《我们的信条》当中便指出不论是生活还是教育均需要以健康为出发点。①

陶行知在健身思想层面的观点较为丰富，他也用很多相近概念来对健身观（健康、康健、厚生等）进行阐述。其教育思想以"生活教育"为核心，是借助教育实践不断发展的。"生活即教育"是上述观点的理论核心，教育必须与生活相融合，其本质为生活原有和自营。教育的本质则是生活的变化，由于生活无时不在变化，所以生活便时时蕴含着教育意义。也就是说生活、教育本身便是一个过程。此外，陶行知的"生活"具备特殊内涵。例如《生活即教育》一文便以当时社会实际为导向提出了"康健""劳动""科学"的生活。这些观点均具备远见卓识，除了对教育本质及其职能进行揭示，还具备理想的指导意义。

早在1919年，陶行知便于报告中提出"体育为德、智二育之基本"的观点，将养成坚强体魄、充实精神看作标准。陶行知不仅竭力倡导健身活动，还对教学合一极为重视，有效地推动健身活动融于实际生活。此外，他还对健身效果加以重视，例如其在《教育者的机会与责任》当中提出学校需要讲求体育，明确体育设置能够有效增强学生体质，并对不测之事进行规避。由此看来，陶行知在健身方法上尤为重视实效性、实用性，也就是当今强调的运动科学性。

陶行知在教育思想层面的理论、实践是当前教育发展的重要精神财富。陶行知的体育健身相关思想具备丰富性与科学性，是以生活教育为基础而逐步形成的，同时又是教育思想的重要构成。从其体育思想出发探索当前教育的深化、改革意义重大，我们需要以实际为导向，依据素质教育相关要求切实推进教育实施，秉持"健康第一"的理念原则，切实开展教育，为强化学生综合素养夯实基础。②

（4）精心组织实践活动，培养学生的社会和生活实践能力

陶行知生活教育思想来源于教育实践的系统化，它是指导生活的教育理论。

---

① 杨薇．陶行知"健康第一"思想的理论与实践探究［J］．学周刊，2019（12）：189.
② 杨薇．陶行知"健康第一"思想的理论与实践探究［J］．学周刊，2019（12）：189.

什么是真的教育？在陶行知看来，走进人生活场域的教育才是真正的教育。走进生活就是立足于"做"这一要素，实现知识的应用和思想上的创新，彰显了教育是成就人的事业。这样的教育是鲜活的教育，其内在的核心要素是实践，"劳力上劳心""教学做合一"都是其思想实践性的体现。同时，以生活为基础的教育才具有创新性，这就更需要教育回到实践本身。全部的社会生活就是课程的内容，在"做"中参与、探索、创造生活的本真，最终达到教之所成、教之所了的教育境界。生活教育思想是教育思想与教育实践相互统筹的综合教育体系，激发了教育实践中蕴藏的行动意义。因此，具有行动意义的教育是应用教育知识的生活实践行为，也是一种自为的生活实践。[①]

"教学做合一"就是要把课堂上学生所学知识应用于生活实践和社会实践，以此培养学生的动手能力和创新实践能力。因此，学校就需要围绕课堂教学和课下教学，精细设计和组织实践活动。在设计实践活动时，要服务学生的真实生活，选择合适的体验方式。学校应着眼于学生适应社会的必备能力，引导他们接触社会中真实的一面，感知生活、适应社会、参与社会。如学校可根据每个学生的不同发展状况和兴趣爱好，开设书法、烹饪、棋类、园艺等一系列生活课程，发掘学生的潜能，培养学生的生活能力。

此外，学校还可以充分挖掘社区和大学的教育资源，开辟学生生活和社会实践场所。如小区里的菜场、卫生所、警务室、超市等，都可以成为学生生活实践的校外课堂；可以通过暑期夏令营等活动，带领学生参观大学的实验室，体验大学校园生活等，以此进一步激发学生参与社会实践和生活实践的兴趣，锻炼学生的实践能力。

五、加强具备"现代生活教育"本领的特色教师群体建设

1. 教师在"现代生活教育"特色学校创建中的角色和作用

在"现代生活教育"特色学校创建中，教师担任着十分重要的角色，包括生活教育理念的倡导者和实验者、教育教学的研究者、良好师生关系的建构者，

---

① 田养邑.陶行知生活教育思想及其教育理论创新［J］.教师教育论坛，2016（10）：33.

等等。①

（1）教师是生活教育理念的倡导者和实验者

陶行知认为，实际生活构成了我们教育的指南针，它提供了无穷的问题，要求我们不断解决。教育是以生活的改造为核心，真正的教育作用是使生活与生活摩擦。教师是生活改造的领导者，既决定学生的命运，也决定民族和人类的命运。因此，在"现代生活教育"中，教师扮演着生活教育理念的倡导者和实验者的角色。

作为生活教育理念的倡导者，教师应明了生活教育的维度。它包括"生活即教育""社会即学校""教学做合一"。教师有责任倡导和传播这种生活教育理念，使人人都懂得"生活即教育""社会即学校"和"教学做合一"的意蕴。此外，教师还有责任明了生活教育的目的，那就是培植儿童的生活力，造就有活力的学生。在陶行知的视野中，生活教育不仅应使每个学生有生活力，而且要更加润泽、丰富、强健其生活力，使学生更能抵御病痛，解决困难和问题，担当征服自然、改造社会之责任。

教师不仅是生活教育理念的倡导者和传播者，而且还是生活教育理念的实验者。作为生活教育理念的实验者，教师因为年龄大，经验丰富，因而是学生生活和学习的辅导者，而不是教书匠和旁观者。当学生遇到困难、不能解决问题时，教师应加以暗示、辅助和指导，务必使学生独立思考，学会主动自觉地展开对问题的研究和解决，而不是教师包办代替。作为生活教育理念的实验者，教师必须运用生活教育理论指导各种教育活动。具体地说，在"现代生活教育"中，要以现代的实际生活为中心，造就学校的教师和学生。在创造教育方面，它是以生活为教育，从生活中产生问题、求得解决、获得教育。创造教育来自于生活，但生活中随处是工具，都可以拿来进行创造教育。

（2）教师是学校教育教学的研究者

教师要获得教育教学的进步，离不开研究。研究对教师而言具有重要的意义。研究学问是衡量一个好教师的重要标准。因为不断地研究学问，就能不断地获得学问的新理，这无论对教师还是对学生都有助益。教师可以借此丰富教学内

---

① 刘黎明.陶行知的教师角色观：内容、特征与评价［J］.教师发展研究，2019（3）：96–103.

容，发表研究成果，获得精神的畅快；学生可以借此获取新的知识，满足自己的求知欲。如果教师故步自封，不能主动更新自己的知识和学理，教育生活必定会无限枯寂。所以，好的教师"他必是一方面指导学生，一方面研究学问"。[1] 就师生的地位而言，好学的教师最为重要。因为好学的学生取决于好学的教师。唯有学而不厌的教师，才能教出学而不厌的学生。好学的教师与好学的学生是学校里的活力。"所以，在学校里提倡学问的根本方法就是要多找好学的教员，鼓励好学的学生，使不好的教员、学生逐渐自然的熏染或归于淘汰。"[2] 由此可见，好学的教师与好学的学生是相互感染，教学相长的；没有好学的教师，也不会有好学的学生。

教师对教育教学研究的目的在于，一是造就教师为一流的教育家。一流的教育家需要具备两个条件，即"敢探未发明的新理"和"敢入未开化的边疆"。前者需要教师不怕困苦，不怕障碍，不怕失败，集中精力找到教育中的奥妙新理，并把它们都发现出来，有胆量以实验精神衍射到未发明的新理。这是教师要自立进步的必然诉求，也体现了教师的创造精神。后者需要教师明白因为自己未尽到责任，才使国家有未开化的土地和未教育好的国民。二是"培养幼年研究生，在追求真理上学习追求真理"。[3] 为此，教师不仅要给学生的学习和研究提供指导，还要为学生追求真理提供学术自由、讨论自由和读书自由。

在研究的路径上，首先，要有科学的精神。教师要负起授业的责任，使学生通过观察、质疑、假设、试验、实证、推想、会通、分析等活动得到锻炼，去探寻真理的泉源。反对武断、幻想、尽信书，也反对以差不多自足，以一家之言自封。其次，要不断地追求真理。再次，教师对于学问、身体、工作和道德每天都应反思，发出"有没有进步"的疑问。通过"四问"来促进自己的学问、身体、工作和道德的进步和发展。最后，教师要终身学习。

（3）教师是良好师生关系的建构者

在陶行知看来，良好的师生关系是确保学校教育成功的关键。它的重要表现是教职员和学生共甘苦，共生活，共造校风，共守校规。如果教师能扮演好良好

---

① 周洪宇.陶行知教育名篇［M］.福州：福建教育出版社，2013：258.
② 徐明聪.陶行知师范教育思想［M］.合肥：合肥工业大学出版社，2013：96.
③ 徐明聪.陶行知创造教育思想［M］.合肥：合肥工业大学出版社，2013：97.

师生关系建构者的角色，就能使良好的师生关系呈现出如下的新气象。

第一，相师相学。陶行知认为，传统的方法，教师高高在上，学生听从教师教诲，师生关系的界限分得太严。现代师生关系的界限是模糊的，学生可以做先生，先生也可以做学生。

第二，人格相互摩擦。要使师生得到精神的沟通，感情融洽，其前提是师生必须在共同的生活中甘苦共尝。学生在受先生教育的同时也会受到人格的感化和启迪。这是难以避免的，也是一种好现象。在陶行知的视野中，真正的师生生活不同于同床异梦形式的共同生活，而是能使师生灵魂坦诚相见，人格相互摩擦。共同生活之有无价值，全看这种意义的存在与否来判定。陶行知深信这种共学、共事、共修养的方法，是真正的人格。

第三，自由平等。陶行知认为，在不民主的社会里，教师是缺乏自由的。因为"教官们不但不鼓励教师进修，而且借着教师看书、看报，同学生座谈还要怀疑他别有作用。所以教师们要想得到充分的进修自由、研究自由，必得和老百姓站在一条战线，争取民主的实现"。[①]陶行知不仅关注教师的自由，而且关注所有人的教育机会均等。他把教育机会均等理解为教育为公，文化为公。具体地讲就是"贫富的机会均等，男女的机会均等，老幼的机会均等，各民族各阶层的机会均等"。[②]

2."现代生活教育"特色学校创建对教师的要求

正因为教师在"现代生活教育"特色创建中居于十分关键的地位，甚至可以说发挥着核心的作用，"现代生活教育"特色学校的创建对教师的期望和要求也就很高，需要教师在各方面都具有较高的素养。

其一，要求教师具备并且高度认可"现代生活教育"的理念。只有教师认可并具备了生活教育的理念，才会在教学过程中落实生活教育的方法，以"润物细无声"的方式向学生传达生活教育的理念。因此，学校在确立"现代生活教育"的特色办学目标后，应积极向教师进行宣传，要把落实"现代生活教育"的特色办学目标作为全体教师的自觉行动，把贯彻"现代生活教育"的特色办学纳入教

---

① 周洪宇.陶行知教育名篇［M］.福州：福建教育出版社，2013：405.
② 王文岭，徐志辉.陶行知论创造教育［M］.成都：四川教育出版社，2010：131.

师队伍的培养发展规划和目标绩效考核之中。

其二，要求教师具有较强的实践能力，掌握"现代生活教育"的方法，能够将生活与教育融通。生活与教育密切相关，生活具有至上性，它决定教育，而教育是根据生活而定的。无论是教育的目的还是教育的内容和方法，都是依附于生活的，为了生活而展开，又反映着生活，渗透着生活的内容。教师要成为生活教育理念的倡导者和实验者，克服传统教育的弊端，彰显生活与教育的融通，就必然要求教师要具有生活教育的实践能力。因此，教师应善于联络、沟通教与学，教会学生学习，引导学生自动地获取知识，解决问题。陶行知认为，好的先生的标准，既不是教书，也不是教学生，而是教学生主动地学。教师的重要职责，就是善于联络，沟通教与学，使教师担负指导的责任，使学生负起学习的责任。对于一个问题的研究，教师不能把现存的解决方法告诉学生，而是引导学生自己去思考，找出这个方法，并以此经验找到别的方法，解决别的问题。

其三，教师应具有创新精神和创造能力。随着知识经济时代的来临，抓好创新学习，全面实施素质教育，培养具有创新精神和创造能力的一代新人，已成为教育战线一项紧迫的任务。习近平总书记也在多个场合提出，"创新"对中国全面深化改革和发展具有极其重要的作用，"变革创新是推动人类社会向前发展的根本动力。谁排斥变革，谁拒绝创新，谁就会落后于时代，谁就会被历史淘汰"。"创新是一个民族进步的灵魂，是一个国家兴旺发达的不竭动力，也是中华民族最深沉的民族禀赋。在激烈的国际竞争中，惟创新者进，惟创新者强，惟创新者胜。"

开展创新学习，关键在于教师，正如原教育部长陈至立所说："只有具有创新精神和创新的教师才能对学生进行启发式教育，培养学生的创新能力。"因此，教师要学会学习，不断追求新知识。教师掌握的知识越丰富，知识结构越合理，就越能观察和发现新问题，越能适应教育创新的需要。

3. 加强具备"现代生活教育"本领特色教师群体建设的方法和途径

（1）树立终身学习的理念，加强自我学习和自我提升，做到"学而不厌，诲人不倦"。终身学习是一种积极的生活态度，也是时代对广大教师提出的任务。《中学教师专业标准》对教师"终身学习"理念的要求有三点：一是学习国内外先进教育理论、经验和做法；二是学习新鲜知识及注重文化含量；三是秉持持续发展意识和能力，成为终身学习的典范。教师精深的专业知识，开阔的人文视野和深厚的教育理论功底是影响学生的最大因素，随着时间的推移，其中的魅力会越来越凸现出来。而教师要具备上述知识和能力，就必须树立终身学习的理念，加强自我学习和自我提升。

教育创新也要求教师不仅要有广博的科学文化基础知识，而且还要有精深的专业知识和多学科的专业知识；不仅要有一般的教育科学知识，而且要有系统的方法论知识；还要不断了解现代科学发展的最新成果，及时掌握现代化教育教学技术和手段，并把它们运用到自己的教育教学实践中，为教育创新服务。因此，面对知识更新周期日益缩短的时代特征，教师更要树立终身学习的理念，要学会学习，不断地吸收新知识，扩展教育视野，以满足教育创新的要求。

对于周浦中学的教师来说，还要积极拥抱现代生活技能，努力学习现代生活教育理念和方法，如人工智能、大数据、现代教育理论和信息技术等。

（2）提升专业素养，教学和研究并进，向专家型和学者型教师成长。教师除了积极学习、不但提升自己的专业素养外，还要加强教育科研的开展，用教育科研带动教育创新和创造，向专家型和学者型教师成长。教育科研能力是在教育实践的基础上，又超越和升华于教育实践的创新能力。教师要想使自己真正成为教育教学的研究者，首先必须要对自己的教育教学实践活动不断反思和探究，不断创新自己的教育教学方法，逐步形成自己的教育教学风格和教育教学理论；其次，从创新的高度来看待传统的教育教学理论和方法，及时研究和吸收新的教育教学理论和方法，寻找解决问题的新思路、新方法，做一个研究型的教师；再次，大胆开展教育教学创新研究，把研究的新成果及时运用到教育教学实践中来，用实践的结果再去检验自己的研究成果，并及时修正和完善自己的研究。

（3）教师要积极参与社会生活和社会实践，不断提升创新和创造能力。"读万卷书，行万里路"，"纸上得来终觉浅，绝知此事要躬行"，作为周浦中学的教师，首先自己要积极参与社会生活和实践，才能积累经验、获得创新和创造的源泉，以此来哺育学生。

六、拓展外部资源，加强学校的国内国际交流和合作，扩大学校影响

1. 积极利用社区、大学等社会资源，扩大现代生活教育的场景

一校一区的资源毕竟有限，而现代生活教育的视野又极其广阔，因此周浦中学需打开校门，积极争取社会教育资源，加强生活教育。学校需动员更多的社会资源积极主动参与学校教学改革，尤其是"生活教育"实践，变社会资源为学校资源和"生活教育"的教育教学资源，并以此拓宽师生的眼界。学校需进一步完善学校与家长的联系沟通制度，努力发挥学校、家长和社会的育人合力，建立良好的学校与家长互动信息平台，形成学校、家庭、社会三位一体的育人格局。积极参与社区文明创建活动，共同推进文明校园的建设。

作为华东师范大学的附属中学，周浦中学需加强与华东师范大学的合作，积极争取华东师范大学的各种资源支持。可以联系华东师范大学附属（实验）学校以及部分市、区级实验性、示范性学校，建立教师教育资源联盟，发挥各大名校对学校教师教育的辐射作用，为学校开展校本研修活动提供便捷和有力的专业支持。

2. 加强学校的国内国际交流和合作，扩大学校声誉

作为浦东新区示范性高中，周浦中学应积极主动地开展同浦东新区和上海市的交流活动，包括教学科研活动、学生社团活动等。由于上海基础教育走在全国的前列，周浦中学还可综合上海市的优质教育资源，积极开展同北京、广州以及内地的交流和合作，以此取长补短，扩大学校影响力。

学校还可以充分利用浦东新区和上海市的区位优势，积极开展国际交流和合作，以此扩大学校在国际上的影响和声誉。为此，学校应坚定不移地推动学校"现代生活教育"的特色办学，打造出学校的特色办学品牌，并及时总结经验、凝练成果，以参与国际教育合作与交流。

综上所述，周浦中学"现代生活教育"特色办学思想是经过实践的不断检验和提炼后形成的理论，是对陶行知生活教育思想的继承和创新。在教育改革和创新的时代背景下，这一特色办学思想直指人的终身发展和幸福人生，对全面实施素质教育和全人的培养具有十分重要的意义。

第八章 上海市普通高中特色发展的路径分析

目前，全市共有普通高中约270所。自2011年上海市教委设立"上海市推进特色普通高中建设与评估"项目以来，经过近十年的创建，按照"成熟1所创建1所、创建1所命名1所"的原则，全市分三批共发展了55所特色普通高中项目学校，其中有四批次12所学校已被命名为特色普通高中。这些特色高中打破了过去高中人才选拔和培养以单一的学业分数为标准的模式，成为上海高中多样发展的样本；已经命名的12所学校都已形成各自的特色办学理念，并在课程体系建构、教师队伍建设、资源共享等方面，逐步实现学校发展与人才培养模式的转型。其他特色项目学校也均制定了特色发展的办学目标，并围绕特色发展目标开展课程建设、教学改革、师资队伍建设和人才培养工作。

第一节 上海普通高中特色发展的类型、策略与模式

上海市 55 所特色普通高中项目学校散布于上海市各个区，其特色发展的类型较为丰富多样。受各校办学历史与传承、学校文化与现实条件等因素的影响和制约，不同学校的特色创建策略与模式也不尽相同。

一、上海市普通高中特色发展的类型

1. 上海市普通高中特色发展的区域分布及其特点

目前，上海市共有黄浦区、徐汇区、长宁区、静安区、普陀区、虹口区、杨浦区、宝山区、闵行区、嘉定区、浦东新区、松江区、金山区、青浦区、奉贤区、崇明区等 16 个区。55 所特色普通高中项目学校（含已命名的 12 所特色普通高中）分区分布如表 8-1。

表 8-1　上海市各区普通特色高中分布表

区域	特色普通高中	特色普通高中项目学校	数量	比重
黄浦区		市八中学	1	1.82%
徐汇区	徐汇中学	紫竹园中学、市四中学、华理工附中、中国中学	5	9.09%
长宁区	华东政法大学附属中学	天山中学	2	3.64%
静安区	上海戏剧学院附属高级中学	风华中学、同济大学附属七一中学	3	5.45%
普陀区	甘泉外国语中学、上海音乐学院附属安师实验中学、同济大学第二附属中学、曹杨中学	桃浦中学、长征中学	6	10.91%

区域	特色普通高中	特色普通高中项目学校	数量	比重
虹口区		鲁迅中学、澄衷高级中学、北虹高级中学	3	5.45%
杨浦区	上海理工大学附属中学	上海市体育学院附属中学、上海财经大学附属中学、市东中学、复旦实验中学	5	9.09%
宝山区		宝山中学、罗店中学、行知实验中学	3	5.45%
闵行区		华东理工大学附属闵行科技高级中学、闵行三中、北外附属闵行田园高中、文来中学、上海中医药大学附属浦江高级中学	5	9.09%
嘉定区	嘉定二中	中光高级中学	2	3.64%
浦东新区	华东师范大学附属东昌中学、海事大学附属北蔡高级中学	香山中学、周浦中学、上海海洋大学附属大团高级中学、浦东中学	6	10.91%
松江区		松江区第四中学、上海师范大学附属外国语中学、华东师范大学松江实验高级中学、松江区立达中学	4	7.27%
青浦区		青浦一中、青浦区第二中学	2	3.64%
金山区	华东师范大学附属枫泾中学	亭林中学、上海师范大学第二附属中学、张堰中学	4	7.27%
奉贤区		致远中学、奉贤区曙光中学	2	3.64%
崇明区		城桥中学、崇明区堡镇中学	2	3.64%
合　计	12	43	55	100%

　　由表 8-1 可见，上海的 16 个区每个区都有至少一所特色项目学校。其中，特色项目学校（含已命名特色普通高中）最多的区有 6 所，即普陀区和浦东新区；其次是有 5 所，包括徐汇区、杨浦区和闵行区。已命名特色普通高中最多的区是普陀区，共有 4 所；其次是浦东新区，有 2 所；徐汇区、长宁区、静安区、杨浦区、嘉定区、金山区各有 1 所。由此可看出，上海市特色普通高中项目学校（含已命名 12 所特色普通高中）在分区分布上具有普遍性和相对集中性的特点，

且这一分布特点与上海市各区高中资源的总体分布特点相关，可视为对上海市各区高中资源总体分布格局的一个补充。

表8-2　上海市各区高中资源分布

区　县	市重点高中	区重点高中	音通高中
徐汇	6	5	7
浦东	9	18	25
杨浦	5	8	3
闵行	4	5	13
黄浦	7	4	4
静安	7	9	6
长宁	3	4	2
虹口	4	5	5
普陀	3	5	6
宝山	3	5	6
嘉定	2	3	4
青浦	3	1	2
松江	2	1	5
奉贤	1	2	4
金山	2	4	3
崇明	1	4	2

由于办学历史和各区城市、教育发展的不平衡，上海市高中资源在总体分布上呈现由中心向四周辐射的特点，市中心城区如徐汇、黄埔、静安、杨浦以及浦东新区的高中资源特别是高中优质资源相对较多，而周边城区如嘉定、青浦、松江、奉贤、金山、崇明等区的高中资源尤其是高中优质资源相对较少。

由于上海市特色普通高中参照市实验性示范性高中政策办学，在自主招生、特色师资队伍建设、设备配置和经费投入等方面都享有参照市实验性示范性高中的相应政策，因此特色高中的成功创建无疑为这些学校提供了发展的新平台和新契机；对于正在创建特色高中的特色项目学校来说，学校也迎来了新的发展机遇和改革前景。55所特色普通高中项目学校（含已命名12所特色普通高中）的区域分布打破了中心城区优质高中资源的相对垄断地位，为次中心城区和周边城区的高中学校的优质发展创造了政策条件，有利于上海市高中办学格局的均衡化发展、多样化发展和特色发展。

2. 上海市普通高中特色发展的类型及其特点

不同学者和省市对普通高中特色建设的分类并不相同，有基于教育理念、育人模式与学校管理特色的整体性特色，有基于素养教育特色与课程教学特色的局部特色；有体现于物质层面（如校舍建设）、行为方式（教育模式、教学模式、管理模式）、学校风俗与传统、精神和品行层面的特色；有培养目标特色、教育途径特色、教学方法和手段特色、教学内容特色、教学评价特色；有办学模式特色、学校文化特色和学校学科特色；有政府主导下的办学特色，有学校内部的办学特色（如育人模式、特色教育、重点学科建设、教学方式方法、德育与心理健康教育、国际理解教育），等等。

上海市将特色普通高中建设划分为三个发展阶段：特色项目阶段，学校有一个及以上适应学生需要的富有特色的课程或项目；学校特色阶段，学校围绕特色领域，形成相应的特色课程群，形成面向全体学生、层次递进的特色课程体系，形成一定的办学特色；特色学校阶段，学校以特色领域为主线，制定发展规划，形成系统引领和支撑学校发展的办学思想、发展目标、课程体系、教师架构、管理制度、资源体系和辐射机制。由此可见，上海市对特色普通高中的分类是基于课程特色、学科特色基础上的学校教育特色的分类。其中普通高中特色项目（即学校特色阶段）是课程教学特色的局部特色，而特色普通高中（即特色学校阶段）是包含学校教学特色、学科特色、育人特色、文化特色、办学特色等内容的学校整体特色。

根据上述分类标准，上海市55所特色普通高中项目学校（含已命名的12所特色普通高中）的特色大概可以分为以下几个类型。

（1）科技类特色。主要包括曹杨中学（"环境素养"特色）、嘉定二中（"融合人文的科技教育"特色）、徐汇中学（"以工程素养培育的科技创新"特色）、华东理工大学附属闵行科技高级中学（科技教育特色）、上海师范大学第二附属中学（"生态教育"特色）、中国中学（生态环境教育与生命教育特色）、青浦一中（"生态素养"特色）、松江区立达中学（科技特色）、堡镇中学（"新生态教育"特色）等学校。

（2）理工类特色。主要包括同济大学第二附属中学（理工特色）、上海理工大学附属中学（"工程素养"特色）、闵行三中（航空航天教育特色）、华东理工大学附属中学（"内修外行，多元发展；兼容并蓄，工科见长"特色）、风华中学（"理理融通，以理育人"特色）等学校。

（3）商业财经金融类特色。主要包括华东师范大学附属东昌中学（"金融素养培育"教育特色）、上海财经大学附属中学（财经素养特色）、上海市第四中学（"中西商学的摇篮"商学特色）、澄衷高级中学（"现代商业素养培育"特色）等学校。

（4）语言与优秀传统文化类特色。主要包括甘泉外国语中学（"日语见长、多语发展、文化理解"之多语种特色）、上海师范大学附属外国语中学（外语特色）、海事大学附属北蔡高级中学（航海文化教育特色）、上海海洋大学附属大团高级中学（海洋文化特色）、中光高级中学（"民族传统文化艺术"特色）、曙光中学（"红色精神培育"特色）等学校。

（5）艺术类特色。主要包括上海戏剧学院附属高级中学（戏剧艺术教育特色）、上海音乐学院附属安师实验中学（音乐艺术教育特色）、华东师范大学附属枫泾中学（美育特色）、香山中学（美育特色）、北虹高级中学（"戏剧教育"美育特色）、同济大学附属七一中学（创意教育特色）、文来中学（"视觉素养"特色）、紫竹园中学（美术教育特色）、罗店中学（美育特色）、青浦区第二中学（"艺术人生"特色）、松江区第四中学（"尚美素养"教育特色）等学校。

（6）体育类特色。主要包括上海市体育学院附属中学（"体教融合"特色）、宝山中学（科体并重特色）、亭林中学（体育特色）、城桥中学（"艺体科融合、适性育人"特色）等学校。

（7）法治类特色。主要包括华东政法大学附属中学（"尚法"教育特色）、桃浦中学（法制教育特色）等学校。

（8）综合类特色。主要包括浦东中学（史学素养特色）、上海中医药大学附属浦江高级中学（中医药特色）、周浦中学（"现代生活教育"特色）、天山中学（"培育生命科学素养"特色）、行知实验中学（"师陶立德"特色）、华东师范大学松江实验高级中学（"媒介素养"教育特色）、致远中学（"生成性"教育特色）、市东中学（"市政"特色）等学校。

从上述55所特色项目学校（含已命名的12所特色普通高中）的特色发展类型来看，主要表现出以下几个特点。

其一是上海市普通高中特色发展呈现出多样化特点。如图8-1所示，上海市的55所特色项目学校（含已命名的12所特色普通高中）涵盖八大领域，包括理工类、科技类（含信息、生态教育、创意设计）、艺术类、语言与优秀传统文化类、体育类、商业财经金融类、法治类、综合类（如史学、现代生活、中医药教育等）。可以说，这一布局相对合理，有效满足了学生多样化学习需求，发挥了示范引领作用，成为各特色领域的课程建设高地和教师研训基地，推动了高中特色课程资源的辐射共享。这八大领域覆盖学科范围极其广阔，反映了上海市普通高中特色发展百花齐放、异彩纷呈的态势；上海市普通高中办学多样化、特色化发展的格局已初见雏型。

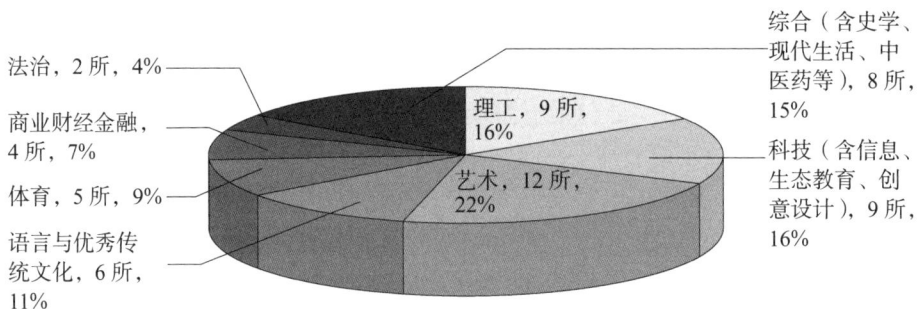

图8-1　上海市特色普通高中项目学校特色分布图

其二是上海市普通高中特色发展呈现整体性特点。自国家规划纲要提出普通高中多样化、特色化发展后，上海市教委从政策层面主导了普通高中的特色化发展，营造了普通高中特色化和多样化发展的热烈氛围；上海市各区包括区级实验性示范性高中在内的普通高中纷纷响应，全面参与，全方位变革，全程跟进，体现了普通高中特色建设的整体性、全局性。

其三是上海市普通高中特色发展水平呈现出差异性特点。学校特色建设的水平取决于学校发展的历史、现状和整体办学水平，学校师生员工对学校特色建设的重视，校领导的领导力与参与程度等。因 55 所特色项目学校发展的水平和程度参差不齐，各校领导与教师的视野、重视与参与程度存在差别，各校的特色建设水平也体现出差异性特点。这种差异性主要表现在学校特色建设的不同发展阶段上。目前，上海市已分别于 2017 年、2018 年、2019 年、2020 年分四批次命名了 12 所特色普通高中，这 12 所已命名特色普通高中无疑走在了特色建设的前列；部分特色项目学校已经过初评，将陆续参加复评；部分特色项目学校已开展项目展示活动，即将参加初评；仍有部分学校尚未开展项目展示活动。

其四是上海市普通高中特色发展的类型定位呈现出不平衡性。从以上的 55 所特色项目学校（含已命名 12 所特色普通高中）的特色发展类型可以看出，定位于艺术类特色的普通高中学校数量最多，达到 12 所；其次是科技类、理工类和综合类，数量分别是 9 所、9 所和 8 所；最少的是法治类，数量是 2 所。一所高中定位于何种特色类型，受到学校的办学历史和传承、学校目前所处的发展阶段、学校所在区域的政治经济发展和城市发展特点、所在上级教育主管部门的主导和推动、学生的发展旨趣和需求、学校校长的领导力等多种因素的影响。

二、上海市普通高中特色发展的策略与模式

根据本书前文所述，学校特色创建策略就是学校在创建特色的过程中所采用的方式、方法，"从某种意义上说就是确定建设的方向、切入点与途径。其方法不外是作出选择。有所为有所不为，即舍得，有舍才有得"。[1] 学校特色创建模式是指"学校特色形成过程中较为常见、较为稳定的机缘、程序及其实施方法的策略体系"。[2] 就某一高中的特色创建实践来说，其特色发展的策略与模式往往是相互渗透、融为一体的。

根据上海市 55 所特色项目学校（含已命名的 12 所特色普通高中）的特色发展类型和特色创建实践，本书结合孙孔懿等学者的观点，将上海市普通高中的特

---

① 韦毅，洪涛. 学校发展规划与特色创建［M］. 长春：东北师范大学出版社，2009：156.
② 孙孔懿. 学校特色论［M］. 北京：人民教育出版社，2007：149.

色发展策略和模式概括为以下几种。①

1. 传统发扬式

所谓"传统发扬式",是指"学校在某方面已经形成一定优势的基础上,通过辩证扬弃,使之再上一个新的台阶,成为更加鲜明的学校特色"②。

如曹杨中学"环境素养培育"特色就源自于对学校文化传统的传承和对已有办学实践和特色的传承与发展。曹杨中学创建于1953年,是上海市华侨学校。建校之初,学校就提出"爱国·精业·乐群"的校训,"严谨·精业·求实·创新"的教风和"勤奋·求实·合作·进取"的学风,凝炼出"含德之厚·报国之诚"的"赤子"文化。对国家竭诚尽力,对社会尽责担当,对他人友爱包容、和谐共进,成为曹杨中学一贯的价值观和教育导向。20世纪五六十年代,学校开展了绿色能源沼气开发利用等特色项目的探索实践,标志着"绿色"理念在校园中萌芽。1975年,学校为响应国家"绿化祖国"的号召,将绿化与教学实践结合,"绿色"理念在校园渐渐生根。1989年,以头脑OM引领的绿色科技项目群形成。从这一年起,头脑OM项目共获6次全国冠军、9次亚军,代表中国参加世界比赛荣获亚军。在该项目的带领下,形成了环境保护、太阳能利用等12个绿色环保科技项目群。1990年,在我国著名动物学家周本湘教授指导下开展的"鸟和人类"的探究项目,进一步让全校师生充分认识到人与自然和谐共生的重要意义。从此,"人与自然和谐共生"的意识在校园逐渐深入人心。1996年,学校提出了"责任·自主"的办学理念,开展"责任教育"德育实践,着重培养学生对自我、社会、自然的责任感和自我管理、自我设计、自主发展的意识和能力;环境教育蓬勃开展。2008年,"环境素养培育"特色开始凸显。学校传承建设校园"实验场"思想,因地制宜开设"绿色能源""校园植物研究""虹江河水质监测"等"环境素养培育"系列课程,培养学生的环境素养。2012年,学校明确创建上海市特色高中的发展目标,"环境素养培育"课程群进一步丰富,"绿色能源"课程成为区域共享课程。2014年,学校制定了"'环境素养培育'特色高中

---

① 除特别标注外,本条目所引述的各高中学校的相关文化传承、办学理念、特色课程等内容和信息均来自各校官方网站,上海市及各区基础教育机构官方网站,各校普通高中特色创建的自评或复评报告、特色活动展示,本书作者的个别调研以及相关媒体对各校的相关报导等。

② 孙孔懿.学校特色论[M].北京:人民教育出版社,2007:149–164.

创建规划"，整体建构学校的特色建设，明确特色发展路径和实施项目。"绿色能源""水技术与环保""校园植物研究"三门课程成为区域共享课程。2017年，学校被命名为上海市首家特色普通高中。

又如嘉定二中"融合人文的科技教育"特色也是从该校长期的办学历史与办学基础中逐渐提炼出来的。上海市嘉定区第二中学坐落于有着1500年历史文化的南翔古镇，始于1949年创建的"南翔义务职业学校"，其后历经嬗变发展至今天的嘉定二中。回顾近70年的办学历程，嘉定二中的特色发展从朦胧到理性自觉，其中科技教育的核心地位始终没有动摇，而在科技教育的发展过程中，学校始终坚持从基础型课程改革出发，对学生进行必要的人文素养的提升，涵养家国情怀和文化自信。其"融合人文的科技教育"办学特色大致经历了以下三个阶段。

一是以掌握职业技能为宗旨满足就业需求的劳动技术教育。20世纪50年代，张昌革老校长本着让南翔地区贫寒子弟能够有学上的朴素教育理想，创办了南翔义务职业学校——上海市嘉定二中的前身。源于这样的办学追求，学校始终坚持"以学生未来发展为本"的教育思想，注重培养学生艰苦创业精神和动手实践能力，积极开展劳动技术教育。1982年起学校开设劳动技术课，规定学生毕业时应掌握无线电、计算机、制图、英文打字等基本技能。在当时，这种落实教育与生产劳动相结合的探索受到人们的赞誉。1984年，学校开办缝纫、化工等职业班，让学生在学习文化知识的同时，掌握一两门职业技能。与此同时，当时在嘉定二中执教的语文特级教师钱梦龙提出了"语文导读法"的教学理念，倡导学生自主深入地接触优秀的文学作品，这一理念在全国产生较大影响，"南钱（钱梦龙）北魏（魏书生）"的声名响彻至今。回望历史，钱梦龙的"语文导读法"体现了学校在培养学生技术素养的同时，也注重学生人文素养的办学思想。

二是以"勿离手"实验教改为标志开展动手实践能力培养。20世纪90年代起，学校积极投身课程改革，于1991年、1998年先后成为上海市"一期课改"和"二期课改"的实验校。20世纪末，学校确立了"文化立校"办学思想，以科技教育和学生自主实验探究为主攻方向，坚持"从生活走向物理，从物理走向社会"的理念。自2002年开始，学校选择物理实验教学改革为切入点，开展"勿离手"高中实验教学改革，开设"六小"特色课程（小科技报、小教具、小发明、小制作、小论文、小课题），历时15年。200多项研究课题、1 800多件物理小制作、100多个互动式的挂壁实验，近200件科技作品获国家专利，50多件作品获国家级和市级奖励，在全市范围产生了广泛的影响，学校先后被评为上海市知识产权示范学校、上海市科技教育特色示范学校，教改成果获首届国家教学研究成果三等奖、上海市教学成果一等奖。科技教育的核心地位得以初步凸显。与此同时，学校着眼于厚实学生人文积淀。先后开展了语文自主阅读实验、英语"试比拼"口语教改实验、多元艺体教学改革实验。这些改革实验，对培养"全面发展的人"产生了积极的影响。

三是以HEMST课程为核心形成融合人文的科技教育特色。2007年起，学校提出了"文化立校，格物修身"的办学理念，逐步清晰"融合人文的科技教育"的特色办学思路。随着"勿离手"高中实验教学改革成果的不断扩大，一批具有鲜明特色的校本课程应运而生——"勿离手"创客课程、知识产权课程、OM课程、动手实践课程、公民道德修身课程、科学史类课程、文化史类课程、机器人课程、D&T课程、航拍无人机课程……这些课程的逐步丰富，促成了学校"HEMST课程群"架构的成立，在不断发展和完善中形成了学校的特色课程体系。2011年学校成为市首批11所初试特色普通高中建设项目学校之一。与此同时，一批科技创新教育实验室的建设也使学校的特色办学实力得以提升。如科技教育创新实验室、森林生态文化教育创新实验室、中国古代历史文化教育实验室、地理专题教室和科学长廊等，基于这些创新实验室的融合人文的科技类校本课程群的研发也已初具雏形。

除上述两所学校外，华东师范大学附属东昌中学的"金融素养培育"特色创建，同济大学第二附属中学的"理工"特色创建、上海理工大学附属中学的"工程素养"特色创建，上海戏剧学院附属高级中学的戏剧艺术教育特色创建，徐汇中学的"工程素养培育"特色创建，上海市第四中学的商学特色创建，华东师范大学附属枫泾中学的美育特色创建、香山中学的美育特色创建，华东师范大学附属周浦中学的"现代生活教育"特色创建等，采取的也都是"传统发扬式"策略和模式。

2.弊端矫正式

"弊端矫正式"，它是办学者针对教育上的一些弊端，对症下药，成功转化，最终形成学校特色。如浦东中学在学校发展陷入瓶颈、整体办学水平和社会声誉不断滑坡的不利局势下，积极响应时代呼唤，克服学校弊端，除弊兴利地提出史学素养特色学校创建的目标，果断扭转了学校发展的不利趋势，正经历着凤凰涅槃般的"浴火重生"，走向重振历史名校的复兴之路。

浦东中学于清光绪三十三年丁未正月二十四（1907 年 3 月 8 日）正式开学，是一所曾蜚声海内外的历史名校，我国唯一培养过国共两党领导人的中学。作为一所文化底蕴深厚的历史名校，在百余年的办学实践中，浦东中学积累了丰厚的文化底蕴和立德、治教的经验，为中国革命和建设输送了如张闻天、王淦昌、范文澜等一大批英才，曾享有"北南开，南浦东"的盛誉，是"中国近代教育的一座宝库"（吕型伟先生题词）。

但浦东中学的发展也曾历经坎坷，在相当长时期内的办学水平与层次与其曾有的盛誉差距较大，经历了较长的"中落"阶段。与浦东新区其他普通高中学校如火如荼的发展趋势相反，浦东中学的生源、高考升学率、社会声誉均不断衰落；至 2000 年左右，浦东新区的市重点中学和区重点中学中已难见浦东中学的身影。

2005 年，浦东新区启动了历史名校重振雄风工程，将浦东中学作为"创建市、区实验性、示范性高中"学校之一（新区计 10 所）。2010 年 6 月，浦东中学创建区实验性示范性高中成功，2010 年 9 月初高中分离，2011 年 7 月进入区实验性、示范性高中招生学校行列，为历史名校重振雄风打下了一定的基础，浦东中学办学的滑坡趋势已被止住，趋稳提升已经开始。在形势倒逼和自身努力下，实现与时代相向而行的时机已到。盘活资源存量以寻求新发展的机遇，已经来到全体浦东中学师生面前，特色发展成为当下浦东中学当仁不让的时代责任。

2017 年 2 月，中共中央办公厅、国务院办公厅印发了《关于实施中华优秀传统文化传承发展工程的意见》，文件中指出："加强中华文化研究阐释工作，深入研究阐释中华文化的历史渊源、发展脉络、基本走向，深刻阐明中华优秀传统文化是发展当代中国马克思主义的丰厚滋养，深刻阐明传承发展中华优秀传统文化是建设中国特色社会主义事业的实践之需，深刻阐明丰富多彩的多民族文化是中华文化的基本构成，深刻阐明中华文明是在与其他文明不断交流互鉴中丰富发展的，着力构建有中国底蕴、中国特色的思想体系、学术体系和话语体系。加强党史国史及相关档案编修，做好地方史志编纂工作，巩固中华文明探源成果，正确反映中华民族文明史，推出一批研究成果。"

同时，目前的浦东新区作为我国现代化建设的前沿阵地，肩负着先行先试、总结经验、示范辐射的重任。特别是新区被国家批准为"全国综合配套改革实验区"、被教育部批准为"全国基础教育阶段现代学校制度建设"国家级实验区和教学评价模式与评价机制探索的实验区之后，更肩负着率先实现教育现代化的新使命，这为浦东教育创造了前所未有的发展机遇。

在这种情况下，浦东中学深入思考学校的办学历史和现实困境，积极响应国家传承和发扬中华优秀传统文化的主张，充分利用历史名校的丰厚文化底蕴，提出了创建史学素养特色的学校特色发展目标。浦东中学传承和充实"勤朴立校，传承发展"的办学理念，利用厚实的校史资源、重史的校园环境积极开发探史的特色课程，注重培养具有"寻史求真""释史求通""鉴史立德"史学素养的、"勤勉朴实、奋发向上、和谐发展"的适应时代发展需要的一代新人。

在各级政府大力支持下，浦东中学经过几年全面改造，融历史传统和现代元素于一体，新浦东中学屹立于南浦大桥之左，校园中处处洋溢着典雅、大气的史学文化氛围，正在积极营造弥漫史学素养的博物馆式校园，为创建上海市特色普通高中筑实了相应的基础。

又如崇明区堡镇中学的"新生态教育"特色办学的目标定位，也是在学校发展处于不利时机下提出的。堡镇中学地处崇明岛的港口城镇——堡镇。学校创建于 1992 年 6 月，并于 1998 年 7 月与创办于 1946 年的北堡中学合并，组合成新的堡镇中学。2009 年，堡镇中学实行初高中分离，成为崇明县普通高中。崇明的基础教育相对整个上海市而言处于洼地；位居崇明港口的堡镇中学相对市区位置较为偏僻，学校办学时间并不长，特别是学校尚未形成一个核心的办学理念，各项工作还没有核心理念作为一个强有力的统师，使得学校难以在原有发展水平上得到更大提升。近年来，学校之间竞争日趋激烈，教学质量已成为学校生存与发展的前提条件。随着崇明县高中布局的调整和高一年级学生的扩招，堡镇中学的生源质量和以前相比发生了很大的变化，高一年级录取分数线是上海市录取高中的最低控制线或以下，这种情况对进一步整体提高学校的教学质量带来较大的难度。

堡镇中学所面临的极为严峻的发展形势，促使学校领导深入思考学校发展的未来："一所学校要发展，要得到社会的认可，没有个性和特色，自然是不行的。所以我们要有追求办学特色的意识，这样才能把学校办出活力，彰显学生个性，培养创新人才。当然，在提出新的教育理念的时候，如果不考虑学校已有的历史积淀和所拥有的独特条件，既割裂学校的优良传统，也不易形成自身的教育特色。"[①]

崇明岛位于长江和大海的汇合处，是中国第三大岛屿，被誉为"长江门户、东海瀛洲"。岛上水洁风清，风光旖旎，海滩芦苇成林，生态环境优美。堡镇位于崇明岛中部南沿，南濒长江南航道，离渡口不到2公里，东临长江隧桥，西至小竖河张涨港与竖新镇为邻，北与港沿镇接壤，系崇明第二大镇，是崇明东部经济、文化和交通中心。由于受到本地经济文化发展水平的机制性制约，崇明教育不太可能成为上海市教育发展的整体领跑者，但崇明岛有着良好的生态教育资源，至少可以在生态教育上作出特色，创造出鲜活的经验来。依托独特的自然资源优势，围绕建设现代化生态岛区的总目标，2004年，崇明生态岛建设拉开序幕，生态教育随之在这片独特的土壤上开始蓬勃地发芽、成长、壮大。这片土壤磨砺着人们的智慧，催生着教育的芬芳。社会的发展需要生态，教育的可持续发展更离不开生态。生态教育已成为新世纪教育探索中关注的新视角。为此，崇明制定了幼教、普教、职教、成教"四教协同"和学校、家庭、社会"三位一体"的生态教育大战略。

在上述背景下，堡镇中学积极拥抱国家绿色发展新战略和崇明生态岛开发建设的主旋律，充分利用学校所处的区域优势和海岛资源优势，乘着改革创新和政策红利的东风，提出了"新生态教育"的特色创建目标。学校制定了《堡镇中学五年发展规划》，确立了"新生态教育"的办学理念，提出堡镇中学品牌化追求、优质化发展、生态化特色的战略定位，确立了"创造适合学生发展的学校，创造适合教师发展的管理，创造适合学校发展的文化"的办学目标和"让每一位学生在这里自由呼吸，让每一位教师在这里诗意栖居"的学校发展愿景。在校长陈伟

---

① 聂延军，陈伟安."新生态教育"：学生自由呼吸，教师诗意栖居——对话上海市崇明县堡镇中学校长陈伟安 [J].辅导员（下旬刊）（教学研究），2014（14）：33.

安的带领下，堡镇中学以"新生态教育"为办学理念，强化德育工作，深化课程改革，逐渐探索和实践出具有自身特色的"新生态教育"，在特色高中的创建上取得了长足发展和显著成效。

3. 借机发挥式

所谓"借机发挥式"，是指办学主体具有追求特色的强烈动机，"在机遇面前当机立断，雷厉风行，充分开发机遇的潜能，把难得的机遇用足、用好"[①]，从而形成学校特色。如甘泉外国语中学的多语种特色高中的创建就是"借机发挥式"的典型成功案例。

甘泉外国语中学始创于 1954 年，本是一所教学设施陈旧、生源不甚理想、名不见经传的普通完中。1972 年，中日邦交开始正常化，学校感到中日交流将不断增加，便果断利用日本友人武下健太（中国名"余干郎"）先生来校工作的契机创办日语班，为学校后来的特色发展奠定了第一块基石。随着改革开放后上海的日资企业、中日合资企业不断增多，家长支持孩子学习日语的热情不断高涨；同时，上海一些高校不断扩大招收以学习英语为主的外语高中毕业生的比例。在这种危机和机遇并存的局面下，学校采取了向国内日资企业推荐毕业生以实现就业、与国内大学联合办学以解决升学、与日本的大学签约并推荐留学等一系列举措，有效解决了日语班学生的"出口"问题，消除了学生家长的担忧，实现了日语班办学规模的不断扩大。到 20 世纪 90 年代，学校日语教学已达到初中每个年级 4 个日语教学班级、高中每个年级 3 个日语教学班级的规模，学校的日语教学逐渐形成特色。

2001 年，上海市教委出台了《关于进一步加强本市中小学外语教学的实施意见》，提出"在强化英语教学、开展双语教学试验的同时，探索其他语种的教学试验和第二外语教学的试验"。甘泉中学积极抓住政策机遇，通过对学校外部办学环境和内部办学资源的系统分析，果断作出战略选择——走"日语见长、多语发展"的特色之路。为此，学校制定了"以日语教育为抓手，以多语教学为载体，以外国学生教育为新生长点，以多元文化教育为重要内容，以迈向教育国际化为追求，为社会培养高质量的日语及多语种后备人才"的特色发展战略。这一发展战

---

① 孙孔懿. 学校特色论［M］. 北京：人民教育出版社，2007：149–164.

略既继承了学校办学历史中积淀的优良传统，有利于发挥学校现有优势，也呼应了当时上海建设国际化大都市对多语种人才的需求，很好地体现了上海教育国际化、开放化的发展趋势。与此同时，甘泉中学还开展了双语教学实验。2001年秋季，学校开始招收同时主修英语、日语的双外语学生，进行双外语教学实验；同年，与上海大学外国语学院签署联合办学协议，成立了"甘泉双外语实验学校"。随后，学校开设的外语种类在英语语种的基础上逐步增设了韩语、德语、法语、俄语和西班牙语，为学生学习外国语种提供了更多的选择。2007年秋季，预备年级开始招收主修德语、英语的双外语学生，开创了上海地区中学生主修德语之先河。

随着学校"日语见长、多语发展"办学特色的不断显现，2003年4月，甘泉中学更名为"甘泉外国语中学"。学校的更名进一步凸显了外国语教育的优势和办学特色，学校的社会影响力随之扩大。多语教育局面的形成，标志着甘泉外国语中学办学特色的内涵得到了进一步丰富和提升，学校持续发展水平得到进一步提高。多语教育特色的形成并没有使甘泉外国语中学特色发展的脚步停滞。学校充分利用上海这一国际化大都市的区位优势，积极开拓学生的开放意识和国际视野，积极开展对外交流合作，从"外语教育"进一步走向"多元文化教育"。"多元文化教育"不仅丰富了"日语见长、多语发展"办学特色的内涵，而且将学校的办学特色从学科教学层次提升到文化育人层次，提升了办学特色的品质。从此，开展以多元文化教育为核心的学校文化建设就成为甘泉外国语中学推进学校特色发展的一项新的任务。

纵观甘泉外国语中学特色发展的历程可以发现，其办学特色创建的过程经历了从打造单一语种（日语）特色发展到形成多语种特色和多种外语教学模式特色，再到形成多元文化融合的学校整体特色的过程，经历了从外语知识和技能的传授向全面育人、文化育人升华的过程。学校从名不见经传到赫赫有名，从普通高中到特色高中，正是积极抓住中国改革开放的机遇和上海国际化都市大发展的机遇，充分利用上海市和国家外语教育教学的有利政策，以改革创新为动力，采取"借机发挥式"特色创建策略和模式的成功之举。[①]

---

① 张瑞海.普通高中特色发展：理论、实践与政策研究［M］.北京：北京出版社，2014：236–240.

又如华东政法大学附属中学，其前身是创办于 1954 年的上海市番禺中学。作为上海市最早响应、践行教育部"普通高中多样化特色化发展"战略的实验校，华东政法大学附属中学抓住了历史的机遇，主动回应并承担起国家"建设法治社会"的要求和使命，基于学校"明德精业"的历史基础生发出了尚法的特色追求。八年来，学校坚持"联大做强，特色发展"的办学思想，依托华东政法大学，整合各方资源，持续深化课程改革，将尚法特色不断地渗透到学校系统的每一个部分，最终走出了一条令人赞叹的特色发展之路，将学校建设成了一所"管理重人文、课程有特色、课堂讲民主、师生能自主"，以尚法为特色的完全中学，实现了自身跨越式的发展。

21 世纪，华东政法大学附属中学的发展迎来了发展史上的又一个黄金期。一方面，学校顺利通过评审成为了区实验性示范性学校，为未来发展赢得了更为广阔的空间。另一方面，学校在上海市长宁区委、区政府以及区教育局的支持下，在"区校合作"理念的推动下，与华东政法大学签署了合作办学协议，由"上海市番禺中学"更名为"华东政法大学附属中学"，实现了与优质高等教育资源的成功对接，为进一步增强学校软实力，提升办学层次创造了更加有利的条件。

在这一背景下，学校开始重新考虑自己的目标定位和办学理念。在一贯重视并强化传统"德育"的历史基础上，如何面向未来，解决当下人文、法治、道德缺失等社会问题，践行邓小平同志提出的"法制教育要从娃娃抓起"的思想，落实党的十七大以来所提出的"加快建设社会主义法治国家，深入开展法制教育宣传，弘扬法治精神，形成自觉学法、守法、用法的社会氛围"的要求，承担起基础教育在构建现代法治社会中的历史使命和责任，成为华东政法大学附属中学在新的历史时期需要思考、解决的突破点和生长点。而与华东政法大学的联合办学恰好为学校突破瓶颈、承担使命、深化改革创造了条件，提供了契机。学校逐渐达成共识，在原有的"明德精业"的价值追求之下，明确地提出凸显、放大德育中的尚法内涵，确立了"明德·尚法·精业"的办学追求。

恰逢其时，教育部、上海市、长宁区先后颁发《中长期教育改革和发展规划纲要》，提出"推动普通高中多样化发展"，"支持高中学校立足学校传统和优势，发展校本课程，创新育人模式，形成一批科技、艺术、体育、外语等特色高中"，

"从学校特色走向特色学校，更好地促进学生个性成长，满足人民对多样化教育的需求"，教育的特色发展已经成为国家未来教育发展的重要战略方向。至此，"联大做强，特色发展"成为了华东政法大学附属中学管理层和师生新的目标与理想。

在确立华东政法大学附属中学"特色学校"建设的方向时，学校意识到"明德""精业"固然重要，但毕竟是一般的、普适的追求，是任何一所优质的中学都应该做到的，不足以体现"促进学生个性成长"、为人民群众提供"多样化教育"选择的追求。相比之下，尚法不但具有鲜明的个性，且有华东政法大学附属中学长期重视"德育"（德育本身包含道德教育、思想教育、政治教育和法治教育）的历史传统作为坚实支撑，更重要的是，与华东政法大学联合办学，也为华东政法大学附属中学创建尚法特色高中提供了可遇不可求的资源优势，以尚法作为创建特色学校的主色调、主旋律，也确实能够达成"（学校）多样化发展""（学生）个性化成长""满足人民对多样化教育的需求"的《纲要》要求。因此，学校明确提出把"创建'尚法'特色普通高中"作为学校的特色发展目标。

除甘泉外国语中学的多语种特色创建和华东政法大学附属中学的"尚法"特色创建外，亭林中学的"体育"特色创建，闵行三中的"航空航天教育"特色创建等，采取的也是"借机发挥式"策略和模式。

4. 依势借力式

所谓"依势借力式"，是指办学主体借助学校外部和上级的有利条件和政策，积极拓展外部资源，寻求外部支持，以此带动学校特色创建，提升学校办学水平，实现学校特色发展目标。如上海中医药大学附属浦江高级中学就是基于时代、经济发展、社会转型对人才的需求，在高考综合改革的大形势下，践行"为了每一个学生的终身发展奠基的核心理念"，激活内力、借助外力，调动一切积极因素，确立"中医药"特色学校创建的目标，从而促进了学校和师生的共同发展。

上海市浦江高级中学是 2002 年 6 月成立的全日制公办高级中学，位于上海市"一城九镇"的中心镇——浦江镇。学校成立之初，定位于"ICD"特色高中的创建，以"促进学生健康主动发展"为办学理念，以"依势借力，特色发展"

为学校发展策略，着力打造以动手实践为主的"ICD"（I CAN DO 的缩写，即我会做、我能做之意）办学特色，大力开发劳动技术、应用技术、信息技术、学科实验、科技创新、艺术体育和综合实践等"ICD"课程；打造"ICD"课堂，引导学生通过动手、动脑、实践、探究、反思，开展自主合作学习，使学生真正学会学习；并以 2015 年新校址建成为契机，建设"ICD"实践园，开拓校内外动手实践基地，发展学生的自主学习能力、创意能力、设计能力、动手能力、实践能力、技术能力、探究能力和应用能力，使浦江高中的每位学生都能够从自身的兴趣、爱好和特长出发，具备一技之长，为学生提供自主选择、多元发展的机会和平台，使学生成长为"有自信、敢担当、善实践、乐创新"的现代中学生，为学生的终身发展奠定良好的基础。

但学校"ICD"特色高中的创建并未打出品牌，特色课程的开发也遇到困难。由于学校处于闵行区城市化进程大发展期的浦江镇，社会对本地区优质化、特色化、现代化高中教育的需求不断提高，因此，学校在未来的发展规划中，需要进一步能够"知势"，顺应社会发展要求和学生发展需求，努力把学校打造成一所闵行区优质特色的现代高中，为促进学生健康主动发展奠定基础；其次，学校的办学历史较短，在竞争日趋激烈的高中办学中要脱颖而出，就必须要学会"借势"和"造势"，打造学校办学特色，扩大学校的知名度和影响力，让学生满意、家长满意、社会满意；再次，要善于"用势"，在总结办学经验的基础上，将学校的成功经验辐射出去。

2014 年 8 月，上海中医药大学和上海市闵行区人民政府签署《关于闵行区中医药事业传承发展战略合作协议》，上海中医药大学计划通过与上海市闵行区的战略合作，建设全面涵盖小学、初中、高中各教育阶段的中医药特色学校平台体系，为中医药进校园发挥示范作用。2017 年 4 月 19 日，上海中医药大学与上海市闵行区共同签署《关于基础教育领域的合作框架协议书》，并为上海中医药大学附属浦江高级中学揭牌，上海市浦江高级中学正式更名为上海中医药大学附属浦江高级中学。从此，学校迎来了新的发展机遇。

在此背景下，学校积极利用外部资源，通过借用外力（主要是借助市、区优质教育资源和社会力量发展学校。学校借助闵行区教育局、闵行区教育学院、浦江镇政府，以及上海中医药大学、上海市首批市实验性示范性高中向明中学和其他相关社会实践基地力量，加强学校软硬件建设）和激活内力（就是要激发人的潜质潜能，调动人内在的积极因素：一是激活学生，激发学生内在的学习动力和潜能，增强学生自信心；二是激活教师，激发教师积极进取、主动发展，为教师专业发展搭建学习、培训和提高平台），提升学校教育教学质量。在"促进学生健康主动发展"的办学理念引领下，学校采取"聚焦重点——寻找亮点——打造特色"，形成了德育的"责任教育"、心理健康教育的"职业生涯规划"、课程的艺体科和"中医药"课程、教学的"实践反思型课堂"、校园文化活动的"师生共同参与"、教师发展的"项目推进"、教科研的"解决实际问题"、学校管理的"民主管理"、安全管理的"课程化与预防机制"特色等，并最终确立了着力打造"中医药"特色的学校特色办学目标。

上海中医药大学附属浦江高级中学着力打造的"中医药"特色，就是在关注课程开发建设、课堂教学改进、教师专业发展、学生快乐成长和学校高效管理等学校内涵发展的核心要素基础上，在"促进学生健康主动发展"办学理念的引领下，依托闵行区政府、区教育局、浦江镇政府的政策支持和上海中医药大学的专业支持，以构建富有"中医药"特色的学校课程体系和实践体系为核心，努力建设"中医药"特色普通高中，促进学校优质化、特色化发展；同时，在立德树人、夯实学科基础知识和基本技能的基础上，使学生能够初步掌握中医药文化的相关知识，能够欣赏和认同"中医药"优秀传统文化魅力，初步懂得天人合一的生命观、形神兼顾的健康观、整体平衡的思维观、辨证论治的哲学观、大医精诚的道德观等核心价值观念，形成良好的健康理念和健康行为，理解生命的意义和价值；并具有探索和研究"中医药"文化的兴趣和创新精神、实践能力，成为中医药文化的体认者、传播者、继承者、创新者，促进学生全面而有个性的发展，为学生的健康成长和终身发展奠基。

上海海洋大学附属大团高级中学的海洋文化特色高中创建，采取的也是"依势借力式"的策略和模式。

上海海洋大学附属大团高级中学的前身为"东海中学"，创建于浴血奋战的抗日战争之末的 1944 年，由当时的地下党员盛幼宣夫妇创办。解放后，"东海中学"改名为大团中学，并于 1958 年由初级中学变为完全中学，1978 年被批准为县重点中学；通过择地新建、初中脱钩以后，2002 年 9 月 2 日起大团中学转为纯高中，现址位于上海南芦公路 999 号。2009 年，随着上海行政区划的调整，南汇区并入浦东新区，学校即被认定为浦东新区实验性示范性高级中学。但此时的大团中学的办学特色并不明显，虽位列于区级实验性示范性高级中学行列，但学校优势并不明显，与浦东新区其他名校相比尚有较大差距。

21 世纪是海洋的世纪。我国是拥有 300 万平方公里主张管辖海域、1.8 万公里大陆海岸线的海洋大国，壮大海洋经济、加强海洋资源环境保护、维护海洋权益事关国家安全和长远发展。发展海洋科学技术，推动海洋科技创新引领，打造海洋人才梯队，增强国民海洋强国自信，明确海洋强国道路，发展海洋强国理论，建立海洋强国制度，凝练海洋强国文化，积极做好以海洋强国为核心的全面传播与宣传工作，开拓海洋强国信息公开和新闻发布渠道，营造良好舆论环境，激发国民热情，树立海洋强国形象，是新时代中华民族的使命。

随着 21 世纪初教育改革的不断深入，我国掀起了一股大学与中小学合作办学的热潮。2010 年 3 月，浦东新区政府与上海海洋大学签订共建上海市大团高级中学的合作协议，学校成为上海海洋大学附属大团高级中学，由此步入了发展的全新时代。

正是在此背景下，上海海洋大学附属大团高级中学积极对接国家建设海洋大国的使命和海洋发展战略，紧密把握与上海海洋大学共建的战略契机，充分利用各种外部资源优势，确定了海洋文化特色的特色高中创建目标。

上海海洋大学附属大团高级中学开展海洋文化教育的目的，是要在广大学生中加强中华海洋文化的传承和发扬，借力上海海洋大学彰显特色办学，提升办学境界和办学品质，探索内在因素和外部条件的联动机制，推进学校的优质特色发展，不断深化海洋文化特色建设，形成海洋特色鲜明的学校文化，构建系统性、高品质的特色课程，完善以海洋文化为特色的环境建设，深化海洋文化特色办学之路，着力培养学生以海洋文化为载体的核心素养，为学生的终身发展奠定坚实基础。

上海海洋大学附属大团高级中学海洋文化特色学校的创建，包含以下三个目标：（1）学校发展目标。继续深化海洋文化特色建设，初步形成海洋科普特色鲜明的学校文化，基本完成系统性、高品质的特色课程体系，进一步完善以海洋科普文化为特色的创新实验室硬件和软件环境，并整合建成上海市特色高中实验学校。（2）学生培养目标。经海洋文化熏陶，了解海洋科学与技术知识基础，知道海洋科学跨学科的综合特点，掌握海洋科学与人类发展的关系；了解人类在利用海洋资源过程中，创造了非凡的业绩，但也造成对海洋环境的一些破坏，增强对海洋环境保护的紧迫感与责任感；感受海洋大气、宽容等方面的人文精神。（3）教师发展目标。基本掌握海洋特色课程建设的要义与要素，能主动及创造性地参与学校海洋特色课程的建设；体验特色课程开发与实施的基本流程与要求，积累相应的实践经验；将特色课程开发与学科建设有机结合，在课程层面上探索学科发展之路，提高教师课程开发与创造执行的能力。[①]

2017 年 11 月 29 日，习近平总书记在党的十九大报告中明确要求"坚持陆海统筹，加快建设海洋强国"，为建设海洋强国再一次吹响了号角。目前，学校秉持"成人成才、成功成器"的办学理念和"最终、合作、服务"的管理理念，正朝着努力建设"让每位师生成人成才、成功成器"的高效能的、海洋文化教育特色鲜明的现代学校的总体目标迈进。

除上海海洋大学附属大团高级中学的海洋文化特色创建、上海中医药大学附属浦江高级中学"中医药"特色创建外，海事大学附属北蔡高级中学的航海文化教育特色创建，上海音乐学院附属安师实验中学的音乐艺术教育特色创建，上海财经大学附属中学的财经素养特色创建，上海市体育学院附属中学的"体教融合"特色创建等，采取的都是"依势借力式"策略和模式。

5. 空白填补式

所谓"空白填补式"，是指办学主体在学校特色发展过程中，全面梳理区域内其他同类学校的特色创建类型和状况，综合考虑本校的历史传承和现状以及学校的优势和劣势，从而创建出与同类校截然不同的特色创建目标、特色创建内容和方向，并能填补某一区域内特色教育的空白。如华东师范大学松江实验高级中学的"媒介素养"教育特色定位，就被原上海市教委主任尹后庆誉为"填补了上海市教育的空白"。

---

① 董永华.蓝海逐梦——海洋文化特色发展的办学之路.［M］.南京：江苏凤凰科学技术出版社，2018：1-20.

华东师范大学松江实验高级中学是一所普通高级中学，建于 2006 年 8 月，系原松江六中和华师大松江实验中学高中部合并，是区政府着力打造的一所高中学校。2016 年 12 月被松江区教育局正式命名为区实验性示范性高中。建校以来，学校始终秉持"有机教育"思想，围绕"打造学校改进升级版、强化高中生活新体验"的改革立意，锐意进取、争先创优，努力彰显"匠心育品质、悲悯铸情怀"的办学追求。学校以"为师生健康和谐发展服务"为创校理念，以"培养学养丰润、感知敏锐、道义担肩的适应未来发展的高中学生"为培养目标，致力于"建成一所讲品质、重情怀的优秀文体特色高中"的发展目标。学校坚持"为改革而生、因改革而兴"的基本立场，先后推动实施了以"直面批评、强心育德"为价值追求的"批评教育的课程实践"（2010 年），以"先学后导、教在学中"为核心思想的"'三制一改'整体课堂教学改革"（2011 年），以"媒介生存、媒介学习"为主要方向的"高中学生媒介素养课程教学实验"（2012 年），以"抓住关键、补齐短板"为主要目标的"数学英语分层走班教学实验"（2014 年）。经过多年的倡导和持续的努力，学校已经孵化沉淀了改革的基石，也形成了符合教育发展趋势的改革图谱和实施路径，在这个过程中，师生的获得感也显著增强。

2014 年，上海市教委推出特色普通高中建设实施项目方案后，华东师范大学松江实验高级中学积极响应，并开始深入思考学校的特色创建方向。当时，学校的特色有很多方面，包括经典阅读、媒介素养教育、体育专项化教育、艺术素养教育等；学校在很多方面的办学都颇具成效，已荣获市文明单位、全国足球特色学校、上海市体育传统项目学校、上海市体育专项化试点学校等多项荣誉称号，媒介素养教育微电影项目在全国性比赛中斩获银奖 2 个、铜奖 3 个，以本校校队为骨干组成的区代表队获 2016 年上海市 U17 高中男子足球联赛亚军，其他项目也在市级、区级比赛中获奖若干。但是，学校也存在很多不足和发展的瓶颈，主要表现在三个方面：第一，教学质量上升态势不稳。近年来学校坚持开展"围绕核心概念、优化教与学过程"的探索、"三制一改"学校整体教学改革的实验，高考和学业水平考、等级考取得一定成绩。教学质量整体虽呈上升态势，但不稳定，尚未达到高位均衡；教学质量的管理、团队化建设、学科和教师的可持续发展、质量监控预警机制等需要不断突破和完善。

第二，特色课程发展有待突破。作为一所正在创建文体特色高中的学校，学校个别体育优势项目受客观因素的约束（如冰壶项目的发展），除已有的传统项目之外，新兴项目尚处于初创期；艺术项目较为薄弱，在课程特色、师资培养、教学规范、活动开展及管理保障等方面缺乏系统规划和提炼总结；科技项目仍停留在较低水平，相关场所设施只能应付日常教学的基本需求，学生对科技创造的兴趣得不到满足和发展；媒介素养课程精品化不够，课程种类多但尚待打磨，不够成熟；书香校园项目启动时间不长，各类活动和课程常态化尚需一定时间与空间；健康指导项目特色不明显，主要聚焦常规工作，需进行探索创新。第三，教科研整体氛围不浓。学校根据不同发展阶段的突出问题和发展需求，通过聚焦不同主题，确立研究课题，以科研促教改，取得了一定成果。但是，学校尚缺乏教师以科研促教改的群体氛围和整体力量，特别是在学校优势、特色项目的发展上联结不充分，相关教科研活动和成果较少，在助推教育改革的过程中成效不明显。

在上述背景下，学校深入思考学校的办学传统和发展瓶颈，横向对比了同类学校的特色创建方向后，决定走一条"人无我有"的特色发展道路。在了解到高中生在媒介素养方面普遍缺乏媒介常识，在媒介使用、媒介批判及媒介创制能力上也是乏善可陈，而且在国内正式开展媒介素养教育的学校几乎是空白后，学校提高课程站位，立足学校提出的"感知敏锐"的培养目标，作出了创建"媒介素养"特色高中的决定，并开启了创造性地系统开展媒介素养教育的实践道路。

华东师范大学松江实验高级中学的"媒介素养"特色创建，采用了"三段进阶"、螺旋式上升的课程体系建构，即基于学生对媒体的直观经验，在初级水平时介绍一些概念的简单形式，随着学生的成熟和生长以逐级探究、发展和延伸的方式来教授。目前，以"站点式"推进六大课程群，即：叹为观纸（报刊）、黄金时间（广告）、魅力人声（广播）、人生影像（电视）、银幕之恋（电影）、无网不利（网络）等。依据六大媒介研究载体划分媒介素养教育课程体系构建基本完成，已开发成熟的校本课程30余门，包括18门短课程、18门微讲座、2门实践课程（微电影、网店运营），形成了近12万字的校本教材，开展了三场大型展示活动，全方位地实现了整体体系构建。

表8-3　华东师范大学松江实验高级中学"媒介素养"教育课程体系表

	课程名称	研究载体	学 习 内 容	学 习 任 务
1	叹为观纸	报刊	学习报纸、杂志的历史和结构，创作各种形式的报刊，分析报刊上的大量文章	初级：专栏与社论的评析、时事点评 高级：自己制作迷你报纸、刊物
2	黄金时间	广告	学习广告的语言和技巧，分析大量广告，并创作自己的广告	初级：深度分析广告、设计制作广告海报 高级：创作公益广告、合作进行广告竞选
3	魅力人声	广播	学习广播的历史，研究广播在传递信息、情感感染等方面的方式和影响	初级：文稿声音录制、彩铃配音、模仿配音 高级：制作一档广播小栏目、创意视频配音
4	人生影像	电视	学习电视的历史，研究电视塑造现实的方式，以及电视对我们看待世界方式的影响	初级：合写一个小脚本 高级：创作一次电视脱口秀
5	银幕之恋	电影	学习电影制作业的历史和词汇	初级：写一篇影评 高级：合作创作一部微电影
6	无网不利	网络	研究网络的历史、用法及相关问题	初级：微博、微信等新媒体运用 高级：制作网页、网站

在"媒介素养"特色办学目标的指引下，学校确立的人才培养目标是"培养学养丰润、感知敏锐、道义担肩的适应未来发展的高中学生"。学养丰润：高质量、高水平实施三类课程，让学生充分地接触到丰富、多样，进阶式、可选择的，贴近自身发展需求的基础课程和特色课程，让学生在高中三年有限的学习时间里学习并掌握尽可能多的、与生活紧密相连的知识，在课程浸润中完善知识结构，提升情意水平，习得适应未来发展的能力。感知敏锐：激发学生增强自身感知能力的意愿，通过相关课程的学习，完善素养结构，提高学生在各个领域的感知能力，培养学生在人生发展的重要关口、社会变迁的重要时期、科技发展的重大突破和经济文化发展的重大事件中的感知、分析、判断和把握能力，让学生能

更好地驾驭自身、服务社会。道义担肩：在传承建校初期的责任教育基础上，基于有机教育理念，强调以维护社会公平正义作为学校教育的首要价值和根本出发点，通过课程活动将学生培养成为"做人有底线，做事有分寸"的高中学生。

近些年来，学校通过大力推进课程教学改革，学校教育质量快速攀升，特色办学成效显著，办学声誉不断鹊起。目前，学校是教育部教育硕士专业学位研究生联合培养示范基地，全国足球特色学校，市文明单位，市花园单位，市体育传统项目学校，市体育专项化教学改革试点学校。积六年努力而形成的成果"聚焦媒介素养教育，构建课程育人的新场域"荣获 2017 年上海市基础教育教学成果评选一等奖。学校媒介素养教育成果丰硕，微电影项目在全国性比赛中斩获多项高阶奖励。作为足球强校，学校荣获 2016 年上海市 U17 高中男子足球联赛亚军。高考连年实现突破，2014—2017 年文化类本科上线率连续四年累计提升 55%，引发业内高度关注和社会好评。学校的创新实验室建设也取得累累硕果，被市级专家赞誉富有前瞻性。该项目以课程推进，基础型课程强调融合，特色课程形成六大课程群，强调以站点式推进。在重点项目微电影建设上，形成校园文艺片、校园纪录片、校园公益广告片等三大类型微电影制作部，依托学生社团，完成了 6 部微电影、3 部纪录片，两年多时间已经取得了丰硕成果，多次获得全国银奖、铜奖，市级一等奖等奖项。

除华东师范大学松江实验高级中学的"媒介素养"特色创建外，杨浦区市东中学的"市政"特色创建，奉贤区曙光中学的"红色精神培育"特色创建，采取的也是"空白填补式"的特色创建策略和模式。

上海市 55 所特色项目学校的特色创建内容十分丰富，其特色创建策略和模式除了上面所述的五种类型外，还有诸如"中途崛起式""理想实施式""困境奋起式"等。当然，上述概括只是从某一个方面或某几个方面对学校特色创建所采取的方法和策略所进行的概括，并不能涵盖学校特色创建的所有模式，并且仍处于不断的修正和完善之中；特别是一所学校的特色，往往是多种模式的综合效应的体现。①

---

① 孙孔懿.学校特色论［M］.北京：人民教育出版社，2007：164.

第二节　上海市普通高中特色发展的路径分析

特色高中建设是学校根据学校内部状况和外部环境的挑战，挖掘学校自身独特的优势资源，积极拓展和利用外部资源，创造出个性化的"教育服务"，从而形成学校特定领域优势的过程，也是学校以特色教育内在理念和原理影响学生价值观念和行动方式，通过特色创建撬动育人方式转型的过程。"这种个性化的'教育服务'，是指学校教育中某个领域的卓越，并且这种某个领域优质发展能起到'杠杆'的作用，可以导致学校相关因素的改变，从而引起学校的系统变革。"[①] 因此，创建特色高中是一种新型高中发展模式，是一种学校内涵发展的策略，是提高普通高中办学质量的路径之一。

通过分析上海市普通高中特色发展的路径，可以发现各校既有很多相通和共性的地方，也有很多特殊和个性的地方；共性和个性交相呼应，正反映出上海市普通高中特色发展的百花齐放和百舸争流。[②]

一、上海市普通高中特色发展的共性

1. 结合学校的办学历史和文化传承以及现实基础，凝练学校的办学理念，定位学校的办学特色

一所学校的特色必须基于一定的基础，而不能凭空想象，更不能脱离实际的进行"照搬照抄"和随意的"贴标签"，否则就是"无源之水""无本之木"。"这里的基础可以是学校的传统与优势，也可以是现实的条件与资源。"[③]

如上海市澄衷高级中学是一所有着辉煌历史的百年名校，其"现代商业素养

---

① 吕星宇.上海市创建特色普通高中的思路分析［J］.上海教育科研，2019（9）：34.

② 除特别标注外，本节所引述的各高中学校的相关文化传承、办学理念、特色课程等内容和信息均来自各校官方网站，上海市及各区基础教育机构官方网站，各校普通高中特色创建的自评或复评报告、特色活动展示，本书作者的个别调研以及相关媒体对各校的相关报导等。

③ 朱丽.它们何以称为"特色普通高中"——基于上海市四所特色普通高中评估结果的分析［J］.上海教育科研，2019（9）：29.

培育"特色办学的定位与学校的传统文化和办学历史紧密相关。1900 年，清末著名实业家叶澄衷以"兴天下之利，莫大于兴学"的慧眼和气魄，创办澄衷蒙学堂，确立"大者可望成才，小亦得以谋业"的人才观、"训蒙以开发性灵为第一义"的教学原则和因材施教的教育方法。1901 年，蔡元培任校长，立"诚朴是尚"为校风，确立"兼容并包，思想自由"的办学方针。他主张教学应从造成现世社会幸福出发，把当时进步思想介绍给学生。在国家及上海新一轮教育综合改革中，学校积极探索改革发展之路，继承和发扬爱国商人叶澄衷的"爱国敬业、诚朴守信、敢为人先、正义凛然、乐善好施"等商业素养品质，提出了创建"现代商业素养培育"特色的普通高中特色发展定位，把学校的办学理念凝练为"陶冶性灵，启迪智慧，涵养气质"，将"育有个性的学生，塑有风格的教师，办有特色的学校"作为办学的理想追求，把"能服务于未来社会的德、智、体、美、劳全面发展的合格高中生，成为现代商业素养突出的'重责任、讲诚信、有性灵、能创新、善自律、会合作的澄衷人'"作为学生的培养目标。

就上海市普通高中特色发展的综合情况来看，大部分学校的特色定位中都有学校历史和文化传承的影响因素，而这正是学校的办学积淀，是"人无我有""人有我优"的学校的优势和独特性所在。同时，很多学校在特色定位时，还积极回应时代发展需求和区域发展需求，具有浓厚的时代气息和地域气息。诸如曹杨中学的"环境素养"特色定位，华东师范大学附属东昌中学的"金融素养培育"教育特色定位，海事大学附属北蔡高级中学航海文化教育特色定位等，都是既传承了学校的办学历史和文化，又积极响应了国家和上海市的绿色发展理念、上海市国际金融中心创建战略和海洋强国发展战略。

2. 深入开发基础型课程、研究型课程以及拓展型课程，打造特色课程体系

如闵行三中为创建"航空航天教育"特色高中，按照"基础型、拓展型、研究型"三类课程框架来建构学校的航空航天教育特色课程体系，通过特色渗透、特色拓展、专题研究，培育学生航空航天人文、科学、技术、工程等素养，从而帮助学生树立正确的价值观念，培养必备品格，提升其关键能力。

基础型课程是航空航天素养培育的必要基础。学校制定了《闵行三中基础学科整合航空航天教育的实施意见》，指导基础型课程整合航空航天教育。一是学

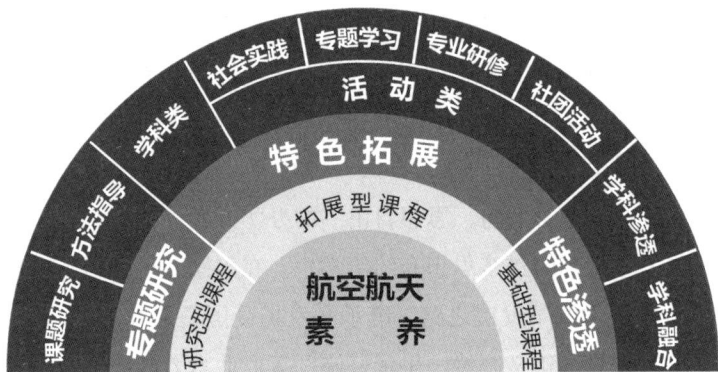

图 8-2 航空航天素养培育课程结构图

科渗透，从目标、内容、方法三个维度渗透航空航天教育。二是学科融合。选择与航空航天教育密切相关的基础型课程内容，设计综合学习或综合实践活动。

拓展型课程是航空航天素养培育的主要渠道。闵行三中依托学科资源、教师资源，每门学科都开设出学科拓展型课程；依托场馆资源、活动资源、学生资源和社会资源开发出含社会实践、专题学习、专业研修、社团活动的学科类拓展型课程 20 多门，为学生提供丰富的课程选择。通过线上线下、长短课程结合，自主选修与限定选修组合，有效提升了学生的航空航天素养。

表 8-4　拓展型课程实施表

类　别	课程名称	课时/学期	年　级	教　师	修习方式
学科类	英语桌游	16	高一、高二	马　丽	自主选修
	数学建模和航空航天	16	高一、高二	王义友	自主选修
	水火箭发射原理	16	高一、高二	侯明伟	自主选修
	航空航天原理诠释	16	高一、高二	赵水平	自主选修
	航空航天英雄谱	16	高一、高二	许　寅	自主选修
	空间地图制作	16	高一、高二	黄　静	自主选修
	化学与飞行器材料	16	高一、高二	高春妹	自主选修
	太空植物水培种植	16	高一、高二	杨丽英	自主选修
	太空育种	16	高一、高二	张红梅	自主选修

类　别		课程名称	课时/学期	年　级	教　师	修习方式
学科类		金工模型	16	高一、高二	外　聘	自主选修
		木艺模型	16	高一、高二	陈鑫荣	自主选修
活动类	社会实践	走近发射现场	8	高一、高二	科技总指导	自荐选拔
		走进航空航天院校	8	高一、高二	班主任	自荐选拔
		航空航天职业体验	8	高一、高二	学工部	限定选修
		采访航空航天人	8	高一、高二	学工部	限定选修
		国防教育	10	高一、高二	学工部	限定选修
		航空航天科普宣传	16	高一、高二	班主任	限定选修
	专题学习	神舟讲坛	8	高一、高二	外聘专家	限定选修
		相约星期三	6	高一、高二	电视台	限定选修
		邂逅空天	4	高一、高二	场馆负责人	限定选修
		主题班队会	4	高一、高二	班主任	限定选修
	专业研修	空天模型结构探究	16	高一、高二	胡陈红	自主选修
		模拟飞行	16	高一、高二	蒋建龙	自主选修
		太空探秘	16	高一、高二	刘　辉	自主选修
		航天器大观	16	高一、高二	鲍云峰	自主选修
		太空机器人	16	高一、高二	徐　庆	自主选修
		飞行进阶课程	16	高一、高二	郭少虎	自主选修
		航空航天STEM	16	高一、高二	孙晔、(外聘)	自主选修
	社团活动	水火箭	16	高一、高二	陈鑫荣	自主组织
		火火箭	16	高一、高二	蒋建龙	自主组织
		无人机	16	高一、高二	王继军	自主组织
		遥控飞行	16	高一、高二	孙　晔	自主组织
		航空航天模型制作	16	高一、高二	万奕娜	自主组织
		金钥匙科技训练营	16	高一、高二	陈婷、徐圣梅	自主组织
		航空航天文化解说	16	高一、高二	曹阳、许寅	自主组织

研究型课程是航空航天素养培育的重要支撑。高一年级每周开设 1 节研究方法、设计思维指导课，另一节集中使用，分别完成选题和课题研究方案设计。高二年级研究型课程课时集中使用，自主或合作开展课题研究，并完成一份高质量的结题报告。

表 8-5 "逐梦空天" 研究型课程实施计划表

类型	课　程	课时 / 学期	年级	教师	方式
方法指导	学生课题研究的方法 + 选题	16+16	高一（上）	刘辉	全员必修
	设计思维 + 课题方案	16+16	高一（下）	刘辉	全员必修
课题研究	航空航天类课题研究（航空航天史研究、航空航天器结构研究、航空航天器运行原理研究、飞行与控制研究、飞行环境影响研究……）	32	高二	校内外导师	小组合作

课程是学校特色创建的核心要素，是育人的重要载体和路径。"课程特色就是最大的学校特色。"[①]上海市各普通高中为创建特色学校，均开发了包括基础型课程、研究型课程以及拓展型课程等在内的各类校本课程和特色课程，精心打造课程体系。

3. 聚力打造一支数量充足且质量优良的特色教师队伍，确保特色创建的实施和深化

课程是学校特色创建的载体，教师则是特色课程实施的主体，是学生成长成才的关键。没有好的特色教师队伍，再好的课程也无法确保顺利实施，特色创建便成为了海市蜃楼。"上海市特色普通高中评估指标"就对教师队伍的数量、质量以及培养与发展途径做了明确规定，要求特色学校必须具备一支高水平的专兼职特色教师队伍，并在区域内外产生一定的示范辐射作用。为此，各特色创建学校都将打造特色教师队伍作为学校特色创建的重中之重来推进。

如徐汇中学高度重视特色课程教师队伍建设。第一，在校内特色教师队伍

---

① 宋璞. 重点中学特色建设的五维度 [J]. 中国教育学刊，2008（3）：25.

上，加强特色教师队伍的创建、学习研讨和培训。学校成立了23人的科研员队伍，成立了两类课程教研组，成立了30人的科技创新备课组。学校目前共有特色课程教师140人（高中66人），其中毕业于上海交通大学、上海大学、哈尔滨工程大学具有工程专业背景的10人。学校通过专题学习、特色教师间交流、指导学生开展研究性学习等，让普通教师深入认识工程素养培育的内涵。积极开展教学研讨和课题研究，探索在基础型课程教学中有效渗透工程素养的途径，制定《基础型课程渗透工程素养培育教学指南》，规范教师在开展工程素养培育中的教学行为。学校根据特色教师个体需求组织教师进行创新实验室跟岗实训，提高教师实践能力和专业指导水平。学校开展特色教师分层培训，即根据职初、成熟和骨干教师的不同需求，对职初教师进行规范化培训，对成熟教师进行专业化培训，对骨干教师进行专业＋特色化培训。2014年至今，90名特色课程教师参加市、区级有关专题培训，17名特色教师参与市、区名师工作室或基地培训，教师教育观念和专业技术不断更新，整体水平有很大提高。第二，在校外兼职教师队伍上，建设了一支由高校和高科技公司专家组成的校外兼职导师团队，聘请了上海交通大学、同济大学、工程技术大学等9所高校和中国科学院上海天文台、中科院巴斯德所等3所科研机构、5所高科技公司的教授、工程师共53人担任校外兼职教师，承担特色教师跟课学习培训、课程研发、给学生答疑等工作。除了53人担任校外兼职教师团队，还聘请本市知名的课程、学科专家组成的专业团队为学校的特色发展提供专业指导和技术支持。第三，引进交大等高校中有工程专业背景的优秀毕业生，充实特色教师队伍。教师队伍整体建设成效显著：学校现有正高级教师1人，自己培养的特级教师3人，市名师后备7人，高级教师48人，中高级职称占全体教师的82%，有区级骨干教师及以上12人，有校级骨干69人，区名师工作室主持人2人，学区名师工作室主持人7人，区级及以上评优课和三奖获奖教师62人次，一批青年教师脱颖而出。第四，打造校际研修团队和志愿者团队。以和上财大附中联合教研为例，学校开展以"跨区联动、优势互补"为主题的联合教研活动，2015、2016年学校高一、高二开了12节展示课，财大附中开了8节课，两校共同探讨在课堂中如何贯穿"自主、合作、探究"的新课改理念，还就选科走班教学进行研讨。此外，学校还组建了一支由家长、校友等人员组成的志愿者队伍，其主要任务是参与课程开发和学生课题研究的过程指导。

4. 对接城市功能定位和国家战略需求，充分融入城市和区域发展，形成区域联动和资源共享

百年大计，教育为本。教育承载着为国家培养人才的重任，为社会主义现代化建设培养合格接班人的重任，为祖国富强和民族复兴培养创新人才的重任。作为教育体系中重要一环的高中教育必须对接城市功能定位和国家战略需求，积极响应国家对各类人才培养的需求。在这方面，上海的基础教育无疑是胜任的，这也是上海基础教育脱颖而出、进而领衔全国的重要因素。

考察上海市参与普通高中特色创建的 55 所项目学校可以发现，大多数学校不仅在学校特色发展的定位上紧密对接国家、上海市乃至区域的功能定位和发展需求，而且在特色高中创建的过程中，也充分融入城市和区域发展，形成区域联动和资源共享。

如曹杨中学的"环境素养"特色发展定位，就对接了"绿色中国"的理念，是对时代发展、学生发展和我国可持续发展需求的主动回应。在特色创建过程中，曹杨中学积极融入普陀区和上海市政府的"绿色"发展战略，对 1996 年学校提出的"担当责任·自主力行"的办学理念进行了新的诠释：响应国家关于实现"中国梦"和建设"绿色中国"的号召，在办学理念原有内涵中增加了致力于实现中华民族伟大复兴的"中国梦"的社会责任感和历史使命感，同时将"担当责任"和"自主力行"作为每位曹杨人必须养成的核心价值观和关键能力。学校积极利用各方资源，打造特色发展的共同体：其一，在特色建设的专业支持团队建设上，学校拥有由同济大学、香港科技大学、复旦大学、华东师范大学等高校，中国极地研究中心、上海市气象局、普陀区环保局、普陀区质监局等政府与科研机构，本市知名的课程、学科专家等组成的专业支持团队，为学校的特色发展提供技术支持和专业指导。其二，在实践体验课程的校外基地建设上，学校积极开发实践体验课程的校外实践基地，目前已有中国极地研究中心、上海市气象局、上海老港废旧处理中心、上海科学节能展示馆、上海风力发电科普馆、公元太阳能黄岩生产基地、瑞士吉博力集团生产基地、江苏常熟蒋巷村的沼气利用和污水治理实践基地、周庄生态实践基地、长征镇社区等社会实践基地。通过组织学生走出校门开展实践体验，让他们在自然和社会生活中开展探究学习，搭建起社会实践活动与环境素养培育密切联系的平台。其三，在特色建设的校际研修伙

伴建设上，学校注重与国内外兄弟院校的交流合作。如与德国汉诺威莱布尼茨中学、英国高登思中学、美国北跨中学、韩国启圣中学等建立了长期、稳定的交流合作关系，为学生提供了解异国文化、拓展视野、提升素养的对外交流平台；与长征镇和周边20余所学校组成的教育联盟，则形成了长征镇优质教育发展共同体，致力于资源共享和品牌的共同打造。此外，学校还与区外学校莘庄中学、嘉定二中、朱家角中学等建立了稳定的合作交流关系，定期开展管理、教学等多方面交流合作。其四，在特色建设的志愿者团队建设上，学校还拥有一支由家长、校友、高校研究生和本科生、社会服务机构等人员组成的支持学校特色发展的志愿者队伍。他们的主要任务是参与课程的开发和评价、学生课题研究的过程指导、为学校特色发展献计献策等，用无私的付出助推学校的进一步发展。

曹杨中学的特色学校创建得到政府部门的大力支持，除了上级主管部门的经费投入之外，普陀区科委、科协和学校所处的长征镇每年都对学校的特色创建给予经费的投入。教育局在教师的编制上也给予了一定的倾斜。市特色学校创新项目组、环保局、教育学院、青少年中心还给予了专业和技术的指导。此外，区督导室和教育局、教育督学通过定期教育督导和调研，对学校的总体和特色发展情况进行监控和指导。

此外如上海海事大学附属北蔡高级中学"航海文化教育"特色的定位就是基于"海洋强国"战略以及"上海国际航运中心"建设对创新人才培养的新要求。学校依托上海海事大学丰富的航海教育资源，确立将"航海文化教育"作为办学特色。2010年3月，该校成为上海海事大学附中后，积极利用浦东新区的区位优势和航海文化等资源，努力实现与母体大学的深度合作与文化融合，与上海海事大学专业呼应开发了18门航海特色课程、27个航海文化课程模块、38个基础学科拓展主题和22个跨学科综合创新主题；积极利用航海类院校、企业、港口、博物馆、实验室等开展学生社会实践和参观学习等，极大地推动了学校的特色创建。

又如青浦一中的"生态素养"特色就是对接上海市"营造绿色青浦·建设花园滨水城市"这一发展战略而定位的。上海市青浦区第一中学创建于1999年，是一所现代化中学。建校以来，学校始终坚持"以人为本"的办学理念，主张"团结、拼搏、求索、奉献"精神，致力推行素质教育，让不同层次和不同特长的学生发挥潜能，赢得了社会各界广泛好评。学校积极践行"绿色青浦·上善之城"城市新设计，多年来坚持特色办学，聚焦学生生态素养培育，引导师生主动、积极践行生态文明建设。学校通过课程的融合、单设等方式建构了涵盖基础型课程、拓展型课程、研究型课程的生态学习课程系统。学校积极打造绿色校园、生态园区、创新实验室等，支持师生开展生态探究与生态科技创新学习；通过射艺、茭白叶编结、生态手工、植物标本制作等社团活动，提高学生生态学习的兴趣和能力；学校积极利用社区资源、青浦水利科技园实践基地等资源开展实践实习。学校于 2016 年成功申报为上海市推进特色普通高中建设第二批项目学校，并于 2018 年 10 月举行面向全市的特色办学展示活动。

5. 积极拓展校外资源，广泛借助社会力量，凝聚合力推动学校特色创建

如今，高中办学竞争愈发激烈，包括对生源的竞争，对升学的竞争，对上级主管部门政策和资金支持力度的竞争，对社会资源的竞争等。"特色普通高中建设，既要注重校内已有资源的开发，也要不拘泥于学校资源，充分注重资源开发的开放性，即围绕'特色教育'进行资源开发以及校外资源利用，融合校内资源开发与校外开放资源，使之集聚在'特色教育'这一条主线上。"① 因此，学校应积极拓展校外资源，广泛借助社会力量，凝聚合力推动学校特色创建；除整合学校内部资源，形成特色课程教育教学队伍和配套机制外，还要积极整合校外力量，如社区、科研机构、高等院校、区级和市级政府、社会团体等多方力量，为特色学校创建提供多方位、多维度的支撑力量。为此，特色普通高中尤其强调学校应拥有一批支持特色课程建设和实施的校外伙伴，如大学、专业研究机构、企业和社区等。

如华东政法大学附属中学定位于"尚法"教育特色，遵循"明德、尚法、精业"的理念，引导学生遵守规则与制度，追求程序公平正义，保障民主权利和义务。学校借助华东政法大学的资源与政府事务、司法事务、社区事务资源，构建"民主课堂"，开展"课堂听证、班级自治"，创建"明德尚法"实验室，由华东政法大学专家指导委员会、学校课程办、学生管理中心进行团队治理，依托华东政法大学导师工作室、大学生辅导员工作站、华东政法大学法律学校第一分

---

① 惠中，刘茂祥.论上海市特色普通高中建设的主题凝炼与路径选择［J］.现代基础教育研究，2017（9）：20.

校、上海一中院、上海市人大等共建单位，充分利用优质社会资源，开展项目研究与实践，如情境模拟（模拟立法、模拟庭审、模拟听证等）、岗位见习（司法、政府、社区事务等）、社会热点思辨（演讲辩论、论坛讲坛）、课题调研（共建课题、自主课题）、事务实践（学校管理事务、社区管理事务）等，引导一批学生往法学方向发展以及奠定全体学生的法学素养。华东政法大学还为附中提供大学优质教育资源，帮助"华政附中"进行尚法课程建设，在开设法律类课程的基础上，对华政附中开发人文素养和社会实践两大领域的综合拓展课程及高中研究型课程的推进给予指导与帮助；在"华政附中"开设"笃行致知，明德崇法"讲座和"今日说法"等课程，定期选派教授主讲；对于"华政附中"推荐报考甲方的高中毕业生，据每年的高招政策，双方协商，给予优惠。2017年暑期，在区财政划拨600多万元建设费用的基础上，在长宁区政府和教育局的大力支持下，财政增加投入200多万元的加固费，帮助学校完成了尚法实验室的综合改建。

又如上海音乐学院附属安师实验中学定位于"音乐艺术教育"特色创建，依托高校及社会资源，形成了教育合力。其一，引进优质化国际教育资源。学校积极引进国外优质教育资源，开展国际交流与合作，培养具有民族心、世界眼、通晓多样音乐文化的学生，加大学校音乐教育的国际影响。学校与丹麦皇家音乐学院达成远程音乐教育合作项目意向，实现优质音乐教育资源分享；学校与俄罗斯格拉祖诺夫音乐学院建立友好合作交流关系，为学生创设更多参加国际音乐赛事的实践机会，在俄罗斯政府批准的第二届俄罗斯格拉祖诺夫国际音乐大赛中我校学生匡智远获非职业青年组管乐银奖；学校与德国弗莱堡国立音乐学院建立友好合作交流关系，为学生提供"大师课"学习平台。其二，开发高水准专家团队资源。学校将上海音乐学院优质教育资源引入日常教育教学，在音乐专业、教育教学科研、学生课题研究等方面给予师生指导；学校依托上音、上师大音乐学院等艺术类高校及社会各界音乐专业领域知名专家的支持，为学生提供专业学习入学指导、高校艺考指导、艺术类高校招生等指导；邀请夏飞云、林友声等知名专家指导学生民乐、管乐乐团；聘请上海音乐学院音乐工程系教授陈强斌及其博士生、研究生团队指导"多媒体音乐"创新实验室建设；邀请上海市音乐特级教师陈璞指导学校特色教师团队建设等。目前，学校是音乐类高校"音乐新媒体联盟"中唯一一所高中学校，在特色发展的过程中得到了联盟校的资源共享。其三，充分利用校外场馆资源。学校充分运用校外文化阵地资源开展音乐教育、实践、研学活动，包括上海音乐厅、上海音乐学院贺绿汀音乐厅、东方乐器博物馆等文化场馆；云南、贵州、广东、湖南、四川、内蒙古等少数民族地区；长寿社区学校、普陀区交警一中队、普陀区中心医院等学生实践基地。校外场馆的开拓为学生提升音乐素养，实践、探究能力，以己所学反哺社会的公益实践课程提供了更多的平台。其四，争取普陀区和市教委的政策及资金支持。普陀区教育局高度重视学校特色发展工作，区政府和教育局领导多次莅临指导，给予学校自主发展的空间并提供多方面的支持。上级部门从学校特色发展的需要出发，对经费、师资、设施等均给予政策倾斜和扶持。对于音乐教师的引进、培养、进编等方面也给予了大力支持。此外，特别要指出的是，从 2003 年开始的学校特色教育试点工作，得到了市教委的特别关怀和支持，每年给予 60 个全市特招指标，让学校的特色发展有了坚强的保障。

又如上海市体育学院附属中学为创建"体教融合"特色高中，积极拓宽国内外资源，为学校特色发展助力。2016 年，学校与日本京都学园大学达成协议，招收高三毕业生去日本京都就读本科的项目。2017 年 9 月，学校聘请上海体院相关专家教授开设日语和韩语课程，得到了学生及家长的大力支持，学生踊跃报名。与此同时，学校也和境外相关学校不定期交流，取长补短，协同共进。目前，学校和香港可艺中学、神户女子学院、京都学园大学、日本体育大学、上海日本人学校、美国威斯康新大学、韩国鲜文大学、天安情报高等学校、泰国皇家黎府师范大学、澳洲 NGC 高中等学校，都保持着长期的往来。

表 8-6　上体附中近年国际交流项目一览

日　期	学　校	项　目
2006 年 6 月 13 日	美国威斯康星大学学生访问团	参观交流
2006 年 9 月 26 日	泰国皇家黎府师范大学	与全校师生一起开展了具有实效的课堂教学研究活动
2007 年 1 月 8 日	韩国鲜文大学、天安情报高等学校访问团	参观交流，结成姐妹学校，并举行了双方学术与合作交流意向备忘录的签约仪式
2007 年 6 月 19 日	美国威斯康星大学访问团	参观交流

日　　期	学　　校	项　　目
2007 年 12 月 25 日	上海日本人学校（虹桥校区）的全体教师	了解中国体育教育现状及学校体育课程设置。对中国体育特长生训练的情况和形式进行调查研究
2009 年 3 月 30 日至 4 月 2 日	英国德比郡 ANTHONY GELL SCHOOl 师生访问团	交流访问
2012 年 9 月 26 日	澳洲 NGC 高中	正式签署了《校际交流合作协议书》
2013 年 2 月 28 日	日本体育大学代表团	访问交流
2015 年 3 月 12 日	日本神户女子学院	走进了上体附中的校园，与附中师生展开了一场交流
2015 年 11 月 12 日	韩国釜山教师代表团	参观交流
2016 年 3 月 17 日	日本京都学园大学师生代表团	国际交流
2016 年 9 月 13 日	日本神户女子学院师生	了解上海市中学生体育专项课的课程设置及实施情况
2018 年 5 月 22 日	Graham Moseley 先生和香港可艺中学师生代表团	观摩了"体育播音主持""体育摄影""射艺""高尔夫"等特色课程

此外，学校还依托街道、学校及社会专业机构，签署相关的合作协议，通过校外场地资源的拓展，为提升学生的综合素养提供了充分的保障。

表 8-7　上体附中社会资源（场馆）利用一览（部分）

序号	合作公司（学校）名称	合　作　项　目
1	杨浦区少体校	摔跤、柔道、田径、射击、射箭、游泳、网球、羽毛球等
2	杨浦区白洋淀足校	足球
3	上海体育学院	图书馆、体质健康干预研究实验室、摔跤等
4	中国乒乓球学院	乒乓
5	中国武术博物馆	学生社会实践
6	上海交通大学附属中学	篮球（高中）
7	杨浦高级中学	手球

序号	合作公司（学校）名称	合　作　项　目
8	上海市二十五中学	篮球（初中）
9	大桥中学	排球
10	上海天健体育科技发展有限公司	龙舟、乒乓、定向越野
11	上海骏歆企业发展有限公司	高尔夫（课程）
12	上海乾康体育发展有限公司	足球
13	上海锤炼青少年体育俱乐部	高尔夫（场地）
14	上海前进远卓教育培训中心	学军、学农
15	上海地铁（爱国路站）	学生社会实践
16	上海印刷博物馆	学生社会实践
17	上海电力学院图书馆	学生社会实践
18	上海国际时尚中心	学生社会实践
19	东方绿洲	国防教育
20	定海路街道	综合

表 8-8　上体附中社会资源合作协议一览表（部分）

序号	合　同　名　称	合同签订方
1	足球场地租赁协议	上海乾康体育发展有限公司
2	2017 年度杨浦区乒乓球联盟年度活动合作协议书	上海天健体育科技发展有限公司
3	上海骏歆企业发展有限公司与上海体育学院附属中学校园体育运动合作协议书	上海骏歆企业发展有限公司
4	上海锤炼青少年体育俱乐部与上海市体育学院附属中学校园体育运动合作协议书	上海锤炼青少年体育俱乐部
5	上海体育学院附属中学龙舟特训合作协议书	上海天健体育科技发展有限公司
6	2016 年度杨浦区乒乓球联盟年度教练培训合作协议书	上海天健体育科技发展有限公司
7	2017 杨浦阳光体育博搏小记者团合作协议书	上海天健体育科技发展有限公司
8	上海地铁志愿服务团队（临时）申报表	上海地铁

序号	合　同　名　称	合同签订方
9	《上海市普通高中学生志愿服务（公益劳动）》共建协议	上海体育学院武术博物馆、上海印刷博物馆、上海电力学院图书馆、上海国际时尚中心
10	学生学军活动基地协议书	上海前进远卓教育培训中心
11	学生学农社会实践活动基地协议书	上海前进远卓教育培训中心

6. 通过规划研制和课题研究推动学校特色创建

特色学校创建，是一项长期的、系统的工程，需要全校师生驰而不息、久久为功，需要学校从顶层设计到微观实施、从制度护航到资金保障等各个层面的有效落实。因此，必须科学研制学校发展规划和特色创建规划，将特色创建作为学校发展的共同愿景，促进学校师生和学校的共同成长。为推动学校的特色创建，还需调动师生的积极性，开展教学实验改革，及时总结和提炼学校管理、教科研改革等方面的经验和教训，积极开展课题研究，通过课题研究进一步凝练学校的办学理念，明晰学校特色创建的方向，确立学校的育人目标，选择特色创建的有效路径等。

如华东政法大学附中从 2011 年起制定《2011—2014 年三年发展规划》，明确地把"创建'尚法'特色高中"作为努力目标，在个别尚法课程项目化的基础上，正式启动尚法实验室建设；2012 年，学校三年发展规划中的重点项目"高中'明德尚法'课程建设的实践研究"通过评审立项为市级课题，借助课题研究学校推进系统的尚法特色课程、"民主课堂"建设；2014 年，学校制定《2014—2019 年五年发展规划》时，在"创建'尚法'特色高中"的总目标下，提出进一步优化课程、优化课堂教学、优化"尚法实验室"建设等具体目标，并进一步梳理"明德·尚法·精业"的教育目标体系，将理念与目标、课程、管理、校园文化等各个领域相统一，并根据特色建设的实际需要在管理、德育、课程、教学、教科研、教师和学生发展、校园环境建设等领域确立核心项目，通过项目的创新实施，推动学校特色建设和整体发展；2016 年，将学校发展规划中的重点项目"优化尚法课程促进特色高中建设的实践研究"课题化并报送参加了 2016 年度的区级课题申报（后又成功申报市级课题），根据尚法教育目标和课程性质，梳理现有的尚法课程，进一步优化"一体三翼"课程体系。

又如城桥中学将创建"艺体科融合、适性育人"的特色普通高中作为学校特色创建的目标。为推动特色创建，学校教育科研遵循"学校发展，特色制胜；特色发展，科研引领"的思想，以科研为先导，领航学校的发展。1997年的"普通高中开发学生潜能的实践研究"被立项为崇明县重点课题，奠定适性育人特色的基础。2003年的"农村中学实施艺术教育的实践研究"被立项为上海市规划课题，丰富适性育人特色的内涵。2007年的"农村普通高中创建美育特色学校的实践研究"被立项为上海市一般课题，提升适性育人特色的境界。2017年的"农村普通高中多元育人模式的构建与实施研究"被立项为市级课题，拓展适性育人特色的领域。2010年和2017年，学校先后出版了专著《以美育人》和《我们的心语》。

表8-9　城桥中学教育科研课题一览表

时间	类　别	课　题　名　称	子课题数	参与人数	备　注
1997	县级重点课题	"普通高中开发学生潜能的实践研究"	10	16	市第六届教育科研成果三等奖
2003	上海市规划课题	"农村中学实施艺术教育的实践研究"	27	42	市第九届教育科研成果三等奖
2007	上海市一般课题	"农村普通高中创建美育特色学校的实践研究"	32	51	长三角地区教育科研研究优秀论文出版专著
2007	上海市学校艺术教育实验课题	"农村中学学生艺术社团建设与管理的研究"	13	34	上海市艺术教育委员会二等奖
2007 至 2012	教育部"十一五"重点课题	"有效的学校：课程发展与教师成长"子课题"农村普通高中促进教育多样和特色发展的实践研究"	37	75	由吕型伟挂帅顾泠沅领衔成果获子课题参与学校一等奖
2013	县级重点课题	"'特色育人'——助推农村普通高中学生个性化发展的实践研究"	24	46	已结题

时间	类　别	课 题 名 称	子课题数	参与人数	备　注
2016	县级重点课题	"新普及时代农村普通高中多元育人模式的构建与实施研究"	25	45	在研课题
2017	上海市一般课题	"农村普通高中多元育人模式的构建与实施研究"	23	43	在研课题

7. 学校特色的创建，深刻推动了学校的变革和发展，有力促进了教师队伍的整体提升，大幅提升了学生的综合素养和学业水平，显著扩大了学校在社会上的影响和声誉

如华东政法大学附中的尚法特色建设撬动了学校整体的变革。全校师生在目标的指引和精神的感召下，个体的创造力和能动性得到极大的激发和唤醒，教与学的思想理念和方式方法发生了可喜的转变。教师自觉把自身发展与学校发展相统一，出现了教师成长与学校发展同步、教师发展与学生成长同步的和谐共进的景象。全体教师修炼师德水平，培养严谨教风，勇于课堂改革，开发实践特色课程，一支有教育理想、师德高尚、一专多能的复合型教师队日益壮大。附中学生在学校"民主公正"的治校环境、"民主课堂"的建设中主体地位得到了充分的体现，以知法尚法、自主探究、思辨合作、创新实践为主的综合学力得到了充分的培育和发展，学校的教育教学质量不断攀升，2017 年学校中考成绩名列前茅，高考本科率维持在 96% 的高位。学校在实现内涵发展、特色发展的同时，探索出具有大学附中特质的现代学校管理机制，切实提升了学校的办学品质，获得了社会的广泛认可。一所"管理重人文、课程有特色、课堂讲民主、师生能自主"的尚法特色学校已然形成。

又如城桥中学 2014 年 8 月制定创建规划，对特色高中建设的整体性、长期性、系统性进行了深入思考和顶层设计；2017 年 9 月参加了上海市特色高中建设项目组的汇报，确立了"艺体科融合、适性育人"的特色高中创建目标，获得项目组专家的肯定；2018 年 5 月举行推进特色普通高中建设展示活动，被市教委基教处杨振峰处长誉为："为所有创建特色高中的学校包括已经创建成功的和即将创建成功以及在创建路上持续前进的所有学校提供了一个样板"。经过近 6 年的特色创建，

学校各项事业蒸蒸日上。目前学校是崇明县首批实验性示范性高中，首批上海市特色普通高中项目学校，中华优秀文化艺术传承校，国家级体育传统项目学校，上海市艺术、体育、科技教育特色示范学校。自 2005 年开始，学校新生的录取分数线降到上海市高中最低投档控制分数线，处于全市公办高中的最低水平，而高考录取率却远远高于同类学校；2017 年学校秋季高考本科上线率达到 99.5%，本科录取率为 95.8%。适性育人重树了学生的自信，为学生的可持续发展奠定了扎实的基础，且学校毕业生进入高校后发展良好，在各专业领域崭露头角。从 1995 年至 2017 年，据不完全统计，学校培养了 3 000 多名美术类本科生、200 多名音乐类本科生。适性育人有效提升了学生的综合素养和专业竞争力。学校艺术之花常开不败；科技之树根深叶茂，体育之路越走越宽。学校两次获得上海市百校风采擂台赛最佳风采金奖，两次代表中国赴美参加国际头脑奥林匹克大赛，多次代表中国参加了墨西哥和德国舞蹈、合唱大赛；连续五年荣获全国板球锦标赛高中男子组冠军。在"艺体科融合，适性育人"的实践过程中，学校特色领域教师专业发展显著。学校特色课程在市、区具有影响力，学校有 2 项特色课程成为市、区级共享课程，有 5 项特色课程成为市、区级教师培训课程，有 4 项特色课程成为市级慕课。教师参与并承担相关特色教育教科研成果显著。教师的专业水平显著提升。一是育人水平精进。学校现有区学科带头人 4 名，教学标兵 5 名，教学能手 12 名；4 人获区"十佳教学之星"的殊荣，2 人获提名奖；3 人获区"十佳班主任"的荣誉；1 人获区"师德标兵"称号；5 人获市优秀班主任称号，28 人次被评为区级优秀班主任。二是特色领域教师专业水平提升显著。2 位美术教师正式出版了《人物速写》美术教材；5 位教师成长为学校特色领域品牌教师；5 位教师举办了区级个人艺术作品展；4 位教师的慕课在上海市高中名校慕课平台上线。长期的特色教育实践，促进了学校办学水平的不断提升，得到了社会与家长的高度认可。

表 8-10　2015—2017 学年教师特色领域教科研成果统计

类　别	数量	在研 / 结题	类　别	数量	传播 / 应用
校级立项课题	41	18/23	校级科研成果	23	6/17
区级立项课题	10	2/8	区级科研成果	14	8/6
市级立项课题	1	0/1	市级以上科研成果	8	8/8

二、上海市普通高中特色发展的特性

由于上海市普通高中学校的办学历史和文化传承，学校发展的现实基础，学校所在区域情况和特点，学校发展的外部环境和资源支撑，学校特色创建的策略和模式等都存在着差异，因此各校在学校特色创建中也体现出不同的个性或特性，特色发展的水平也不一。

1.各具特色的办学理念，引领着学校特色创建的不同方向

办学理念是引领学校发展的灵魂。科学合理的办学理念有助于实现学校的特色发展，在践行中形成学校品牌。上海市普通高中的特色定位和发展，往往是和办学理念紧密联系在一起的。

如市八中学秉承"以诚养德，以静修业"的校训，以"科学求真、人文求善、艺术求美"为办学理念，培育"敦品励行，乐文通理"的优秀学子，努力传承和开创以"智诚"为特色的学校教育；"智诚"特色的要义就是通过"五位一体"的育人途径把学生培养成具有"忠诚、责任、独立、睿智"四大目标品质的优秀人才，这一要义无疑与学校"科学求真、人文求善、艺术求美"的办学理念是高度契合且相互促进的。

上海市天山中学基于"为生命成长导航"的办学理念，以"培育学生三生素养"为育人目标，逐步形成了以生命教育、生涯发展指导、培育生命科学素养为特色的办学之路，定位于"培育生命科学素养"特色高中的目标，传承发展了"为人朴实、为学扎实、为事踏实"的办学传统和"崇德立志 务实创新"的校训，推进了素质教育，提升了办学品质。"为生命成长导航"的办学理念既是"培育生命科学素养"特色目标的引领，又是特色目标实施的内容和途径，二者相互渗透、相互促进。

上海戏剧学院附属高级中学以"幸福教育为幸福人生奠基"为办学理念，以"合格＋特长"为培养目标，定位于戏剧艺术教育特色高中的创建方向。为推进特色创建，学校对"幸福学校教育"的办学理念内涵进行了进一步挖掘，将"幸福教育"内涵定义为：彰显底蕴深厚、品位高雅的幸福文化，构建清新雅致、温馨和谐的幸福校园，打造教学相长、民主合作的幸福课堂，培养人格完善、乐观进取的幸福学生，成就健康积极、智慧优雅的幸福教师，提升整个学校的幸福指

数。在这一办学理念的引领下，学校提出了"培养知行并举，德艺兼修，人格完善、乐观进取的高中毕业生"的学生培养目标，"成就师德高尚、业务精良、智慧优雅、积极健康的教师队伍"的教师发展目标，和"在幸福教育理念指导下，全面贯彻教育方针，立足静安，依托上戏，把学校建设成为上海一流，全国知名且具有国际视野的特色普通高中"的学校发展目标，进一步明晰了学校特色创建途径，推动了学校特色的创建。

2. 校本化的特色目标定位，彰显了上海市特色高中发展的异彩纷呈

如前文所述，学校特色发展目标的定位，受到学校的办学历史和传承，学校目前所处的发展阶段，学校所在区域的政治经济发展和城市发展特点、所在上级教育主管部门的主导和推动，学生的发展旨趣和需求，学校校长的领导力等多种因素的影响。有的学者还提出了影响特色普通高中定位的"五因素"结构模型，将特色定位的影响因素概括为五个方面，包括理念因素、背景因素、政策因素、资源因素和主体因素。这五个因素又细分为十五个子因素，其中，理念因素包括核心价值理念（如学校的办学理念、校训、学校精神）、传统文化和理论依据三个子因素；背景因素包括学校在人才培养上面临的突出问题和时代发展对人才培养的要求两个子因素；政策因素包括国家层面政策和区域层面政策两个子因素；资源因素包括办学传统、办学资源、管理体制和科研引领四个子因素；主体因素包括专家指导、校长意愿、教师专长和生源状况四个子因素。上述"五因素"及十五个子因素对特色普通高中定位的影响作用，既是整体的，又各有侧重。①

依据学校的办学理念、文化传承，学校的现实发展基础，对学校所在区域的政治经济发展和城市发展特点等进行特色定

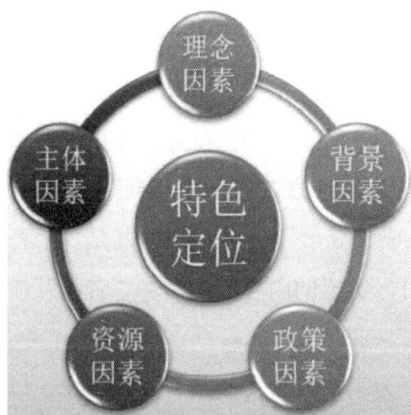

图8-3 影响特色普通高中定位的"五因素"结构模型

---

① 张军凤.特色普通高中的准确定位——基于36所特色普通高中项目实验校自评报告的文本分析［J］.教育科学研究，2018（12）：6.

位，这是上海市各校特色发展的共性；同时，各校的上述相关因素本身是多姿多彩的，相关因素在特色定位中发挥的作用和地位也是各不相同的，因此依据这些因素所进行的定位结果也就异彩纷呈了。

3. 个性化的育人要义体现了学校特色发展的不同指向

"普通高中开展特色办学、举办特色教育，主要价值在于探索建立以'成人、育能'为核心的个性化学校育人模式。这种模式相对于传统普通高中教育而言，在价值导向上更主张培养具有一定独特素养的普通高中学生；在育人内容上主张在现有普通高中法定课程基础上通过新增、重组等方式实现课程更新丰富，并使之与普通高中法定课程渗透融合，形成学校独具特色的课程图谱……总之，特色教育意在打破同质化办学、一个模子育人的旧模式，建立个性化的学校育人模式。它不仅看重'能力'维度的核心素养，而且看重'人'本身维度的素养培育，既看重成才，又看重成人。"[1] 诚如徐士强所述，学校特色发展的根本宗旨是实现"育人"，这在普通高中特色发展的育人定位中得到充分的体现。

表 8-11　名校育人定位

学　校	特　色	育　人　定　位
曹杨中学	"环境素养"特色	以"环境素养培育"为载体，更好地培育"大视野、宽领域，明责任、敢担当，善思辨、会创新，懂自律、能力行"，具有国际视野、人文底蕴、审美情趣、科学精神的全面发展的现代公民
上海戏剧学院附属高中	戏剧艺术教育特色	通过艺术教育加强全体学生对真、善、美的追求，增强人文底蕴积淀，培养知行并举，德艺兼修，人格完善，乐观进取，既有扎实文化基础，又有一定艺术素养和艺术特长的合格人才
同济大学第二附属中学	理工特色（聚焦 STEAM）	特色教育既面向全体学生，意在夯实人文基础，提升理工素养，又能发现具备理工潜质的学生，为学生的全面发展与个性化发展提供可能，最终指向每一个学生的知识学习、能力培养和人格发展
华东政法大学附属中学	"尚法"教育特色	以法制教育为抓手，培养以"明礼尽责、民主公正、乐学善思"为核心的、符合未来民主法治社会需求的现代公民

---

① 徐士强. 普通高中特色办学的育人要义及实践策略 [J]. 上海教育科研，2017（9）：47.

学　校	特　色	育　人　定　位
上海海事大学附属北蔡高级中学	航海文化教育特色	以航海文化与科技为主要内容，重点培养学生宽厚开放、同舟共济、敢为人先、勇于拼搏、开拓进取的航海精神和实践能力，将学生培养成为"自强者、坚毅者、合作者与创新者"
上海市嘉定二中	融合人文的科技教育特色	科技为先人文为基，重视科技教育的人文价值。立德树人、格物修身，提升科技素养、丰厚人文底蕴，实现求真向善达美的价值追求，培养全面发展的人的教育
上海理工大学附属中学	"工程素养"特色	以工程素养教育为抓手，提炼学生"人文情怀、系统思维、交流合作、设计创新、实践应用"五个方面的素养，"培养人文厚实、理工见长的现代高中生"
徐汇中学	"以工程素养培育的科技创新"特色	以工程素养培育为创新教育抓手，培养学生具有"扎实的科学知识基础、突出的操作设计能力、积极的技术应用意识、卓越的人文审美旨趣以及深厚的造福社会情怀"

上述八所学校，其育人定位都与学校的特色发展目标紧密相连。不同的学校定位于不同的特色创建和学校发展，其育人要义也是个性化的，体现了学校特色发展的不同指向；而育人定位与目标的最终实现与否和多大程度地得到实现，则是学校特色创建是否成功的主要衡量标准。

4. 体系化、校本化特色课程的开发和实施，左右着学校特色发展的速度和成效

课程是学校办学的核心要素，是育人的重要载体和路径，也是学校特色建设的主要内容。学校课程分为国家课程、地方课程和校本课程三级，特色课程可以是国家课程校本化实施，也可以是校本课程。或者说，特色课程在本质上也就是校本课程。校本课程体现了不同学校的特性和内涵，是学校知识与经验传授、活动开展、情感和目标取向的综合体。校本课程归纳起来应具有三个方面的特征：一是为提升学生的整体素质服务，重视课程对学生的情感关怀和人文精神培养；二是重视课程的质量，强调课程的"软实力"；三是它应与学生的发展和教师的特点甚至是学校的特色相适应，强调具有独特的个性，单纯地模仿与复制是无济于事的。①

---

① 周学兵.学校特色校本课程开发研究——周浦中学"生活教育"活动课程开发与实践个案研究［D］.上海：华东师范大学，2017.

上海市特色普通高中建设参考指标中，根据特色普通高中创建的不同发展阶段中，将特色课程体系（包括课程规划、课程内容、课程实施及实施成效）构建作为一个重要的内容，并根据三个发展阶段提出了不同的要求。各校特色课程的建设状况、实施效果等也就从很大程度上决定了该校的特色创建成效和速度。

如上海戏剧学院附属高级中学倾力打造个性化"3D"课程，形成了符合上戏附中特点的课程体系。上戏附中规划的个性化"3D"课程包含定制课程、菜单课程和资源课程三个维度。定制课程是指为某一群体学生量身定制，侧重于学校为学生提供适切的课程，具有定向性（Directional，定向的）；菜单课程是指鼓励个体学生自主选择，充分体现学生的个性发展的课程，具有多样性（Diverse，多样的）；资源课程，是指学校开门办学，将优质资源请进来，走出去，将课程的外延扩大，具有动态发展性（Dynamic，动态的）。三个维度的课程相辅相成，形成一个立体结构，共同达成整体课程目标：彰显戏剧艺术特色，促进学生个性化发展，从而为学生的幸福人生奠定基石。

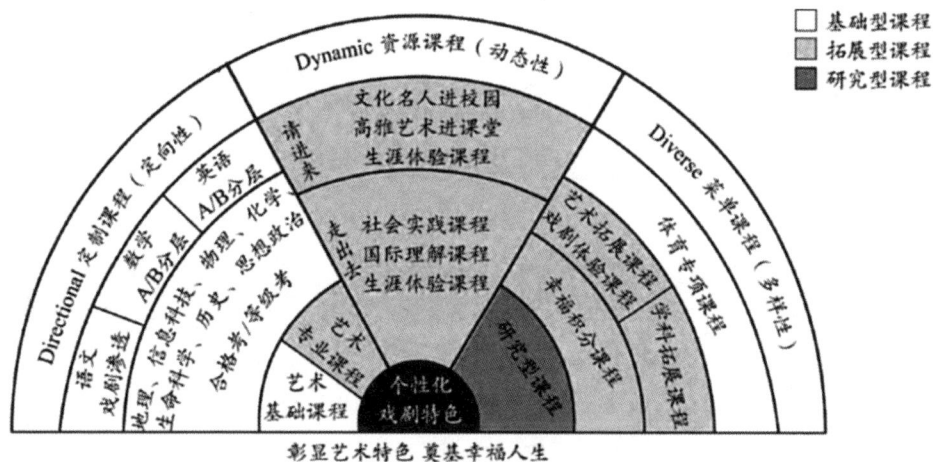

图 8-4　个性化"3D"课程框架图

上戏附中的个性化"3D"课程打造，顺应了当前高中课程改革的潮流，凸显了三大特点。一是体现了课程领域体系设置的思路。在"3D"课程建设中，课程统整的特点非常鲜明，比如作为上戏附中特色的"艺术"学习领域涵盖了定制课程中的艺术专业课程、艺术基础课程，菜单课程中的戏剧体验课程、艺术拓展课程，资源课程中的"文化名人进校园，高雅艺术进课堂"等系列课程，研究型课程中也有许多艺术领域的研究。而且三类课程的实施都特别注重戏剧元素的渗透，这使得"3D"课程建设中艺术特色特别鲜明。二是注重学科模块化教学的设计和实施。模块化的课程实施有利于教师根据学生特点进行课程模块的整合，建设真正意义上的校本课程，有利于针对不同层级学生的特点，为之定制不同程度的课程内容，体现个性化。三是体现了"一体两翼"的课程建构思路。该思路体现了学校对学生的个性化培养，特别是艺术素养提升的重视：一方面以课程的定向性、多样性、开放性和高选择性凸显个性化；另一方面，又在课程实施中注重戏剧体验，彰显上戏附中的戏剧艺术特色。[①]上戏附中的个性化"3D"课程起到了引领学校特色发展的作用，推动了学校办学水平的全面提升和学校特色的创建。

各校的特色创建特性，除了上面所述的各具特色的办学理念、校本化的特色目标定位、个性化的育人要义、体系化的特色课程之外，还有诸如各具领域影响力的特色教师队伍、因地制宜的特色实施途径（本章第一节"上海普通高中特色发展的类型、策略与模式"中已有所分析）、丰硕的办学成果和社会影响力、特性鲜明的学校校长及其领导力，等等。

---

① 魏丽娟.构建"3D"课程，彰显艺术特色——上海戏剧学院附属高级中学特色课程建设［J］.上海课程教学研究，2017（3）：5–6.

后 记

在我国国民教育体系中，普通高中教育是一个特殊阶段，"它既是连接九年义务教育和高等教育的重要纽带，也是学生个性形成和自主发展的关键时期，更是提升国民整体素质和建设人力资源强国的基础工程"。高中阶段因连接初中和大学两个阶段而起着承上启下的作用，因此特别受到广大人民群众的关注，牵动着莘莘学子的心弦。

经过几十年的快速发展，我国的普通高中教育已进入大众化、普及化阶段，但同时普通高中办学同质化的倾向也日趋严重。特别是在高考指挥棒的影响下，普通高中大多以高考升学率为第一导向，师生的教学、校园的管理等一切活动均围绕高考进行，应试教育的痕迹无处不在，学生学业负担过重、"高分低能"等现象突出，普通高中的千篇一律现状与学生多元化发展的要求和社会发展对人才多样化的要求形成强烈的冲突。如何破解普通高中办学同质化倾向已成为教育政策制定者、教育研究者和中学校长等高中教育管理者共同面临的一大难题。

在此背景下，普通高中办学多样化、特色化逐渐成为教育界的共识。2009年7月，中央教育科学研究所及全国教育科学规划领导小组办公室在"十一五"规划课题中设立"普通高中特色学校研究项目"，并最终在全国确定了306所普通高中成为专项课题项目校。这一举措极大地引发了学界和实践领域对"特色高中"这一概念的关注。随后，针对高中阶段以升学为导向以及教育应试化、学校同质化的困境，《国家中长期教育改革和发展规划纲要（2010—2020年）》明确提出"推动普通高中多样化发展"，"促进办学体制多样化，扩大优质资源"，"推进培养模式多样化，满足不同潜质学生的发展需要"，"鼓励普通高中办出特色"。2017年4月6日《高中阶段教育普及攻坚计划（2017—2020年）》也提出了"推动学校多样化有特色发展"等一系列举措。

上海市是较早开始"特色高中"创建项目的城市之一。2010年国务院办公厅发布《关于开展国家教育体制改革试点的通知》，确定上海市为开展普通高中多样化、特色化发展试验地区之一。同年，上海市发布《上海市中长期教育改革和发展规划纲要（2010—2020年）》，提出上海教育要顺应时代发展的要求，以改革创新为动力，在新的历史起点上更好地实现科学发展，践行"为了每一个学生的终身发展"的核心理念，增强主动适应和服务经济社会发展的能力，为支撑经济转型、推动自主创新、引领文化发展、促进社会和谐作出更大的贡献，率先实现教育现代化，创造上海教育新辉煌。在高中教育的重点任务上，规划纲要更加明确地提出要"推动普通高中多样化和特色化发展"，"支持高中学校从实际出发，发挥传统优势，探索多样化办学模式，形成独特的教育理念和人文环境，形成一批教育方式独特、学科优势明显、活动富有创意等的特色高中"，"总结和推广高中特色办学经验，发挥优质高中在特色办学中的示范和带动作用"。2011年，上海市特色普通高中建设与评估项目正式启动。

2017年，上海市曹杨中学被命名为"上海市特色普通高中"，成为上海市教委正式命名的第一所特色普通高中，这不仅是上海市曹杨中学发展的重要转折点，也是上海市特色普通高中建设的标志性事件。截至目前，上海市共有3批56所学校成为特色普通高中市级项目学校；按照"成熟1所创建1所、创建1所命名1所"的原则，上海市被正式授予"特色高中"称号的已达12所。至此，上海市特色普通高中建设迈入了新的轨道。

今年是《国家中长期教育改革和发展规划纲要（2010—2020年）》和《上海市中长期教育改革和发展规划纲要（2010—2020年）》的收官之年，也是《上海市推进特色普通高中建设实施方案（试行）》的第七年。对上海市普通高中的特色发展进行梳理与回顾，深入挖掘普通高中特色发展的内涵和特征，总结特色高中成功创办的经验，这对于深化教育教学改革、推进普通高中多样化发展，推广和复制特色高中发展的经验，为上海市其他学校和其他地区的普通高中改革提供参考，以及为下一阶段高中阶段教育改革和发展规划目标的制定提供决策参考依据等，都具有十分重要的意义。

本书拟在前贤的研究基础上，基于上海市普通高中特色发展的历史和现状，结合自己担任三所高中校长的经历，特别是在香山中学成功申报上海市特色项目学校以及在周浦中学培育特色学校的经历，从理论与实践相结合的角度，对上海市普通高中的特色发展进行探讨和研究，以期对上海市特色普通高中的建设能起到一定的推动作用，同时也与高中校长等学校管理者进行对话和交流，共同推进中学管理者教育管理等思想观念的更新，激励中学校长推动自己所在学校的特色发展。

而本书撰述的最终目的，则是希望通过理论的梳理、探索和实践的印证以及与同行的对话交流，提升自己作为一名普通高中校长的综合素养，"坚持育人为本的办学宗旨，把促进每一个学生健康成长作为学校一切工作的出发点和落脚点，尊重学校传统和学校实际，提炼学校的办学理念，办出学校特色"，为上海市的教育改革和发展贡献自己的绵薄之力。

本书的撰写得到众多同行和朋友的支持，在此表示诚挚的感谢！本书的出版，得到华东师范大学出版社朱妙津、彭呈军、朱小钗等同志的关心和帮助，在此一一表示谢忱，特别要感谢华东师范大学汪奎博士，在本书撰写过程中进行了一定的理论梳理和资料收集。

由于本人理论水平和能力所限，本书成稿在时间上较为仓促，对同类学校的了解也不尽全面，书中观点或有谬误之处，相关描述或有不少缺失和不当之处，敬请学者与同仁不吝指正。

徐　凤

二〇二〇年六月

于华东师范大学附属周浦中学